DEIN VEREIN. SC FREIBURG

Christoph Beutenmüller

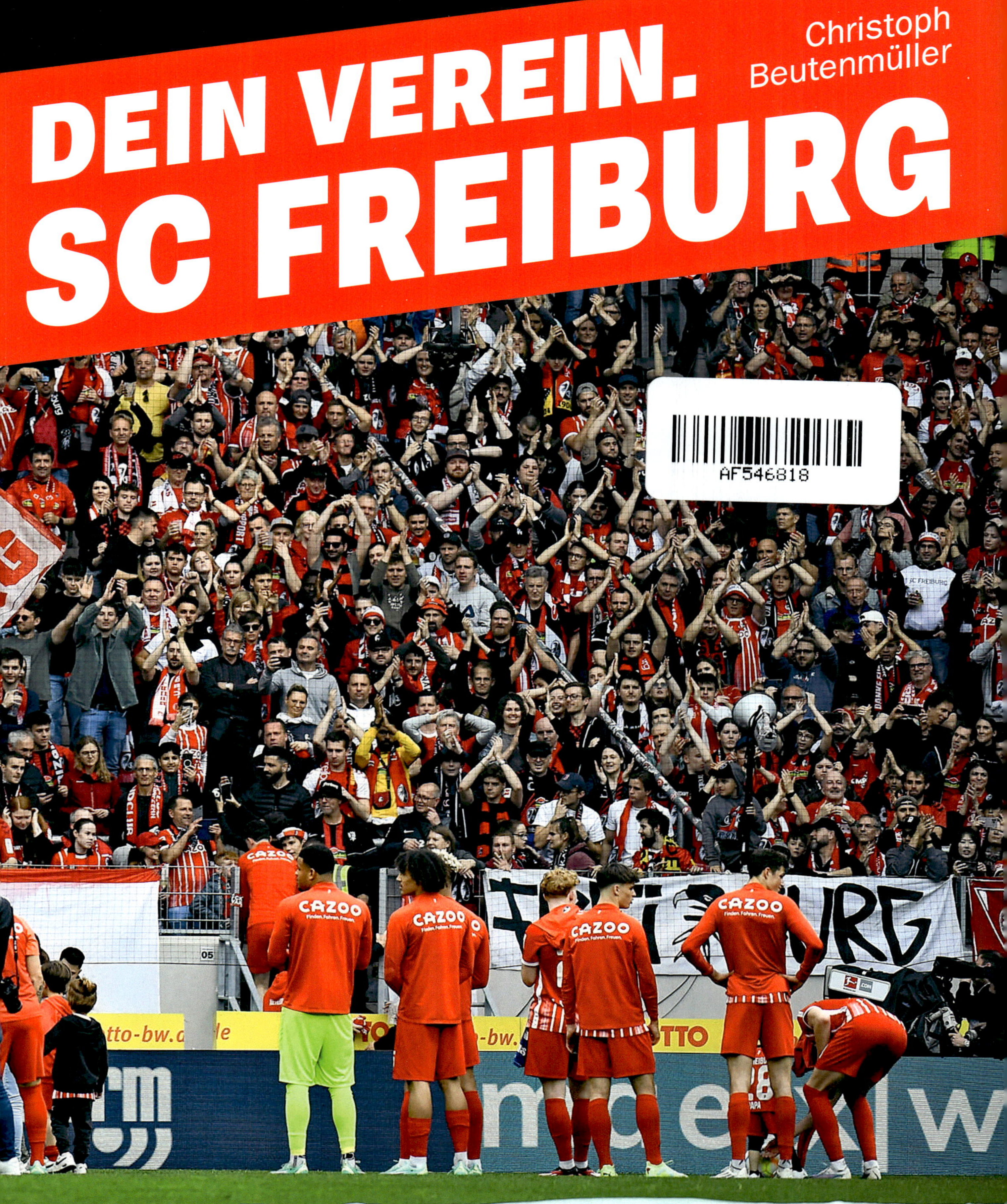

VERLAG DIE WERKSTATT

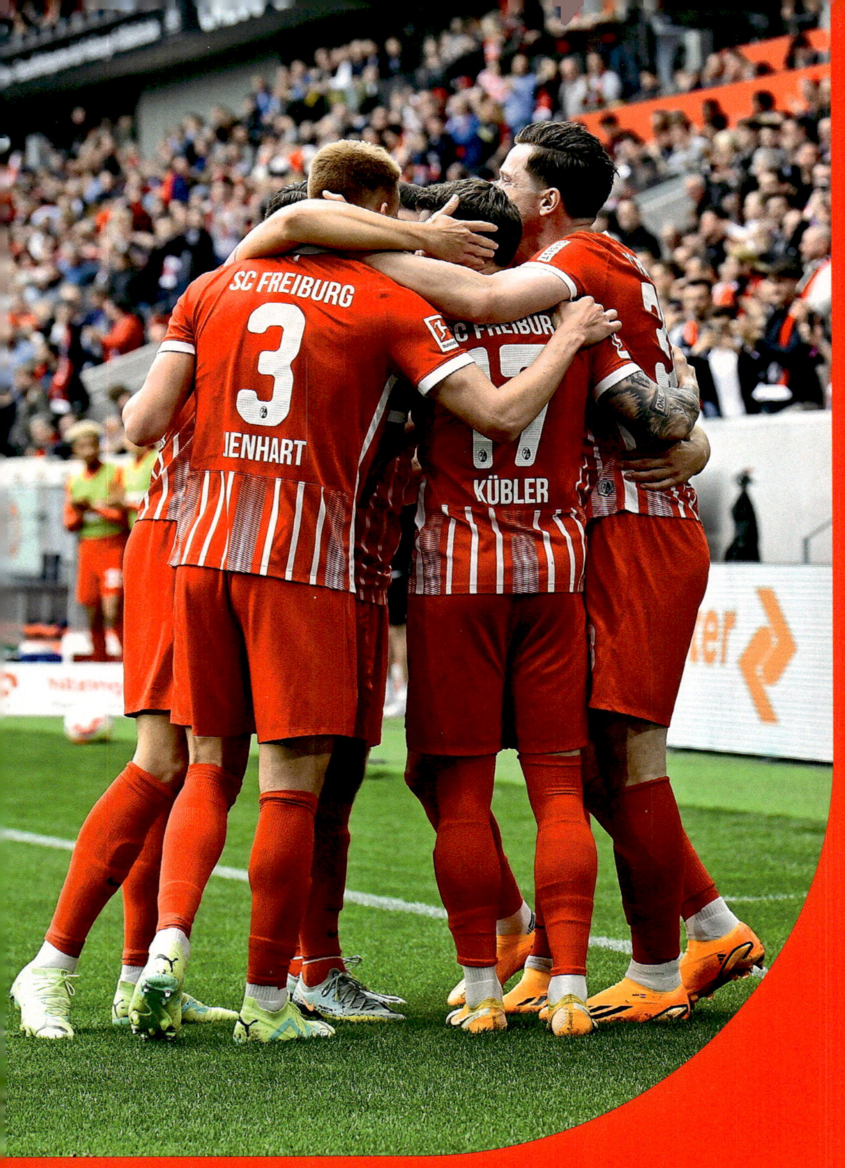

Bildnachweis

Imago: 2, 4, 6 (3), 7, 14, 16 (2), 17, 19, 21, 22, 23, 24, 25, 27 (3), 30 (2), 31 (2), 32, 33, 34, 35 (2), 36 (2), 37, 38, 39, 41, 42, 43, 44, 45 (2), 46, 47, 48, 49, 50, 51 (2), 52, 53 (2), 54, 56, 57, 58, 59 (2), 60, 61 (3), 62 (3), 63 (2), 64 (3), 65 (2), 66 (2), 67, 68, 69, 71, 72, 73, 74, 75, 76 (3), 77 (2), 78 (3), 79 (3), 82, 83, 84 (2), 85, 86, 87 (2), 89, 90, 91, 92, 93 (2), 95, 96, 97, 98, 100, 101 (2), 102, 105, 107 (2), 108, 109 (2), 110, 111, 112 (2), 113, 114 (2), 115 (3), 116, 117 (3), 118, 119 (2), 120, 122, 123 (2), 124, 126, 128 (2), 131 (2), 132, 133, 134, 135 (2), 137, 138, 139 (3), 140 (2), 141, 142, 143, 144, 145 (2), 146, 147, 148, 149 (3), 150 (3), 151 (2), 153 (2), 154, 156, 157, 158
Alexander Steinmeier: 55
Archiv Hardy Grüne: 13 (4), 18 (2)
Archiv Christoph Beutenmüller: 2, 9, 10, 12, 14, 15, 16, 17, 26, 28, 29, 33, 34, 38, 99, 103 (2), 106 (2), 129 (3), 130 (2), 133, 136
H.G. 13 (4), 18 (2)

Quellen

News: kicker.de und -Archiv, Badische Zeitung on- und offline, Vereins- und Stadionzeitschrift HEIMSPIEL, Vereinsarchiv SC Freiburg/ Uwe Schellinger, www.scfreiburg.com, www.transfermarkt.de, SWR/DeinSCF, Archiv Christoph Beutenmüller, www.dreisamstadion.org, www.sportschau.de

Podcasts: Spodcast Freiburg, Füchsletalk, Rasenfunk

Bücher:

- *30 Jahre Freiburger Fußballsport 1897-1927* von H. Büchele, Freiburg 1927
- *25 Jahre Sport-Club Freiburg (Festschrift)* von Eberhard Schottmüller, Freiburg 1929
- *Phänomen Freiburg (Bde. 1-3)* von Robert Kauer (Hrsg.), Freiburg 1993-1995
- *Hundert Jahre 90 Minuten - Die Geschichte des SC Freiburg 1904-2004* von SC Freiburg (Hrsg.), Freiburg 2004
- *111 Gründe, den SC Freiburg zu lieben* von Clemens Geißler, Berlin 2018 (aktualisierte und erweiterte Neuausgabe)
- *Stadion für Freiburg* von SC Freiburg (Hrsg.), Freiburg 2021
- *Ein neues Fußballstadion für Freiburg* von Stadt Freiburg (Hrsg.), Freiburg 2021
- *Bank-Geheimnis* von Nils Petersen, Freiburg 2023

Bibliografische Information der Deutschen Nationalbibliothek: Die Deutsche Nationalbibliothek verzeichnet diese Publikation in der Deutschen Nationalbibliografie; detaillierte bibliografische Daten sind im Internet über http://dnb.d-nb.de abrufbar.

Siekerwall 21, D-33602 Bielefeld
www.werkstatt-verlag.de

Gesamtherstellung:
Die Werkstatt Medien-Produktion GmbH
Druck und Bindung:
Grafisches Centrum Cuno, Calbe

ISBN 978-3-7307-0663-3

Inhalt

Eine Erfolgsgeschichte

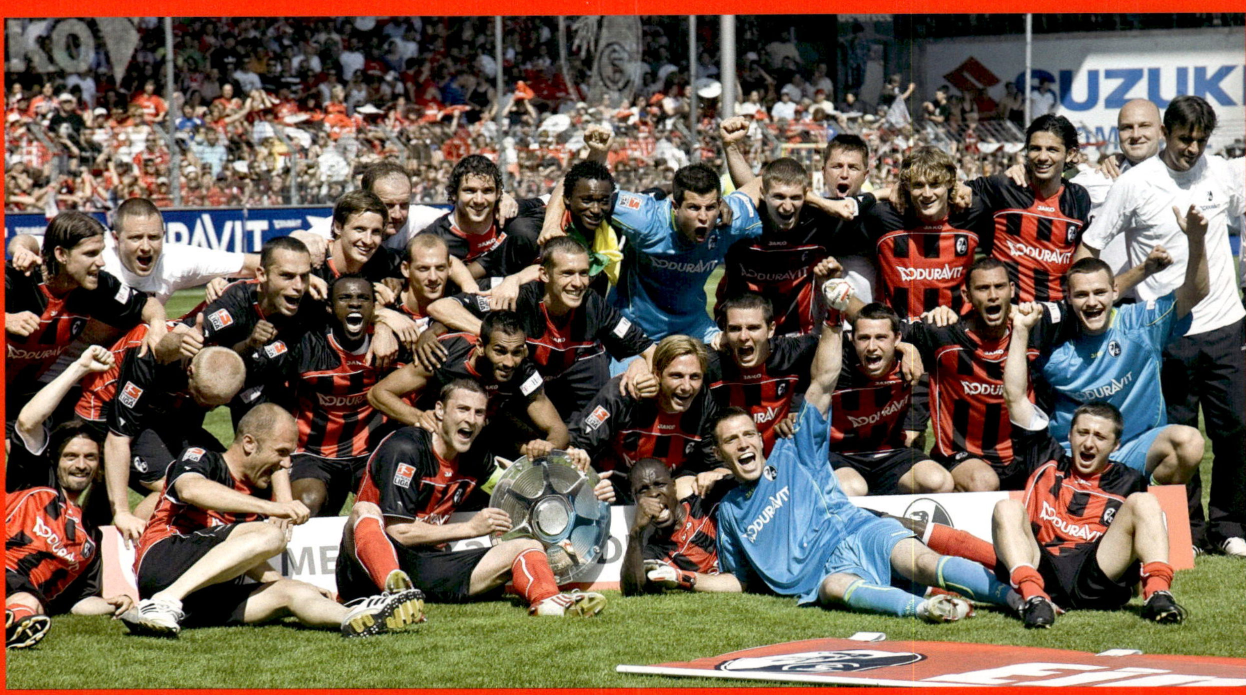

Aufstiegsjubel 2009.

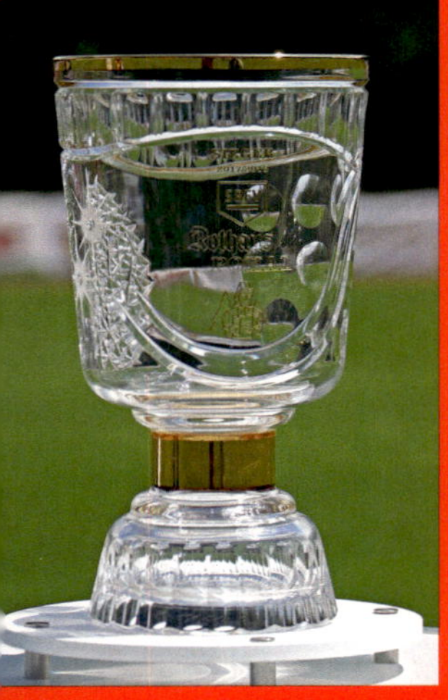

Der Südbadische Verbandspokal.

Der SC Freiburg trat lange Zeit überregional nicht groß in Erscheinung, was sich mit dem Aufstieg in die 2. Bundesliga Süd 1978 erstmals änderte. Es sollte aber noch 15 Jahre dauern, bis man 1993 erstmals in die 1. Bundesliga aufstieg. In beiden Premierensaisons, nämlich 1978/79 und 1993/94 hing der Klassenerhalt jeweils am seidenen Faden, der aber letztlich hielt. Das wiederum war in beiden Fällen Grundstein für den jeweils nächsten Schritt. So gelang 1995 sogar die erste Qualifikation für den UEFA-Pokal. Der SC Freiburg konnte sich in der Bundesliga etablieren, ließ sich von zwischenzeitlichen Abstiegen nicht oder nicht mehr als nötig aus der Ruhe bringen. Mit dieser Strategie fuhr der Verein recht gut: Seit 1978 war die erste Mannschaft nicht mehr drittklassig. Zwischendurch gelangen Zweitliga-Meisterschaften, drei Pokalhalbfinals und ein Pokalfinale sowie mehrere Europapokal-Qualifikationen.

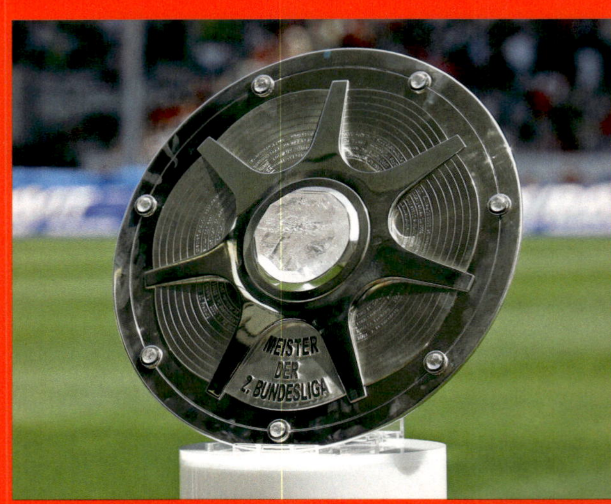

Die Meisterschale der 2. Bundesliga.

Im Trophäenschrank steht allerdings nur eine überschaubare Anzahl an „Silberware", als da wären: Zwei Meisterschalen der zweiten Liga (2008/09 und 2015/16) und insgesamt vier Zweitligameisterschaften (außerdem 1992/93 und 2002/03, als es im Unterhaus noch keine Meisterschale gab) sowie zwei Südbadische Vereinspokale (1975 und 1978).

in Weiß-Rot

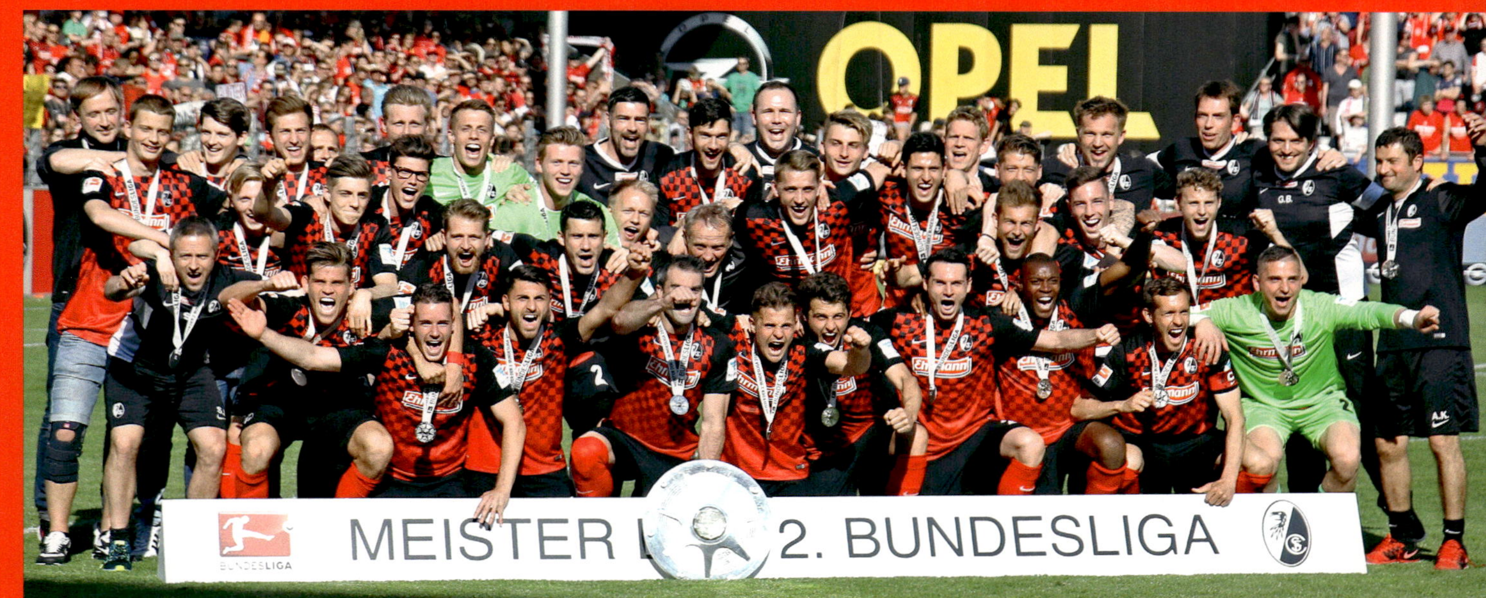

Meister und Aufsteiger 2016.

Trotz der ausbleibenden „großen" Titel wuchs über die Jahrzehnte und insbesondere seit dem ersten Bundesliga-Aufstieg 1993 die Zahl der Fans und Mitglieder kontinuierlich an. Vor allem in den Jahren nach dem Amtsantritt des beurlaubten Lehrers Volker Finke 1991 sorgten Spielweise und Rahmenbedingungen für die Wahrnehmung als „etwas anderer Fußballverein", und die Freiburger Beliebtheitswerte erreichten immer neue Höchstwerte. In der jüngeren Vergangenheit ist es vor allem Cheftrainer Christian Streich, der neben sportlichen Erfolgen mit seiner klaren Haltung zu Themen inner- und außerhalb des Fußballgeschäfts, vorgetragen in seinem unverwechselbaren badisch-alemannischen Dialekt, die Sympathiewerte für seinen SC Freiburg in die Höhe treibt – neben der vorbildlichen Einbindung junger Talente aus der Freiburger Fußballschule natürlich.

Mit dem Umzug in das moderne und größere neue Stadion im Oktober 2021 und einer regelrechten Explosion der Mitgliederzahlen bis auf 60.000 im Jahr 2023 machte der Verein kürzlich den nächsten Schritt. Erstmals qualifizierte sich der SC Freiburg für ein Achtelfinale des Europapokals und durfte mit Juventus Turin die Klingen kreuzen. Ebenfalls zum ersten Mal in der Vereinsgeschichte erreichte man in zwei aufeinanderfolgenden Saisons einen Startplatz im europäischen Wettbewerb.

Meister Amateurliga Südbaden **1965, 1968, 1978**
Zweitligameister **1992/93, 2002/03, 2008/09, 2015/16**
Bundesliga-Aufsteiger zusätzlich **1997/98**
Südbadischer Pokalsieger **1975 und 1978**
Pokal-Halbfinalist **2012/13, 2021/22, 2022/23**
Pokalfinalist **2021/22**
Europapokalteilnehmer **1995/96, 2001/02, 2013/14, 2017/18 (Qualifikation), 2022/23, 2023/24**

1904-1954

Kuriose Vereinsnamen und verschiedene Plätze

Das Team des Kreismeisters 1924, das in die Bezirksliga Württemberg-Baden aufstieg.

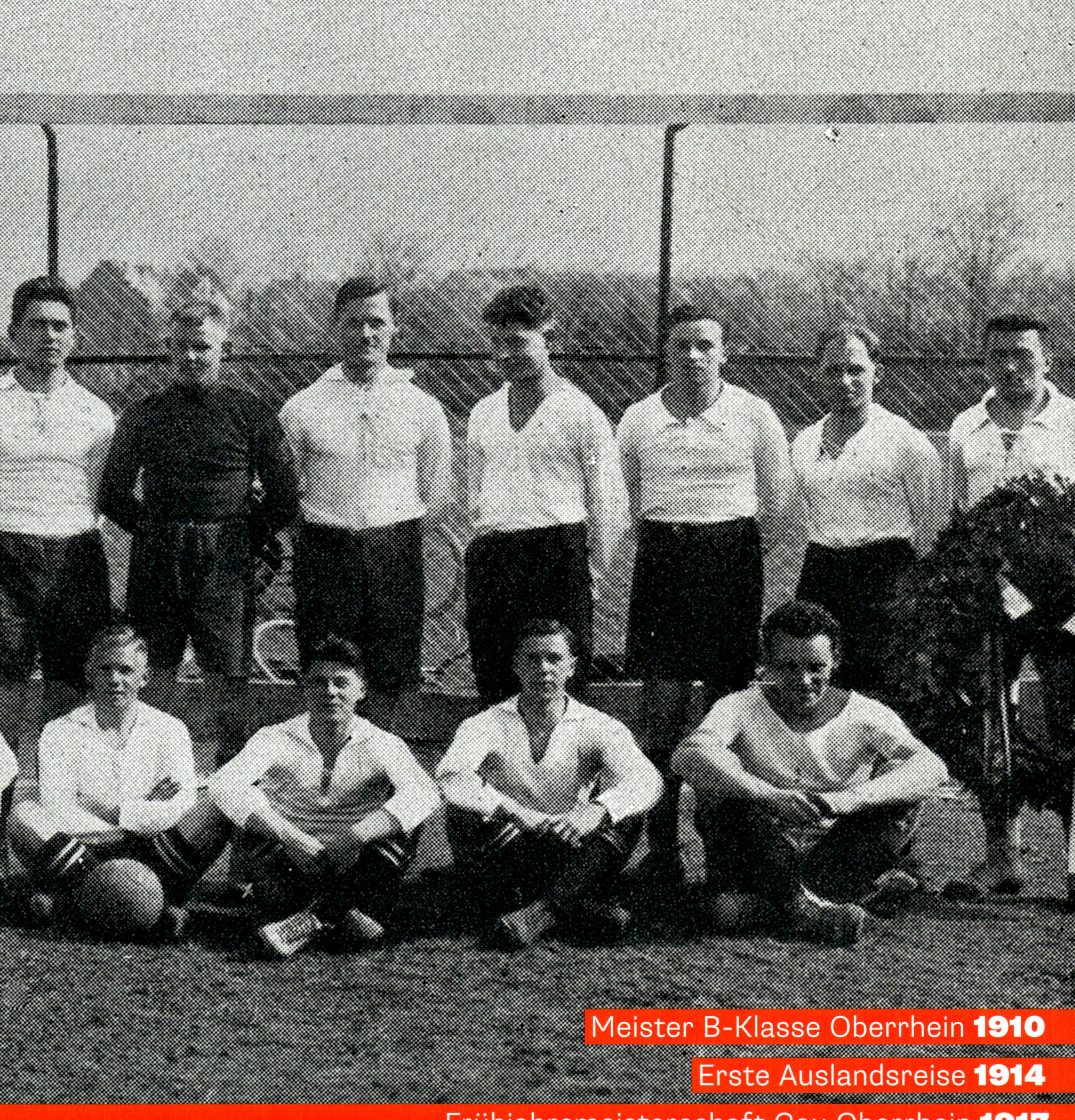

Meister B-Klasse Oberrhein **1910**

Erste Auslandsreise **1914**

Frühjahrsmeisterschaft Gau Oberrhein **1917**

Meister A-Klasse Gau Oberrhein **1920**

Aufstieg Bezirksliga Württemberg-Baden **1924**

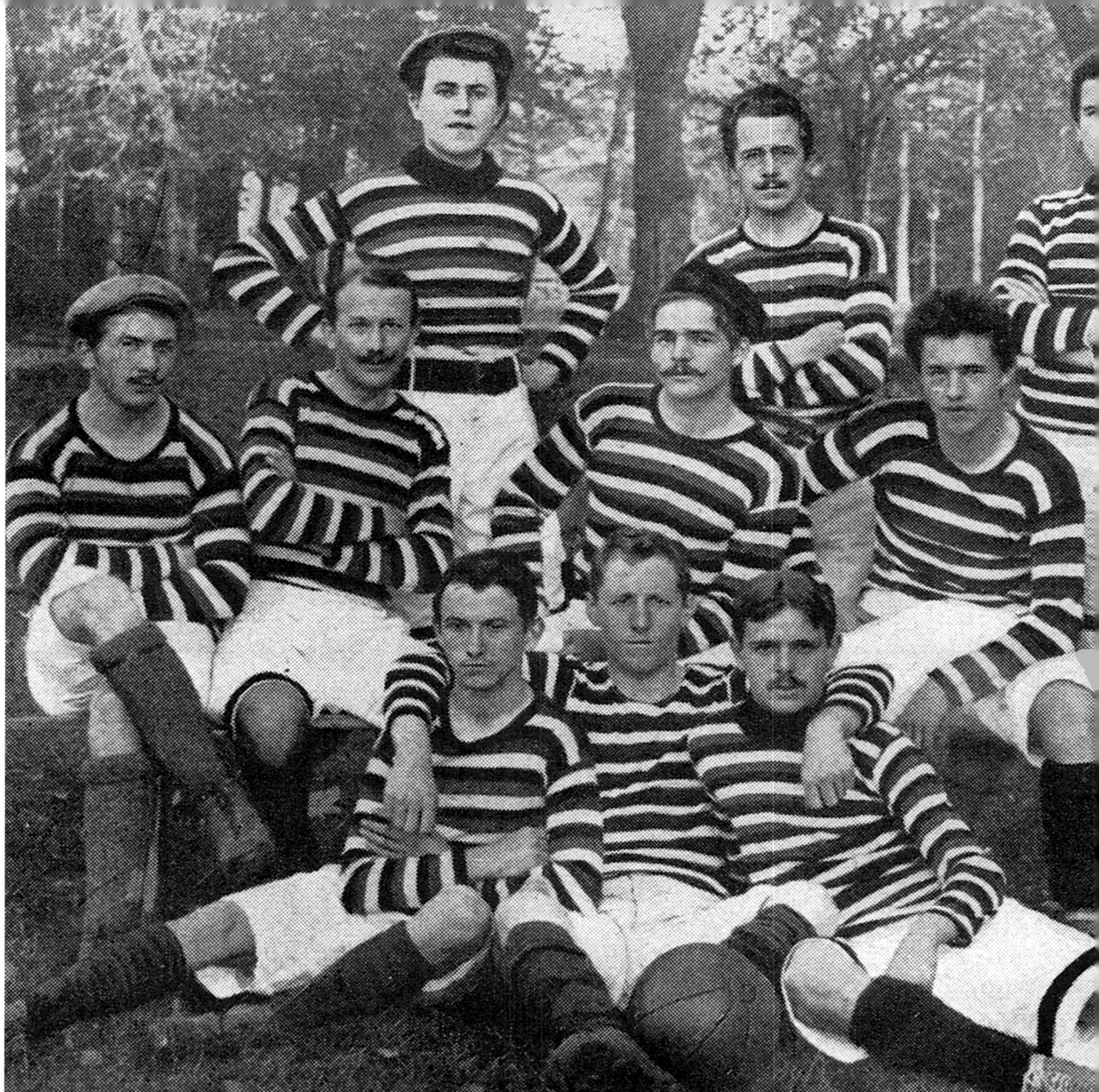

Die Anfänge des Freiburger Fußballs

Die Anfänge des Fußballs in Freiburg sind vergleichsweise gut dokumentiert. So erschien 1927 mit dem Band „30 Jahre Fußball-Sport in Freiburg“ von Hermann Büchele eine der ältesten vereinsunabhängigen Quellen zu den Gründerjahren des Sports. Dort wird davon berichtet, wie sich der neue „Rasensport“ in Freiburg etablierte. Wie in vielen Städten hatte es das sogenannte englische Spiel zunächst schwer. Nicht nur die Turner hegten große Vorbehalte und bezeichneten Fußball als „Fußlümmelei“, auch die Verwaltung und die Lehrer an den Freiburger Schulen waren skeptisch.

Der Fußball-Pionier Walther Bensemann, der in den ersten Jahren des Fußballs in ganz Deutschland seine Spuren hinterließ und sich u. a. als Gründer der Fußballzeitschrift „kicker“ im Jahre 1920 einen Namen machte, wurde während seiner kurzen Freiburger Zeit von der Universität ausgeschlossen, weil er Kommilitonen zu Fußball und Alkohol „verführt“ habe.

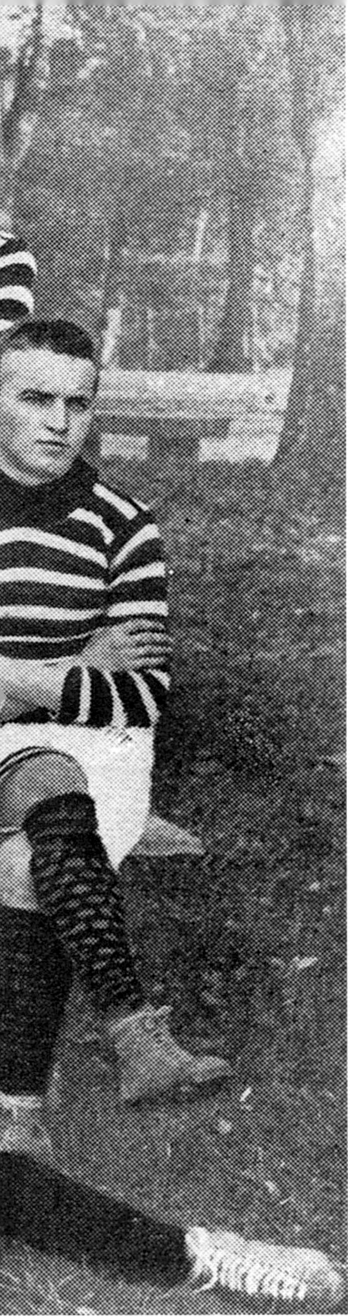

Freiburger Pioniere: die Mannschaft des FFC 1897.

Die Freiburger Fußball-Pioniere

Nachdem das englische Spiel über die Schulen, namentlich das Bertold-Gymnasium und die Rotteck-Oberrealschule, seinen Weg in die Sportstunden, Freizeitaktivitäten und Herzen der (seinerzeit ausschließlich männlichen) Freiburger Jugend gefunden hatte, wurde im Jahr 1897 der Freiburger Fußball-Club (FFC) gegründet. Schon im Gründungsjahr gelang es den Freiburger Fußballpionieren, die sich eigentlich wie ihre Namensvettern aus Kaiserslautern oder Nürnberg den Namenszusatz „1." verdient gehabt hätten, die Regionalmeisterschaft zu erlangen. Landesverbände gab es seinerzeit allerdings ebenso wenig wie den Deutschen Fußballbund. Allerdings entstand noch im Jahr 1897 der Verband Süddeutscher Fußball-Vereine (VSFV, heute SFV), an dessen Gründung Walther Bensemann beteiligt war.

Zehn Jahre nach seiner Gründung gelang dem FFC 1907 mit dem Gewinn der Deutschen Meisterschaft ein echter Coup. Es war der erste und ist bis heute der einzige Titel der Fußballstadt Freiburg von landesweiter Bedeutung. Der FFC war auch lange Zeit die klare Nummer 1 der Stadt und klopfte bereits in den 1960er-Jahren ans Tor zur Bundesliga. 1969 fehlte am Ende der Aufstiegsrunde nur ein einziger Treffer zum Aufstieg. Nach dem Abstieg aus der 2. Bundesliga 1982, nach vier gemeinsamen Jahren mit dem Sport-Club und einigen umkämpften Stadtderbys, übernahm allmählich der SC Freiburg die Rolle der Nummer eins in der Stadt. Heute pendelt der FFC als Fahrstuhlmannschaft zwischen Verbands- und Oberliga; also zwischen fünfter und sechster Liga.

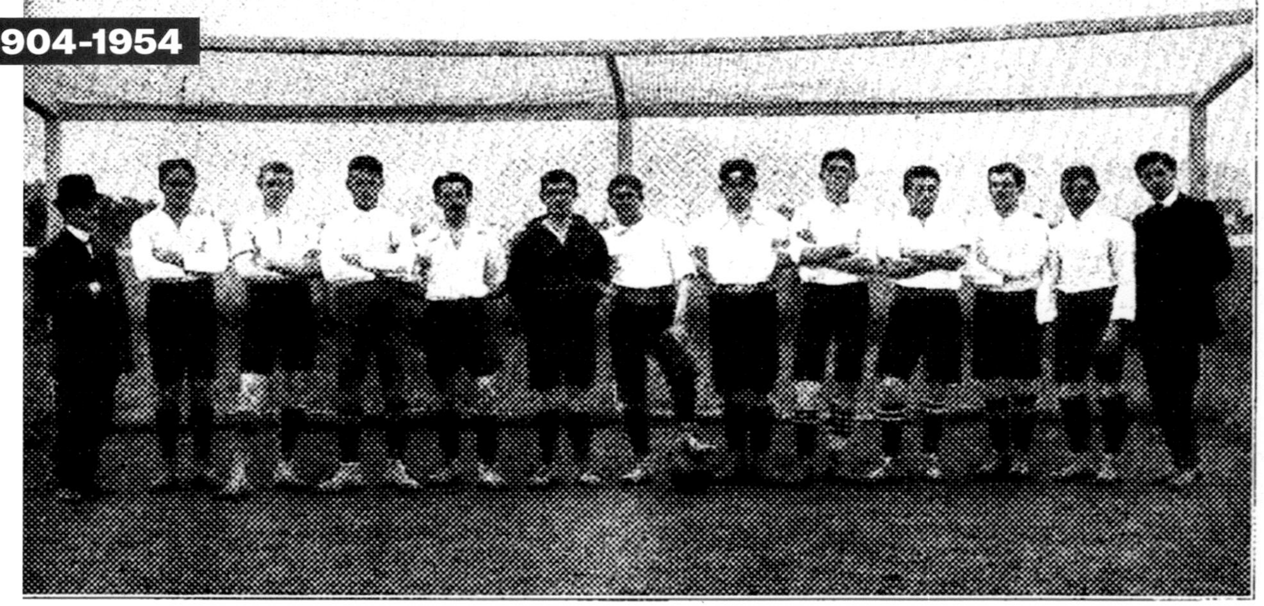

Die 1. Mannschaft des Sport-Club Freiburg nach erfolgter Vereinigung im Jahre 1912

Namen von links: Federer (2. Vorsitzender), Sackmann, Keller, Kunzweiler, Bußhardt, Obermeier, Schlegel („Zego"), Weber, Sailer, Müller, Schneider, Link, Hirsch

Gründung des SC Freiburg

Die Geschichte des SC Freiburg begann im Jahr 1904 mit der Gründung des Fußball-Verein 1904, der zunächst in der Lorettostraße, dann auf dem Exerzierplatz und schließlich auf dem Hölderle an der Günterstalstraße spielte. Platzhirsch FFC beäugte das Aufkommen der Konkurrenz argwöhnisch und verfügte über den Verband eine Namensänderung in Sport-Verein 1904, weil bei „Fußball-Verein" die Gefahr einer Verwechslung mit dem FFC zu groß sei.

Etwa zur gleichen Zeit gründete sich im westlich der Hauptbahnlinie gelegenen Stadtteil Stühlinger, geprägt von Arbeitern, Handwerkern und Kleingewerbetreibenden, ein Verein mit dem Namen Schwalbe. Aus Schwalbe, einem typischen Vereinsnamen der Arbeiterbewegung jener Epoche, wurde später Mars und schließlich Union.

Im Frühjahr 1912 schlossen sich der SV 1904 und Union zum Sport-Club Freiburg zusammen. Als Gründungsjahr wurde 1904 übernommen. Der lange als offizielles Gründungsdatum geltende 30. Mai 1904, nachzulesen in vielen jeweils zu Saisonbeginn erschienenen „Kicker"-Sonderheften, konnte bei tiefer gehenden Recherchen nicht bestätigt werden und wurde später gestrichen.

Das erste BW-Derby

Das Baden-Württemberg-Derby zwischen dem VfB Stuttgart und dem SC Freiburg lassen viele Fans, insbesondere solche des VfB, nicht als Derby gelten. Zu groß die Distanz (160 km Luftlinie), zu unterschiedlich die Sphären, in denen sich die Vereine bewegen, ganz zu schweigen vom Selbstverständnis. Wobei die Freiburger in Sachen Mitgliederzahl durchaus im Aufwind sind: Mittlerweile 60.000 im SC Freiburg e.V. stehen gut 80.000 VfBlern gegenüber.

Seit dem ersten Freiburger Bundesliga-Aufstieg 1993 wird das Duell vor allem von Freiburger Seite gerne als Derby an- und mitgenommen. Dabei sah der SC insbesondere bei Heimspielen als lange krasser Außenseiter nie wirklich schlecht aus.

Das erste Aufeinandertreffen zwischen den beiden Vereinen gab es bereits 1924. Möglich wurde es, weil der Sport-Club im Sommer jenes Jahres als Kreismeister von Südbaden in die höchste Spielklasse aufgestiegen war. In der Bezirksliga Württemberg/Baden gab es in jener Saison jeweils vier Starter aus Baden und Württemberg. Der SC Freiburg konnte nur den FC Mühlburg, der später im Karlsruher SC aufging, hinter sich lassen und stieg als Tabellensiebter direkt wieder ab. Meister wurden die Stuttgarter Kickers; der VfB Stuttgart landete auf Platz 5. Dem SC Freiburg gelang in der Folgesaison der direkte Wiederaufstieg, und so hieß es auch 1926/27 wieder „Derby Time". 1927/28 wurde die Liga dann geteilt und die badischen Vertreter blieben unter sich.

Anschließend vergingen sechseinhalb Jahrzehnte, ehe SC Freiburg und VfB Stuttgart 1993/94 erneut in der Liga aufeinandertrafen. Mit dem anderen großen Verein des mittlerweile zur Hauptstadt des „Südweststaats" Baden-Württemberg gewordenen Stuttgart, den Kickers aus Degerloch, kreuzte man übrigens deutlich häufiger die Klingen. Doch die Duelle gegen die „Blauen" waren nie so brisant wie die gegen die Brustringträger.

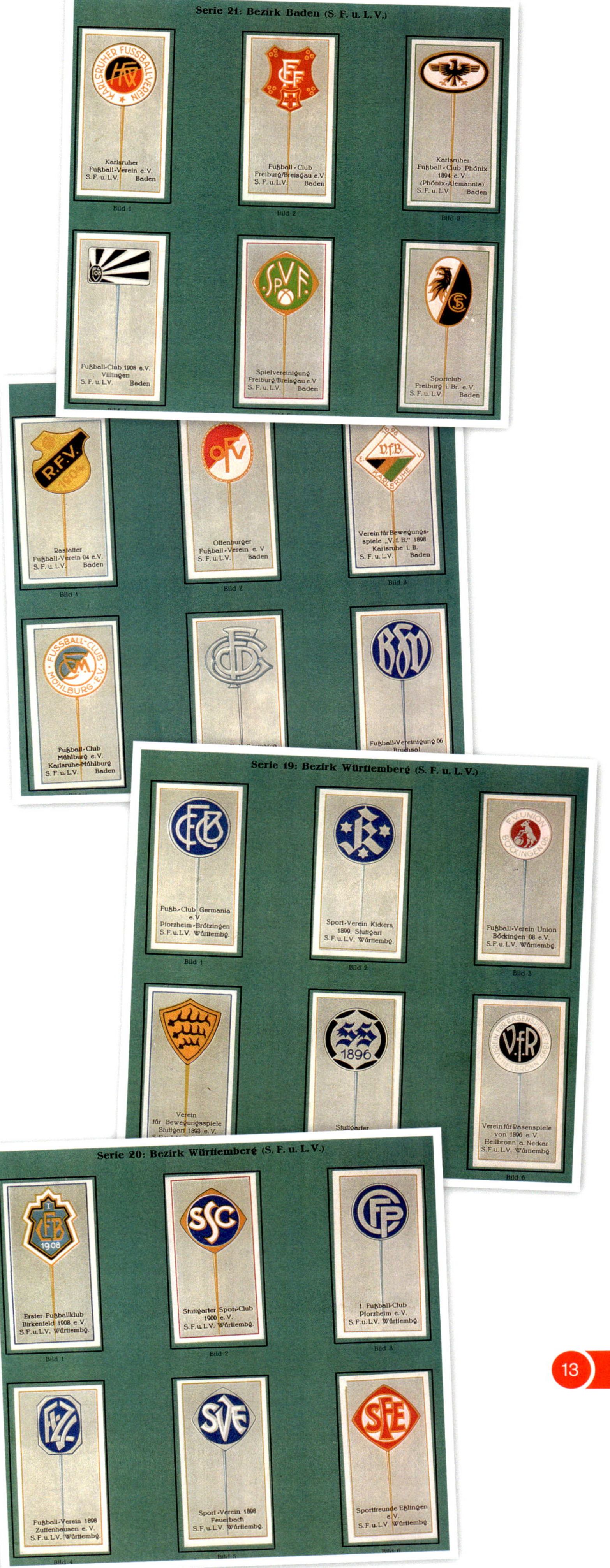

Einige Gegner des Sport-Club in den späten 1920er Jahren

Yoghurt

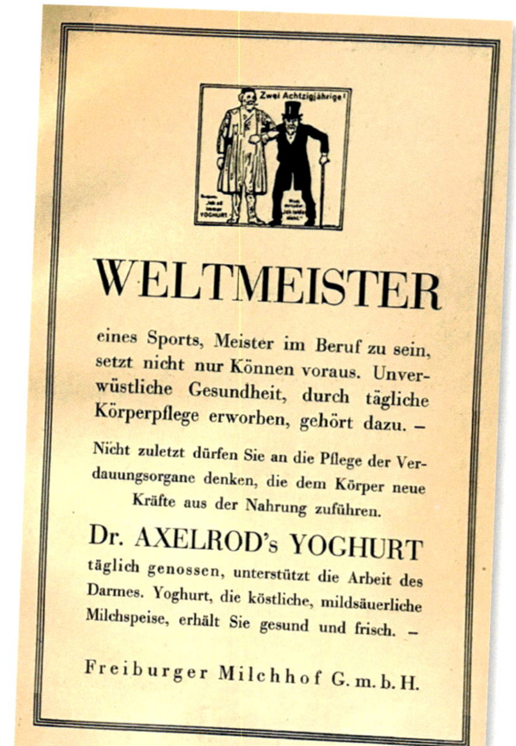

Zwei Achtzigjährige!

WELTMEISTER

eines Sports, Meister im Beruf zu sein, setzt nicht nur Können voraus. Unverwüstliche Gesundheit, durch tägliche Körperpflege erworben, gehört dazu. –

Nicht zuletzt dürfen Sie an die Pflege der Verdauungsorgane denken, die dem Körper neue Kräfte aus der Nahrung zuführen.

Dr. AXELROD's YOGHURT

täglich genossen, unterstützt die Arbeit des Darmes. Yoghurt, die köstliche, mildsäuerliche Milchspeise, erhält Sie gesund und frisch. –

Freiburger Milchhof G. m. b. H.

Dass der Genuss von gegorener Milch, genauer gesagt „durch Milchsäurebakterien verdickter Milch" (wie es Wikipedia erklärt), gesund sein soll, musste 1927 noch erklärt werden. Ein interessantes Fundstück in der Publikation „30 Jahre Freiburger Fußballsport" ist jedenfalls die Anzeige für „Dr. Axelrod's Yoghurt". Dieser verspricht einen Beitrag zu „unverwüstlicher Gesundheit" und hilft „bei der Pflege der Verdauungsorgane".

Wenn man bedenkt, welche Rolle die Werbung für Milchprodukte im Freiburger Fußballsport viele Jahrzehnte später haben sollte, ist diese Anzeige des Freiburger Milchhofs aus dem Jahre 1927 ein wichtiger Fingerzeig. 2010 wurden mit der Vorstellung des neuen Trikotsponsors „Ehrmann" bei vielen Erinnerungen wach an die legendäre Europapokal-Saison 1993/94 des nordbadischen Nachbars Karlsruher SC. Der konnte damals mit der Allgäuer Molkerei auf der Brust bis ins Halbfinale des UEFA-Cups vorstoßen. Die Freiburger Träume von ähnlichen Erfolgen waren berechtigt, denn mit dem Ehrmann-Logo auf dem Trikot ging es tatsächlich schnurstracks in den Europapokal, genauer gesagt in die Europa League.

Es folgte ein Wechsel zur lokalen Molkerei „Schwarzwaldmilch" (einer ihrer Vorgängerbetriebe ist übrigens der für „Dr. Axelrod" werbende Freiburger Milchhof), und wieder schnupperte man internationale Luft. Diesmal war jedoch bereits in der Qualifikationsrunde Schluss. Endstation war das slowenische Domžale. Und noch ein weiteres Mal trugen Milch-Sponsor-Trikots den Sport-Club ins internationale Geschäft: 2021/22 erreichte Freiburg mit den Proteinen von „Schwarzwaldmilch" den sechsten Platz in der Bundesliga und feierte anschließend seinen bislang erfolgreichsten Europa-League-Auftritt. Als ungeschlagener Gruppenerster ging es erstmals ins Achtelfinale. Das nun allerdings mit einer nicht mehr aktiven Gebrauchtwagenhandelsplattform auf dem Trikot.

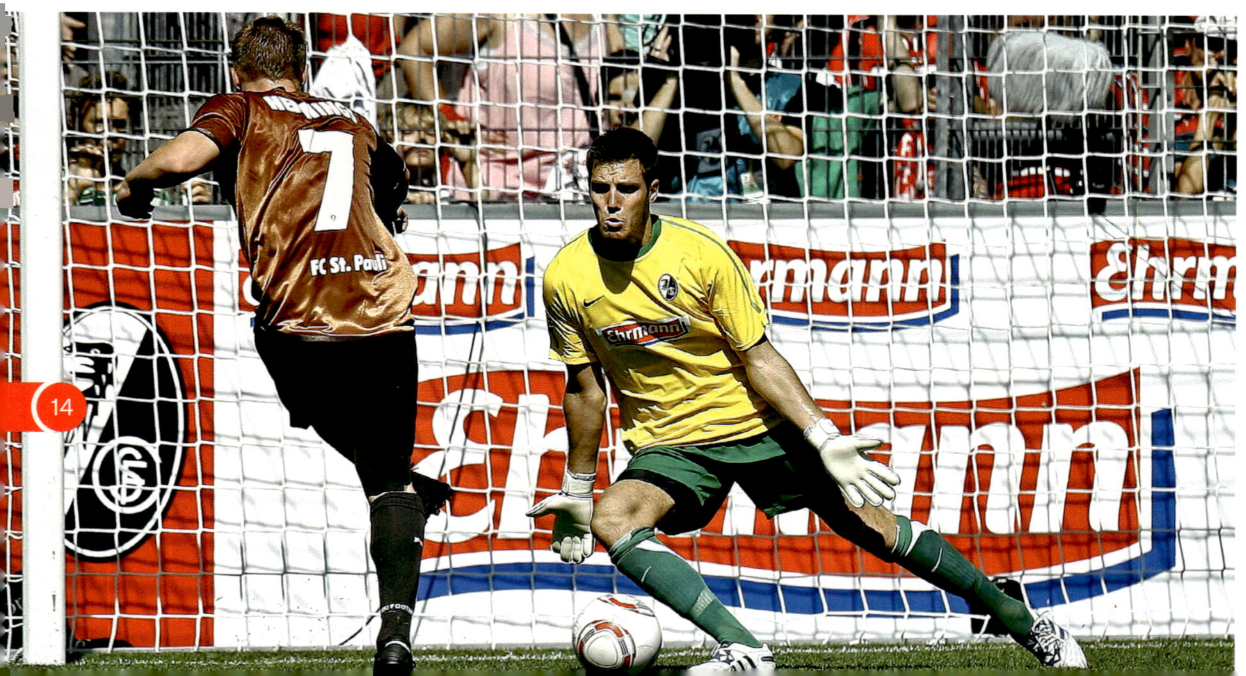

Simon Pouplin 2010 vor der Milch-Werbewand im Dreisamstadion.

Der SC in der dunklen Zeit

Auch am Sport-Club Freiburg ging die Zeit des Nazi-Regimes nicht spurlos vorüber. Wie überall verbreitete sich die unsägliche Nazi-Ideologie auch im Freiburger Sport bzw. Fußball. Bei der Mitgliederversammlung 1933 wurden zwei Nationalsozialisten in den Vorstand gewählt. Juden galten fortan als unerwünscht und wurden aus dem Verein gedrängt.

Exemplarisch für viele steht das Schicksal von Sigmund Günzburger. Als Kaufmann mit Ladengeschäft in der Freiburger Innenstadt und Vizepräsident des SC Freiburg um 1919/20 war der Jude mit einer gewissen Prominenz ausgestattet. Sein Zigarren- und Tabakgeschäft in der Bertoldstraße gilt als erste „Geschäftsstelle" des Klubs. Dort wurden auch Tickets verkauft. Günzburger wurde 1940 nach Gürs und 1942 nach Auschwitz deportiert, wo er im November 1942 ermordet wurde. Das Gedenken an ihn wird regelmäßig im Rahmen der Geschichtsvermittlung vom SC-Archivar – und künftig zusätzlich mittels Wandbild im Umlauf des neuen Stadions an prominenter Stelle – gepflegt.

Schon vor Hitlers Machtübernahme im Januar 1933 hatte es bekennende Anhänger der Nazi-Ideologie beim Sport-Club gegeben. Darunter Hermann Weber, der beim 20-jährigen Vereinsjubiläum 1924 zum ersten Ehrenspielführer ernannt worden war. Aufgrund seiner problematischen Gesinnung wurde er später aus dem Vereinsgedächtnis „gelöscht".

Der SC lässt dieses dunkle Kapitel aktuell vom Freiburger Historiker Robert Neisen aufarbeiten und hofft, dass die Studie einiges von dem ans Licht bringt, was seit Ende des Zweiten Weltkriegs im Verborgenen schlummert.

„Nie wieder!" heißt es jedes Jahr Ende Januar, wenn der gesamte deutsche Profifußball zum Jahrestag der Befreiung des Konzentrationslagers Auschwitz den Erinnerungstag begeht.

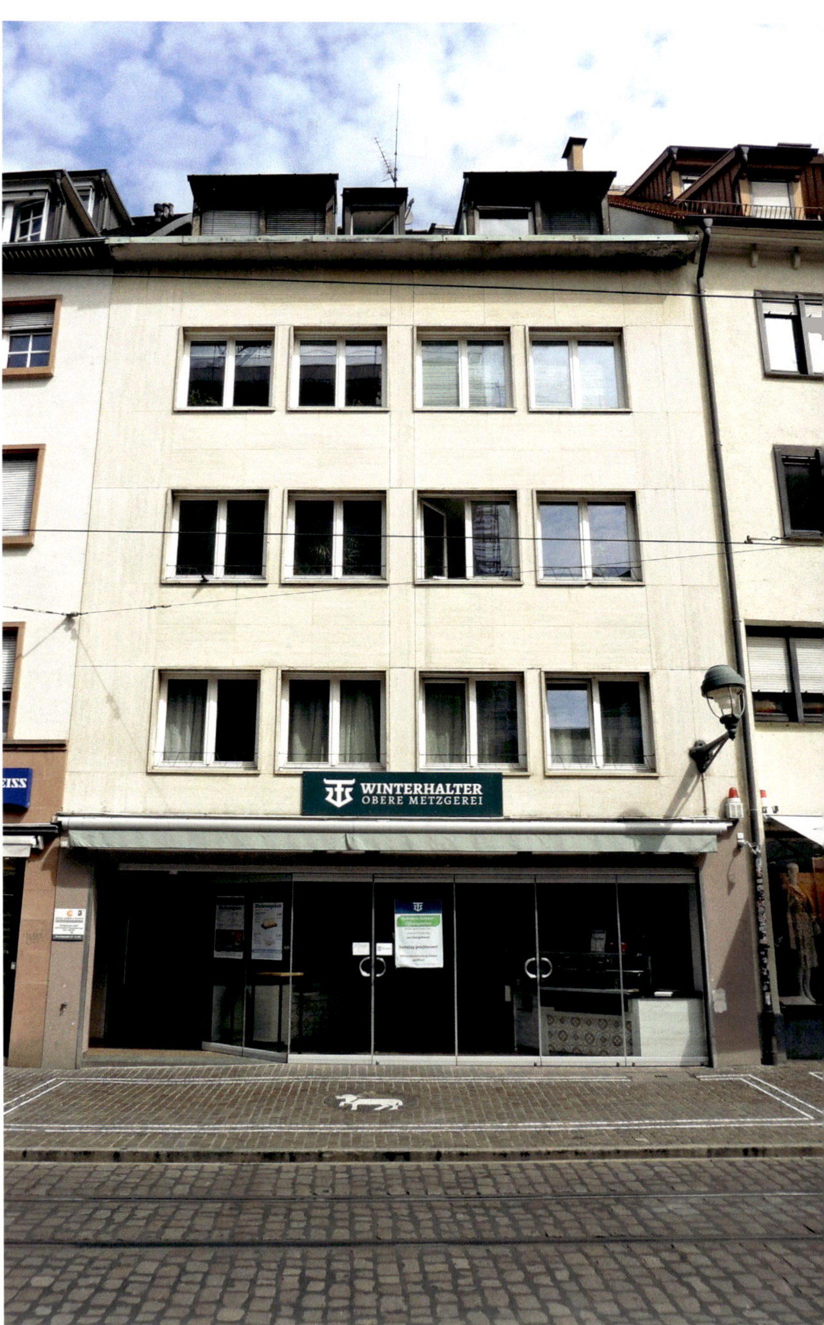

Das ehemalige Günzburger Tabakgeschäft im Jahr 2023.

Heimat-Stühlinger

Die Geschichte des Fußballs in Freiburg kann nur erzählt werden, wenn man die beiden über Jahrzehnte das fußballerische Geschehen in der Stadt prägenden Vereine Freiburger FC (gegründet 1897) und SC Freiburg (gegründet 1912, es gilt das Gründungsdatum der Vorgängervereine Union und SV 1904) miteinander betrachtet.

Während der Freiburger FC im Umfeld der Fußball-Pioniere und des wohlhabenden und vermögenden Bürgertums zu verorten war, entstammten der SC bzw. dessen Vorgänger dem Milieu der Angestellten und Arbeiter sowie Kleingewerbetreibenden und Handwerker im westlich der Bahnlinie gelegenen Stadtteil Stühlinger. Stellvertretend für diese Schicht kann der langjährige SC-Spieler und Dauer-Torschütze Oskar Müller gesehen werden, der in der Klarastraße 19 das Elektrogeschäft „Müller & Sackmann" betrieb, für das er in der Festschrift anlässlich des 25. Vereinsjubiläums 1929 sogar eine Anzeige schaltete.

MÜLLER & SACKMANN

Ausführung sämtlicher elektr. Licht-, Kraft-, Heizungs-, Telefon-, Tableau- und Klingelanlagen, Reparaturen an Motoren, elektr. Aufzügen, moderne Schaufensterbeleuchtungen

Große Auswahl Staubsauger, Bohner, Beleuchtungskörper, Stehlampen, Bügeleisen

Radio-Apparate Zubehörteile und Antennenbau, Vorführung kostenlos

Klarastr. 19, Fernsprecher 3901

Insgesamt wollte man den Sport-Club breiten Bevölkerungsschichten offenhalten und nicht akademisch-elitär prägen („Studentenverbindung mit anderen Mitteln", schrieb Willi Adam 2004 in der Vereinschronik „Hundert Jahre 90 Minuten"), wie den „Donatoren-Club" Freiburger FC. Dieser sorgte bereits 1907 deutschlandweit für Aufsehen, als überraschend die Deutsche Meisterschaft errungen wurde.

Ein nationaler Titel fehlt dem Sport-Club bis heute, und der FFC war sportlich auch lange erfolgreicher. Nicht unbedingt wirtschaftlich, aber das glichen die wohlhabenden Mäzene gerne aus. So war es der FFC, der sich in den späten 1960er-Jahren erstmals anschickte, in die Bundesliga aufzusteigen. Dabei scheiterten die „Rotjacken" 1969 denkbar knapp an Rot-Weiß Oberhausen.

Später vermischten sich die Milieus zunehmend, und in den 1980er-Jahren war es nicht unüblich, erst für den einen und dann für den anderen Verein zu spielen und/oder zu arbeiten (beispielsweise Charly Schulz, Christian Streich, Klemens Hartenbach).

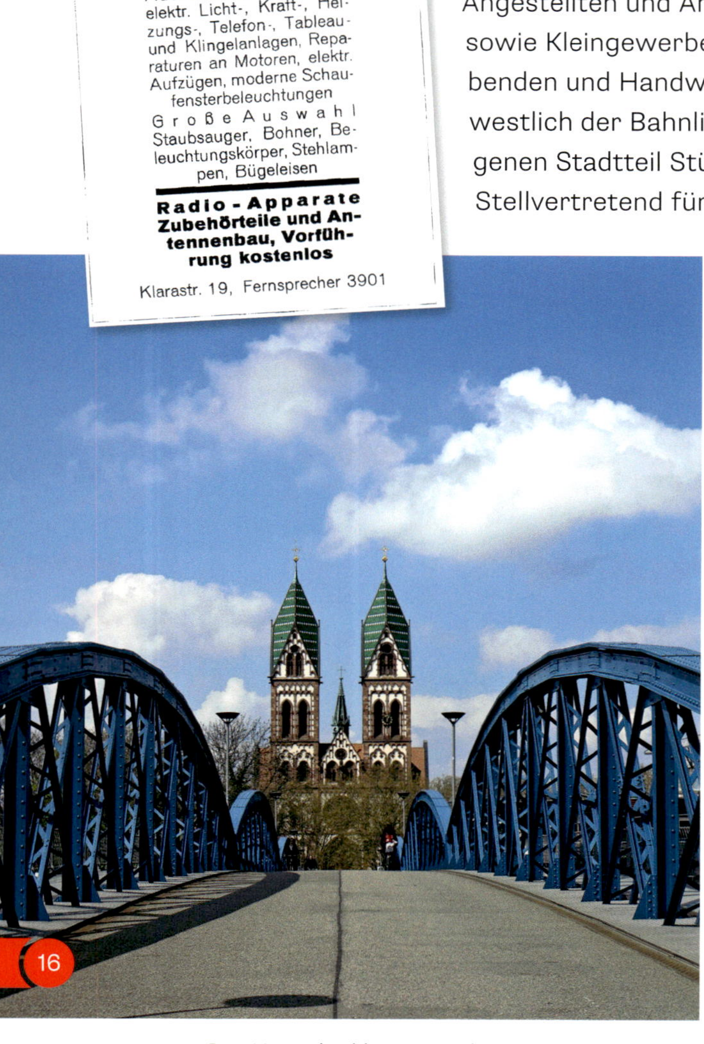

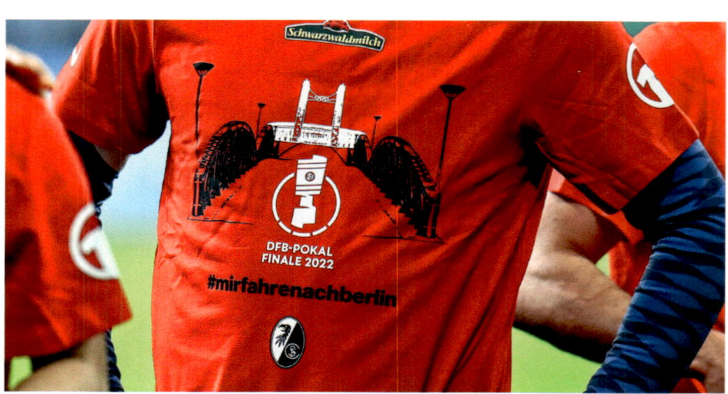

Das Motiv der blauen Brücke Richtung Stühlinger wurde 2022 für die T-Shirts zum Pokalfinale genutzt, nur dass auf der anderen Seite nicht die Stühlinger Herz-Jesu-Kirche, sondern das Berliner Olympiastadion abgebildet war.

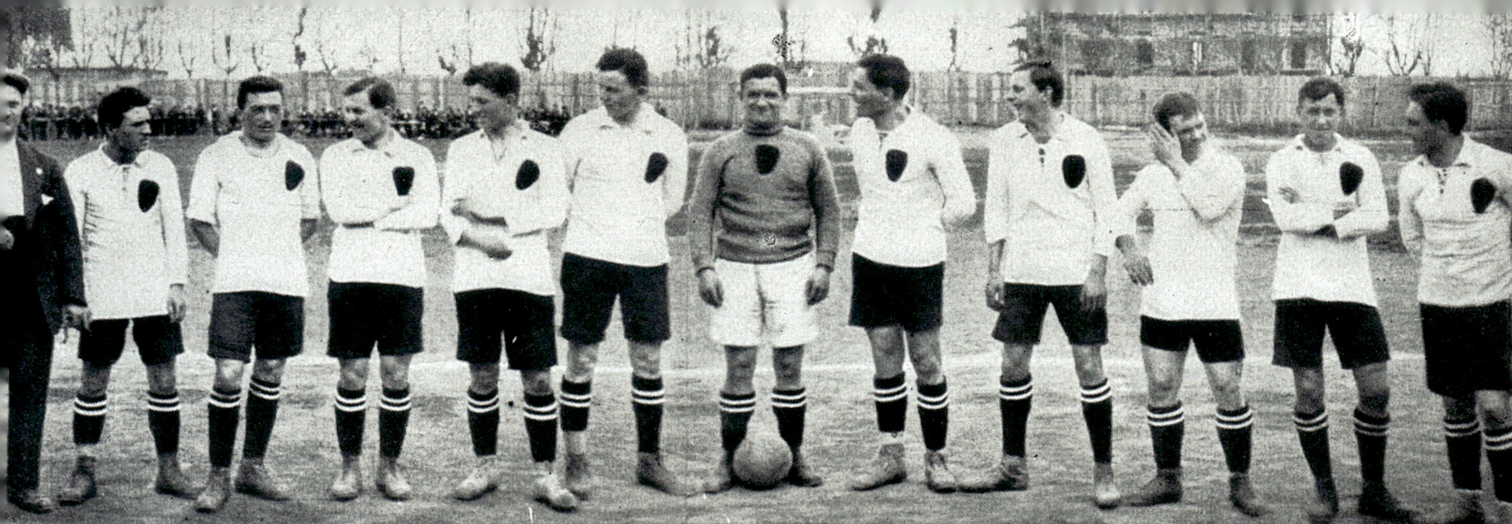

Die Sport-Club-Mannschaft Ostern 1914 beim Freundschaftsspiel in Alessandria.

Italien-Reisen: Ostern 1914 und Fastenzeit 2023

Der 2023 ins Leben gerufene „Arbeitskreis SC-Vereinsgeschichte“ recherchierte in seinem ersten Projekt zu den Hintergründen, den Abläufen und vor allem den Teilnehmern der ersten großen Auslandsreise des SC Freiburg an Ostern 1914 - kurz vor Beginn des Ersten Weltkriegs. Der Klub folgte einer Einladung nach Italien zu zwei Spielen in Genua und Alessandria. Wer waren die SC-Spieler, die mitreisten? Wieso wurde gerade der SC eingeladen? Wer berichtete darüber? Die Rechercheergebnisse wurden nach Drucklegung dieses Buches vorgestellt.

Im September 1923 war die Mannschaft dann beim FC Turin zu Gast. Zeitzeuge A. Broßmann berichtet in der Festschrift zum 25-jährigen Vereinsjubiläum 1929: „Der September 1923 sah unsere erste Elf beim FC Turin in Turin, wo wir, begrüßt von zwei Musikkapellen (hinter jedem Goal konzertierte abwechselnd eine Musikkapelle), eine 2:4-Niederlage einstecken mussten, trotz kompletter Mannschaft.“

„Musik“ war auch knapp 100 Jahre später beim Freiburger Gastspiel in der Europa League bei Juventus Turin wieder drin. Statt Musikkapellen lief allerdings unmittelbar vor dem Anpfiff eine gigantische Lichtshow ab, kam die Juventus-Hymne in ohrenbetäubender Lautstärke aus den Boxen und Kehlen der Juventus-Fans.

Christian Streich bezeichnete Italien in der Pressekonferenz nach der Auslosung als „Sehnsuchtsort“ und vergaß dabei nicht, auf die mitunter schwierige politische Situation hinzuweisen.

Das SC-Team in Turin.

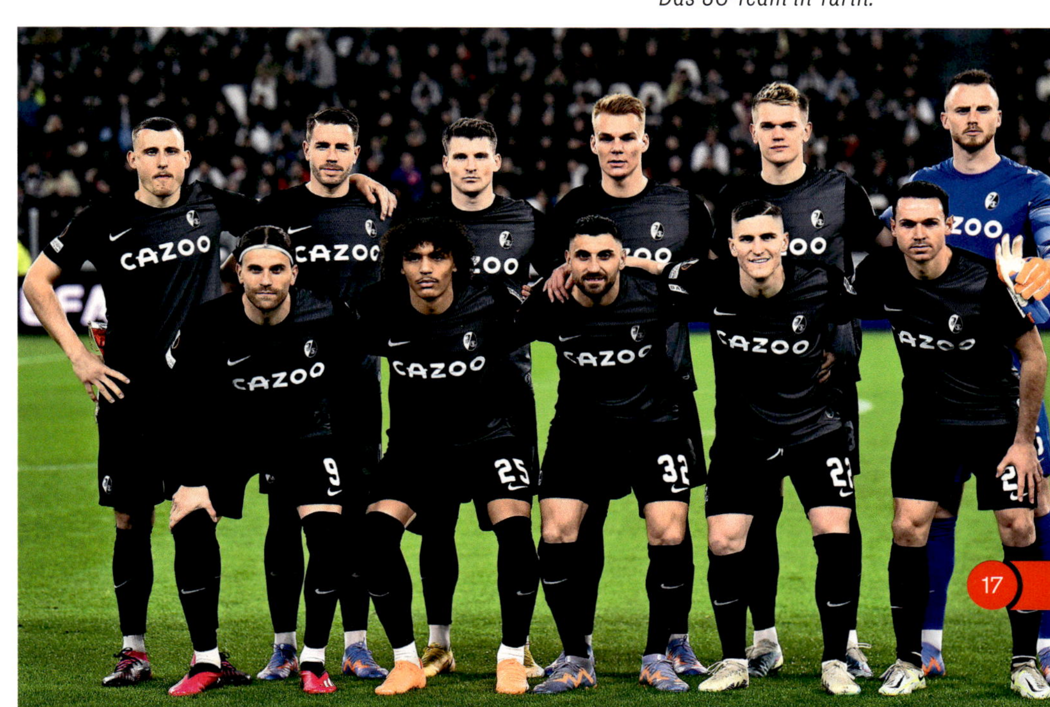

Neubeginn nach dem Krieg

Nach dem Krieg wurden aus den Kriegsgärten wieder Fußballplätze, und es durfte wieder gekickt werden. Die französischen Alliierten erlaubten jedoch nicht die Wiedergründung der Vereine aus der Vorkriegszeit bzw. deren Namen. Aus dem SC wurde somit der VfL und aus dem FFC die Fortuna. Das Freiburger Lokalderby hieß also plötzlich VfL gegen Fortuna. Diese Paarung, ein Derby nannte man seinerzeit „Lokalspiel", gab es beispielsweise 1946 im südbadischen Pokalwettbewerb, als der SC aka VfL vor 4.500 Zuschauern mit 4:1 die Nase vorn hatte. Das Pokalfinale gegen den VfL Konstanz (FC Konstanz, seit 2012 SC Konstanz-Wollmatingen) im Möslestadion verlor der VfL Freiburg wiederum mit 1:2 vor 2.500 Zuschauern.

Von 1946 bis 1949 spielte der SC als VfL in der Zonenliga Süd. Anschließend kickte man unter dem Dach der Freiburger Turnerschaft als FT/SC ab 1950 in der 1. Amateurliga Südbaden. 1952 durfte der Klub seinen alten Namen SC Freiburg wieder annehmen und ging für die nächsten Jahrzehnte in der 1. Amateurliga Südbaden auf Tore- bzw. Punktejagd.

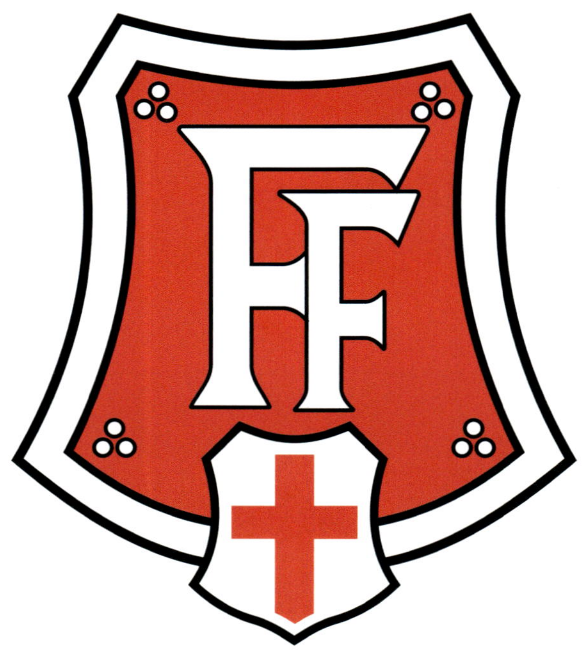

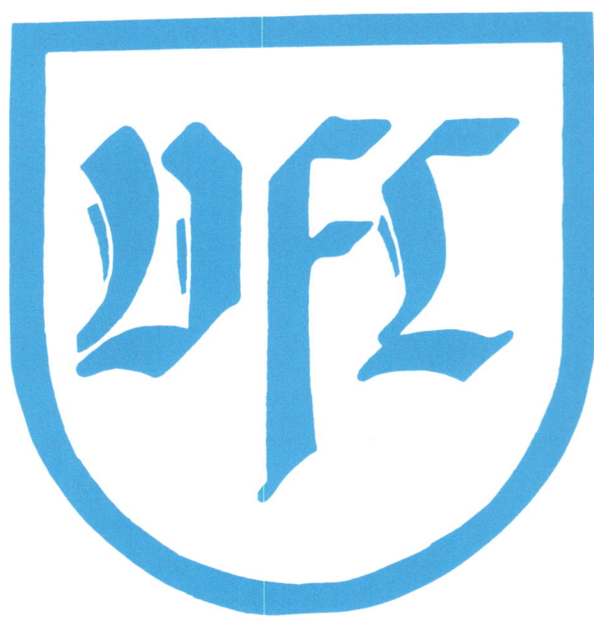

Nach dem Zweiten Weltkrieg lautete das Freiburger Derby zunächst „Fortuna Freiburg gegen VfL Freiburg".

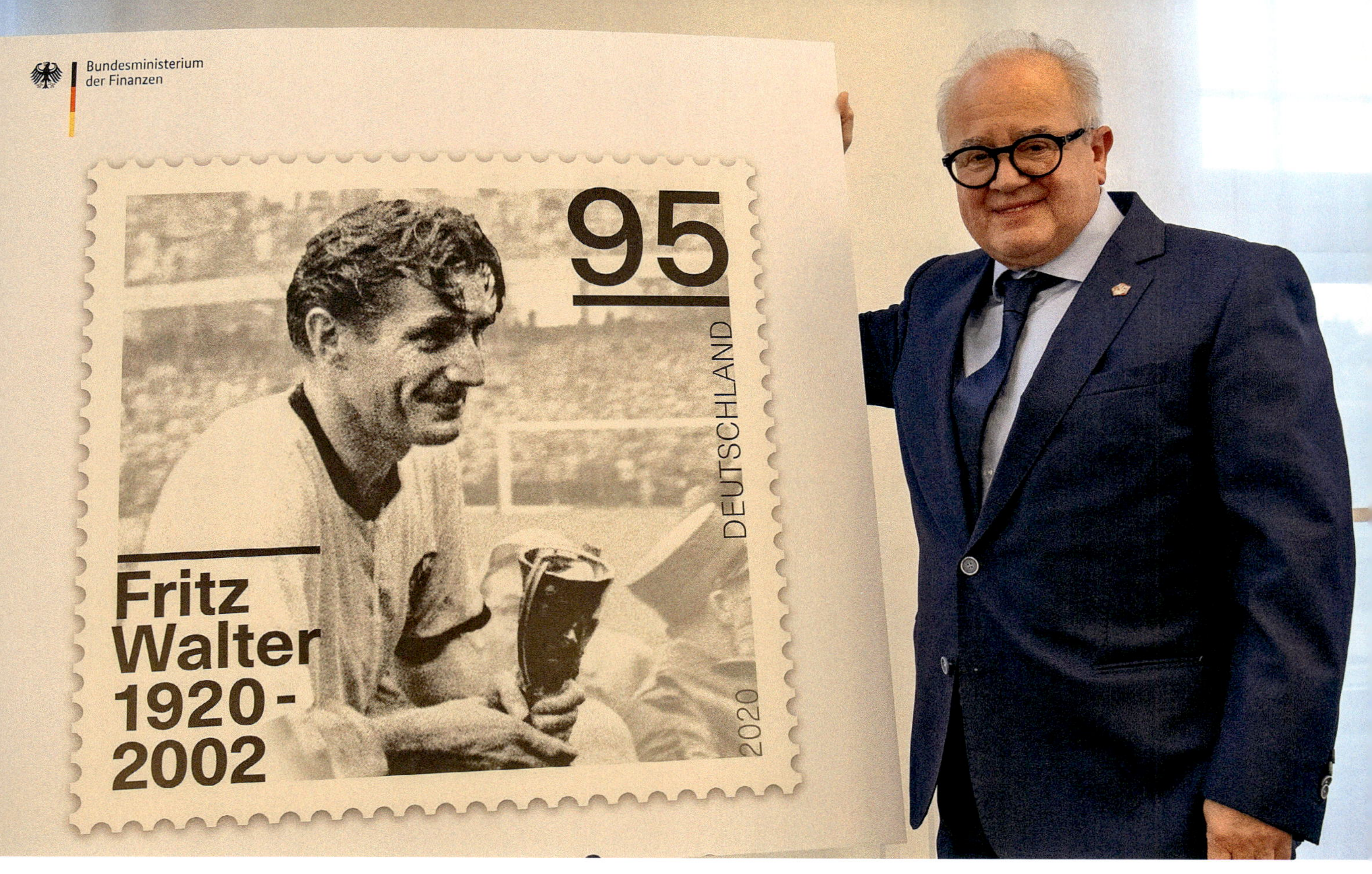

Der Patenonkel von Fritz Keller – Weltmeister 1954

Dem fußballbegeisterten Winzer- und Gastronomiesohn Fritz Keller, der aufgrund seiner Verpflichtungen im elterlichen Betrieb am Kaiserstuhl unweit von Freiburg selbst kaum zum Fußballspielen kam, wurde die Fußballbegeisterung vom Vater in die Wiege gelegt. Dieser hatte ihm nicht nur den Vornamen des Weltmeisters von 1954, Fritz Walter, gegeben, sondern diesen gleich noch zum Taufpaten des Filius bestimmt. Die Verbindung rührte daher, dass die Nationalmannschaft der 1950er-Jahre die Ruhe und relative Abgeschiedenheit des in einem riesigen Vulkanfelsen gelegenen Landstrichs sehr zu schätzen wusste und dort ihre Erfolge zu feiern pflegte. Das gute Essen und die feinen Weine taten ihr Übriges. Daraus entstand eine Freundschaft zwischen der Familie Keller und dem Pfälzer Fußballidol.

Der Vater Franz nahm den jungen Fritz Anfang der 1970er-Jahre mit zu den Spielen des Freiburger FC, wo es ihm allerdings nicht sonderlich gefiel. Er kritisierte, dass es dem dortigen Publikum mehr um „Sehen und gesehen werden" ginge und es nicht sonderlich viel mit Fußball am Hut habe. Als er später in der Zeitung las, dass SC-Präsident Achim Stocker sich mehr Unterstützung im Bereich Sponsoring und Vermarktung wünsche, kam Keller Anfang der 1990er-Jahre – in etwa zeitgleich mit Volker Finke – zum Sport-Club.

Ganz wie sein Patenonkel Fritz Walter bekam Fritz Keller später noch eine wichtige Rolle beim DFB und wurde kurzzeitig dessen Präsident. Leider gelang es ihm nicht, auf dem Verbandsparkett so erfolgreich und umsichtig zu agieren wie der 1954er-Weltmeister auf dem Fußballplatz.

1955–1992

Thomas Schweizer und Christian Streich im Zweitligaspiel 1988 gegen die Stuttgarter Kickers (rechts Ralf Allgöwer).

Neue eigene Heimat an der Dreisam

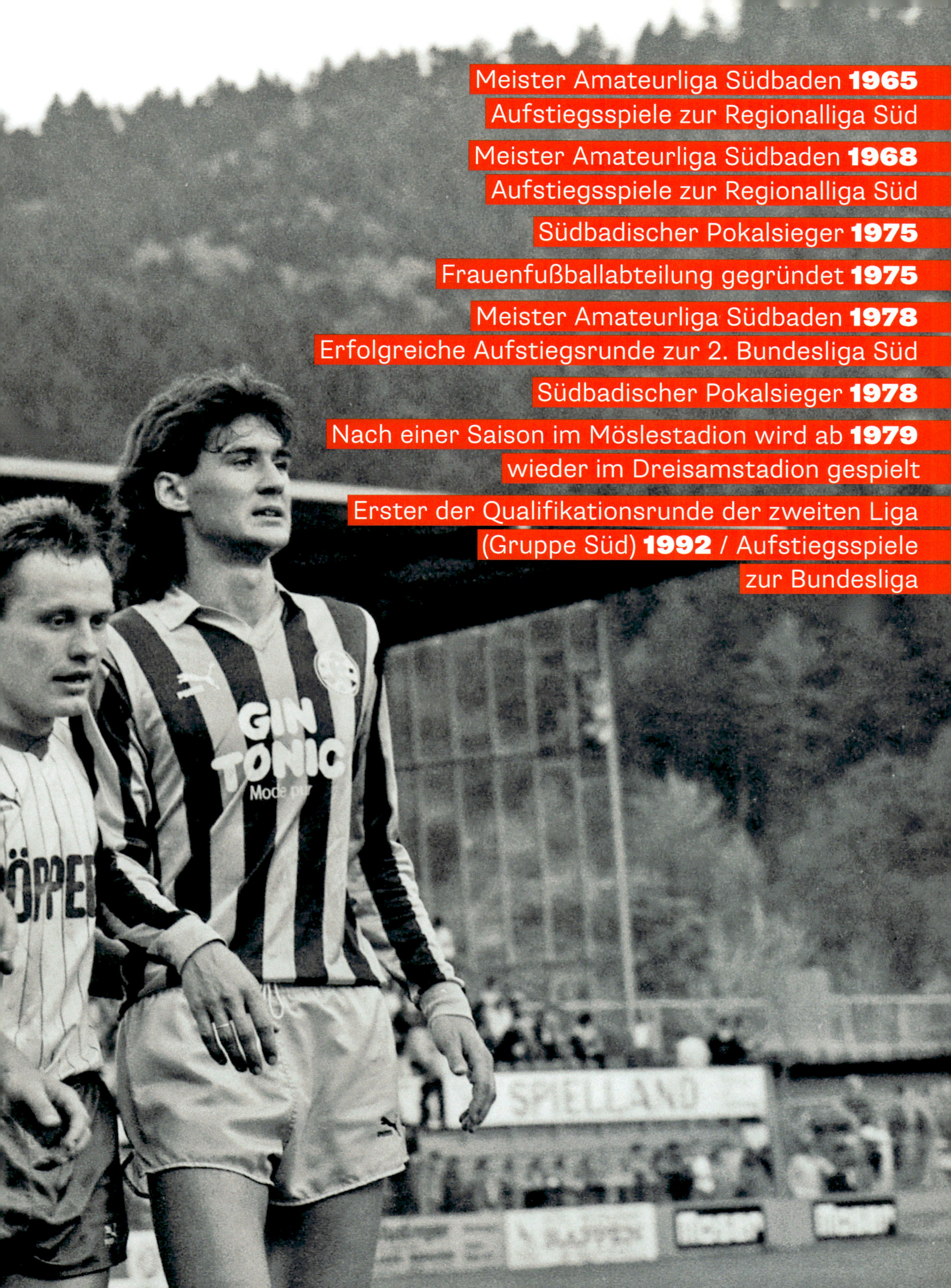

Meister Amateurliga Südbaden **1965**
Aufstiegsspiele zur Regionalliga Süd

Meister Amateurliga Südbaden **1968**
Aufstiegsspiele zur Regionalliga Süd

Südbadischer Pokalsieger **1975**

Frauenfußballabteilung gegründet **1975**

Meister Amateurliga Südbaden **1978**
Erfolgreiche Aufstiegsrunde zur 2. Bundesliga Süd

Südbadischer Pokalsieger **1978**

Nach einer Saison im Möslestadion wird ab **1979**
wieder im Dreisamstadion gespielt

Erster der Qualifikationsrunde der zweiten Liga
(Gruppe Süd) **1992** / Aufstiegsspiele
zur Bundesliga

Der SC-Platz

Nach einer langen Odyssee durch die Stadt und über viele verschiedene Spielstätten fand der SC 1955 endlich eine neue Heimat an der Dreisam. Dabei handelte es sich um ein brach liegendes Gelände im Osten der Stadt zwischen dem Hindenburgplatz und dem Strandbad an der Schwarzwaldstraße. Die Stadt stellte eine Baracke zur Verfügung, alles andere wurde überwiegend in Eigenleistung von den Mitgliedern errichtet. Zunächst konnte von einem Stadion kaum die Rede sein. Es war der „Platz an der Dreisam“ oder der „SC-Platz“. Als erste Maßnahme wurde auf der Ostseite Richtung Strandbad eine etwa 100 Meter lange, mehrere Stufen hohe Tribüne aus Beton errichtet. Im Jahr 1961 folgte dann der Spatenstich des Vereinsheims, das 1964 zum 60-jährigen Vereinsjubiläum eröffnet und „Dreisamblick“ genannt wurde. Erst im Jahr 1967 wurde aus dem „SC-Platz“ das „Dreisamstadion“.

Die erste überdachte Tribüne mit 480 Sitzplätzen entstand 1970 an der Südseite zur Schwarzwaldstraße hin. Der vorhandene kleine Hügel und die Nähe zu den Parkplätzen waren die Gründe für den Bau hinter einem der Tore. Es folgten 1980 der Bau der Haupttribüne und ein Ausbau der Stehplatztribünen. Das Dreisamstadion fasste nach Abschluss aller Baumaßnahmen 15.000 Zuschauer. Bei dieser Kapazität blieb es bis zum ersten Bundesliga-Aufstieg 1993. Obwohl schon damals Stimmen einen Neubau an anderer Stelle vorschlugen, wurde die Kapazität des Dreisamstadions nach und nach auf 25.000 aus- und später auf 24.000 Zuschauer rückgebaut.

Die erste Herrenmannschaft des SC Freiburg spielte bis zum 26. September 2021 im Stadion an der Dreisam. Seit dem Auszug der Profis tragen die erste Frauen- sowie die zweite Herrenmannschaft dort ihre Spiele aus.

Der erste Torschütze auf dem Platz an der Dreisam war übrigens Friedolin „Friedel“ Egle. Er wurde 1971 zum sechsten Ehrenspielführer der Vereinsgeschichte und blieb dem Verein lange verbunden. Im Jahre 1995 erhielt er daher auch rückwirkend eine offizielle Vereins-Urkunde aus den Händen von Präsident Achim Stocker.

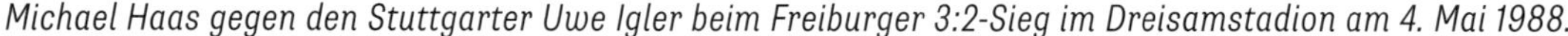

Michael Haas gegen den Stuttgarter Uwe Igler beim Freiburger 3:2-Sieg im Dreisamstadion am 4. Mai 1988.

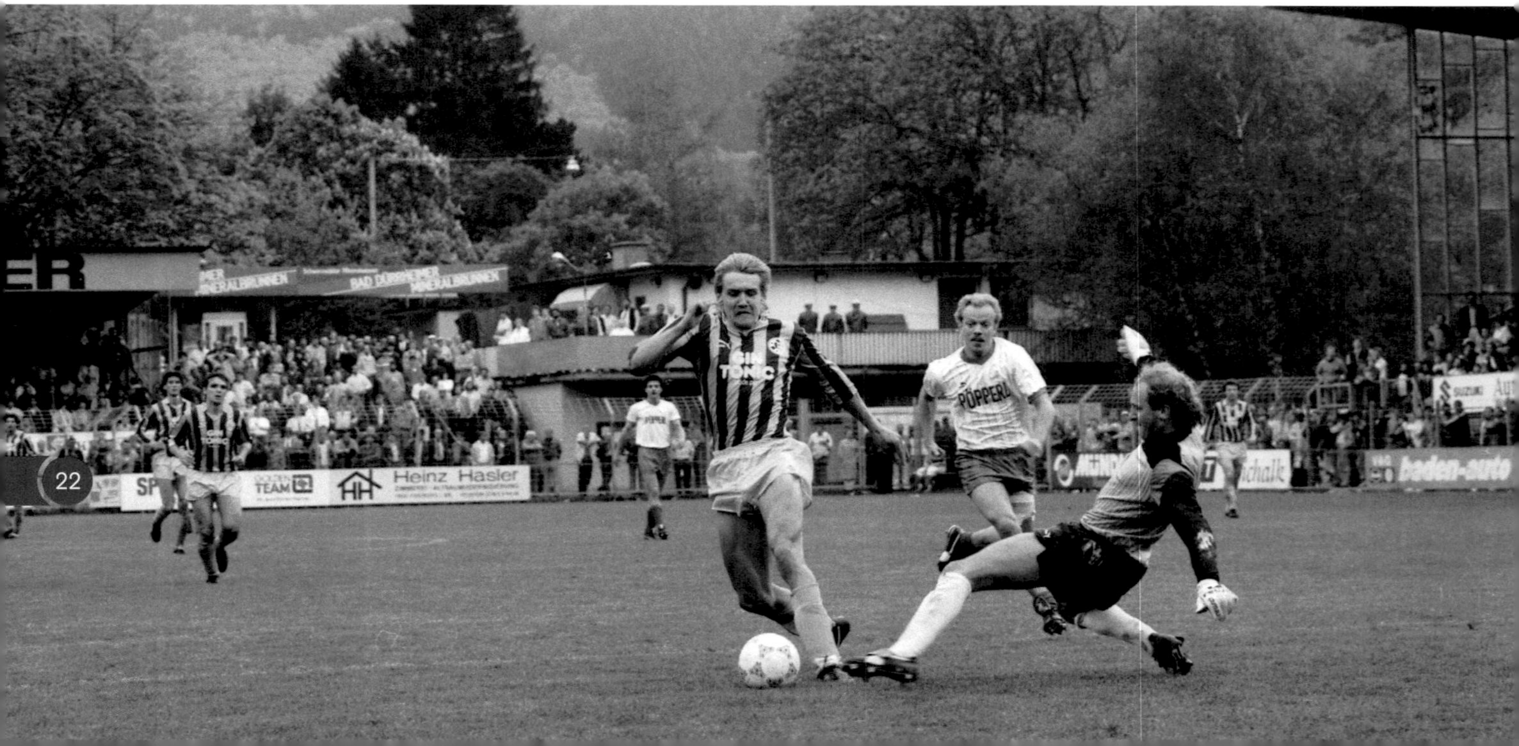

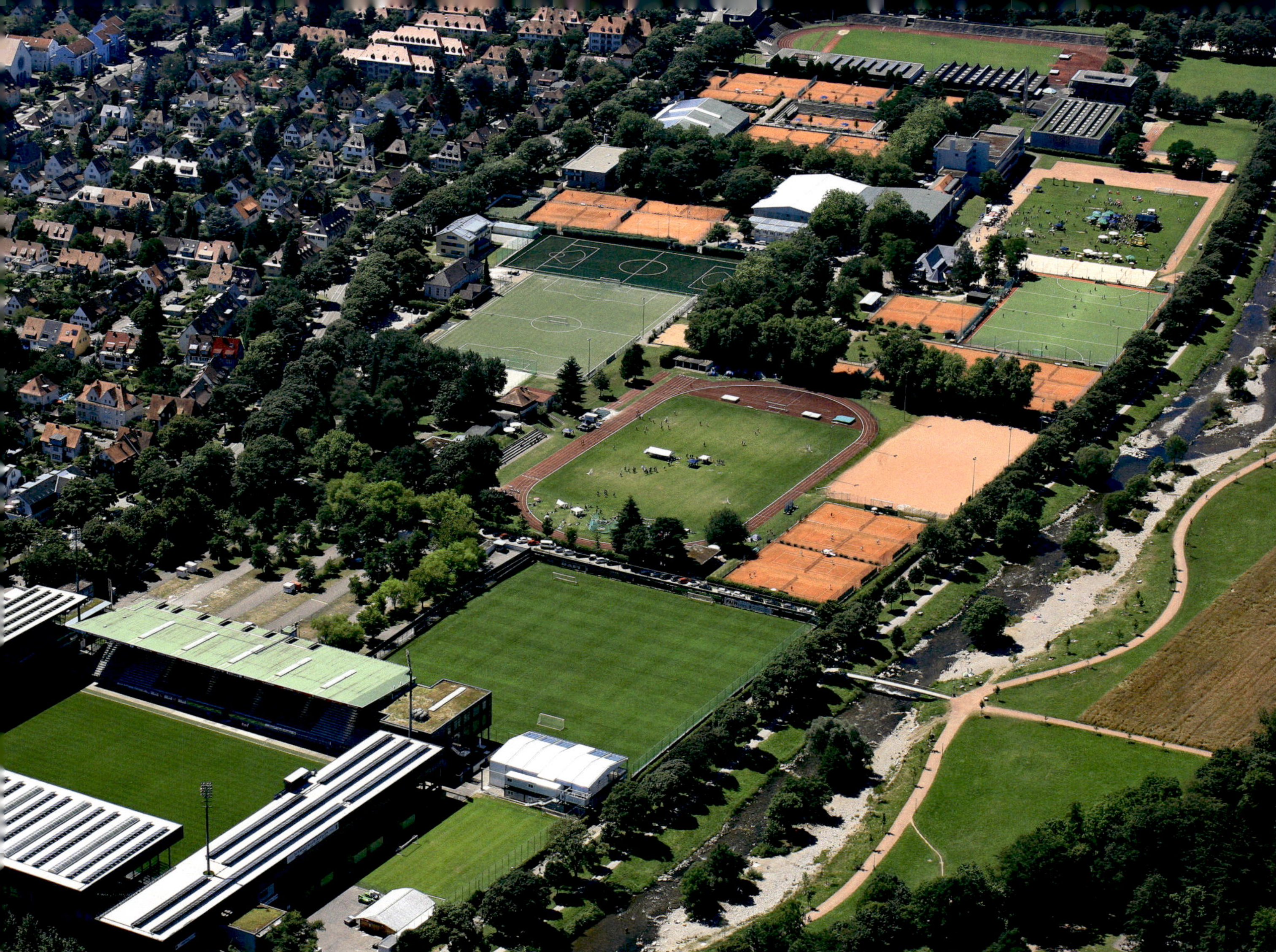

Eine Luftaufnahme zeigt die Sportachse an der Schwarzwaldstraße und dass es trotz des Rückbaus der Tennisplätze hinter der Nordtribüne des Dreisamstadions immer noch einige Tennisplätze an der „Sportmeile“ gibt. Das Gelände des FTC ist unschwer an der Dichte der roten Ascheplätze auszumachen.

Fußball und Tennis

Hier ist eine Quizfrage, die selbst Fans des SC Freiburg nicht immer richtig beantworten können: Welche Sportarten – außer Fußball – werden in unserem Verein ausgeübt? Richtig ist: Tennis. Und neuerdings eSports, dank Lizenzierungsvorgabe der DFL.

Die Tennisabteilung hatte ihre Plätze und das Vereinsheim vor dem Ausbau des Dreisamstadions bzw. der Vergrößerung der Nordtribüne zur überdachten Stehplatztribüne mit knapp 9.000 Plätzen hinter der Handvoll Nord-Stufen Richtung Dreisam. Im Tennis-Vereinsheim wurden Anfang der 1990er-Jahre sogar die Pressekonferenzen abgehalten, die seinerzeit längst nicht so viel Aufmerksamkeit wie heute genossen. Mit dem Ausbau der „Nord“ 1999 war dann dort kein Platz mehr. Zudem wurden auf den verbliebenen Quadratmetern die sogenannte „Zäpflehütte“ als zusätzliches Gastronomie- und Partyangebot sowie ein weiterer kleiner Rasen-Trainingsplatz errichtet.

Die Tennisabteilung hat heute hinter der Freiburger Fußballschule (Möslestadion) ihr Refugium. Anders als beim Fußball kann hier jede und

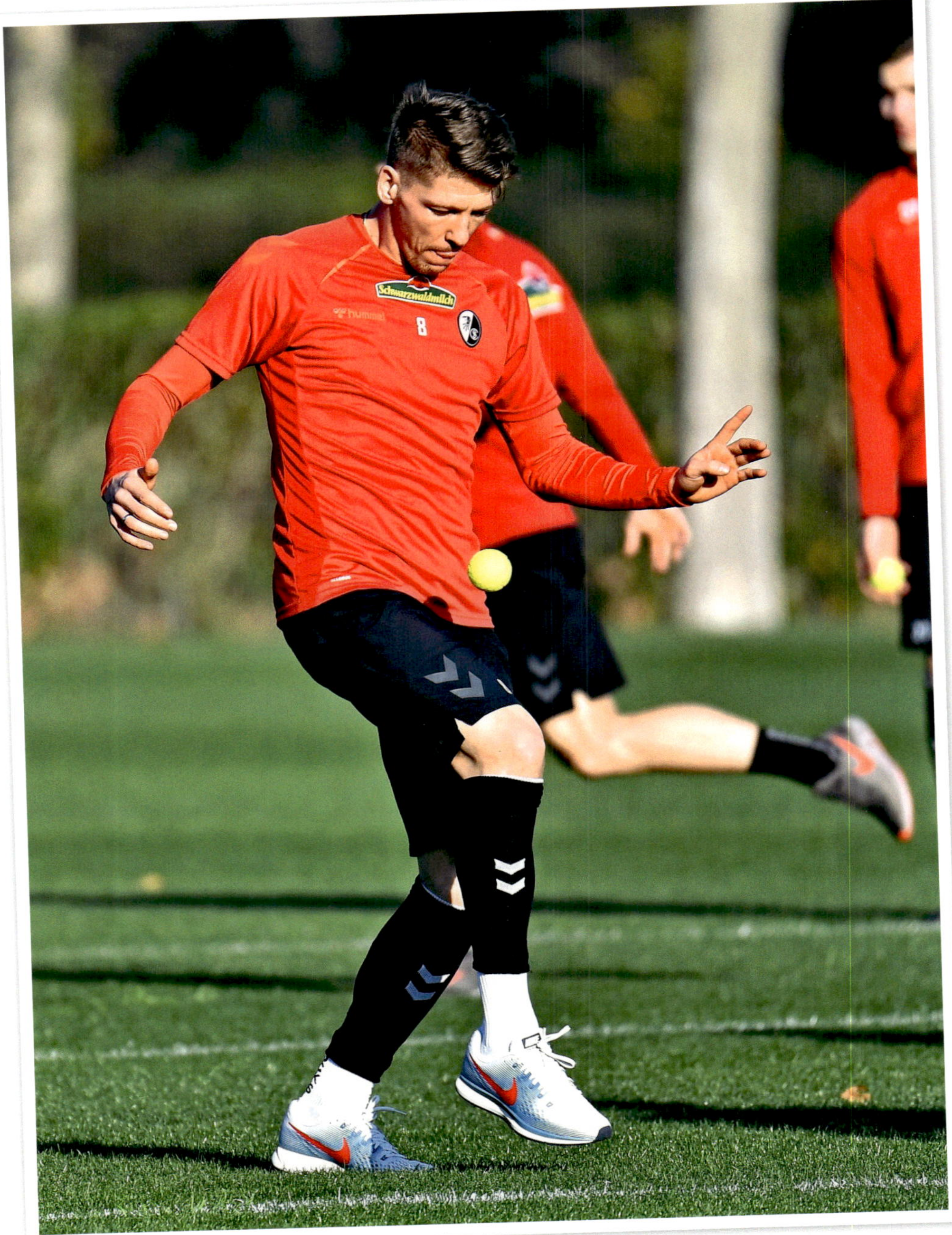

Werbung für das Breitensportangebot im SC Freiburg oder moderne Trainingsmethode? Mike Frantz trainiert mit einem kleinen gelben Filzball.

jeder mitmachen. Das Breitensportangebot des SC Freiburg war früher übrigens deutlich breiter aufgestellt. Die Festschrift von 1929 berichtet über Aktivitäten im Handball, Leichtathletik, Turnen und Geselligkeit.

Tennis war nie die Domäne des Sport-Club Freiburg. Dafür waren andere Vereine zuständig, allen voran natürlich der Freiburger Tennis-Club. Dieser wurde bereits 1895 als Freiburger Lawn-Tennis-Club gegründet und wechselte ähnlich der SC über Jahrzehnte mehrfach den Platz, ehe man 1926 im Freiburger Osten heimisch wurde. Die Hausnummer des FTC ist heute die Schwarzwaldstraße 179 – das ist in der Nachbarschaft des Dreisamstadions (Hausnummer 193).

Nicht auf der Landkarte – Freiburg beim Bundesliga-Start

Die Bundesliga, die Fußball-Deutschland ab 1963 nachhaltig verändern sollte, hatte Freiburg und den äußersten südwestlichen Zipfel, näher an Frankreich und der Schweiz als an den meisten anderen Bundesliga-Städten, bei ihrem Start im August 1963 nicht auf der Karte. Ein Schicksal, das auch deutlich prominentere Vereine ereilte, wie etwa den FC Bayern um Gerd Müller und Franz Beckenbauer. Da nur ein Klub pro Stadt zugelassen wurde und 1860 Südmeister war, mussten die Bayern als Regionalligist – damals die zweithöchste Spielklasse – u. a. in Südbaden gegen den FC Emmendingen und den Freiburger FC auflaufen.

Der FFC erreichte 1969 die Aufstiegsspiele zur Bundesliga. Das überragende Zuschauerinteresse deutete das Potenzial der Fußballstadt Freiburg an. Denkbar knapp scheiterten die „Rotjacken" am schlechteren Torverhältnis gegenüber Rot-Weiß Oberhausen, wo der FFC am letzten Spieltag nicht über ein 0:0 hinauskam. Es strömten jeweils über 20.000 Zuschauer zu den Aufstiegsspielen ins „Mösle". Euphorie und Verkehrschaos im Freiburger Osten, die Geschichte sollte sich gut zwei Jahrzehnte später wiederholen.

Denn exakt 30 Jahre nach Einführung der Bundesliga konnte der SC Freiburg erstmals in die Bundesliga aufsteigen und dort 1993/94, in der 31. Bundesliga-Saison, für Furore sorgen. Trotz einiger mutiger Auftritte und überraschender Heimsiege gegen den FC Bayern und Borussia Dortmund zitterte man bis zum letzten Spieltag. Glücklicherweise bestand der Sport-Club dieses Abenteuer, denn bei einem sofortigen Abstieg wäre es vermutlich schwer geworden, sich so im Oberhaus zu etablieren, wie es schließlich gelungen ist. Seit über 30 Jahren mischt der Klub nun im Konzert der Großen mit (einige kurze Unterbrechungen inklusive) und war nie schlechter als Vierter der zweiten Liga. Und in der ewigen Bundesliga-Tabelle ist der SC Freiburg inzwischen in die „Top 20" vorgerückt! Bundesliga ohne SC Freiburg – kaum mehr vorstellbar.

Freiburger Bundesliga-Alltag 1996.

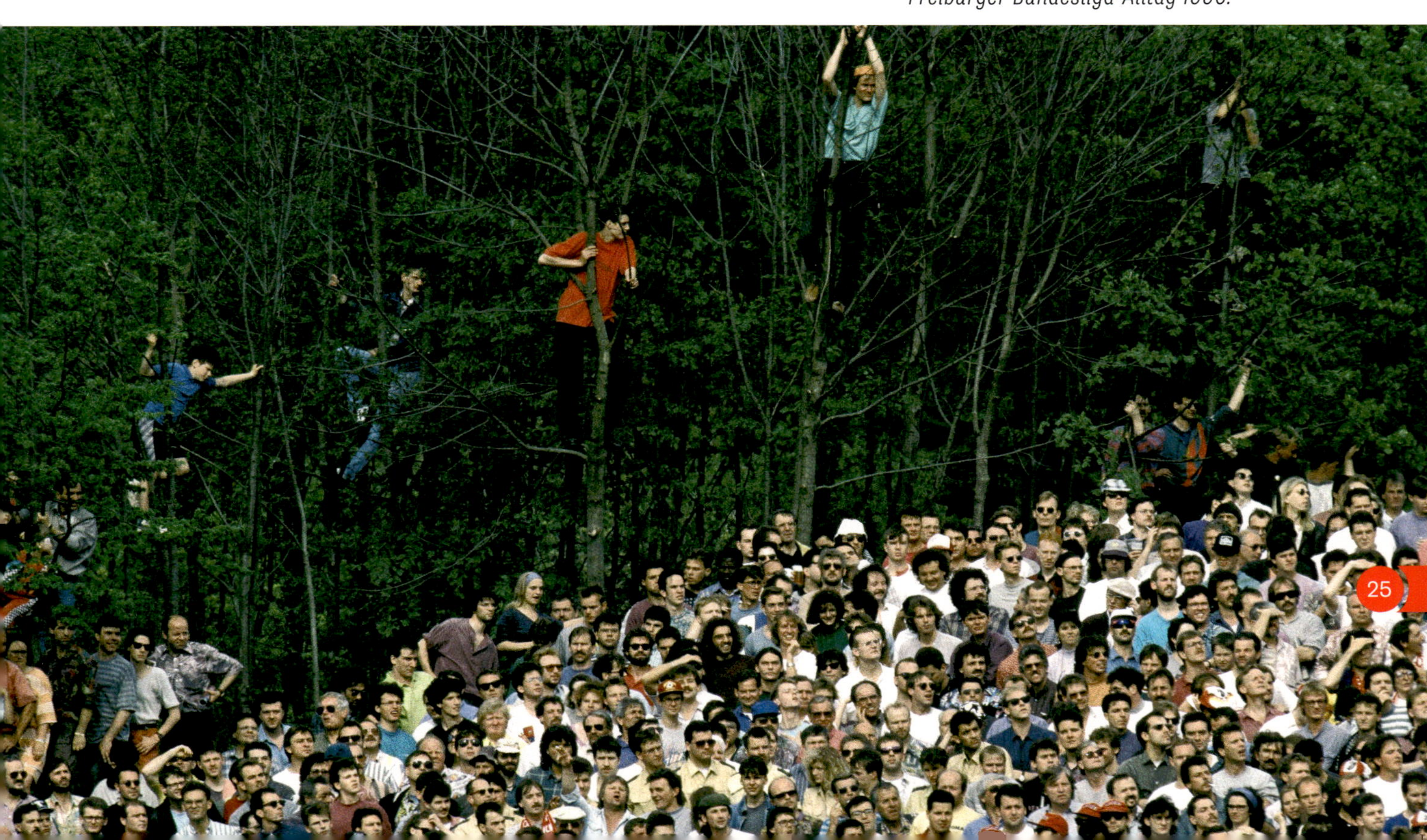

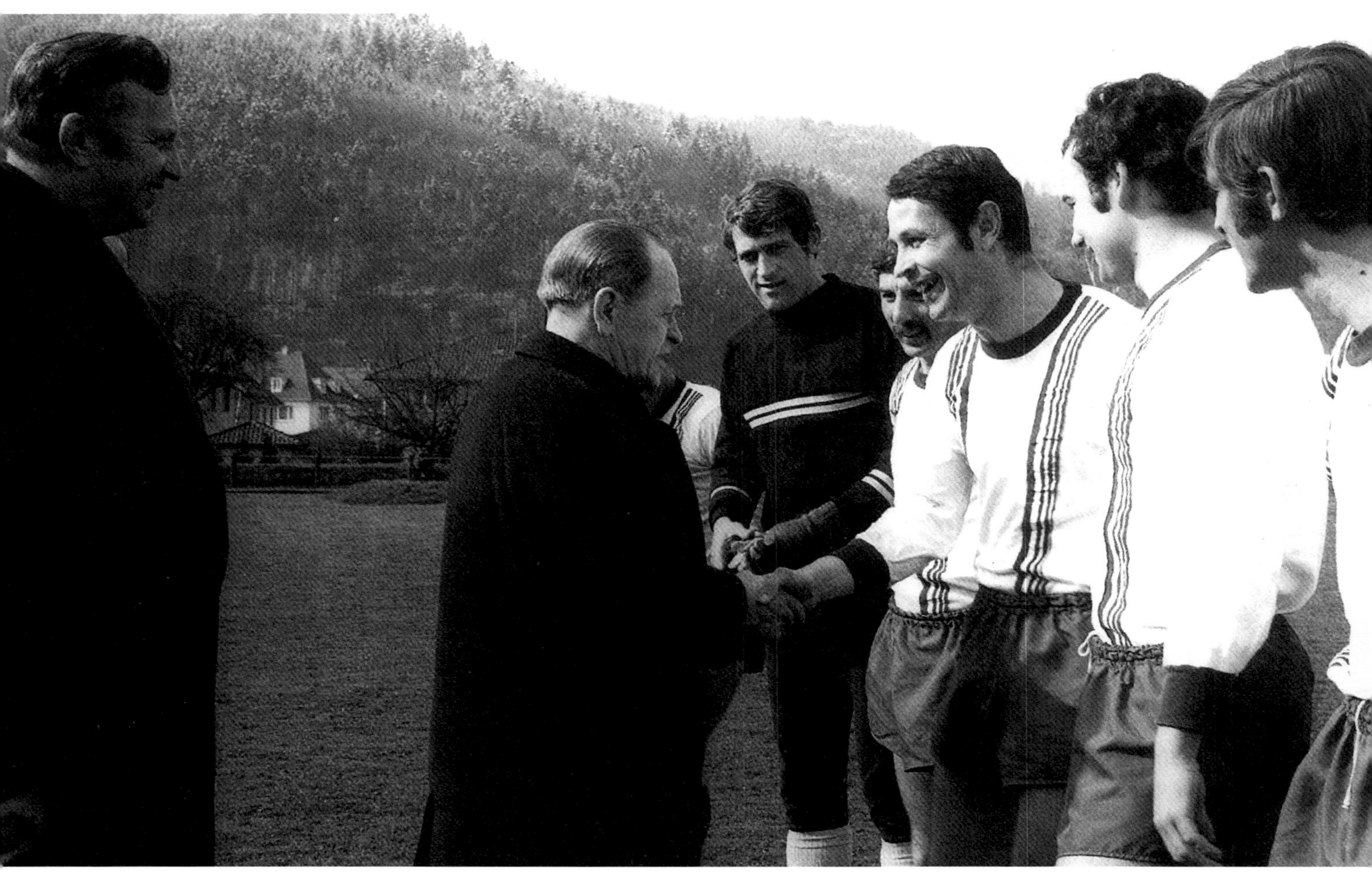

Der Chef zu Besuch (in Waldkirch, 1970)

Dass das beschauliche Waldkirch im Elztal im südlichen Schwarzwald nicht nur ein Zentrum der schwäbisch-alemannischen Fasnet (Fasnacht, Fasching, Karneval) ist, sondern ganz nebenbei eine echte Fußballhochburg, weiß man dort schon lang. Dort, wo die Wiege des Europa-Parks steht, haben sich zu den Zeiten der südbadischen Amateurliga regelmäßig die großen Mannschaften der Region duelliert.

Allen voran der SV Waldkirch und der SC Freiburg. Im Jahr 1970 freuten sich die Spieler beider Klubs über hohen Besuch: Sepp Herberger, der ehemalige Bundestrainer und legendäre Weltmeister-Macher von 1954, kam auf Visite und schüttelte sämtliche Hände, die sich ihm entgegenstreckten. Schön zu sehen sind im Hintergrund die Wälder rund um Waldkirch. Die Stadt ist etwa 15 Kilometer vom heutigen SC-Stadion am Wolfswinkel entfernt und an klaren Tagen ist deren Wahrzeichen, die Kastelburg, sozusagen in Sichtweite. Passenderweise hängt dieser historische Moment auch in der exklusiven brunner Lounge im Europa-Park Stadion, wo in der Reihe „19:04 - Zeit für GeSChichte" regelmäßig Veranstaltungen zur Vereinsgeschichte stattfinden.

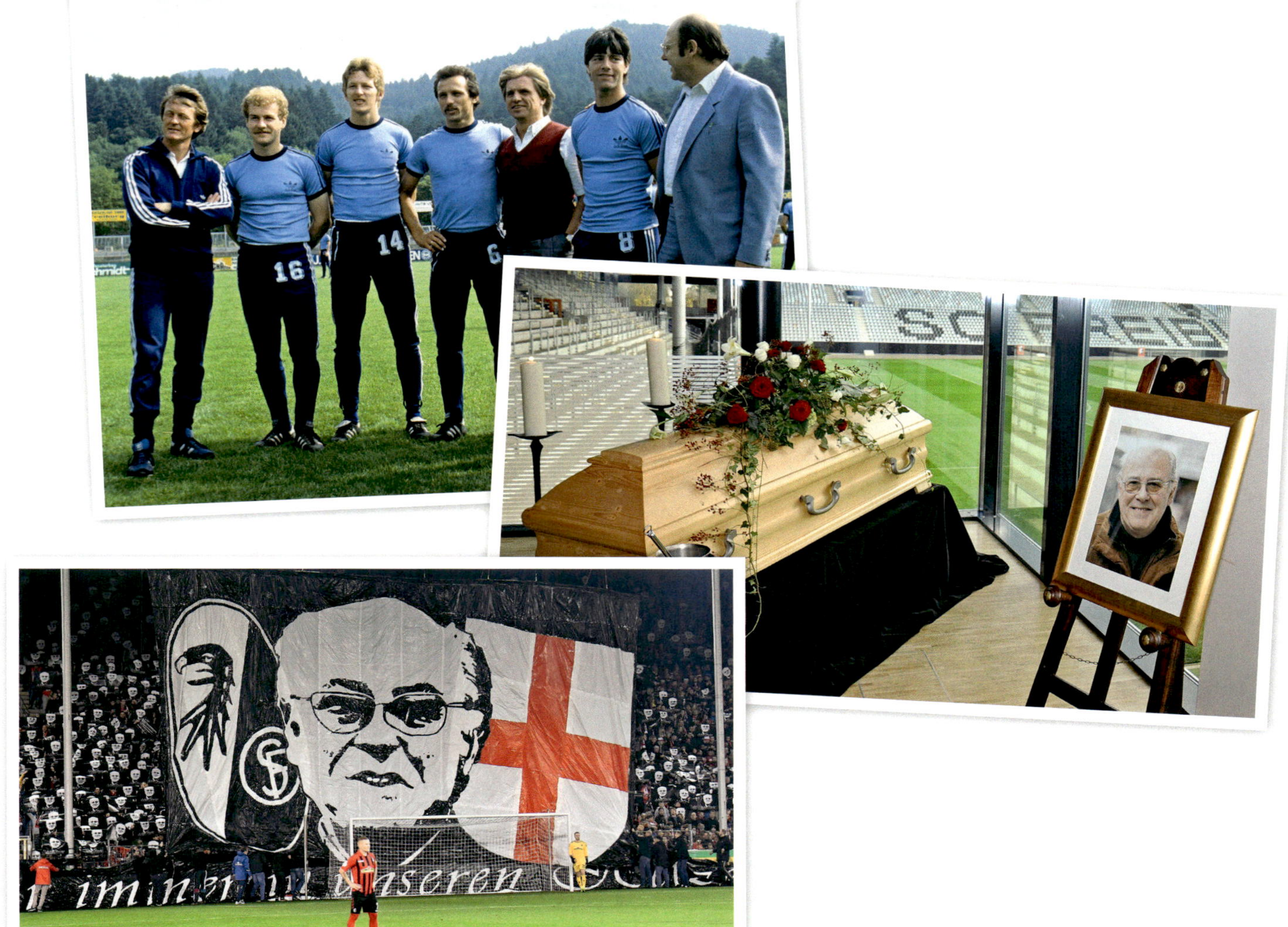

Achim Stocker wird Präsident 1972

Achim Stocker kam als junger Mann von Konstanz am Bodensee auf die andere Seite des Schwarzwalds nach Freiburg und schloss sich dem Sport-Club an, um neben dem Jurastudium etwas Sport zu treiben. Er hatte sicher nicht im Sinn, dem Verein neben seiner Karriere in der Oberfinanzdirektion jahrzehntelang vorzustehen und ihn unter großem persönlichen Einsatz zunächst am Leben zu halten, dann in die 2. Bundesliga und schließlich in die Bundesliga zu führen.

Daran war 1972, als Stocker (der Legende nach in Abwesenheit und mangels Gegenkandidaten) zum ersten Vorsitzenden gewählt wurde, auch gar nicht zu denken. Denn wenn jemand in Freiburg das Zeug zum Fußball-Bundesligisten hatte, dann der große Freiburger FC, der Deutsche Meister von 1907, der 1969 in der Aufstiegsrunde zur Bundesliga unglücklich an Rot-Weiß Oberhausen gescheitert war.

Doch es kam bekanntlich anders, und Stocker blieb bis zu seinem Tod am 1. November 2009 – die Bundesliga-Mannschaft verlor zeitgleich ein Bundesliga-Heimspiel gegen die TSG Hoffenheim – in Amt und Würden. Sein Tod hinterließ eine immense Lücke, die eine Person alleine nie hätte ausfüllen können. Genau deshalb wurde einige Jahre später die Vereinssatzung an die neue Situation angepasst.

Bei seinem unermüdlichen und engagierten Wirken für „seinen" Sport-Club konnte sich Stocker im Übrigen stets der Unterstützung von Ehefrau Hannelore gewiss sein, die bis heute nicht nur im Vorstand der Achim-Stocker-Stiftung, sondern auch im Aufsichtsrat des SC Freiburg e.V. das Erbe ihres Mannes aktiv mitgestaltet.

FC Baden Freiburg

Heute ist es kaum noch vorstellbar, doch der Freiburger Fußball wurde nicht immer vom SC Freiburg geprägt! Vielmehr war es der Freiburger FC, der lange als „Nummer 1“ galt und sowohl Sponsoren (und sogenannte „Donatoren“) als auch Fans hinter sich versammelte. 1897 gegründet und 1907 Deutscher Meister, repräsentiert der FFC die Stadt Freiburg bis heute auf jener Meisterschale, auf der zuletzt zumeist der Name „FC Bayern München“ eingraviert wurde.

Als der SC Freiburg 1978 in die 2. Bundesliga aufstieg, waren die Bedenken vor allem in der Verwaltung, aber auch in der Bürgerschaft groß, ob die Stadt zwei Profivereine verkraften könnte. Die Zuschauerzahlen und die finanzielle Situation beim Sport-Club, der für die erste Saison im Profilager das Stadion des ungeliebten Nachbarn pachten musste, bestätigten die kritischen Stimmen. Eine Lösung musste her, und als solche machte die Möglichkeit einer Fusion der beiden Zweitligisten aus dem Freiburger Osten die Runde. Eine Art „FC Baden Freiburg“ sollte entstehen. Die Kräfte bündeln, die Schlagkraft erhöhen, zumal die Lokalderbys in der 2. Bundesliga stets die Fußballbegeisterung in der Stadt weckten und regelmäßig über 10.000 Zuschauer anlockten.

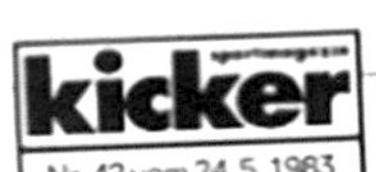

Nr. 42 vom 24. 5. 1983

Extra-Service für Baden-Württemberg: Freiburger FC

Sowohl beim SC Freiburg wie beim FFC wird auf Sparflamme gekocht – trotzdem stellt sich immer wieder die Frage:

Zukunft nur mit Fusion?

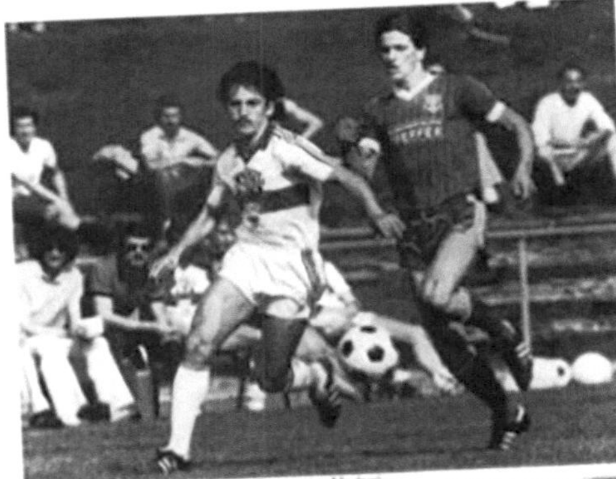

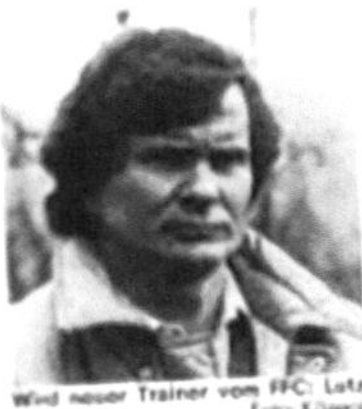

Wird neuer Trainer vom FFC: Lutz Hangartner.

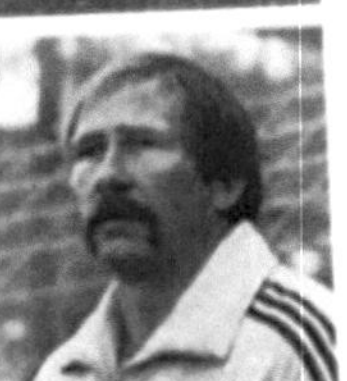

Verläßt den FFC: Trainer Hans Linsenmaier

Werner Kirchhofer

kicker 1

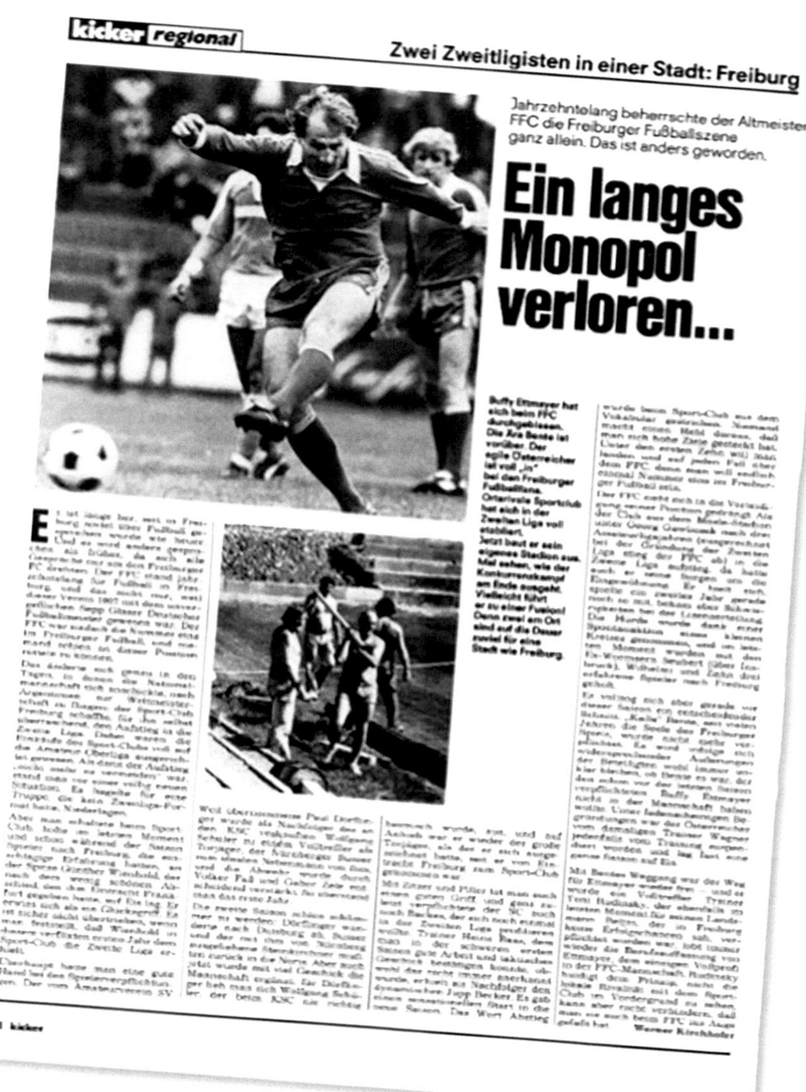

kicker regional

Zwei Zweitligisten in einer Stadt: Freiburg

Jahrzehntelang beherrschte der Altmeister FFC die Freiburger Fußballszene ganz allein. Das ist anders geworden.

Ein langes Monopol verloren...

Buffy Ettmayer hat sich beim FFC durchgebissen. Die Ära Bente ist vorüber. Der agile Österreicher ist voll „in" bei den Freiburger Fußballfans. Ortsrivale Sportclub hat sich in der Zweiten Liga voll etabliert. Jetzt baut er sein eigenes Stadion aus. Mal sehen, wie der Konkurrenzkampf am Ende ausgeht. Vielleicht führt er zu einer Fusion! Denn zwei am Ort sind auf die Dauer zuviel für eine Stadt wie Freiburg.

Werner Kirchhofer

Im September 1979 kommentierte der „kicker": „Zwei am Ort sind auf die Dauer zu viel für eine Stadt wie Freiburg." Die „Badische Zeitung" lud daraufhin zu Podiumsdiskussionen ein, während sich die Vereinsvertreter zu Verhandlungen trafen, was seitens der Stadtverwaltung in Person von Sportbürgermeister Dr. Graf begrüßt und begleitet wurde. Letztendlich waren die Überlegungen aber zum Scheitern verurteilt. Die FFC-Seite wähnte sich groß und mächtig und war es zum damaligen Zeitpunkt wohl auch, die SCF-Seite wollte nicht die Identität des eigenen Vereins an den vermeintlich übermächtigen FFC verlieren.

Immer wieder ließ der „kicker" die Fusionsdebatte aufleben: „Geeint wäre das ein Spitzenteam", schrieb der langjährige Beobachter des lokalen Fußballgeschehens Werner Kirchhofer nach dem Derby im November 1981. Als der Freiburger FC 1982 aus der 2. Bundesliga abstieg, gab das Blatt die Diskussion langsam auf, wurde der SCF zur fußballerischen Top-Adresse Freiburgs, was sich spätestens 1993 mit dem ersten Bundesliga-Aufstieg manifestierte. In den Jahren nach dem Abstieg des FFC 1982 kam das Thema „Fusion" noch regelmäßig auf, zeigte sich selbst der grundsätzlich skeptische SC-Präsident Achim Stocker gesprächsbereit. Ees blieb dabei, und beide Klubs gingen weiterhin eigene Wege. Beim SC Freiburg wird man Präsident Achim Stocker wohl auf ewig dankbar sein, den Fusionsplänen nicht zugestimmt zu haben.

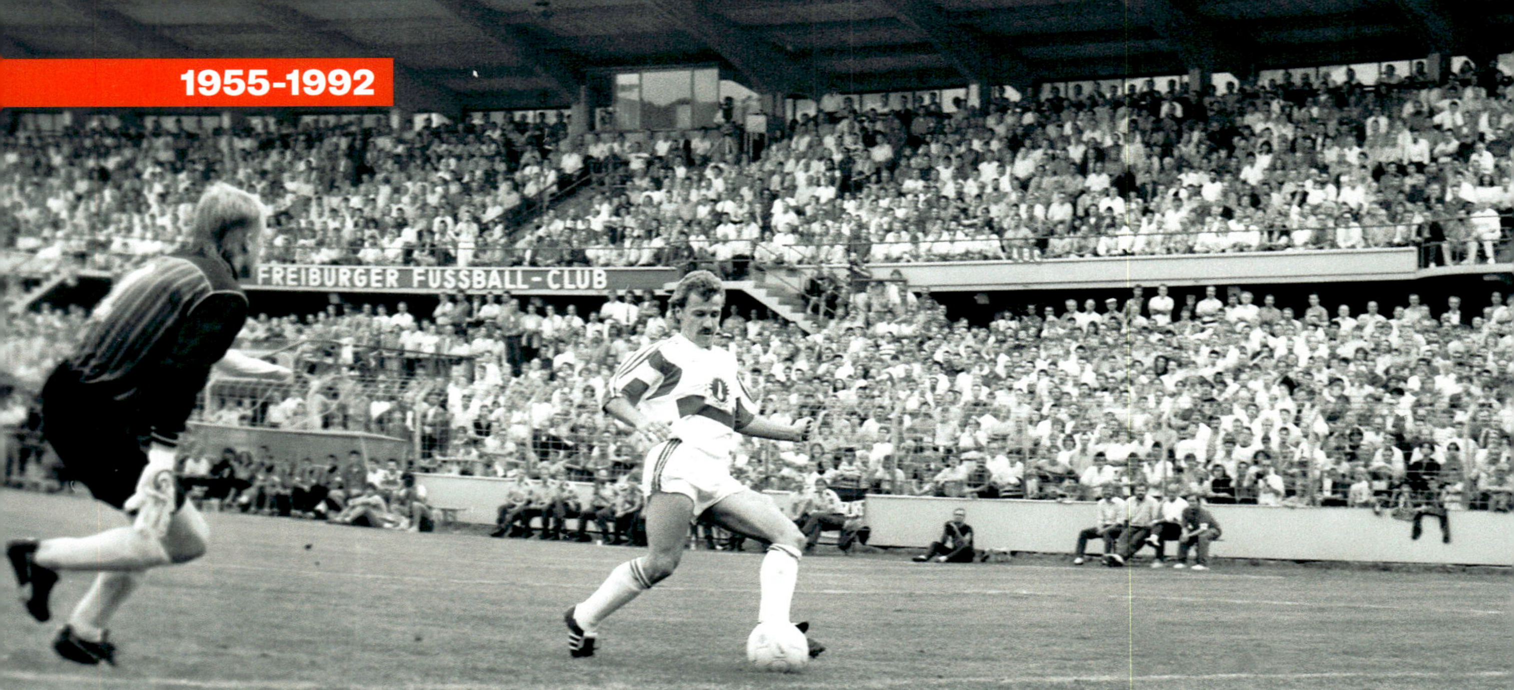

Volles Haus im Möslestadion beim FFC anlässlich des Pokalspiels gegen den VfB Stuttgart im September 1991.

Seit 1982 die Nummer 1 der Stadt

Vom Freiburger FC, seinen Pioniertaten rund um die Entstehung des Fußballs in der Stadt und Region, den historischen Verdiensten und der Meisterschaft 1907 sowie seiner jahrzehntelangen Vormachtstellung war bereits die Rede. Schon zu gemeinsamen Zweitliga-Zeiten stand der SC dann aber in den Abschlusstabellen seit der Saison 1979/80 stets vor dem Stadtrivalen. Mit dem Abstieg des FFC 1982 wendete sich das Blatt vollends. Es war zwar nicht so, dass schlagartig Heerscharen von Fans zum Emporkömmling an die Dreisam abwanderten, schließlich unterschieden sich zu jener Zeit die Milieus, in denen sich die beiden Freiburger Vorzeige-Fußballvereine bewegten, stark. Doch nach und nach sowie mit zunehmendem sportlichem Erfolg zog es selbst vormals eingefleischte FFCler Richtung Dreisamstadion. Was für SC-Fans der jüngeren Generation, die den FFC heute als einen von vielen zwischen Ober- und Verbandsliga pendelnden ambitionierten Amateurverein wahrnehmen, unvorstellbar ist: Die Nummer 1 in der Stadt war lange der FFC, und die Wachablösung brauchte eine lange Zeit.

Mittlerweile ist die traditionsreiche ehemalige Heimstätte des Freiburger FC, das Möslestadion, zur Freiburger Fußballschule, dem NLZ (Nachwuchsleistungszentrum) des SC Freiburg transformiert worden. Der FFC ist über die Zwischenstation Schönbergstadion in den Freiburger Westen zum Dietenbach-Sportpark umgezogen, dessen Name vom Klub – ganz den geschäftstüchtigen Profis nacheifernd – im Rahmen einer Sponsoren-Partnerschaft vermarktet wird. Seit dem Umzug der ersten Herrenmannschaft des SC ins Stadion am Wolfswinkel sind die Spielstätten der beiden Vereine wieder „benachbart". Heute liegen gut 3 km dazwischen im Freiburger Westen, früher waren es knapp 2 km im Osten.

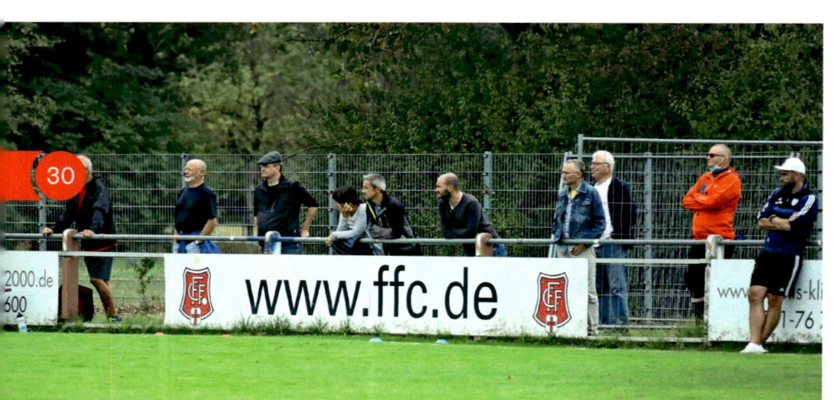

Es ist alles etwas beschaulicher geworden beim FFC.

Lutz Hangartner

Wenn von den großen und einflussreichen Freiburger Trainern die Rede ist, fällt sein Name selten. Auf den ersten Blick scheint es zudem, als sei er nur einer von den vielen, die nur kurz (in der Saison 1981/82 nämlich) verantwortlich auf der Trainerbank des SC Freiburg saßen, ehe 1991 mit Volker Finke ein Langzeittrainer kam. Zeitweise wurde der Lahrer Lutz Hangartner auch als Co-Trainer beim Sport-Club geführt (etwa unter Eckhart Krautzun), oder er war beim Nachbarn Freiburger FC bzw. anderen ambitionierten Vereinen der Region unter Vertrag.

Doch Hangartner war weitaus mehr: Er gilt als „Ziehvater“ von Christian Streich und als einflussreicher Mentor vieler Fußballlehrer. Folgerichtig agierte er bis Mitte 2022 auch als Präsident des BDFL. Der Bund deutscher Fußball-Lehrer ist der Berufsverband der professionell arbeitenden Fußballtrainer mit über 5.000 Mitgliedern. Nachfolger von Lutz Hangartner als BDFL-Präsident ist Benno Möhlmann, einer der Vizepräsidenten ist Christian Streich. „Interessenvertretung, Fortbildung und Förderung“ für einen Berufsstand, der allzu oft keine Lobby hat, hat sich der Verband auf seine Fahnen geschrieben. Öffentlich wahrgenommen wird der Verband vor allem bei seinem oft hochkarätig besetzten Internationalen Trainerkongress (ITK).

Fußball-Fachmann Hangartner, studierter Sportlehrer, war lange Dozent am Institut für Sport und Sportwissenschaft. Zudem betreute er die deutsche Nationalmannschaft der Studenten, bei der er auch Ralf Rangnick und Jürgen Klopp kennenlernte.

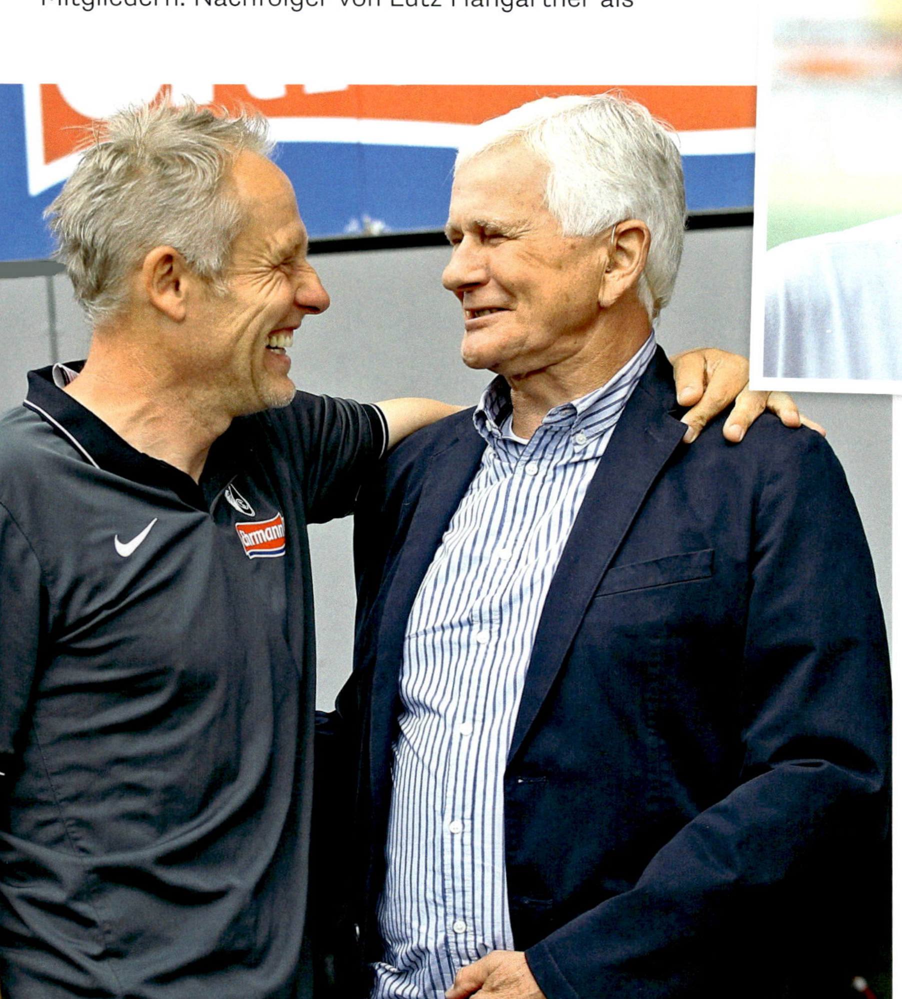

24 Jahre liegen zwischen diesen beiden Fotos. Lutz Hangartner 1991 und 2015 mit Christian Streich.

Fünf Freiburger Länderspiele – 4-mal Dreisamstadion

Das neue Stadion im Westen der Stadt, mitten im Dreiländereck gelegen und nur wenige Kilometer von der französischen und schweizerischen Grenze entfernt, wäre natürlich prädestiniert gewesen als Spielort bei der Europameisterschaft 2024. Die Stadtverwaltung lehnte nach einer eingehenden Prüfung der UEFA-Vorgaben jedoch ab. Zu hoch erschienen Risiko und Kosten.

Das passt ganz gut in die überschaubare Freiburger Länderspiel-Tradition: Erst relativ spät entdeckte der DFB das Dreisamstadion als Spielort für seine A-Nationalmannschaft der Männer. Zur Premiere gastierte dort im Juni 2000 die Nationalmannschaft Liechtensteins. Das Ergebnis von 8:2 begeisterte die Zuschauer. Danach gab es noch drei weitere A-Länderspiele an der Dreisam: Das erste Länderspiel gegen Kuwait überhaupt (7:0 im Mai 2002), 7:0 gegen Malta im Mai 2004 und ein weiteres 7:0 gegen Luxemburg im Mai 2006. 29 Tore in vier Spielen – die deutschen Nationalspieler wussten also, wo im Dreisamsstadion das Tor stand.

Das allererste Länderspiel in Freiburg fand am 18. Mai 1913 auf dem damaligen FFC-Platz auf dem alten Messplatz an der Schwarzwaldstraße (unweit des heutigen Standorts des Dreisamstadions) beim damaligen Freiburger Vorzeigeklub Freiburger FC statt. Im 1922 eröffneten Möslestadion sammelte man später Erfahrungen mit dem Ausrichten internationaler Freundschaftsspiele. So gastierten große Namen wie West Ham United (1924) und Cosmos New York (1978) im Freiburger Osten.

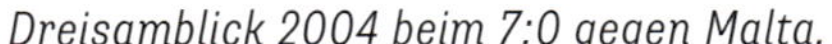

Dreisamblick 2004 beim 7:0 gegen Malta.

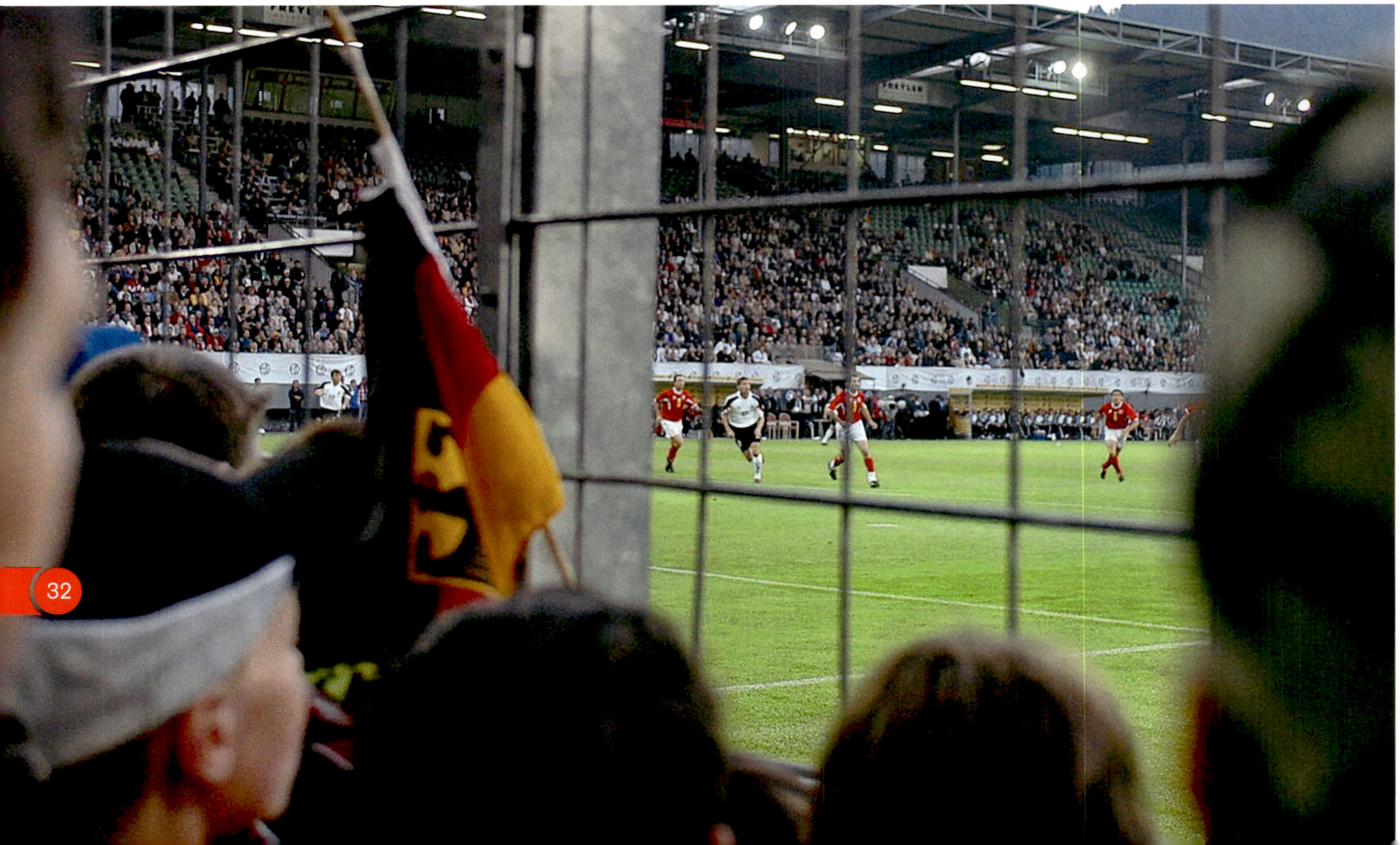

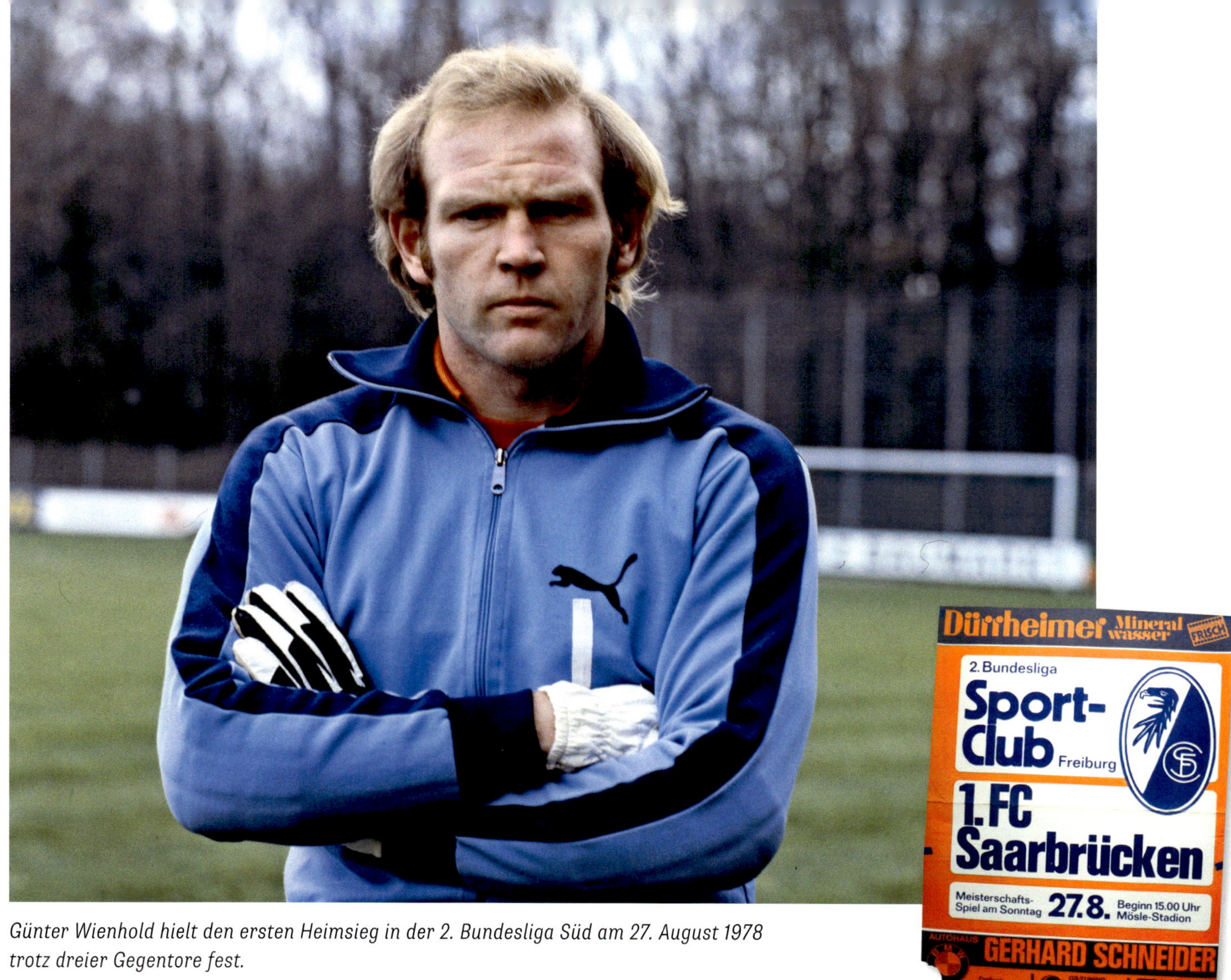

Günter Wienhold hielt den ersten Heimsieg in der 2. Bundesliga Süd am 27. August 1978 trotz dreier Gegentore fest.

Erster (Heim-)Sieg im Profifußball

Zur Saison 1978/79 war der SC Freiburg mit dem Aufstieg in die 2. Bundesliga Süd im Profifußball angekommen. Doch die (wenigen) Fans benötigten (viel) Geduld, ehe sie das erste Erfolgserlebnis feiern durften. Erst am fünften Spieltag – und im bereits dritten Zweitliga-Heimspiel – gab es gegen den 1. FC Saarbrücken den ersten Sieg. Ausgerechnet im etwa zwei Kilometer vom Dreisamstadion entfernten Möslestadion des lange übermächtigen FFC, in das man auf Anordnung des DFB ausgewichen war. Exakt 384 Minuten hatten die Fans auf das erste Saisontor ihrer Mannschaft warten müssen. Trotz eines komfortablen 3:0-Halbzeitstandes und des 4:0 kurz nach der Halbzeit machten es die Freiburger jedoch noch einmal spannend. Sie ließen Saarbrücken auf ein Tor herankommen und retteten den 4:3-Vorsprung schließlich mühevoll über die Zeit. Die Helden des Tages hießen Günter Wienhold, der bei seinem Debüt mehrfach das drohende 4:4 verhindert hatte, sowie der dreifache Torschütze Paul Dörflinger. Dörflinger, dessen Sturmpartner der junge Joachim Löw war, wurde anschließend sogar in die „kicker-Elf des Tages“ berufen.

Wovon sicherlich keiner der lediglich 1.500 Zuschauer im Möslestadion geträumt hat: Knapp 45 Jahre später sollte ein Artwork mit dem Spielankündigungsplakat vom 27. August 1978 im neuen Stadion am Wolfswinkel an den historischen Sieg erinnern.

Das größte Spiel der Dekade – im DFB-Pokal gegen Köln

In der dritten Saison nach dem Aufstieg in die 2. Bundesliga und lange bevor man beim Sport-Club Freiburg von der Bundesliga und Spielen gegen die dortigen großen Gegner zu träumen gewagt hätte, bescherte die Losfee dem Klub im DFB-Pokal zu Beginn der 1980er-Jahre das vielleicht größte Spiel der Dekade. Nachdem man dem 1. FC Köln im Müngersdorfer Stadion vor lediglich 1.800 Zuschauern ein 1:1 nach Verlängerung abgetrotzt hatte (Tony Woodcock egalisierte Paul Dörflingers Führungstor kurz nach der Pause binnen weniger Minuten), kam es zum Wiederholungsspiel in Freiburg. Ein Elfmeterschießen war seinerzeit – ganz dem Vorbild im Fußball-Mutterland folgend – noch verpönt.

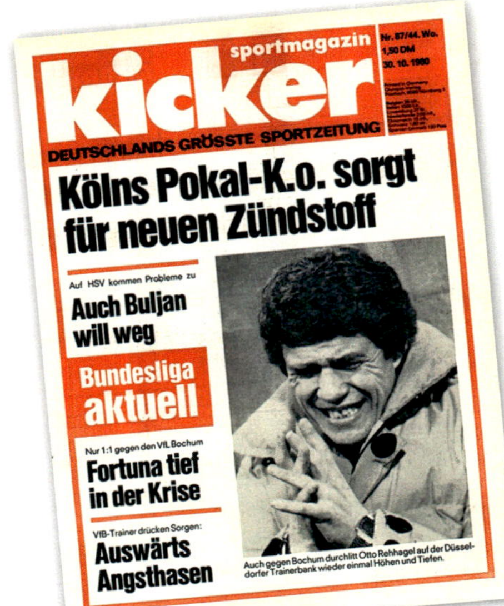

sportmagazin
kicker
Nr. 87/44. Wo.
1,50 DM
30. 10. 1980
DEUTSCHLANDS GRÖSSTE SPORTZEITUNG

Kölns Pokal-K.o. sorgt für neuen Zündstoff

Auf HSV kommen Probleme zu
Auch Buljan will weg

Bundesliga aktuell

Nur 1:1 gegen den VfL Bochum
Fortuna tief in der Krise

VfB-Trainer drücken Sorgen:
Auswärts Angsthasen

Auch gegen Bochum durchlitt Otto Rehhagel auf der Düsseldorfer Trainerbank wieder einmal Höhen und Tiefen.

Das Kölner Starensemble trat am 28. Oktober 1980 in Freiburg mit Toni Schumacher, Rainer Bonhof, Pierre Littbarski und Tony Woodcock (um nur einige zu nennen) an und verlor sensationell mit 1:3. Robert Piller, Paul Dörflinger und Karl-Heinz Wöhrlich trafen für Freiburg, Bernd Cullmann für Köln. Es war die große Überraschung der 3. Runde im DFB-Vereinspokal 1980/81. Diese Sensation schaffte es sogar auf die Titelseite des „kicker", der die Schlagzeile über das Foto eines leidenden Otto Rehhagel in jungen Jahren setzte, was mit dem bis dato größten Match in der Vereinsgeschichte des SC Freiburg allerdings gar nichts zu tun hatte. Der „kicker" machte in seinem Bericht („Rabenschwarzer Tag") den Schuldigen für die Pokalpleite der Geißböcke zwischen den Kölner Pfosten aus: „Nationaltorhüter Toni Schumacher war an allen drei Toren des Süd-Zweitligisten SC Freiburg maßgeblich beteiligt. Er sah schlecht aus."

Den 17.000 Zuschauern, die an einem herbstlichen Dienstagnachmittag um 15 Uhr ins Möslestadion gekommen waren, war es egal. Einen solchen Sieg vor einer derart stimmungsvollen Kulisse erlebte man im Fußball-Freiburg der frühen 1980er-Jahre selten. Schon gar nicht, wenn man es mit dem SC Freiburg, der damaligen Nummer 2 der Stadt, hielt. Da wurde dann auch schon mal die kuriose Anstoßzeit an einem Werktag in Kauf genommen. Für einen Wermutstropfen sorgten die Misstöne seitens des Freiburger FC, der seinem kleinen Nachbarn eine überzogene Pacht für das für Spiele dieser Größenordnung besser geeignetere Möslestadion abgeknöpft haben soll. Und dafür nicht einmal eine Flutlichtanlage anbieten konnte ...

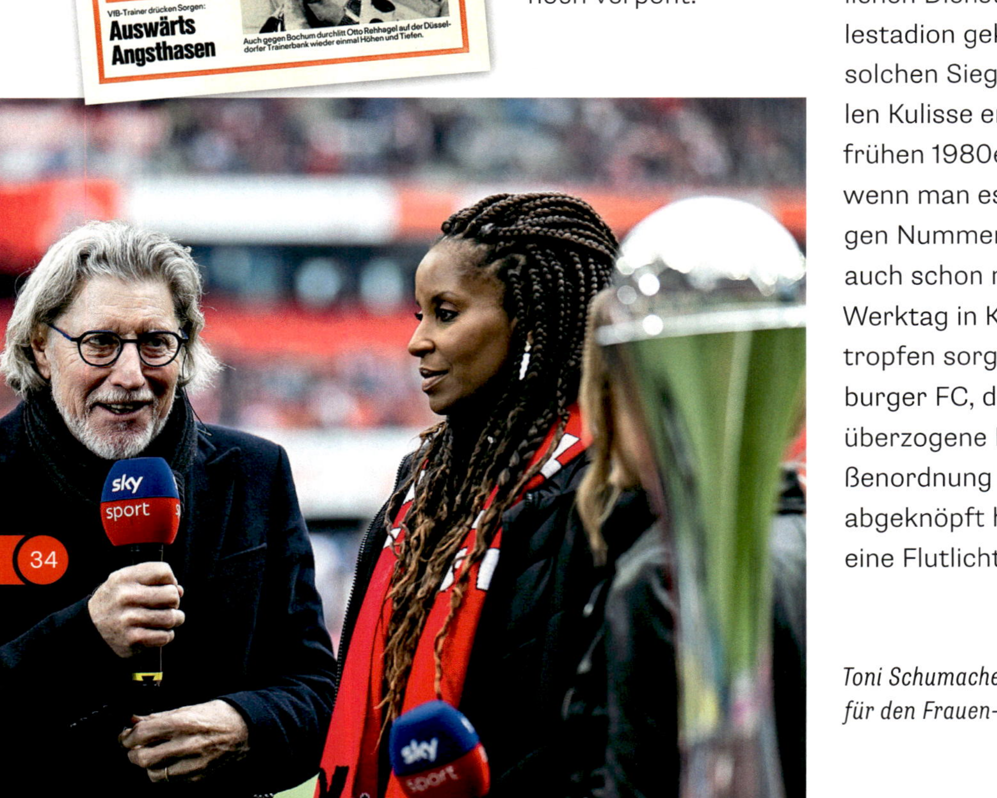

Toni Schumacher und Liz Baffoe als Botschafter für den Frauen-Vereinspokal.

Charly Schulz – Eine Freiburger Fußballlegende

Karl-Heinz „Charly" Schulz ist einer der bekanntesten Charaktere der „früheren" Freiburger Fußballgeschichte. Schulz kannte keine Berührungsängste zu beiden führenden Fußballteams der Stadt. Zunächst spielte er von 1974 bis 1982 beim FFC, ehe er nach dessen Abstieg aus der 2. Bundesliga zum SC wechselte. Schulz kam auf insgesamt 463 Einsätze in der 2. Bundesliga, davon 176 für den FFC.

Ein Vollblut- und Instinktfußballer, aber kein Profi im klassischen Sinne. Die Ankunft von Volker Finke als Cheftrainer im Juli 1991 war dann auch der Anfang vom Ende der Legende Schulz – zumindest beim Sport-Club. Finke erwartete 100 Prozent Commitment, doch Schulz wollte lieber weiterhin zweigleisig fahren und auch seinen Beruf als Zahntechniker ausüben. Die Anpassung seines persönlichen Trainingspensums an die Doppelbelastung war allerdings nicht deckungsgleich mit den Vorstellungen von Cheftrainer Finke, womit seine Zeit im Dreisamstadion endete. 1991 kehrte Schulz zum FFC zurück, wo er seine Karriere zwei Jahre später beendete.

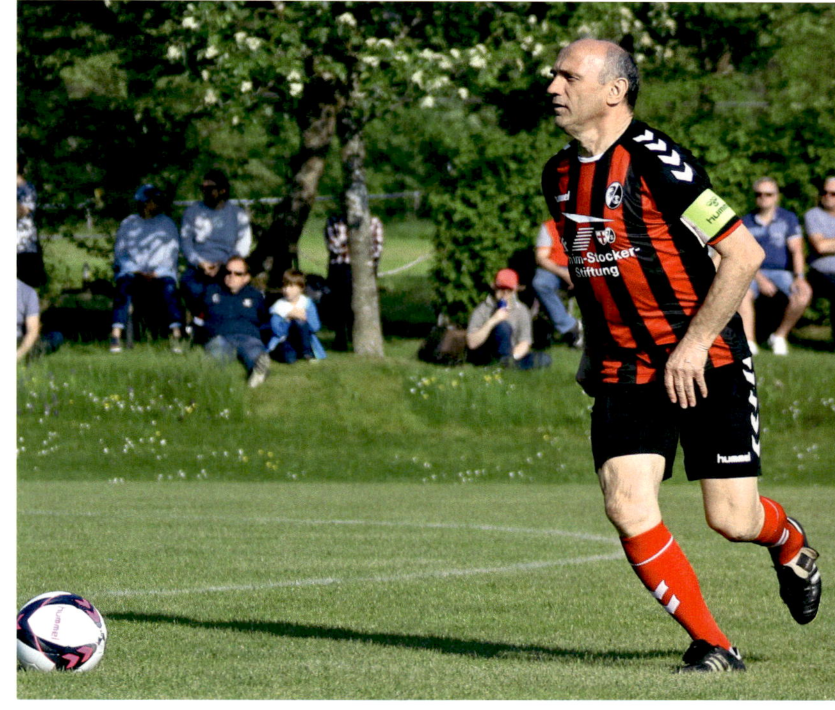

„Charly" Schulz 2018 in der SC-Traditionsmannschaft.

Der Legende zufolge soll „Charly" 1989 übrigens für das rasche Aus von Kurzzeit-Trainer Lorenz-Günter Köstner in Freiburg verantwortlich gewesen sein. Als Schulz im Rahmen eines geselligen Beisammenseins einen Witz auf dessen Kosten riss, soll der neue Trainer dermaßen beleidigt gewesen sein, dass er nicht beim Sport-Club bleiben wollte.

Heute ist Schulz mitunter bei der SC-Traditionsmannschaft am Ball, und sicher lauschen die Kollegen dann – egal ob jung oder alt – den vielen Anekdoten, die „Charly" zum Besten gibt.

Schulz hängte seine „Töppen" erst 1993 an den Nagel.

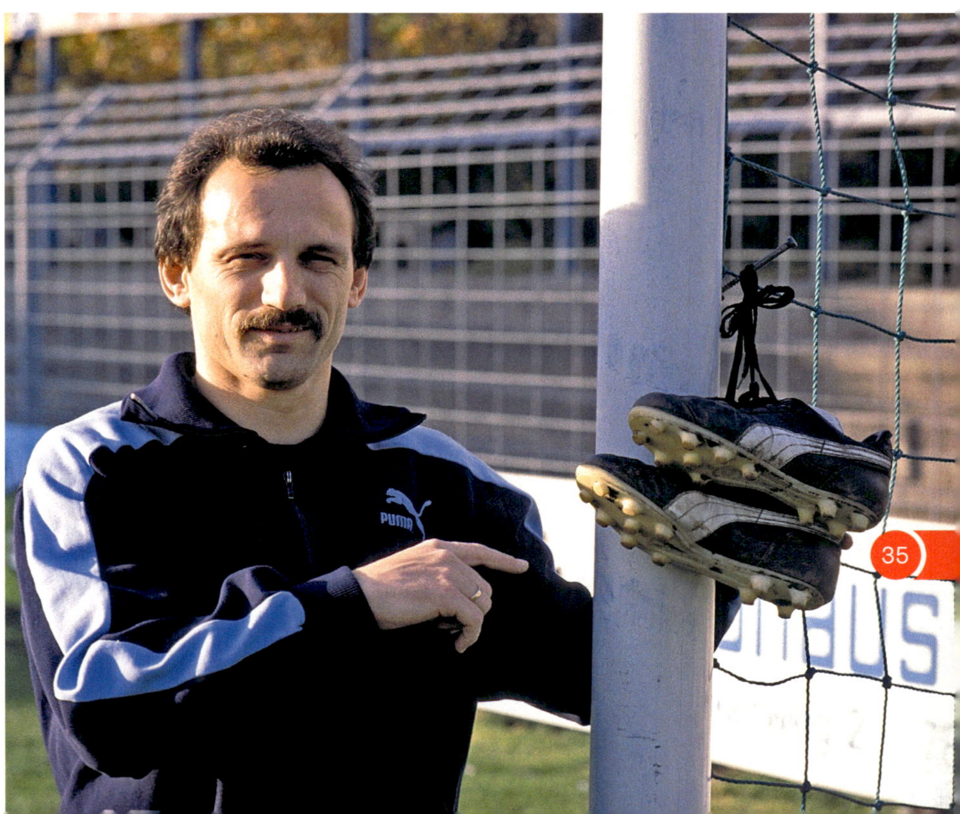

Verpflichtung Jogi Löw 1978

Die Verpflichtung von Joachim „Jogi" Löw zur ersten Zweitligasaison des SC Freiburg 1978/79 war ein typischer „Stocker-Transfer". Der Präsident hatte wieder einmal auf südbadischen Amateur-Fußballplätzen Ausschau gehalten, welcher Akteur das Zeug haben könnte, vom ambitionierten Hobbyfußballer zum Freiburger Profi zu werden. Mit dem Aufstieg ins Bundesliga-Unterhaus lockte nun ja die Perspektive, sich im Profilager versuchen zu können.

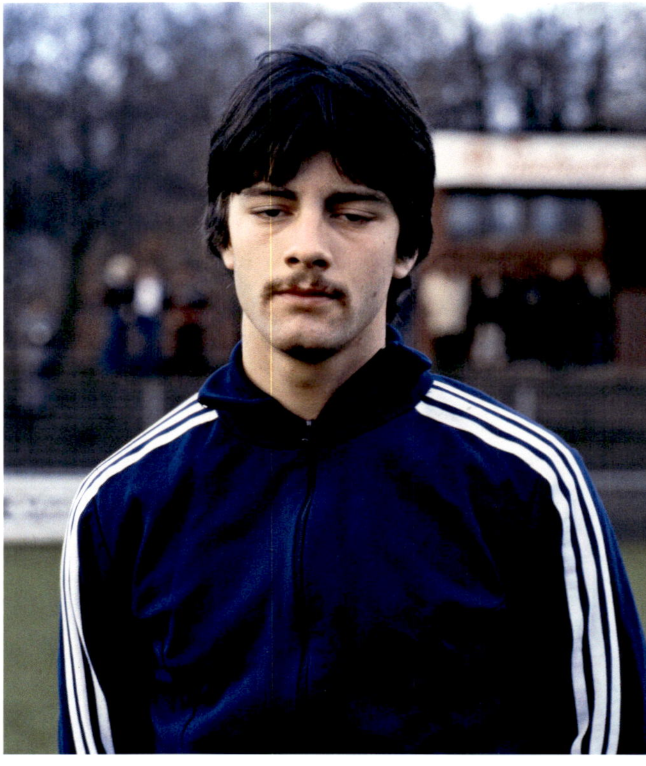

Ob Stocker damals ahnte, welches Potenzial in dem jungen Schwarzwälder aus Schönau schlummerte? Als Spieler wurde Löw immerhin gleich zweimal von Bundesligisten abgeworben, was für den SC wirtschaftlich nicht unbedeutend war. So ging der 1978 von Eintracht Freiburg gekommene Löw 1980 zunächst zum VfB Stuttgart, wurde von dort an Eintracht Frankfurt ausgeliehen und kehrte 1982 ins Dreisamstadion zurück. 1984/85 beim KSC am Ball, kehrte er 1985 abermals ins Dreisamstadion zurück, wo die Tür für ihn immer offengeblieben war.

„Jogi" war lange Rekordtorschütze und ist heute Ehrenspielführer sowie gern gesehener Gast bei den Spielen seines Heimat-Profivereins. Der größte Erfolg seiner Fußballkarriere war natürlich der Weltmeistertitel 2014. In Brasilien mit dabei war, wenn auch ohne Einsatz, der damalige Freiburger Matthias Ginter. Löw und Ginter wohnen heute übrigens unweit voneinander entfernt in einer Gemeine vor den Toren Freiburgs. Und wie Löw kam auch Ginter als gereifter und gestandener Bundesliga-Spieler zu „seinem" Sport-Club zurück.

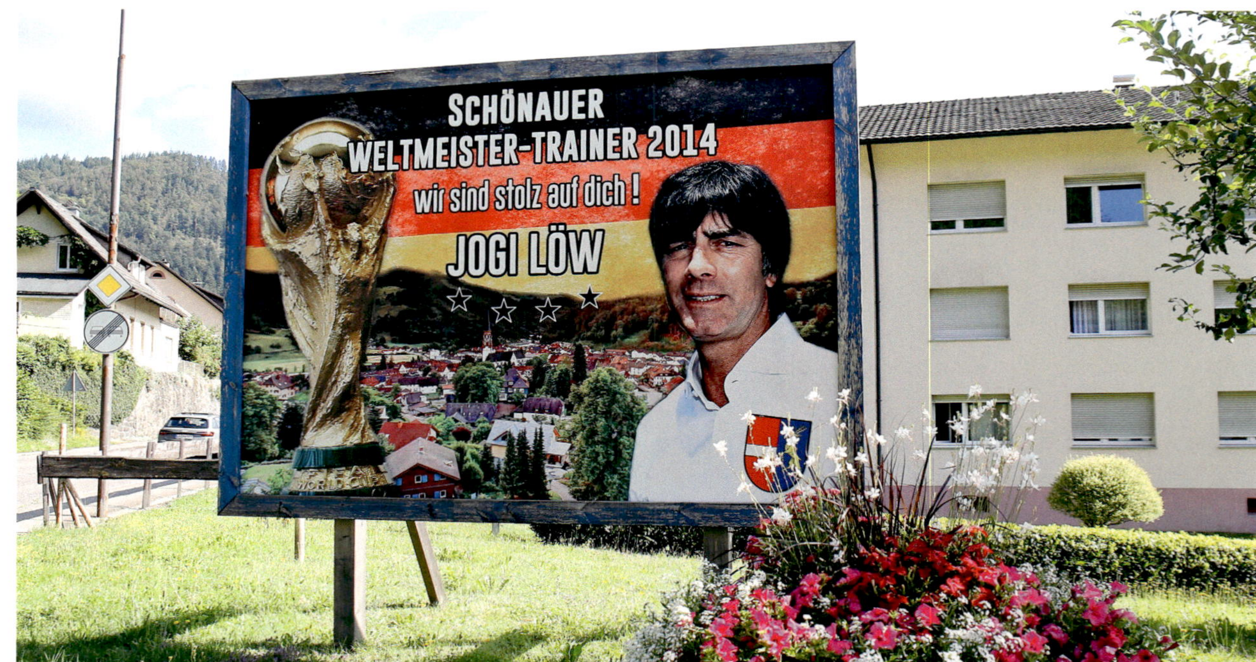

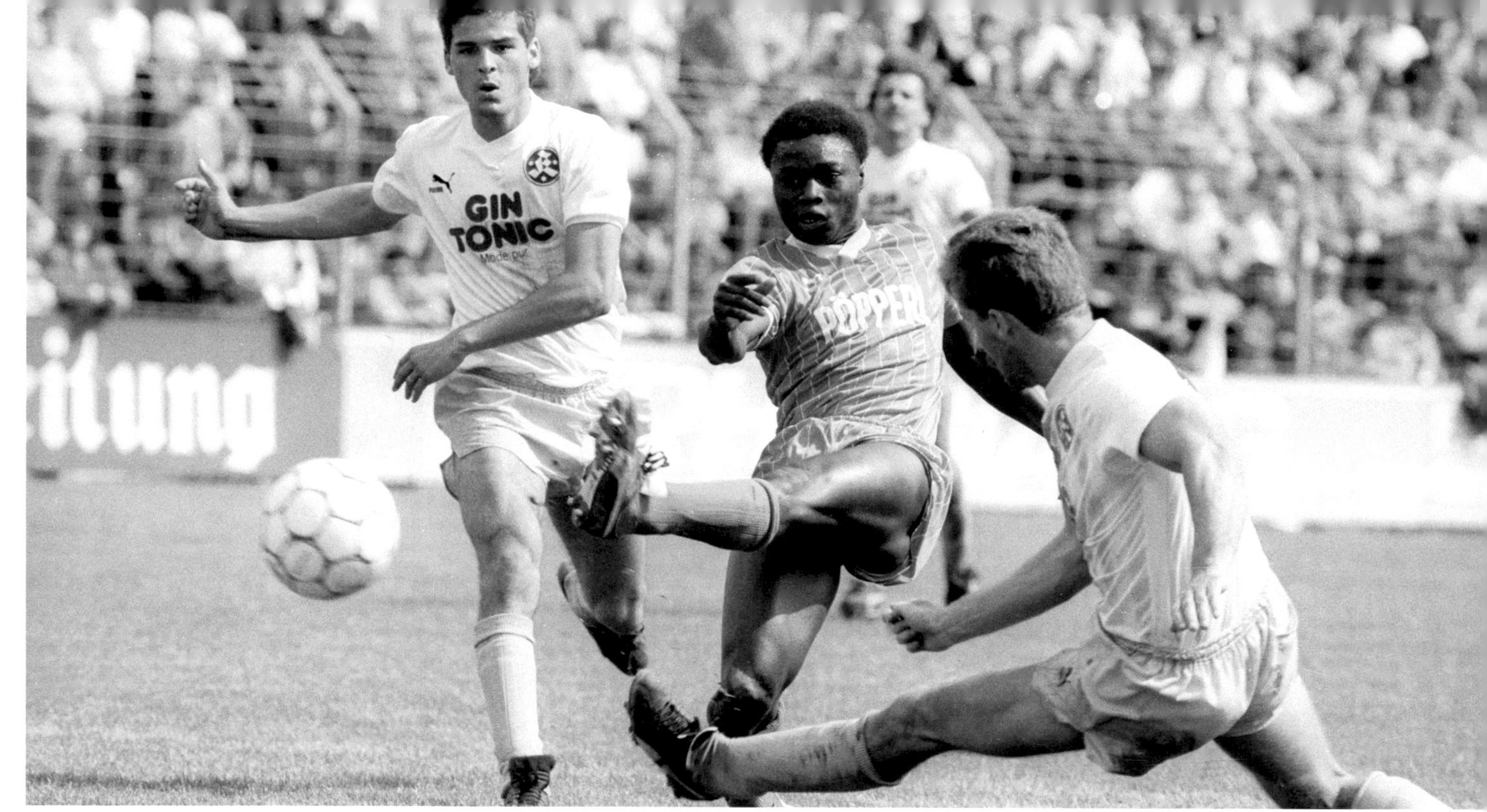

Souleymane Sané

Als Souleymane „Samy" Sané, gelernter Bäcker und Konditor, mit 24 Jahren für den französischen Armeedienst im Schwarzwald stationiert wird, ist der Zug für eine Karriere als Profifußballer eigentlich längst abgefahren. Wäre da nicht dieses Gastspiel seines FV Donaueschingen in Lörrach-Stetten - mit Zaungast Achim Stocker. Dieser lotst den im Senegal geborenen und in Frankreich aufgewachsenen Sané umgehend in den Breisgau, was sich als eine Art Königstransfer herausstellen wird. Mit Sané hat der SC plötzlich einen blitzschnellen Konterspieler (100 Meter in 10,7 Sekunden) im Kader, der beidfüßig und vor allem treffsicher ist.

„Es gibt in Deutschland niemand, der ihn halten kann", legte sich Stocker damals fest - und Sané zahlte das Vertrauen eindrucksvoll zurück. 1985/86 traf er 17-mal. In der Saison darauf waren es 18 Tore, und 1987/88 wurde Sané mit 21 Treffern als erster Ausländer sogar Torschützenkönig der 2. Bundesliga. Nach 56 Toren in 106 Spielen war Sané für Freiburg dann nicht mehr zu halten - er startete fortan in der Bundesliga mit Nürnberg bzw. der SG Wattenscheid 09 und durfte sich zudem das Trikot der senegalesischen Nationalmannschaft überstreifen. Sein Sohn Leroy wiederum trägt heute den deutschen Dress. Die beiden anderen Söhne Sidi und Kim laufen für Eintracht Braunschweig beziehungsweise die SG Wattenscheid 09 auf.

„Ich lernte, was deutsche Disziplin heißt", sagte Sané später über seine Freiburger Jahre. Denn anfangs hatte ihm chronische Unpünktlichkeit schmerzhafte Strafzahlungen eingebrockt.

Als einer der ersten dunkelhäutigen Spieler im deutschen Profifußball geriet Sané immer wieder in die Schlagzeilen - als Opfer rassistischer Beleidigungen. „Wir haben damals für die Akzeptanz von schwarzen Spielern gekämpft. Und heute ist sie größtenteils da", sagte er rückblickend in einem Interview. Auf dem Platz begegnete er den Anfeindungen teils offensiv: Einmal schälte und aß er eine nach ihm geworfene Banane. Zu Wattenscheider Zeiten quittierte Sané „Neger raus"-Rufe im Pokalspiel beim Hamburger SV mit dem entscheidenden Tor und kommentierte nach Spielschluss: „Nix Neger raus. HSV ist raus."

Es kamen einfach keine Zuschauer. Ist Freiburg keine Fußballstadt?

Ein Problem, das Achim Stocker während der ersten Jahre seiner Amtszeit (neben dem strukturellen Standortnachteil in Ermangelung von Großindustrie als potenzielle Sponsoren) immer wieder beklagte, war der mangelnde Zuschauerzuspruch. Regelmäßig war die These „Freiburg ist keine Fußballstadt“ zu hören, was inzwischen wohl eindeutig widerlegt ist. Es ist nun mal so, dass jede Fußballstadt ein begeisterungsfähiges Umland benötigt und sein Einzugsgebiet mobilisieren muss – und genau das hat der SC Freiburg geschafft. Die Zuschauer kommen heute aus dem nahegelegenen Ausland wie der Schweiz und Frankreich, aus den benachbarten Landkreisen, der Ortenau, dem Schwarzwald. Bis zum Bodensee und ins Allgäu hinein ist das Einzugsgebiet des SC gewachsen.

Zu klein für Großes

Es wird wohl dabei bleiben. Freiburg ist eine unserer schönsten Städte, mit einem der idyllischen Stadien für die Zweite Liga. Eine Arena, die 14 000 Zuschauer faßt, aber nur 2500 Sitzplätze besitzt.

Ein Klub, der knapp kalkulieren muß (4000 Besucher) und in seiner engeren Umgebung kaum finanzstarke Sponsoren findet.

Zu allererst natürlich, weil der sportliche Erfolg da ist für die mitunter lange Reise in den Breisgau. Aber auch, weil es die Infrastruktur mit dem neuen Stadion und dem Mobilitätsangebot um die Freiburger Spiele hergibt. Doch selbst im gegenwärtigen Boom gibt es sowohl „mehr ausverkaufte“ als auch „weniger ausverkaufte“ Spiele: Leverkusen und Hoffenheim, im dümmsten Fall am Sonntag, gehören zur letzteren Kategorie. Dann bieten Dauerkartenbesitzer ihre Tickets gerne im Zweitmarkt an. BVB, Bayern oder Juventus Turin wiederum sind Spiele, für die mittlerweile Preise im Bereich einer Dauerkarte für die ganze Saison aufgerufen werden.

Längst vorbei die Zeiten, in denen zur Ankündigung von Heimspielen noch Plakate geklebt werden mussten oder gegnerische Trainer Sätze zum Besten gaben wie Helmut Richert, Trainer des MTV Ingolstadt, im Oktober 1978 nach dem 3:0 der Freiburger vor knapp 600 Zuschauern im Möslestadion: „Traurig, wie wenig hier los ist. Das war ja wie ein Heimspiel für uns.“

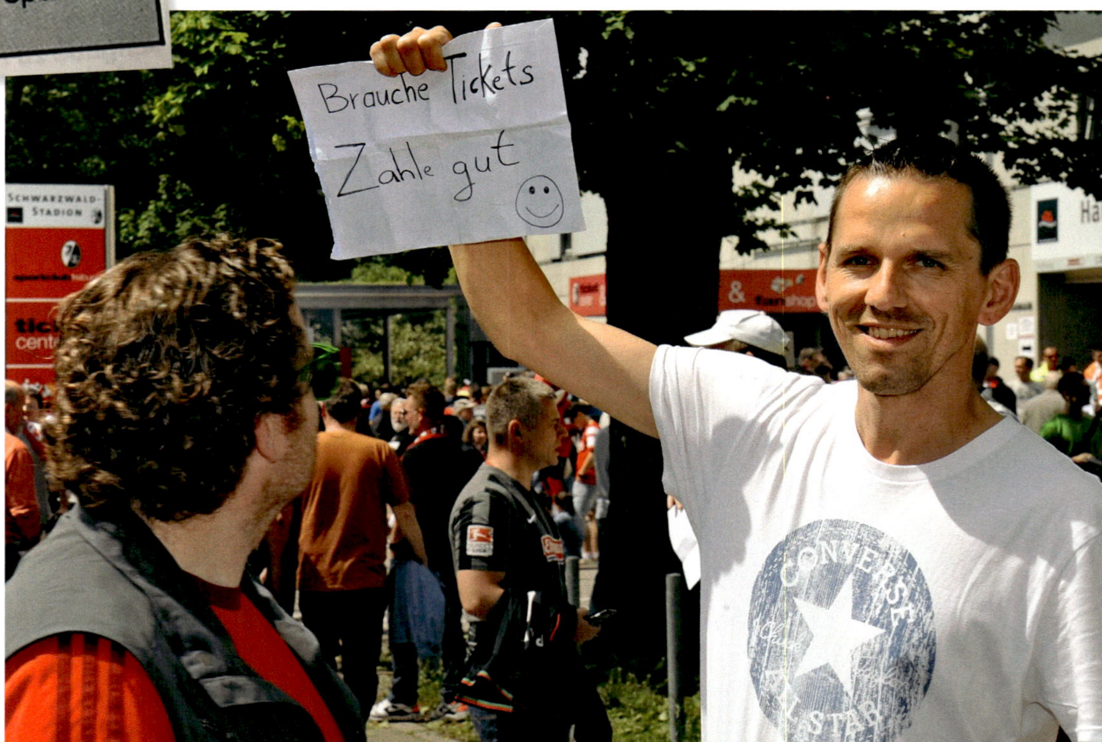

Der Abstand verringert sich – schwarzblaue Konkurrenten im Aufstiegskampf

Schon vor dem Amtsantritt von Volker Finke im Juli 1991 hatte sich die Mannschaft des SC Freiburg immer mal wieder für kürzere oder längere Zeiträume im oberen Bereich der Zweitliga-Tabelle blicken lassen. So richtig ernst machte das Team erstmals in der ersten Saison unter seinem neuen Trainer 1991/92, als ein überzeugender erster Platz in der Qualifikationsrunde der ausnahmsweise geteilten 2. Bundesliga Süd erreicht wurde. Dieser berechtigte zur Teilnahme an der Aufstiegsrunde zur Bundesliga, in der die ersten sechs Mannschaften (neben dem SC Freiburg waren das der 1. FC Saarbrücken, Carl Zeiss Jena, Waldhof Mannheim, Chemnitzer FC und der FC Homburg) in Hin- und Rückspiel noch einmal gegeneinander antraten.

Leider versagten der Finke-Elf dabei ein wenig die Nerven, und so rutschte sie noch vom ersten auf den dritten Rang hinter den schwarzblauen Konkurrenten 1. FC Saarbrücken und Waldhof Mannheim ab, was das vorläufige Ende der Bundesliga-Träume bedeutete. Nach Platz neun in der Vorsaison war es dennoch ein Riesenerfolg, und sowohl die Mannschaft als auch die Fans hatten Lust bekommen auf das „Abenteuer 1. Bundesliga in Freiburg". Dass im Dreisamstadion attraktiver Fußball geboten wurde, wusste das Freiburger Publikum zunehmend zu würdigen. So kamen bis zu 13.000 Zuschauer zu den Heimspielen, sensationell für damalige Freiburger Verhältnisse.

Abschlusstabelle Aufstiegsrunde 1991/92

1	1. FC Saarbrücken	32 Spiele	52:30 Tore	42:22 Punkte
2	Waldhof Mannheim	32	44:31	38:26
3	SC Freiburg	32	52:41	37:27
4	Chemnitzer FC	32	35:30	36:28
5	FC Carl Zeiss Jena	32	39:36	33:31
6	FC Homburg	32	41:36	32:32

Zunächst wurde eine 12er-Runde mit Hin- und Rückspiel ausgetragen, danach spielten die ersten sechs Mannschaften eine Aufstiegs-, die letzten sechs Teams eine Abstiegsrunde. Es galt die 2-Punkte-Regel. Es stiegen vier Teams aus der Bundesliga ab, aber nur zwei Mannschaften auf (je eine aus dem Süden und eine aus dem Norden), weil die Teilnehmerzahl der Bundesliga zur Saison 1992/93 von 20 auf 18 reduziert wurde. In der dann wieder eingleisigen 2. Bundesliga starteten 24 Mannschaften.

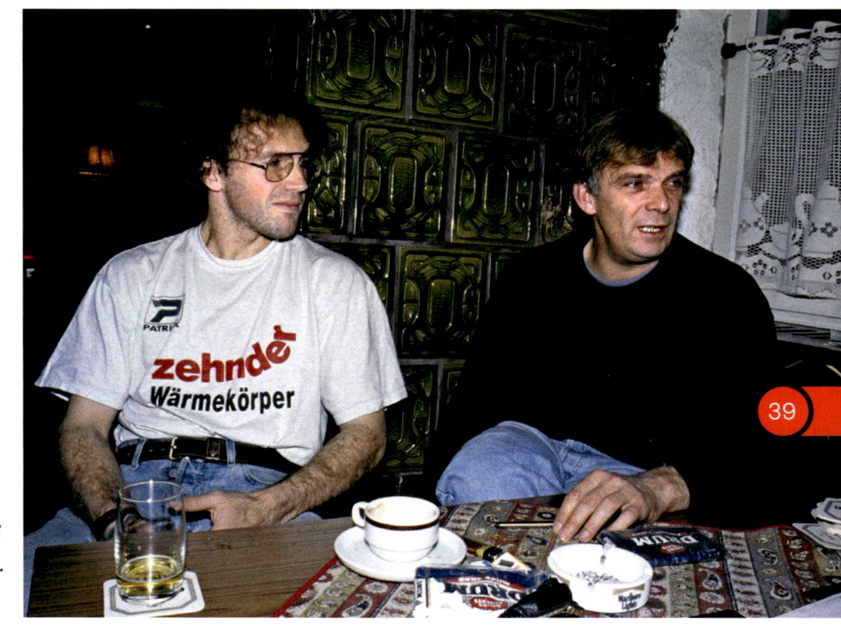

Architekten der Freiburger Bundesliga-Träume: Co-Trainer Achim Sarstedt und Chefcoach Volker Finke.

1993-2007

Wir steigen auf, wir steigen ab, zwischendurch UEFA-Cup

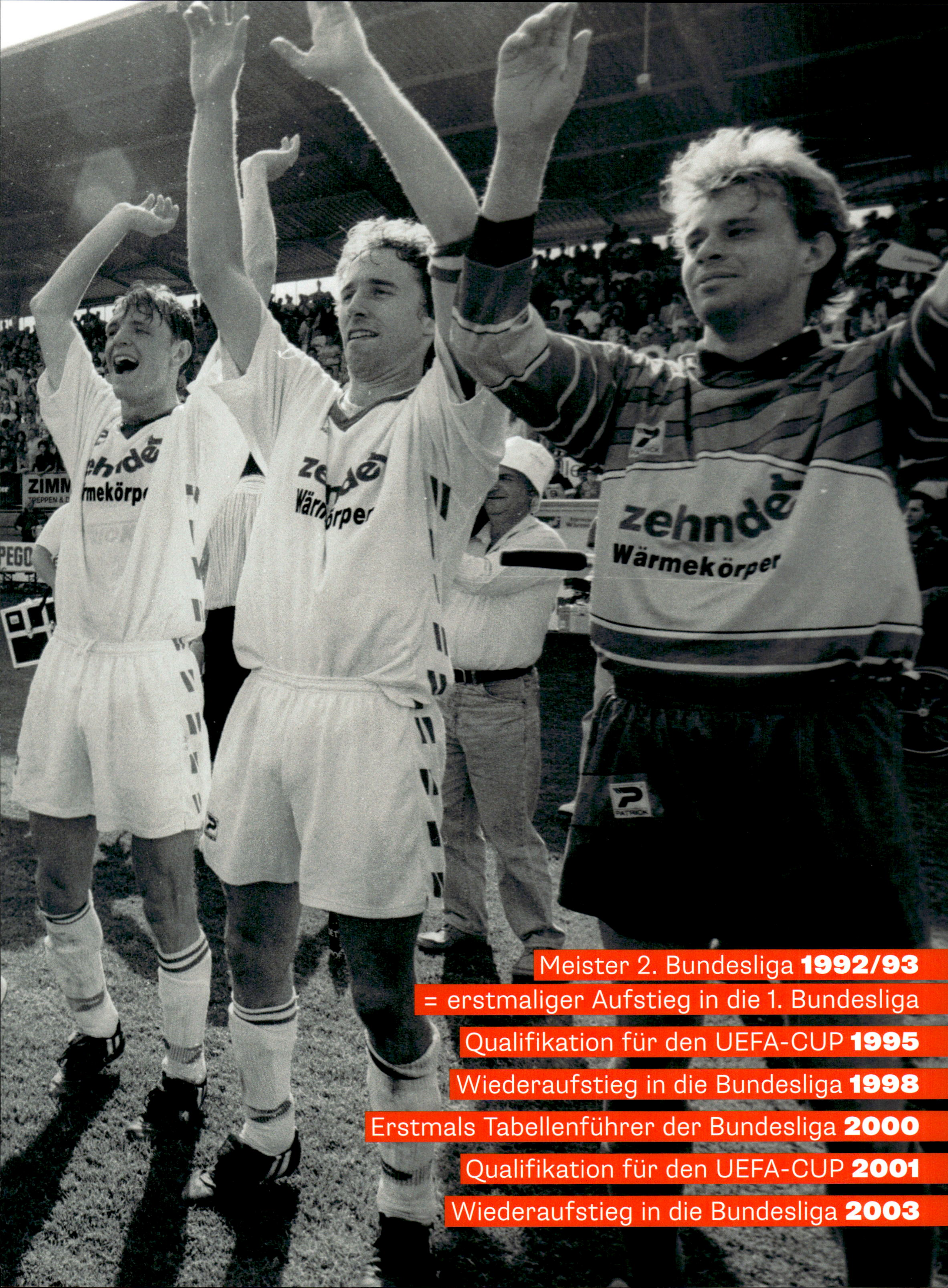
zehnder
Wärmekörper
Meister 2. Bundesliga **1992/93**
= erstmaliger Aufstieg in die 1. Bundesliga
Qualifikation für den UEFA-CUP **1995**
Wiederaufstieg in die Bundesliga **1998**
Erstmals Tabellenführer der Bundesliga **2000**
Qualifikation für den UEFA-CUP **2001**
Wiederaufstieg in die Bundesliga **2003**

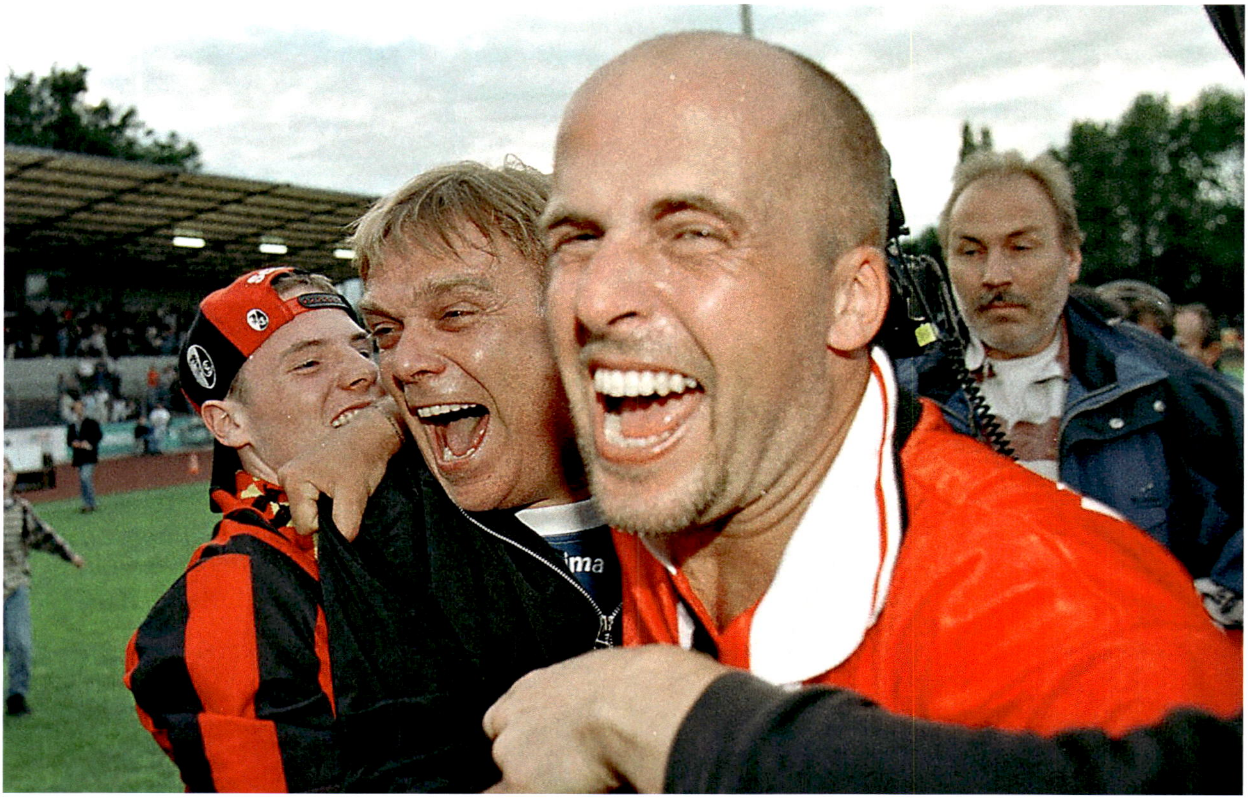

Mit Michael Frontzeck nach dem Aufstieg in die 2. Bundesliga in Wattenscheid am 3. Juni 1998.

Volker Finke

Die überlieferten Worte von dieser Idee, in die Bundesliga aufzusteigen, auf die der Trainer aber bitte nicht kommen möge, sind mittlerweile Legende. Stocker verstand sie wohl mit einem Augenzwinkern. Er hatte insgeheim immer von der 1. Bundesliga geträumt und es sich nur einfach nicht vorstellen können. Denn wenn in Freiburg jemals ein Team in die 1. Bundesliga aufsteigen würde, dann doch wohl das des FFC.

Als Volker Finke am 1. Juli 1991 das Traineramt in Freiburg antrat, nachdem Achim Stocker ihm ein Engagement an der Dreisam gehörig schmackhaft gemacht hatte, kannte er die Freiburger Vorgeschichte nicht im Detail. Finke ging das Unternehmen akribisch, ehrgeizig und ohne Denkverbote an. Er tauschte nach und nach Teile der Mannschaft aus und holte Spieler hinzu, die weitgehend unbekannt waren, ihm jedoch bei der Umsetzung seiner Ideen hilfreich erschienen. Im Zweifel waren es Spieler, die er aus seiner Zeit in Niedersachsen kannte. Oder die er gleich von der Schulbank weg scoutete, wie im Fall von Jens Todt. Schon im ersten Jahr klopften Finkes Freiburger in der wegen der politischen Vereinigung ausnahmsweise ausgespielten Aufstiegsrunde ans Tor zur Bundesliga. Im zweiten Jahr ging es dann direkt hinein in die gute Stube. Souveräne Meisterschaft in einer Mammutsaison mit 46 Spielen, über 100 erzielten Toren und der meisten Zeit als gejagte Nummer 1 an der Tabellenspitze. Freiburgs erster Aufstieg war so vermeintlich unerwartet wie souverän.

In den folgenden Jahren war nahezu alles von dem dabei, was man sich als Fußballfan wünscht – und auch einiges, auf das man lieber verzichtet hätte. Klassenerhalt am letzten Spieltag, souveräne UEFA-Cup-Qualifikation, Unruhe in Mannschaft und Umfeld, Abstiege, Wiederaufstiege und erneut UEFA-Cup. So war das damals eben, es war das Freiburger „Normal“. Mit zunehmender Amtszeit wurden die Stimmen jedoch lauter, dass man auf der Trainerposition auch mal wechseln könne. Die allermeiste Zeit aber hielten Finke und Stocker zusammen, waren nicht auseinanderzubekommen. Bis zu jener schicksalhaften Hinrunde 2006/07. Es folgte die im Dezember 2006 angekündigte Trennung zum Saisonende und die „beste Rückrunde aller Zeiten“ (von der an anderer Stelle in diesem Buch die Rede ist).

Die Entscheidung, den Vertrag mit Finke nicht noch einmal zu verlängern, entzweite die Stadt Freiburg. Sie spaltete den Verein, sein Umfeld und die Fans in zwei Lager: pro und contra Finke. Zum Abschied verweigerte der Trainer, der 16 Jahre im Amt war, sogar Blumen und sang stattdessen schunkelnd im Kreis seiner Mannschaft „Je ne regrette rien“. Ganz frankophil ließ er einer Station in Japan (Urawa Red Diamonds) das Amt des Trainers der Nationalmannschaft von Kamerun folgen, mit der er an der Weltmeisterschaft 2014 teilnahm. Zwischenzeitlich agierte Finke noch als Sportdirektor und kurzzeitig sogar als Interimstrainer beim 1. FC Köln.

Heimisch geworden ist er jedoch – wie so viele, die zum SC Freiburg kamen – in Freiburg, wo er seinen Lebensmittelpunkt hat und sich – wie sollte es anders sein – nicht frei von Kontroversen politisch engagiert. Im März 2023 feierte er seinen 75. Geburtstag. Bereits 2019 war er vom DFB für sein Lebenswerk ausgezeichnet worden. Volker Finke ist der Mann, der den SC Freiburg gemeinsam mit Achim Stocker dorthin brachte, wo nachfolgende Generationen (Streich, Saier, Leki) erfolgreich anknüpfen konnten.

Achim Stocker und Volker Finke.

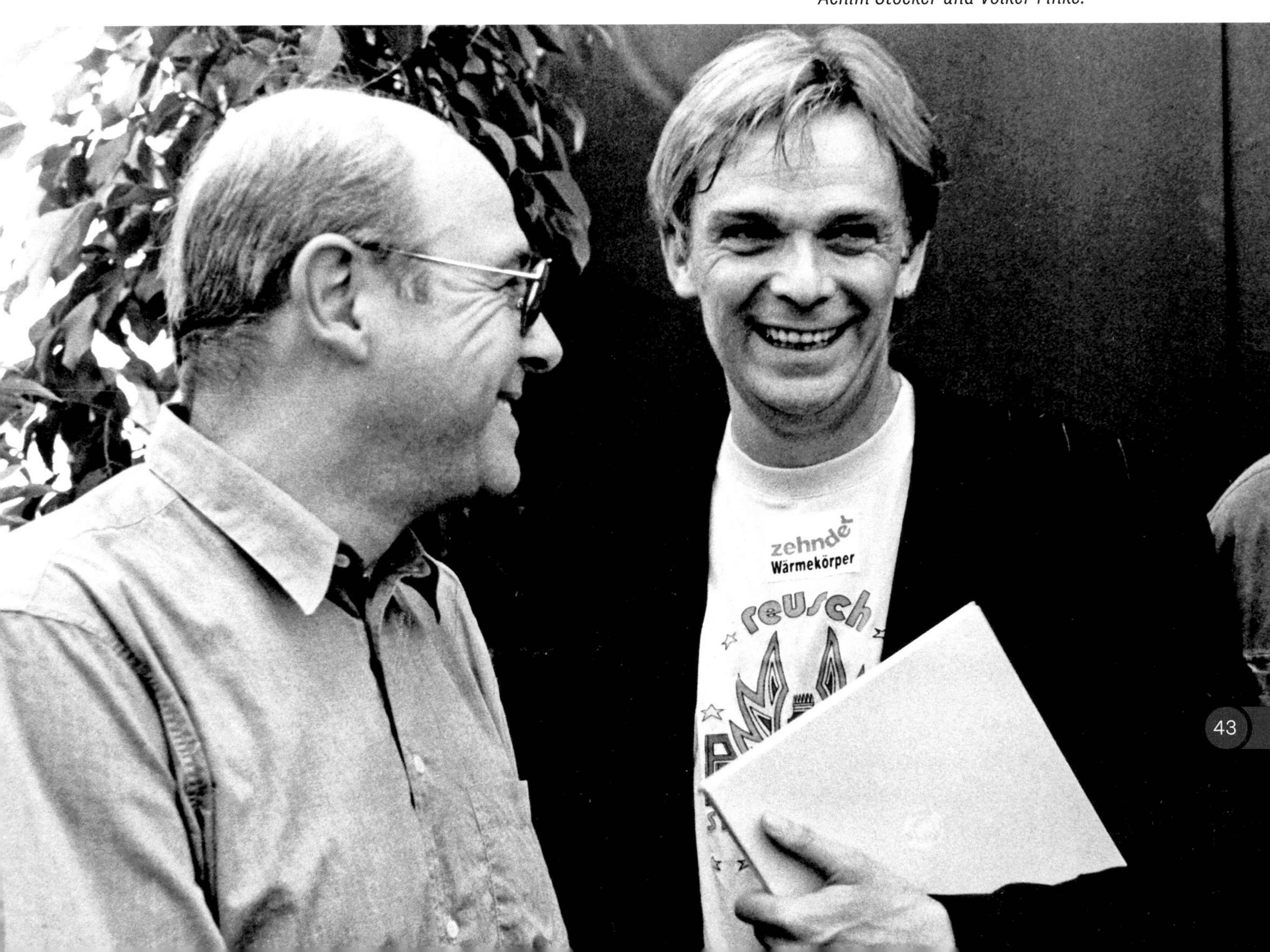

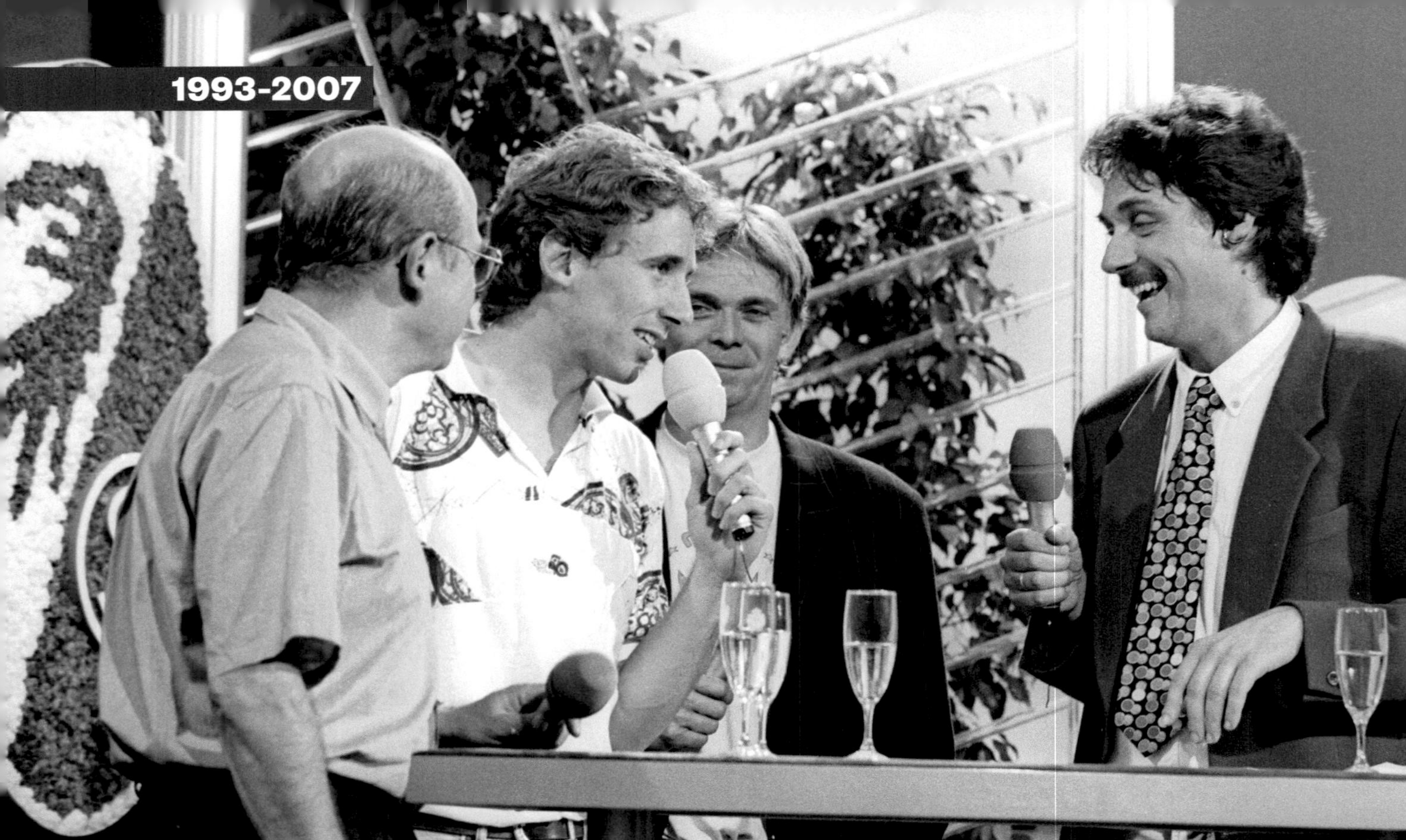

Live in der Sportschau: Achim Stocker, Uwe Spies und Volker Finke.

Der große Wurf – erster Bundesliga-Aufstieg 1993

Der SC Freiburg in der ersten Fußball-Bundesliga, das war lange Zeit nicht einmal ein Traum gewesen, sondern bestenfalls leichte Spinnerei oder eine schöne Utopie. Für rund drei Jahrzehnte war die 1963 gegründete Bundesliga eine ferne Galaxie für den Sport-Club.

Und auch vor der Saison 1992/93, jener Zweitliga-Mammut-Spielzeit mit 24 Mannschaften und 46 Begegnungen pro Team, sahen nicht allzu viele den Sport-Club als Meister und Aufsteiger. Nicht einmal die mutigen Zocker und glühenden SC-Fans waren derart optimistisch. Dabei waren die Freiburger in der Saison 1991/92 Erster der Vorrunde geworden und hatten die Aufstiegsrunde erreicht. Doch als es dort um die Wurst ging, hielten die Nerven der Breisgauer dem Druck nicht stand, und man fiel auf Platz 3 zurück.

1992/93, als die nunmehr vereinte 2. Bundesliga wieder eingleisig spielte, galten neben dem FC Carl Zeiss Jena die Bundesliga-Absteiger Hansa Rostock und MSV Duisburg als Favoriten. Doch der SC Freiburg setzte früh Zeichen. Am siebten Spieltag löste die Finke-Elf Tabellenführer Jena mit einem 3:1-Sieg an der Ligaspitze ab und gab die Tabellenführung bis zum 46. Spieltag am 6. Juni 1993 nicht mehr her. Ende August kassierte man zwar eine empfindliche 0:1-Niederlage in Duisburg, insgesamt aber ging der Sport-Club in 46 Saisonspielen lediglich achtmal als Verlierer vom Platz. Leider auch am 13. Februar 1993, als der im Abstiegskampf steckende VfL Wolfsburg ins Dreisamstadion kam und erstmals ein Spiel des SC Freiburg live und in voller Länge im Fernsehen übertragen wurde. Der Pay-TV-Sender „Premiere“ hatte die Begegnung zum „Topspiel der Woche“ erklärt. Das zahlen-

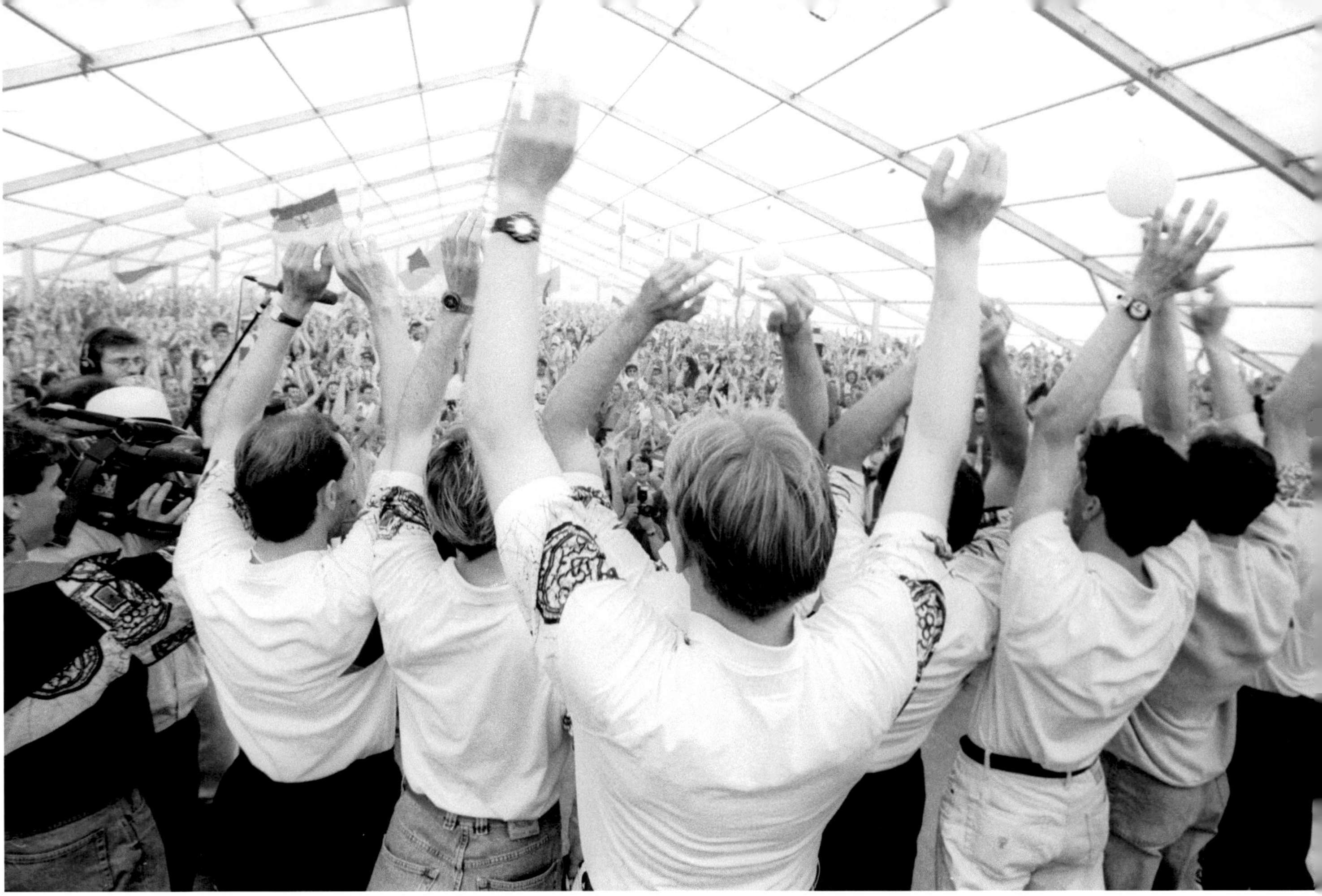

„Alle Freiburger Hände fliegen hoch!"

Maximilian Heidenreich führt den Siegeszug an.

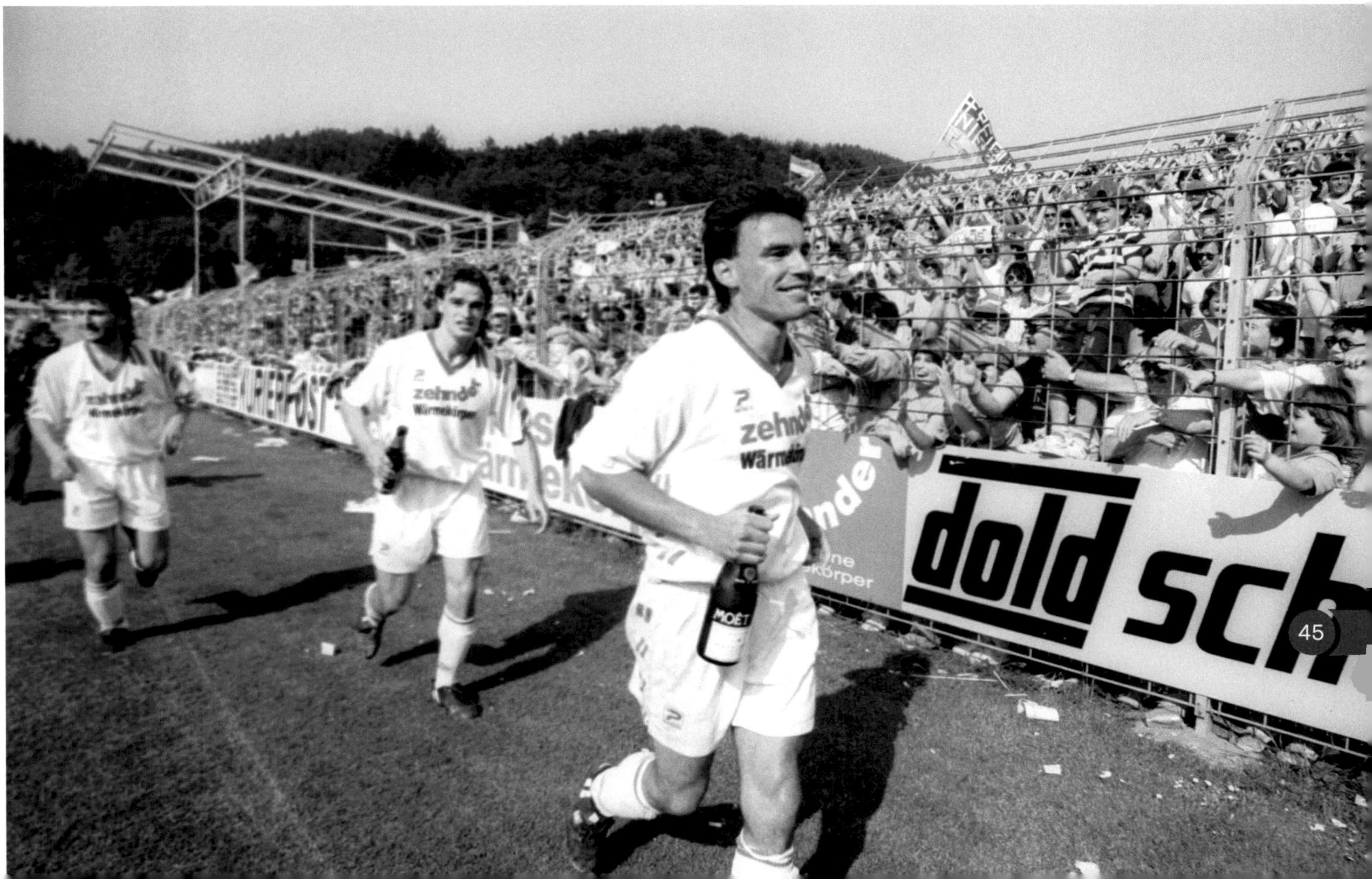

de Publikum im Stadion und vor den TV-Geräten musste mitansehen, wie der Tabellenführer trotz 1:0-Pausenführung mit 1:3 verlor.

Bereits drei Spieltage vor Schluss stand der erste Freiburger Bundesliga-Aufstieg nach einem 4:2 gegen die SpVgg Unterhaching fest. Am Ende hatte der Sport-Club satte zehn Punkte Vorsprung (bei geltender 2-Punkte-Regel) auf den ersten Nicht-Aufsteiger Waldhof Mannheim.

Schon vor dem Unterhaching-Spiel war auf dem Hartplatz hinter der Haupttribüne ein großes Festzelt aufgebaut worden, aus dem die ARD-Sportschau live mit dem feiernden Publikum übertrug. Die Erinnerungen an diesen 22. Mai 1993 leben in den Herzen aller, die live mit dabei waren, weiter.

Die Spitzengruppe in der Saison 1992/93

1	SC Freiburg	46 Spiele	102:57 Tore	65:27 Punkte
2	MSV Duisburg	46	65:40	60:32
3	VfB Leipzig	46	66:45	58:34
4	Waldhof Mannheim	46	66:53	55:37
5	Hertha BSC	46	82:55	53:39

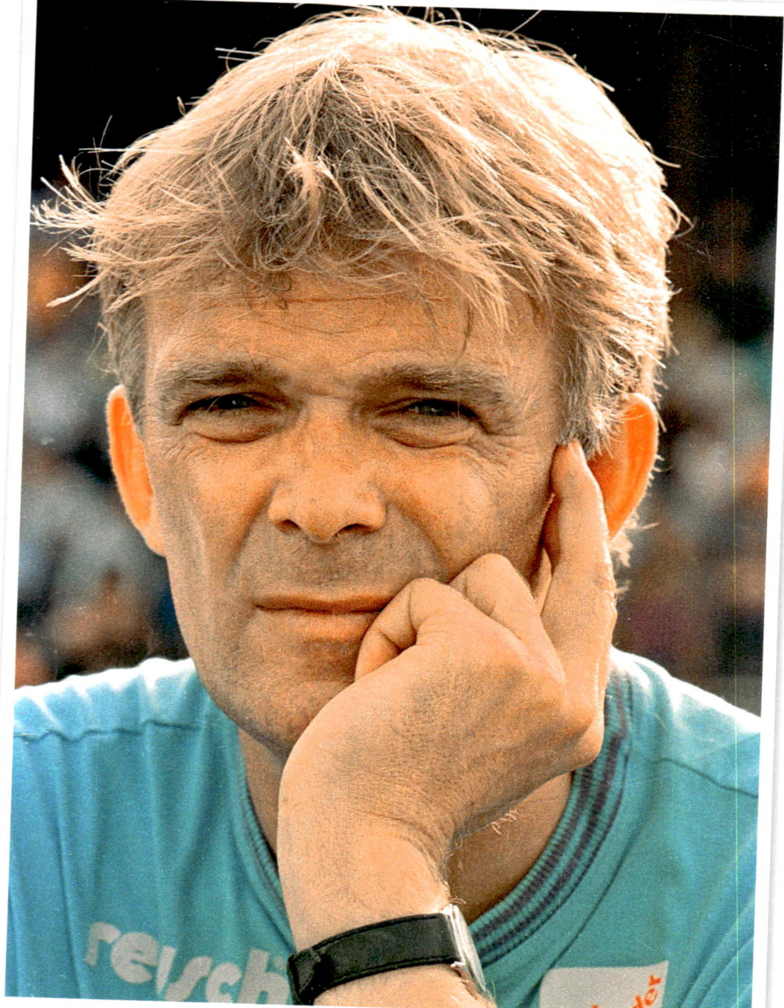

Aufstiegstrainer Volker Finke.

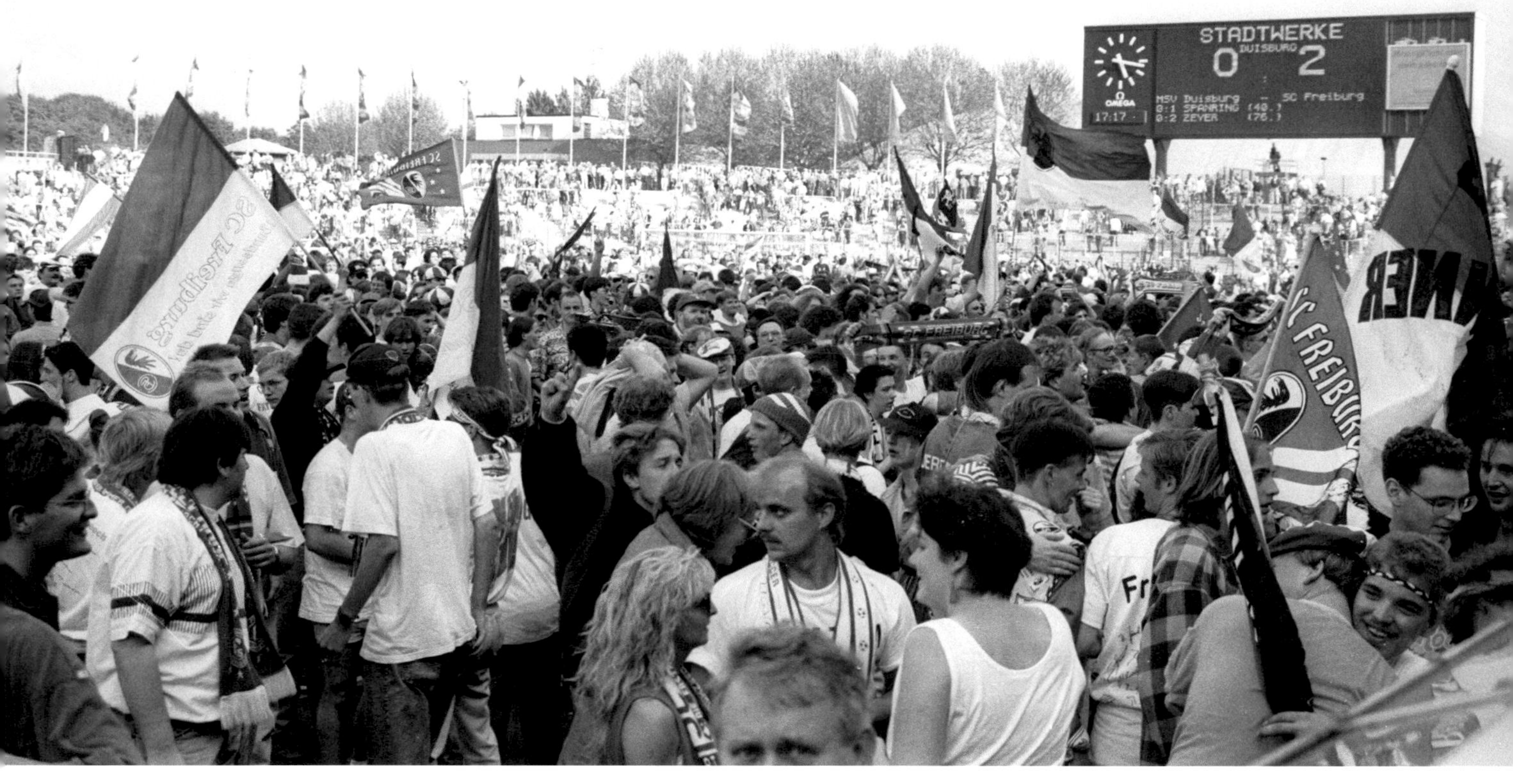

Die Saison 1993/94

Mindestens ein SC-Fan hat es vorher gewusst: „Über Freiburg lacht die Sonne, über Nürnberg die ganze Welt“. So steht es auf einem Transparent im Gästeblock am 34. Spieltag im Duisburger Wedaustadion, als der Sport-Club mit einem 2:0-Sieg am 1. FC Nürnberg vorbeizieht und auf den rettenden Platz 15 vorrückt. Das kleine Freiburger Wunder von Duisburg war der Schlusspunkt einer bemerkenswerten ersten Bundesliga-Saison.

Anfangs zahlte der SC kräftig Lehrgeld. Erwartbar, führte doch das erste Freiburger Bundesliga-Spiel ausgerechnet zu Bayern München. Nach 24 Minuten war die Messe gelesen, lag Bayern 3:0 vorne. Aus Freiburger Sicht blieb es dennoch ein historisches Spiel, zumal Oliver Freund noch das erste SC-Bundesligator zum 3:1-Endstand beisteuern konnte. Die nächste Premiere, der erste Bundesliga-Sieg, gelang dann gleich im ersten Heimspiel gegen die SG Wattenscheid 09 (4:1). Im Saisonverlauf wurde der SC seiner prognostizierten Rolle als Abstiegskandidat aber zunehmend gerecht und tummelte sich an bzw. in den Abstiegsrängen. Nicht, ohne das Establishment immer mal wieder das Fürchten zu lehren. Glanzmomente waren zwei Siege gegen den VfB Stuttgart, ein 4:1 gegen Dortmund sowie Uwe Wassmers legendärer Dreierpack beim 3:1 Heimsieg gegen Bayern, die in den ersten Freiburger Bundesliga-Jahren ohnehin schwere Zeiten im Dreisamstadion durchmachten. „Zieht den Bayern die Lederhosen aus“, hallte es nicht zum letzten Mal von den Rängen.

Trotz dieser Achtungserfolge und vielen Sympathiebekundungen blieb Freiburg aber der (belächelte) Underdog. „Die müssen absteigen, denn sonst hätten wir anderen 20 Jahre lang alles falsch gemacht“, glaubte Dieter Hoeneß, Manager des VfB Stuttgart. In der Rückrunde sah alles danach aus, als solle Hoeneß recht behalten. Am 31. Spieltag traf Dynamo Dresden kurz vor Schluss zum 1:0-Sieg im Dreisamstadion – für den SC war es die Fortsetzung einer bitteren Niederlagenserie. Die Mannschaft stand nun quasi abgeschlagen auf dem ersten Abstiegsplatz. Vier Punkte waren es auf Nürnberg, sechs auf Schalke.

Erste Grabreden wurden gehalten, doch Totgesagte leben bekanntlich länger. Eindrucksvoll demontierte Freiburg an Spieltag 32 Hoeneß' Stuttgarter mit 4:0. Ralf Kohl und Rodolfo Cardoso lieferten jeweils Doppelpacks. Schalke sicherte sich derweil den Klassenerhalt, während Nürnberg mit 1:2 bei den Bayern verlor. Wegen eines Phantomtores von Thomas Helmer musste das Spiel jedoch wiederholt werden, weshalb man in Freiburg auch ein bisschen auf die Torverhältnisse schaute. Am 33. Spieltag schoss Cardoso den SC im letzten Moment zu zwei Punkten gegen den bereits feststehenden Absteiger VfB Leipzig. Nürnberg hielt mit einem Sieg über Wattenscheid zwar den Zwei-Punkte Vorsprung, verlor aber anschließend das Wiederholungsspiel bei den Bayern mit 0:5. Der „Club" ging damit gedemütigt und mit einem angeschlagenen Torverhältnis in den letzten Spieltag.

Der 7. Mai 1994 ist ein für viele SC-Fans bis heute unvergessener Tag. Im Fernduell Nürnberg gegen Freiburg geriet der „Club" in Dortmund früh unter die Räder und verlor schließlich mit 1:4. Die kolportierten 15.000 nach Duisburg mitgereisten Freiburger waren über handtaschengroße Transistorradios im Gästeblock dabei und bejubelten jedes Dortmunder Tor. Vor ihren Augen spielte sich unterdessen ein Spiel auf ein Tor ab – und zwar auf das der Duisburger, die selbst noch auf die Europacup-Teilnahme hofften! Nach zahlreichen vergebenen Chancen brachte Martin Spanring den Sport-Club kurz vor der Pause mit seinem ersten und sicher wichtigsten Tor für Freiburg in Führung. Als Andy Zeyer in der Schlussviertelstunde nach einem unnachahmlichen Sprint über das halbe Feld den Ball zum 2:0 im langen Eck unterbrachte, gab es im Gästeblock kein Halten mehr. Volker Finke wollte die ganze Welt umarmen, während sich halb Freiburg beim Platzsturm in den Armen lag – unter der lachenden Sonne von Duisburg.

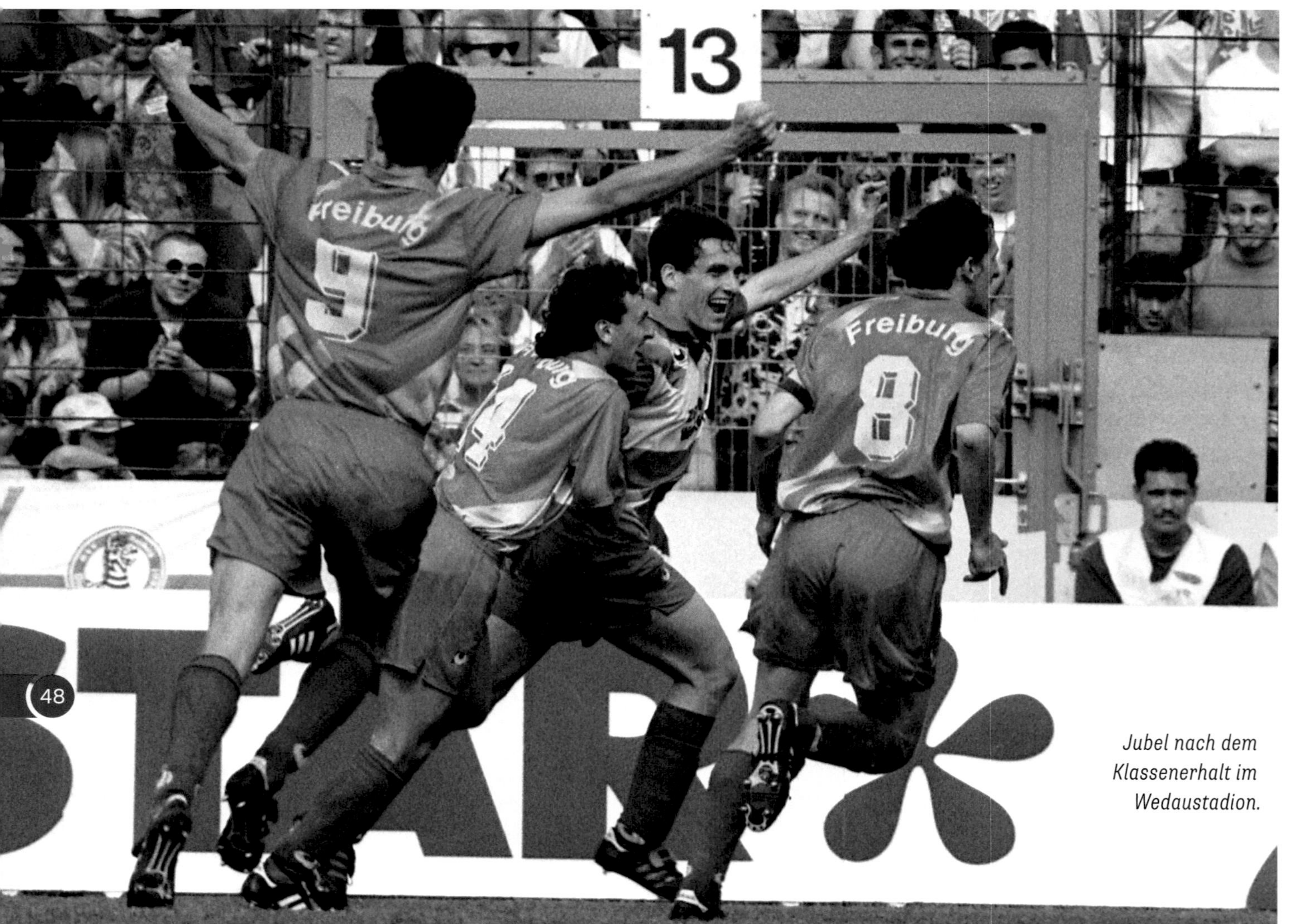

Jubel nach dem Klassenerhalt im Wedaustadion.

Die coolsten Kids sind schlaue Füchsle

Der Nachwuchs der SC-Fans wird – nicht selten schon mit der Geburt – im Füchsleclub organisiert. Und somit wird ein solider Grundstein gelegt für eine solide Fan-Biografie! Nach der Anmeldung bekommt der Nachwuchsfan ein Willkommenspaket, so weit, so normal. Doch es sind nicht nur die üblichen Geschenke und Symbole, die den Füchsleclub zu etwas Besonderem machen: Ein regelmäßiger Newsletter im E-Mail-Postfach (der Eltern) und ab und an per Post, vielseitige, altersgerechte Aktivitäten, die es gemeinsam mit anderen Mitgliedern zu erleben gilt, den Füchsle-Wanderweg mit Lerneffekt unterhalb des höchsten Bergs im Südschwarzwald, dem Feldberg. Eine Kooperation mit der Freiburger Kinderbuchhandlung Fundevogel, gemeinsame Kochkurse oder „nur" zusammen Fußball schauen oder spielen – die Angebote sind vielfältig.

Zunächst war der Füchsleclub beim Fanclub-Dachverband „fangemeinschaft" (fg) als „Club 08/15" angesiedelt, doch mittlerweile ist der Nachwuchs direkt bei SCF e.V. angesiedelt und hat in den vergangenen Jahren seinen Beitrag zu den exorbitant steigenden Mitgliederzahlen geleistet. Für die KidsClubs der Bundesligisten hat die DFL ein gemeinsames Leitbild formuliert und kümmert sich um die Vernetzung derselben.

Das Füchsle selbst ist übrigens nicht mehr ganz jugendlich, feierte im Jahr 2023 seinen 30. Geburtstag. Das rührt von daher, dass das Füchsle 1993 zum ersten Bundesliga-Aufstieg der ersten Herren-Mannschaft zum Sport-Club kam. Es ist nämlich ein Bruder der Europa-Park-Maus, beide stammen aus der Feder des Freiburger Zeichners Christoph Härringer. Mit den einem Fuchs zugeschriebenen Eigenschaften wie Schnelligkeit und Schläue passt es nach wie vor wunderbar zum SC und erfreut sich ungebremster Beliebtheit bei Jung und Alt.

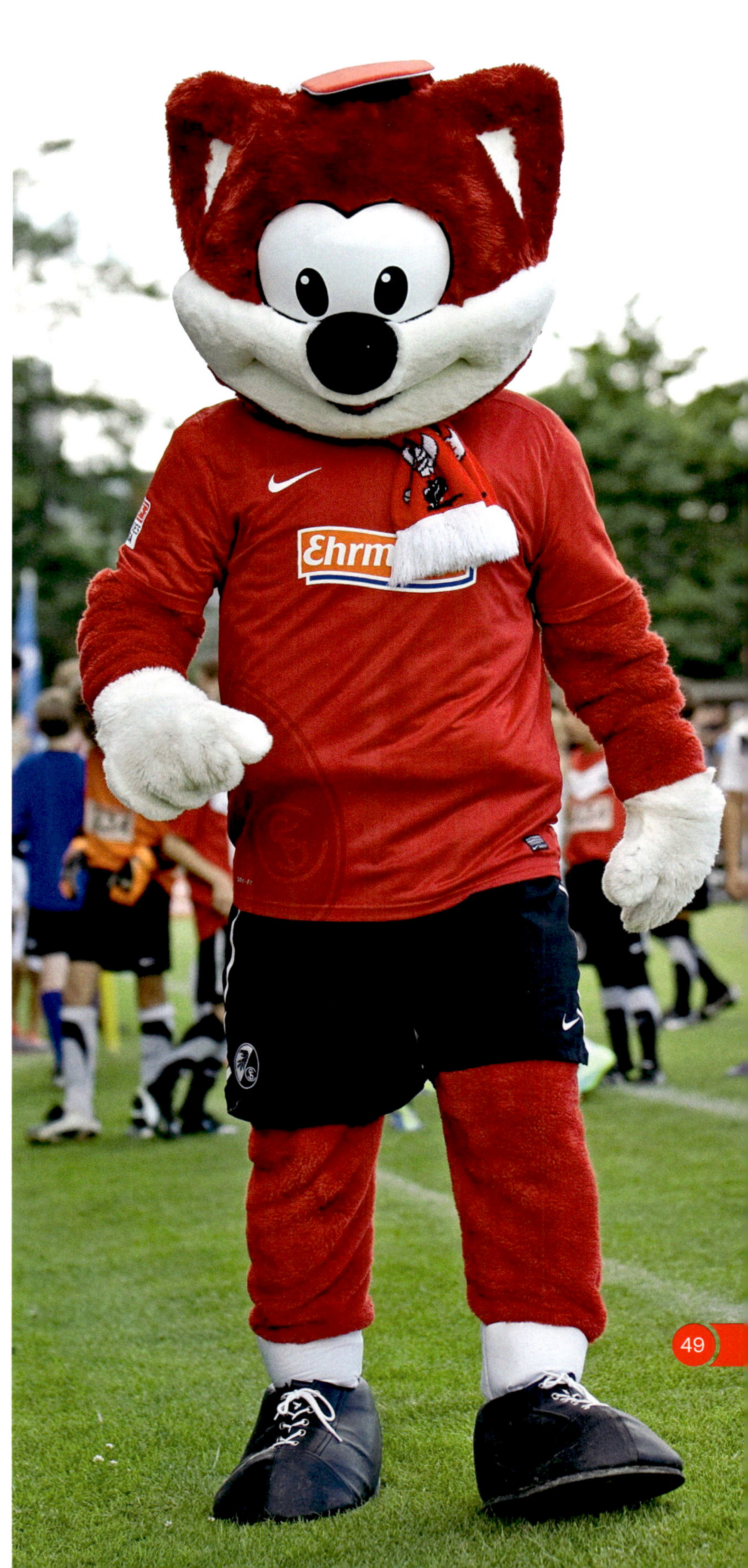

Die beste Rückrunde aller Zeiten

„Volker Finke kann sich nur selbst entlassen", hat Langzeit-Präsident Achim Stocker (von 1972 bis zu seinem Tod am 1. November 2009 im Amt) immer gesagt. Kurz vor der Winterpause der 16. Saison des eigenwilligen Langzeittrainers entschied der Vorstand dann allerdings, dass die laufende Saison die letzte mit Finke sein sollte. Der Vertrag wurde nicht verlängert. Die sportliche Realität zwang die Vereinsführung nach einem 0:4-Heimdebakel gegen den Karlsruher SC zum Handeln. Am 16. Spieltag stand man mit nur 16 erzielten Toren und ebenso vielen Punkten punktgleich mit den Mannschaften der Abstiegsplätze 15 bzw. 16 auf Rang 14 knapp über dem Strich. Drohte dem Sport-Club Freiburg erstmals seit 1978 wieder die Drittklassigkeit? Der Abstieg aus der 2. Bundesliga war ein realistisches Szenario.

Die Freiburger Harmonie jedenfalls war dahin, Fans stritten untereinander, „Finke raus" war genauso zu hören wie „Ultras raus", manche flohen in Sarkasmus und sangen „Oh, wie ist das schön". Teile der Fans schrien gegen Mannschaft und Trainer („Wir haben die Schnauze voll"), Trainer, Spieler und Vereinsfunktionäre waren sich nicht mehr grün. Die Stimmungslage im Umfeld als diffus-negativ zusammenzufassen, dürfte leicht untertrieben sein. Zwei Tage nach dem Montagabendspiel gegen die Nachbarn aus Nordbaden, das via Free-TV ein Millionenpublikum erreicht haben dürfte, tagte der Vorstand und vermeldete schließlich per Pressemitteilung: „Das Präsidium des SC Freiburg hat dem Cheftrainer, Volker Finke, sein uneingeschränktes Vertrauen ausgesprochen." Das Vertrauen sei so groß, dass man vorhabe, „gemeinsam die Nachfolge in der sportlichen Leitung für die kommende Saison zu planen und in die Tat umzusetzen". Die Art und

Die Duelle gegen den badischen Nachbarn KSC waren stets umkämpft.

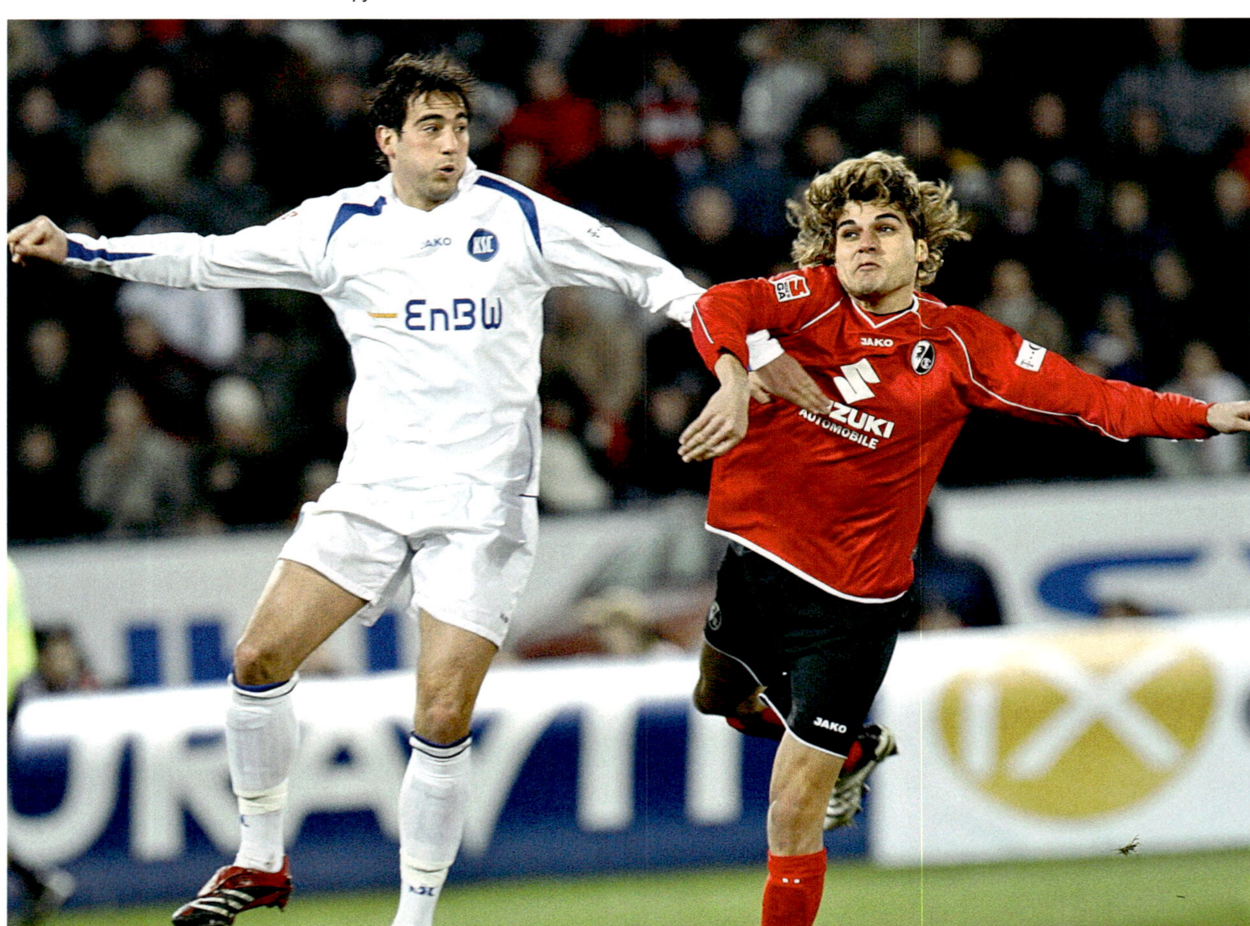

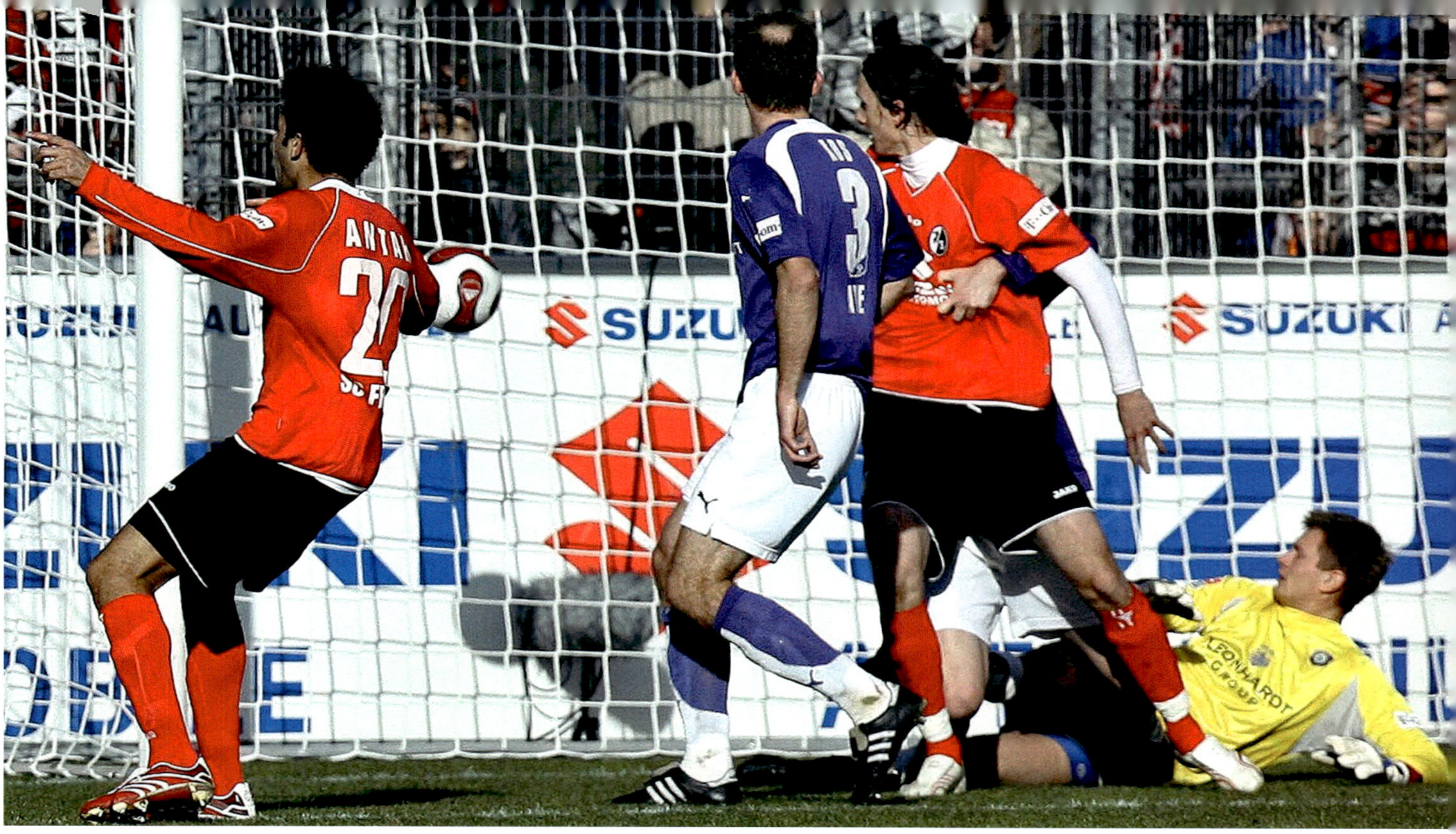

Henrich Bencik erzielt das 5:4 gegen Erzgebirge Aue.

Weise der „Entlassung“ war also sehr eigenwillig und ungewöhnlich, irgendwie „Freiburg-like“. Der Trainer „durfte“ (oder „musste“?) bleiben, den Karren aus dem Dreck ziehen und nebenbei die eigene Nachfolge regeln. Mit einem existenziell wichtigen Auswärtssieg bei der TuS Koblenz ging eine sportlich komplett enttäuschende Hinrunde zu Ende, die den Sport-Club Freiburg im Tabellenkalender der zweiten Liga festhielt.

Es folgte eine Aufholjagd, wie sie die 2. Bundesliga nicht allzu oft gesehen haben dürfte. Eine Serie von zwölf Spielen ohne Niederlage bei nur zwei Unentschieden, die erst Ende April am 30. Spieltag endete und während der Freiburg unfassbare 32 Punkte einsammeln konnte. Das spektakulärste und dramatischte Spiel in diesem Saisonabschnitt war das 5:4 gegen Erzgebirge Aue, das erst wenige Minuten vor Schluss durch einen Geniestreich des kurz zuvor eingewechselten Stürmers Henrich Bencik entschieden wurde. Nach einer Ecke bugsierte Bencik den Ball unter Aufsicht mehrerer Gegenspieler aus kurzer Distanz elegant mit der Hacke ins Tor. Davor hatte das Team gleich zweimal einem Rückstand hinterherlaufen müssen.

Die Zwischenbilanz nach der unerwarteten 1:3-Heimniederlage gegen den Abstiegskandidaten FC Carl Zeiss Jena, bei dem übrigens ein gewisser Nils Petersen (zum damaligen Zeitpunkt

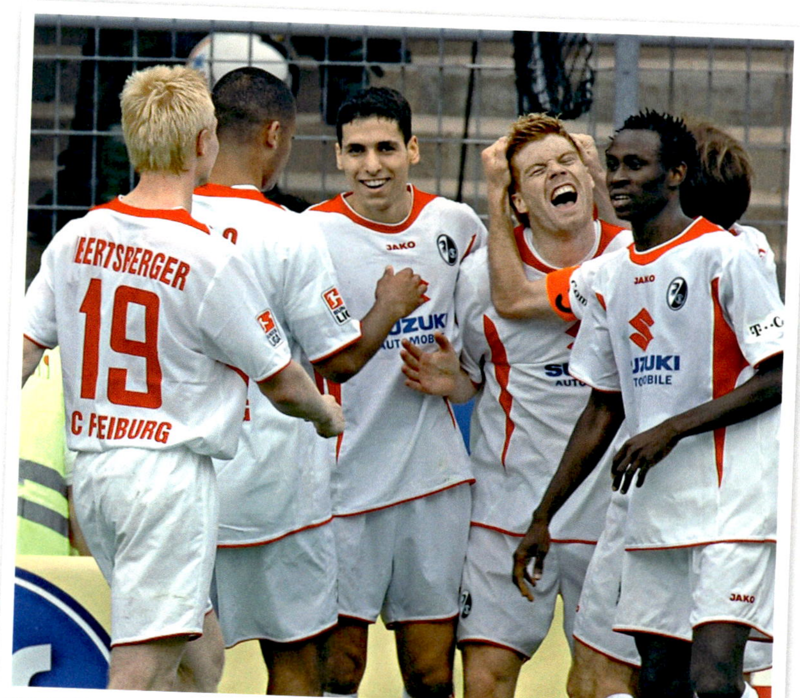

Mit einem 3:0 gelingt am 13. Mai 2007 die Revanche für das 0:4 im Hinspiel gegen den KSC.

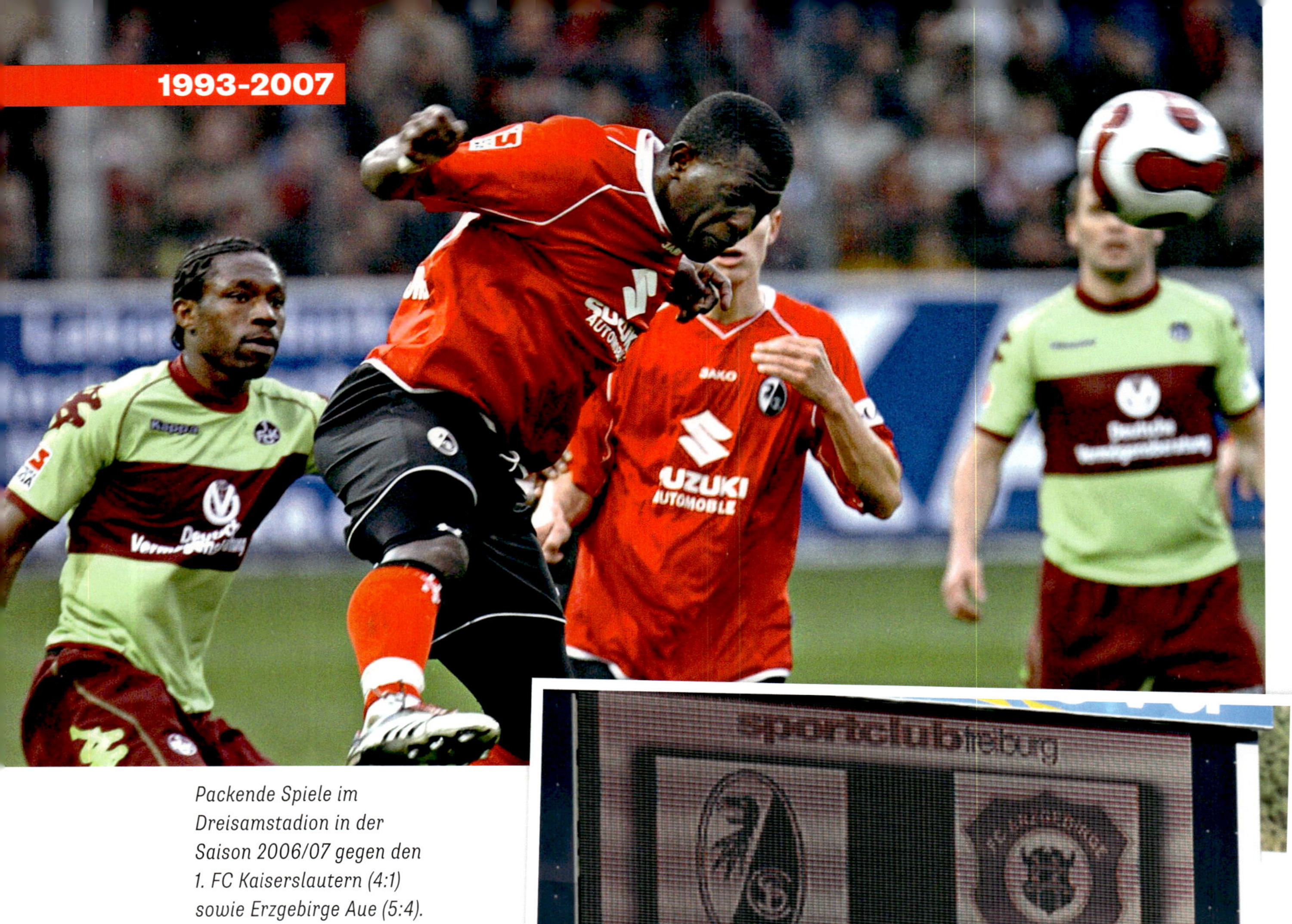

Packende Spiele im Dreisamstadion in der Saison 2006/07 gegen den 1. FC Kaiserslautern (4:1) sowie Erzgebirge Aue (5:4).

gerade einmal 18 Jahre alt) auf der Bank saß, lautete Platz fünf, womit plötzlich alles drin war in Sachen Aufstieg. Doch nach einem Auswärtssieg auf dem Bieberer Berg in Offenbach ließ das zweite verpatzte Heimspiel in Folge - eine 0:1-Pleite gegen Paderborn inklusive Scorerpunkt für Torhüter Oliver Walke -, den Aufstiegstraum zerplatzen. Rechnerisch nur noch mit theoretischen Chancen ausgestattet, gelang immerhin beim badischen Rivalen Karlsruher SC die Revanche durch einen 3:0-Auswärtssieg im Wildparkstadion, und auch am letzten Spieltag wurden mit einem 2:0 gegen die TuS Koblenz zuverlässig die Hausaufgaben gelöst. Leider reichte es dennoch nicht für Finkes vierten Bundesliga-Aufstieg mit dem SC Freiburg. Zwei Jahre mussten sich die Freiburger Fans noch gedulden, ehe Finke-Nachfolger Robin Dutt den Sprung zurück ins Oberhaus mit einem runderneuerten Team schaffte.

Der erste Freiburger Bundesliga-Star

Der erste „Super-Star“ in der Bundesliga-Ära des SC Freiburg war zweifelsohne der Argentinier Rodolfo Esteban Cardoso. Nach dem Aufstieg 1993 vom FC Homburg geholt, spielte sich „Belo“, wie ihn sein Trainer Volker Finke stets nannte, in die Herzen der Fans. Gleich in seiner ersten Bundesliga-Saison im Breisgau erzielte er zwölf Tore und machte neue Erfahrungen: Beim Viertelfinal-Aus im DFB-Pokal zu Hause gegen Tennis Borussia Berlin habe er zum ersten Mal auf Schnee gespielt, begründete Finke das für Cardosos Verhältnisse unterdurchschnittliche Spiel des Mittelfeld-Regisseurs. Doch schon beim nächsten Heimspiel gegen Borussia Dortmund lieferte er, wie das gesamte „Dream-Team“, wieder eine Gala ab. Das 4:1 gegen den haushohen Favoriten (zwei Cardoso-Treffer) gilt als einer der besten Auftritte in der ersten Freiburger Bundesliga-Saison.

In der folgenden Spielzeit 1994/95 lief es noch besser für Cardoso und das Freiburger Team. Am Ende stand mit Platz 3 die bislang beste Platzierung der gesamten Vereinsgeschichte, inklusive erstmaliger Qualifikation für Europa. Dabei erzielte der Argentinier 16 Tore und bereitete zehn weitere vor. Kurz vor dem Saisonende wurde seine Vertragsverlängerung bekannt gegeben. Freiburgs Glück schien perfekt. Doch leider wurde bei der Kommunikation die Ausstiegsklausel unter den Tisch fallen gelassen, mittels derer die Tür für einen Wechsel zu einem internationalen Spitzenklub offenbleiben sollte. Es folgte ein Wechsel innerhalb der Liga zum SV Werder Bremen, wo seinerzeit ein gewisser Mario Basler die Strippen (nicht nur) im Mittelfeld zog. Dieser Transfer überraschte – bei allem Respekt für Werder – nicht nur Trainer Volker Finke, der mit seiner Enttäuschung nicht hinterm Berg hielt. Die Ablösesumme war nicht nur aus heutiger Sicht übrigens eher bescheiden. Cardosos Karriere erfuhr bei Werder einen veritablen Abschwung, und auch beim Hamburger SV sollte es später nicht wirklich besser werden. Die beste Zeit als Spieler erlebte der achtfache argentinische Nationalspieler also während seiner beiden Jahre in Freiburg.

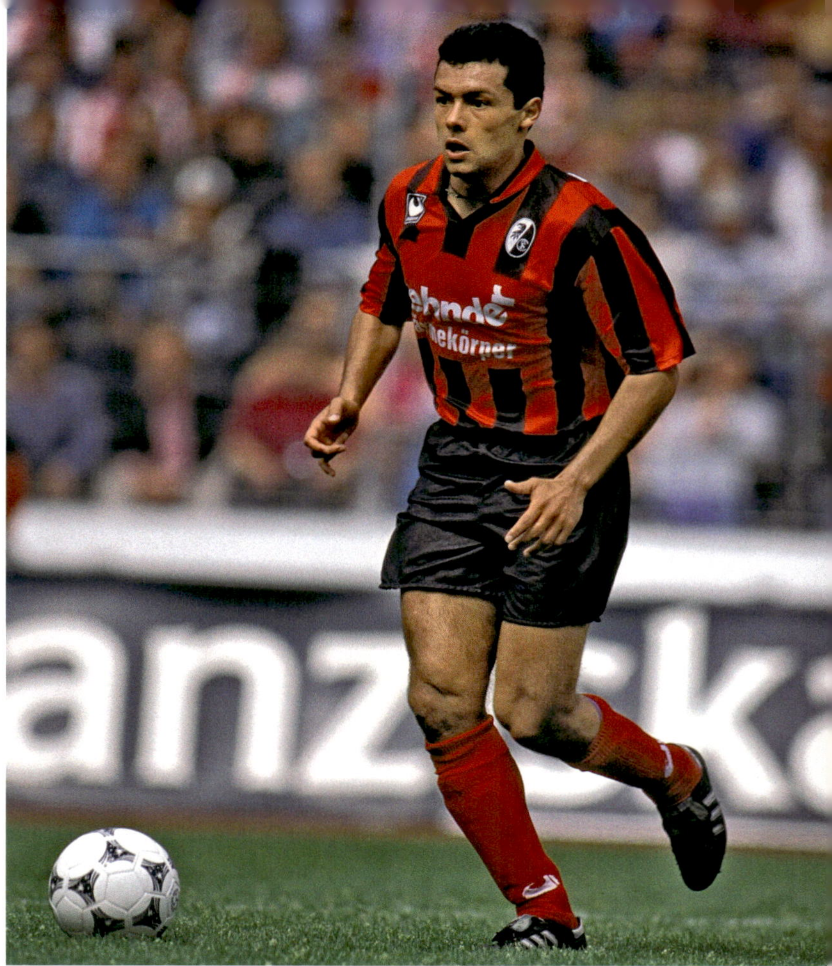

Das Trikot mit der Nummer 5, das auch ohne die erst zur Saison 1996/96 eingeführten festen Nummern und damit einhergehender Beflockung des Namensschriftzugs auf dem Rücken immer das des ballgenialen Argentiniers war, war ein früher Renner unter den Freiburger Fanartikeln und ist heute ein wertvolles Sammlerstück.

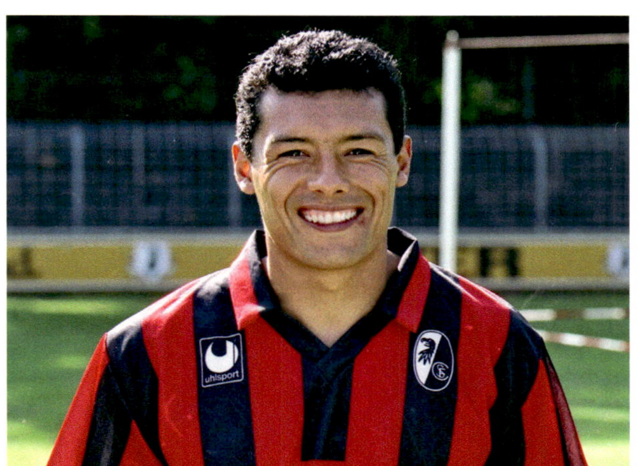

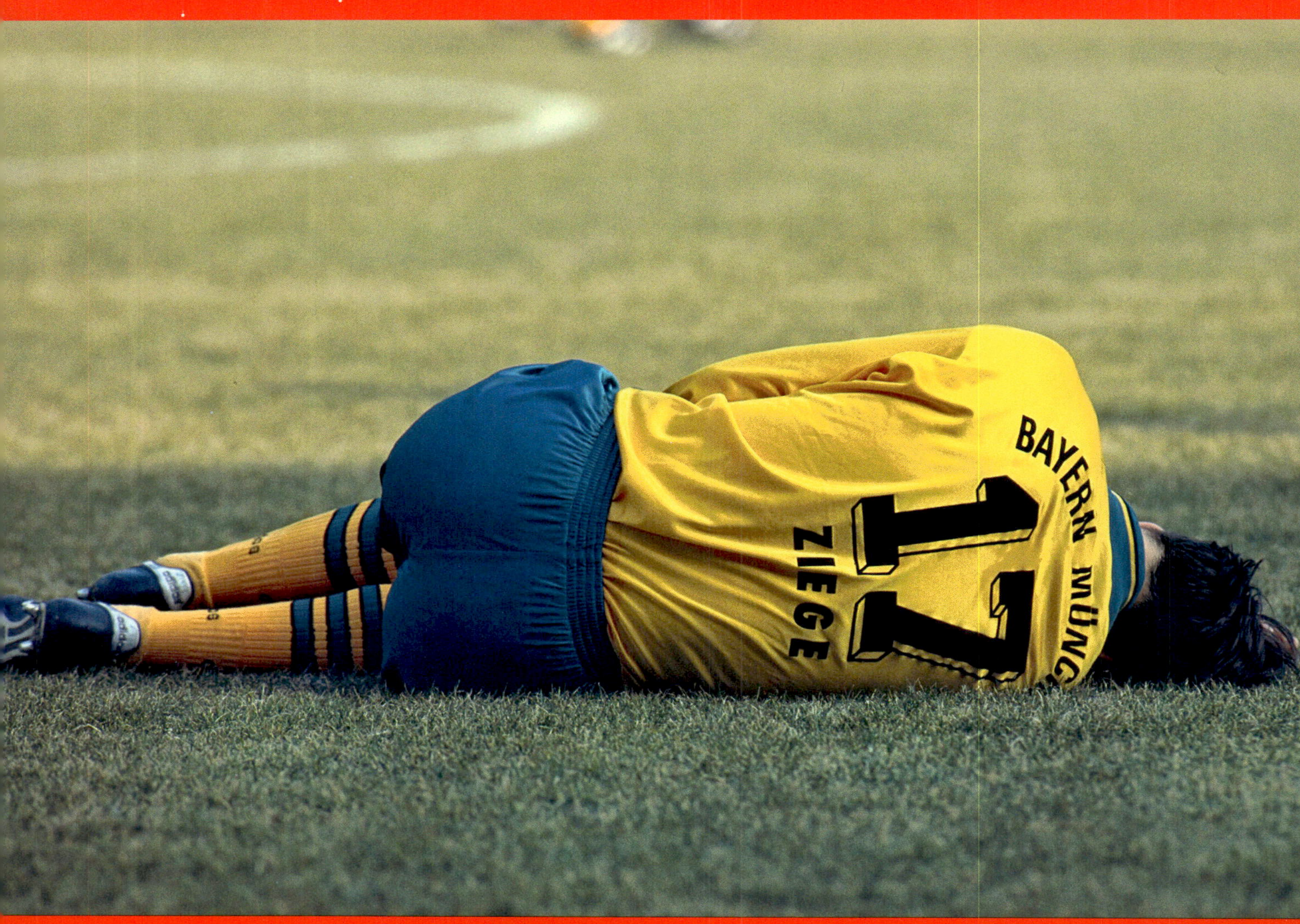

Bayern in Freiburg am Boden - zum Beispiel am 9. März 1996.

Ein Heimsieg für die Ewigkeit

Die Bayern ... Obwohl es bereits im November 1993 beim Rückrundenauftakt einen Freiburger 3:1-Heimsieg (und damit die gelungene Revanche für die 1:3-Niederlage im Bundesliga-Premieren-Spiel) gegen die Münchner gegeben hatte, überraschte das 5:1 am zweiten Spieltag der Folgesaison 1994/95 Fans wie Fachleute. Der Gerade-so-Nicht-Absteiger brachte dem amtierenden Meister und Starensemble um Oliver Kahn, Thomas Helmer und Lothar Matthäus eine empfindliche Niederlage bei und ließ dem Team von Giovanni Trapattoni nicht den Hauch einer Chance. Nach 18 Minuten führte Gastgeber Freiburg im Dreisamstadion bereits mit 3:0! Die Torschützen waren Martin Spanring (11. Minute), Ralf Kohl (17.) und Rodolfo Cardoso (18.). Den Anschlusstreffer von Christian Ziege konterten Rodolfo Cardoso und Neuzugang Jörg Heinrich in seinem ersten

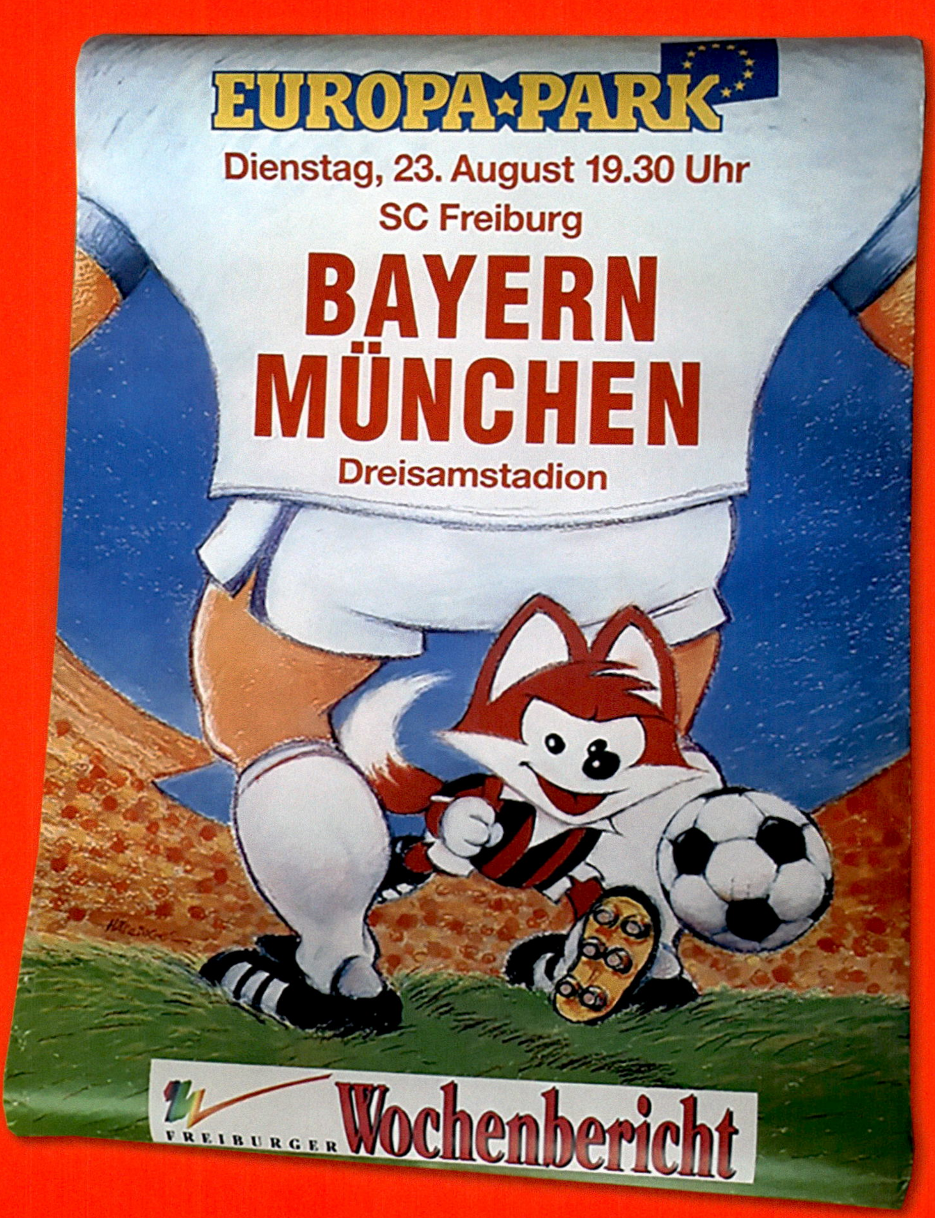

Heimspiel. Heinrich war in der Sommerpause für 50.000 DM vom norddeutschen Oberligisten Kickers Emden gekommen. Das 5:1 blieb im kollektiven Freiburger Bundesliga-Gedächtnis und wird stets als eines der ersten genannt, wenn nach den größten Spielen der Vereinsgeschichte gefragt wird. 5:1 gegen Bayern, das war so unfassbar unerhört, dass es gar auf T-Shirts gedruckt wurde, welche reißenden Absatz fanden.

Im Rückspiel schnupperten die Freiburger an der nächsten Sensation, brachten ihren 2:0-Vorsprung im Münchner Olympiastadion jedoch nicht über die Zeit. Den Vorsprung in der Tabelle sollte das Überraschungsteam der Saison aber ins Ziel retten und damit zum ersten und bisher einzigen Mal in der Bundesliga-Abschlusstabelle vor dem deutschen Rekordmeister stehen. Der landete am Ende auf Platz sechs.

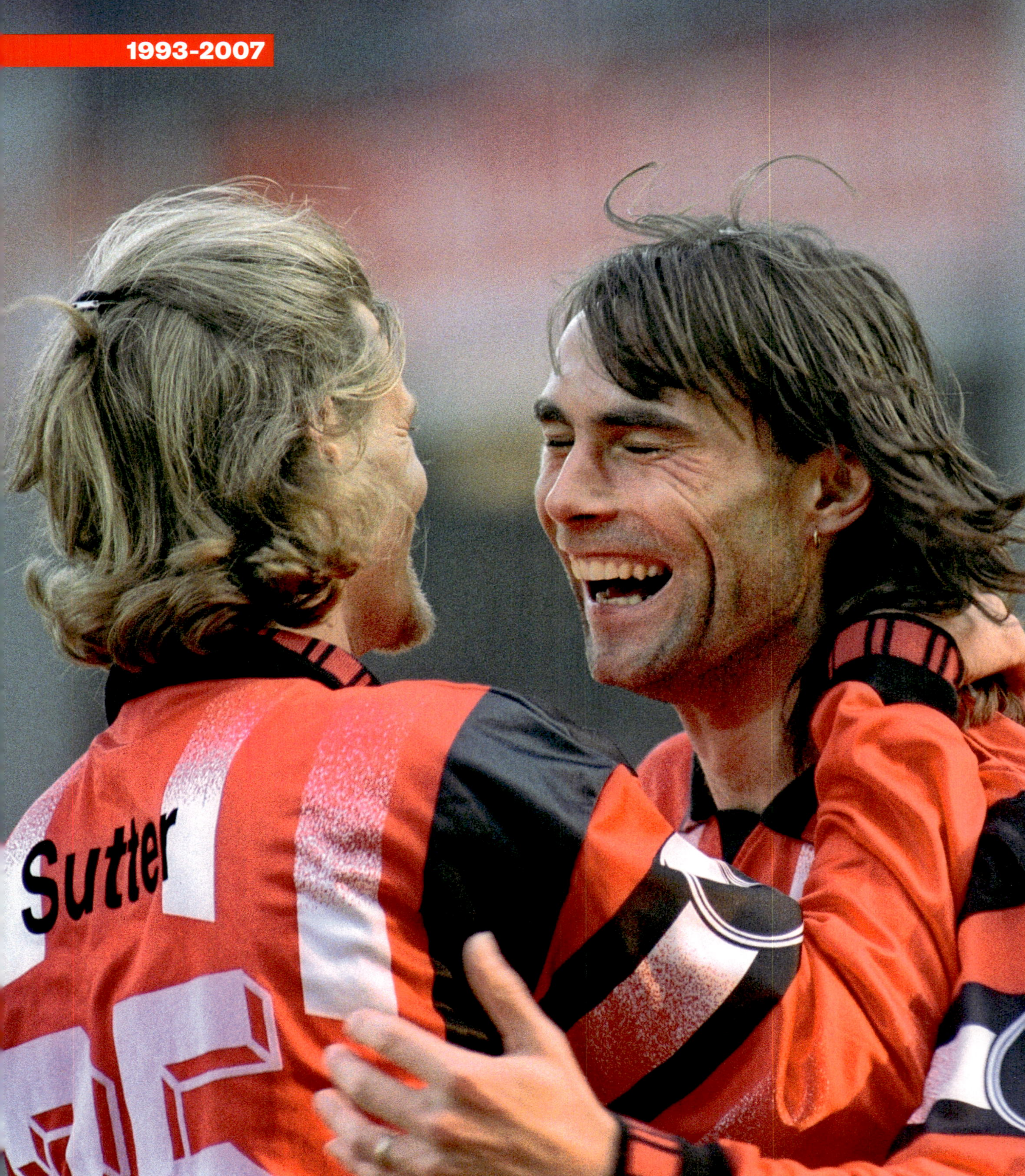

Alain Sutter und Harry Decheiver jubeln – nur nicht im UEFA-Cup.

Das erste Mal UEFA-Cup

Kaum dabei, schon vorbei. Aus in der ersten Runde – das Freiburger Europapokaldebüt 1995/96 verlief alles andere als nach Maß. Sehr zum Leidwesen der Finke-Elf und der SC-Fans. Vielleicht hatte man seinen Gegner Slavia Prag ja doch etwas auf die leichte Schulter genommen. Einem 1:2 im Dreisamstadion folgte ein torloses Unentschieden in der tschechischen Hauptstadt. Während Freiburg früh die Segel strich, marschierte Gegner Slavia Prag bis ins Halbfinale gegen Girondins Bordeaux, die ihrerseits das Finale gegen den FC Bayern verloren. Immerhin waren in der Slavia-Mannschaft einige Spieler versammelt, von denen man noch hören sollte: Vladimir Smicer, Karel Poborsky und Pavel Novotny etwa. Namen, die auch bei der Europameisterschaft 1996 aufhorchen ließen, als Tschechien das Finale gegen Deutschland erreichte.

Seltenheitswert auf Freiburger Seite hatten die hellgelben uhlsport-Trikots, die nicht allzu oft zum Einsatz kamen. Erfolgreich war man damit ohnehin nicht, denn nach dem frühen Aus im Europapokal folgte in der Liga Abstiegskampf. Daher entschloss sich der Verein im Herbst ganz Freiburg-untypisch, gestandene Profis zu holen. Die Verpflichtung von Alain Sutter, Nicola Jurcevic und Harry Decheiver brachte tatsächlich den sportlichen Erfolg zurück und bescherte den SC-Fans eine entspannte Saison. Und wer weiß, was im UEFA-Cup mit den drei Neuen möglich gewesen wäre …

Volker Finke und Co-Trainer Achim Sarstedt beim UEFA-Pokal-Debüt gegen Slavia Prag 1995.

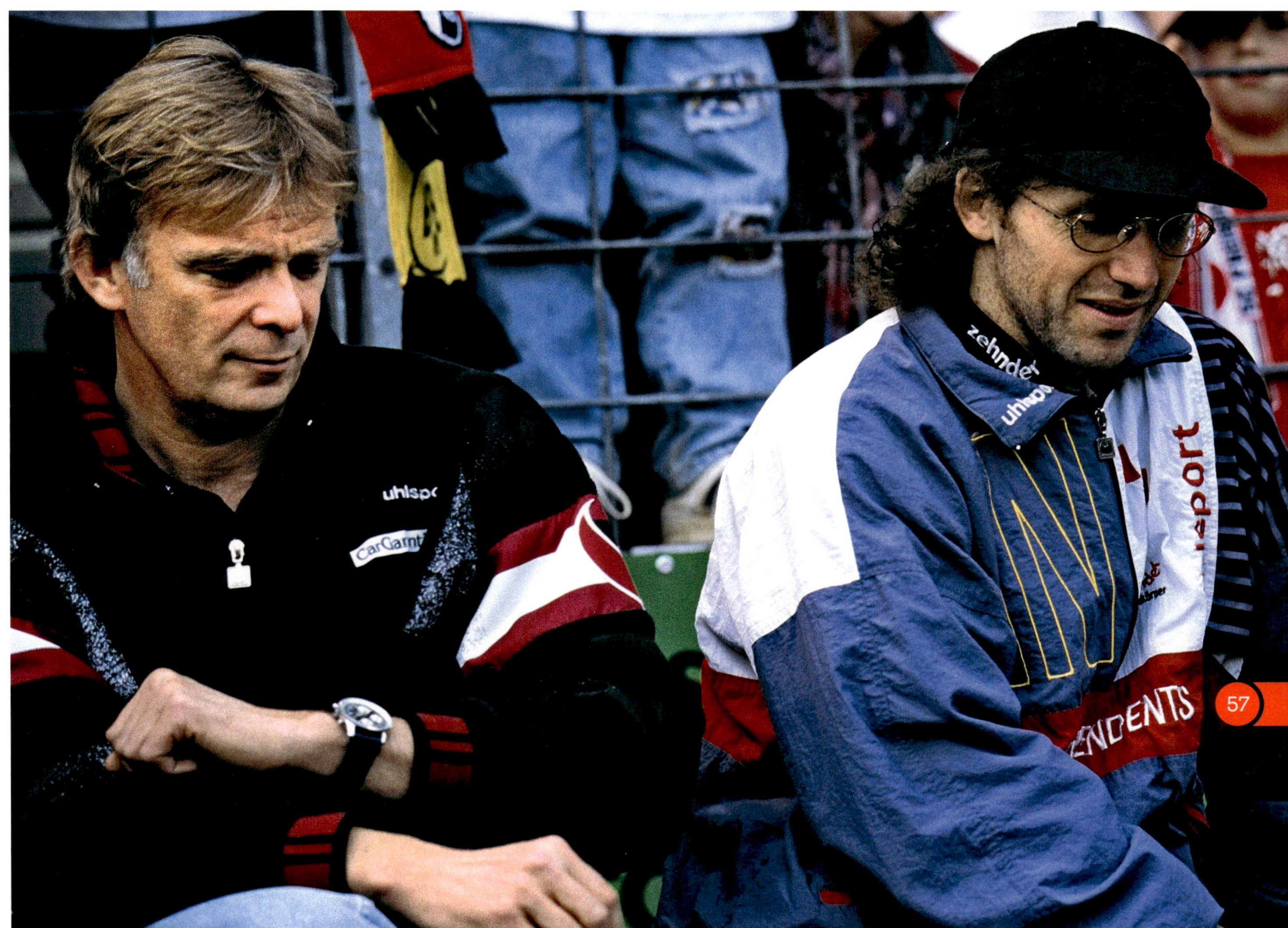

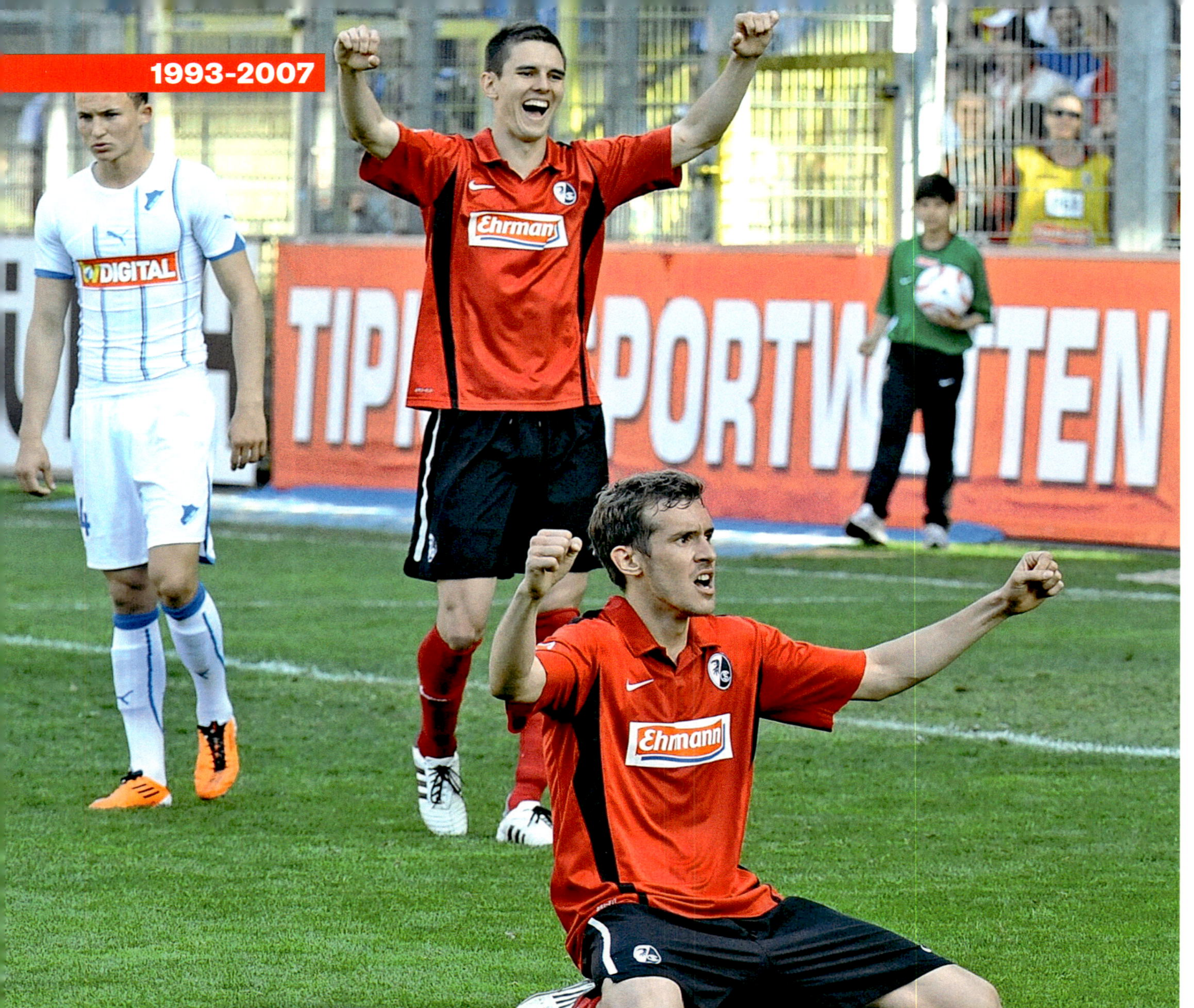

Julian Schuster bejubelt sein „Tor des Monats" im April 2011.

Tor des Monats

Seit 1971 sucht die ARD-Sportschau das „Tor des Monats". Weit über 500 besondere Tore wurden bereits ausgezeichnet. Viermal waren Treffer von Freiburger Spielern unter den Gewinnern. Soumaila Coulibaly (Februar 2005) und Roda Antar (Oktober 2005), Julian Schuster (April 2011) sowie Nils Petersen (Januar 2018). Petersens Tor wurde später sogar zum bislang einzigen von einem SC-Spieler erzielten „Tor des Jahres" gekürt.

In der ewigen Tabelle der „Tore des Monats" steht der SC Freiburg damit unter ferner liefen. Tabellenführer ist nicht etwa der FC Bayern München (58-mal Tor des Monats), sondern die deutsche Männer-Nationalmannschaft (59). Mit einigem Abstand folgen der 1. FC Köln (38), Borussia Mönchengladbach (33) und Schalke 04 (30). Einsame Spitze und maßgeblich für die gute Platzierung der Kölner ist der Rekord-Tor-des-Monats-Schütze Lukas Podolski mit 12 prämierten Treffern. Allein im Jahr 2005 erzielte er deren vier, so viele wie der SC Freiburg insgesamt.

Merchandising

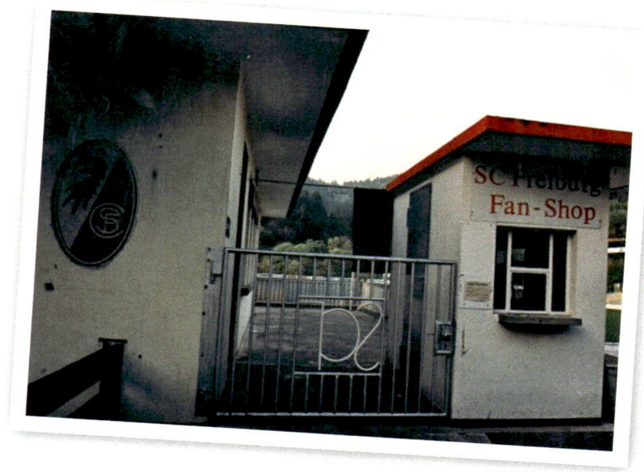

Selbstgemachtes statt Kommerz: Anfang der 1990er, als sich nach dem Amtsantritt von Volker Finke der sportliche Erfolg einstellte und plötzlich nicht mehr nur die üblichen 2.000 Zuschauer zu den Kickern an die Schwarzwaldstraße kamen, übertraf die Nachfrage nach Merchandising-Artikeln das Angebot bei Weitem. Es gab einen mobilen Stand, der auch zu Auswärtsspielen mitreiste und dessen minimales Angebot aus den dem damaligen Modegeschmack entsprechenden Ballonmützen, rot-weißen Kordeln, einem Fan-Schal und ein paar Kugelschreibern sowie Aufklebern bestand. Das war alles!

Fans wurden kreativ und stellten – analog zur heutigen Ultra-Szene – Fanartikel selbst her. Es gab – ganz klassisch – von Mutti oder Oma gestrickte rot-weiße Pullover und Mützen, vereinzelt ein paar Kutten (ärmellose Jeans-Jacken mit Vereinswappenaufnähern) sowie große Schwenkfahnen. Ein ganz besonderes Freiburger Accessoire der ersten Bundesliga-Jahre, als das Dreisamstadion lediglich eine Kapazität von 15.000 Plätzen bot (davon etwa die Hälfte Stehplätze) waren die „S(t)ehhilfen". Findige Zuschauer schleppten teils riesige Styropor-Blöcke (oder auch Haushaltsleitern bzw. gewagte Konstruktionen aus Leergutkisten) an, um aus erhöhter Position hinter der letzten Stehplatzreihe das Geschehen zu verfolgen.

Schals und Ballonmützen. Freiburger Fan-Utensilien 1994.

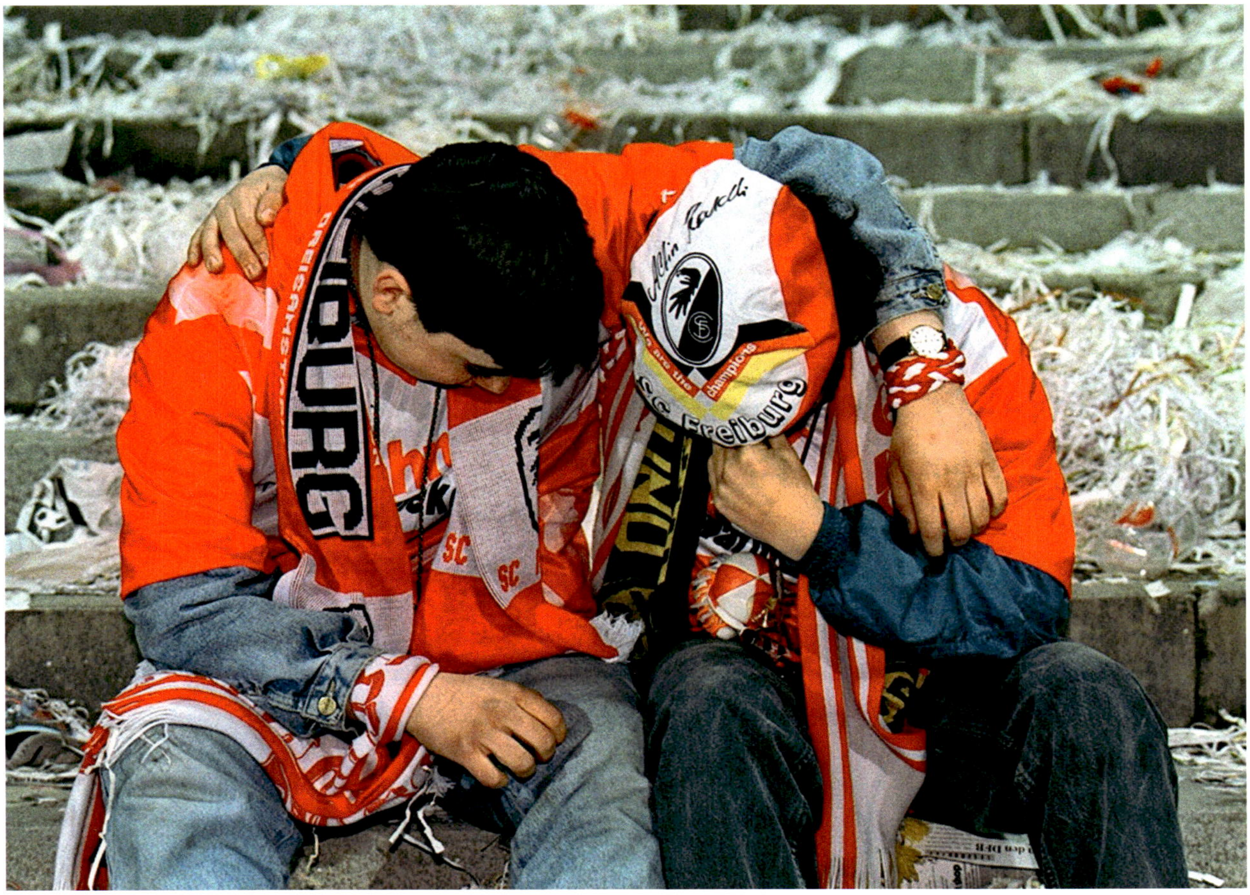

Vom ersten Bundesliga-Aufstieg 1993 wurde der Verein dermaßen überrascht, dass der überproportional wachsenden Fangemeinde zunächst weiterhin nur ein Minisortiment angeboten werden konnte. Man sieht auf Fotos aus jener Zeit, dass neben ganz viel Material Marke Eigenbau wenige „echte" Fanartikel zu sehen sind. Zumeist Ballonmützen in rot und weiß sowie eine Handvoll verschiedener Schal-Modelle.

Im Laufe der Zeit wurde das Angebot, dessen Gestaltung und Beschaffung sowie Vermarktung und Verkauf heute eine eigene Abteilung mit zahlreichen Mitarbeitern bildet, dann immer größer und in die branchenüblichen Bahnen gelenkt. 1994 eröffnete ein Fanshop am Augustinerplatz in der Freiburger Innenstadt. Danach entstanden nach und nach weitere Fanshops. Einer der bekannteren war „Teamsport FAN SHOP" im Untergeschoss des Hauptbahnhofs, der als „bester Beflocker" außerhalb der vom Verein betriebenen offiziellen Fanshops galt.

Im Sommer 2021 brachte der Verein eine weitere Innovation an den Start. Fanartikel können nun rund um die Uhr und an allen sieben Tagen der Woche im Automaten-Marktplatz 247 direkt am Gleis 1 des Hauptbahnhofs eingekauft werden. Dieses Angebot richtet sich vor allem an Reisende und Pendler, denen unkompliziert ein kleines Kernsortiment zur Verfügung steht.

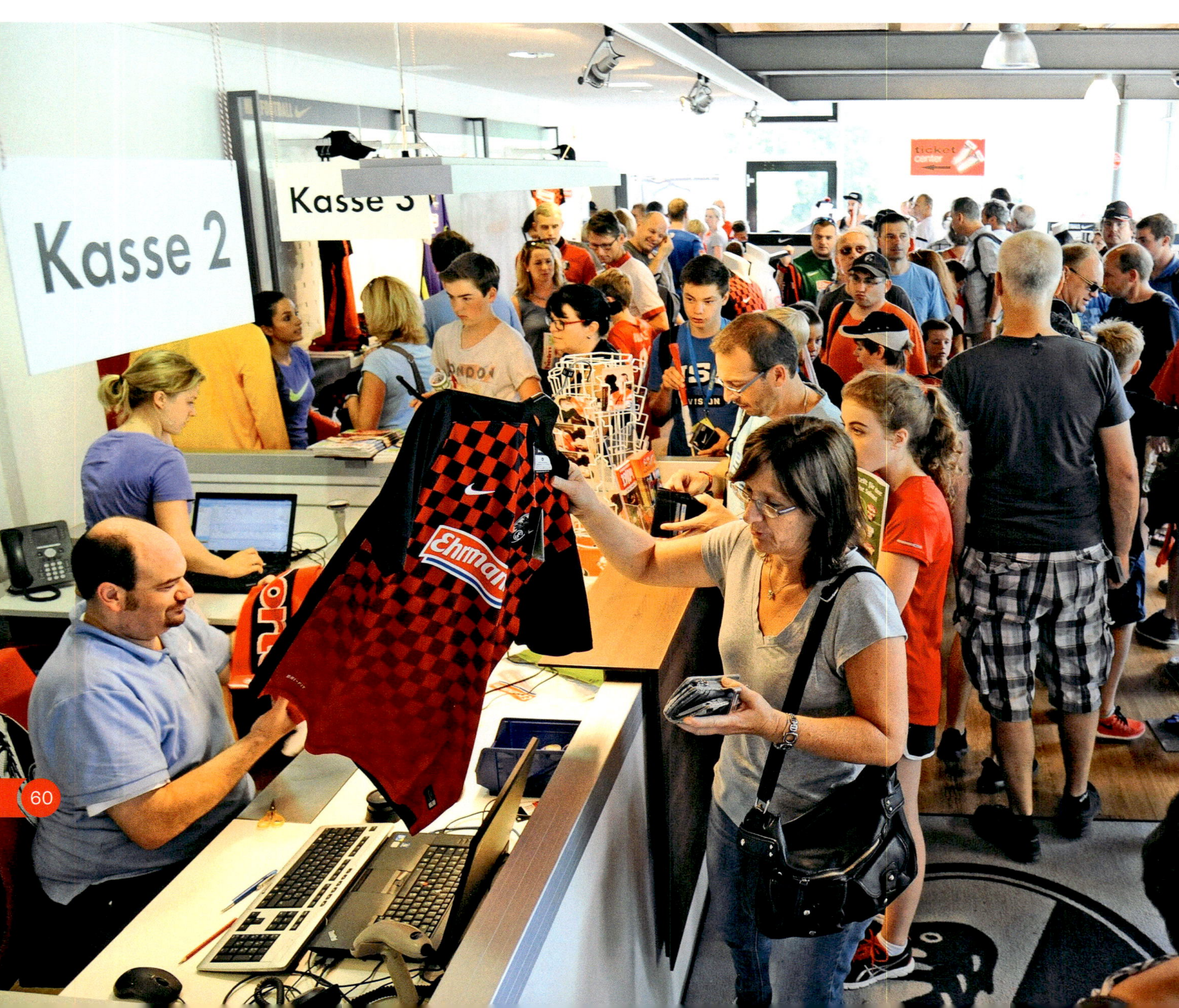

Die Stars von 1993-2007

Zu Beginn der Ära Volker Finke, die von 1991 bis 2007 währen sollte, galt „Die Mannschaft ist der Star." Nicht umsonst trug diese Spitznamen wie „Dream Team" oder „Breisgau-Brasilianer". Dennoch gab es in der Aufstiegsmannschaft von 1992/93 natürlich den einen oder anderen, der aus dem Kollektiv etwas herausstach.

Carsten Eisenmenger war sicher nicht der überragende Keeper der zweiten Liga in Freiburgs Meisterschafts- und Aufstiegssaison 1992/93. Der vom VfL Bochum ausgeliehene Stammtorhüter wechselte sich zwischen den Pfosten mit Stefan Beneking und Dietmar Hummel ab. Insgesamt kassierte Meister SC erstaunliche 57 Tore, was aber angesichts von 102 geschossener Tore kein Problem war.

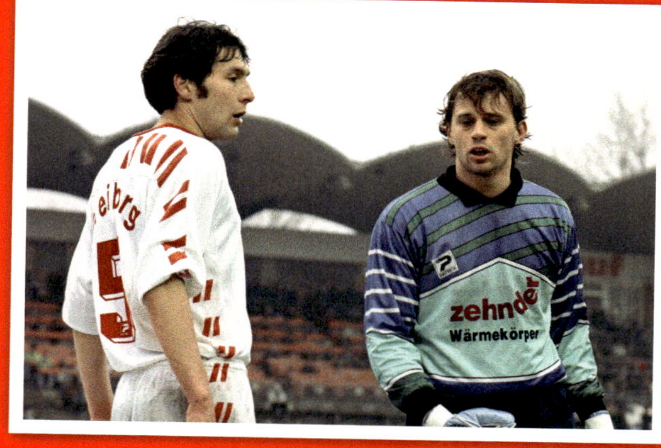

Thomas Schmidt und Carsten Eisenmenger beim 2:0-Sieg bei Hannover 96 im Februar 1993.

Nach dem Bundesliga-Aufstieg wurde der erfahrene **Jörg Schmadtke** aus Düsseldorf geholt, der bis zum ersten Abstieg 1997 unumstrittene Nummer 1 im Freiburger Tor war. Nicht immer frei von Pleiten, Pech und Pannen wurde Schmadtke mit seiner volksnahen Art schnell zum Publikumsliebling im Dreisamstadion. Unvergessen sein Elfmeter im Pokal-Viertelfinale zu Hause gegen den VfB Stuttgart, als der Ball später in der Dreisam gefunden wurde. Ebenfalls für Unterhaltung sorgten seine Ball-Jonglage-Künste im laufenden Spiel mit Gegnerdruck.

Ein auch körperlich großer Torwart des SC war **Richard Golz,** der von 1998 bis 2006 das Freiburger Tor hütete. Der gebürtige Berliner, der zuvor mehr als zehn Jahre zwischen den Pfosten beim HSV gestanden hatte, wird regelmäßig genannt, wenn es um den besten Freiburger Keeper aller Zeiten geht. Golz absolvierte 246 Spiele für die Weiß-Roten, darunter 19 DFB-Pokal- und sechs UEFA-Cup-Partien. Richie Golz – eine echte Freiburger Legende und bis heute gern gesehener Gast im Breisgau. Zum Abschied bekam er 2006 von Präsident Stocker eine Ehren-Dauerkarte für die ganze Familie.

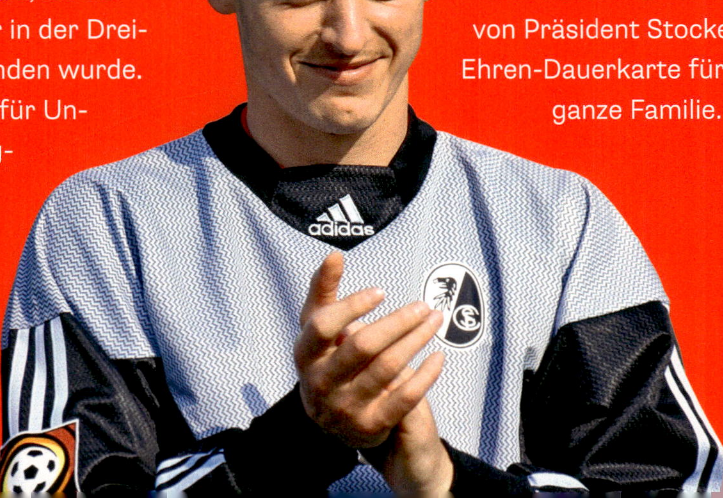

TORWART UND ABWEHR

Maximilian Heidenreich trug zwar die Nummer 10, war jedoch meist als klassischer Libero im Einsatz. Obwohl als „ewiges Talent“ abgeschrieben, glaubten Finke und Stocker an den gebürtigen Hannoveraner und holten ihn 1992 vom FC Basel aus der Schweiz. Er sollte nach dem Abgang von Rodolfo Cardoso zum HSV 1995 eigentlich dessen Spielmacherrolle ausfüllen, was ihm jedoch leider nicht gelang. Dafür wurde er zum Garanten in der Abwehr, blieb bis zum Abstieg 1997 und bestritt für SC Freiburg insgesamt 173 Spiele (elf Tore). Heidenreich blieb nach seinem Karriereende in der Region und wirkte als Trainer bzw. Spielerberater.

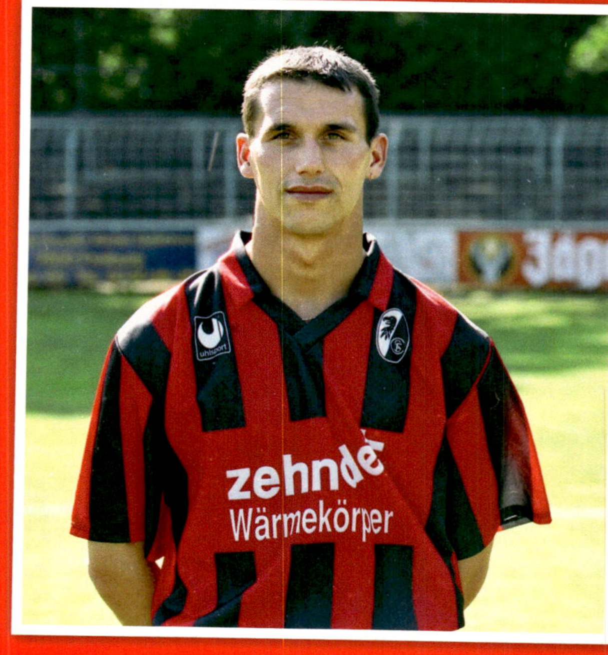

Mit **Axel Sundermann** verpflichtete der SC Freiburg im Sommer 1994 einen gestandenen Akteur, der bereits einen DFB-Pokalsieg in seiner Vita stehen hatte (1992 mit Hannover 96). Sundermann trug in Freiburg zu einem zumeist verlässlichen Abwehrverbund bei und blieb bis zum Abstieg 1997, nach dem er zum VfL Bochum wechselte. Bestritt 71 Spiele und erzielte vier Tore für Freiburg.

Martin Spanring kam 1993 vom FC Schalke 04, wo er aussortiert worden war. Für solche Fälle hatte Trainer Volker Finke ein Faible und ein gutes Händchen. Spanring entwickelte sich in der Überflieger-Saison 1994/95 zu einem der besten Innenverteidiger der Bundesliga. Insgesamt bestritt er 101 Spiele und erzielte zehn Tore für den Sport-Club. Nach dem Abstieg 1997 wechselte er zum VfB Stuttgart. Bereits während der Spielerkarriere war der gebürtige Münchner geschäftstüchtig und betrieb in der Freiburger Innenstadt eine Boutique. Später heuerte er beim Europa-Park an. Dort ist er bis heute im Marketing tätig und seinem Ex-Klub damit als Vertreter einer der wichtigsten Sponsoren verbunden.

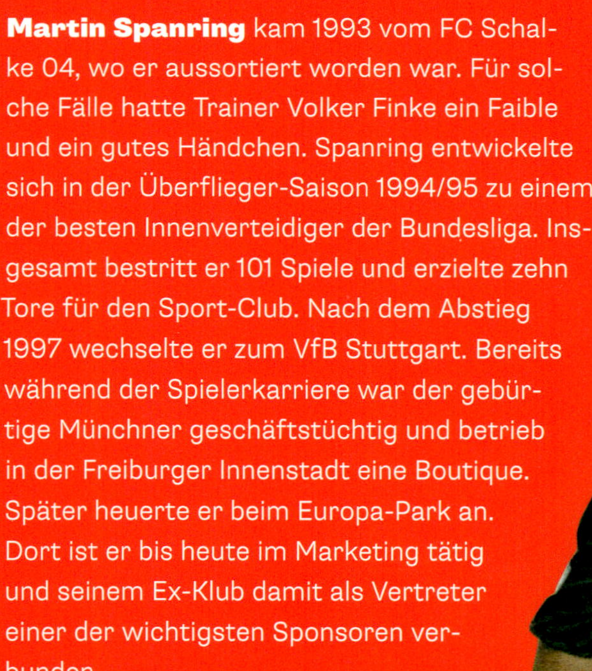

Stefan Müller war einer dieser typischen Freiburger Transfers, die in der Zeit des ersten Bundesliga-Aufstiegs die Regel waren: Herausragenden Spielern aus regionalen Amateurvereinen wurde eine Chance gegeben. In Müllers Fall handelte es sich um einen Verteidiger vom TuS Stetten, der zwischen 1994 und 2005 226-mal für den SC Freiburg zum Einsatz kam und seitdem für die Traditionsmannschaft aufläuft. Stefan Müller ist heute als mobiler Tierarzt in Freiburg und Umgebung tätig.

Ömer Toprak kam von seinem Heimatverein FV Ravensburg in die Freiburger Fußballschule und schaffte es 2008 in die erste Mannschaft des SCF, für die er bis 2011 spielte. Später kickte er für die Ligagrößen Bayer Leverkusen, Borussia Dortmund und Werder Bremen. Zu seiner Freiburger Zeit hatte er einen schweren Kartunfall, bei dem Toprak lebensgefährlich verletzt wurde und wodurch die Fortsetzung seiner Karriere lange fraglich war. Mit Hilfe der Ärzte kämpfte er sich jedoch zurück und legte eine beachtliche Karriere hin. Inzwischen läuft er mit Antalyaspor in der türkischen Süper Lig auf. 70 Tore und vier Tore für die erste Mannschaft des SC Freiburg.

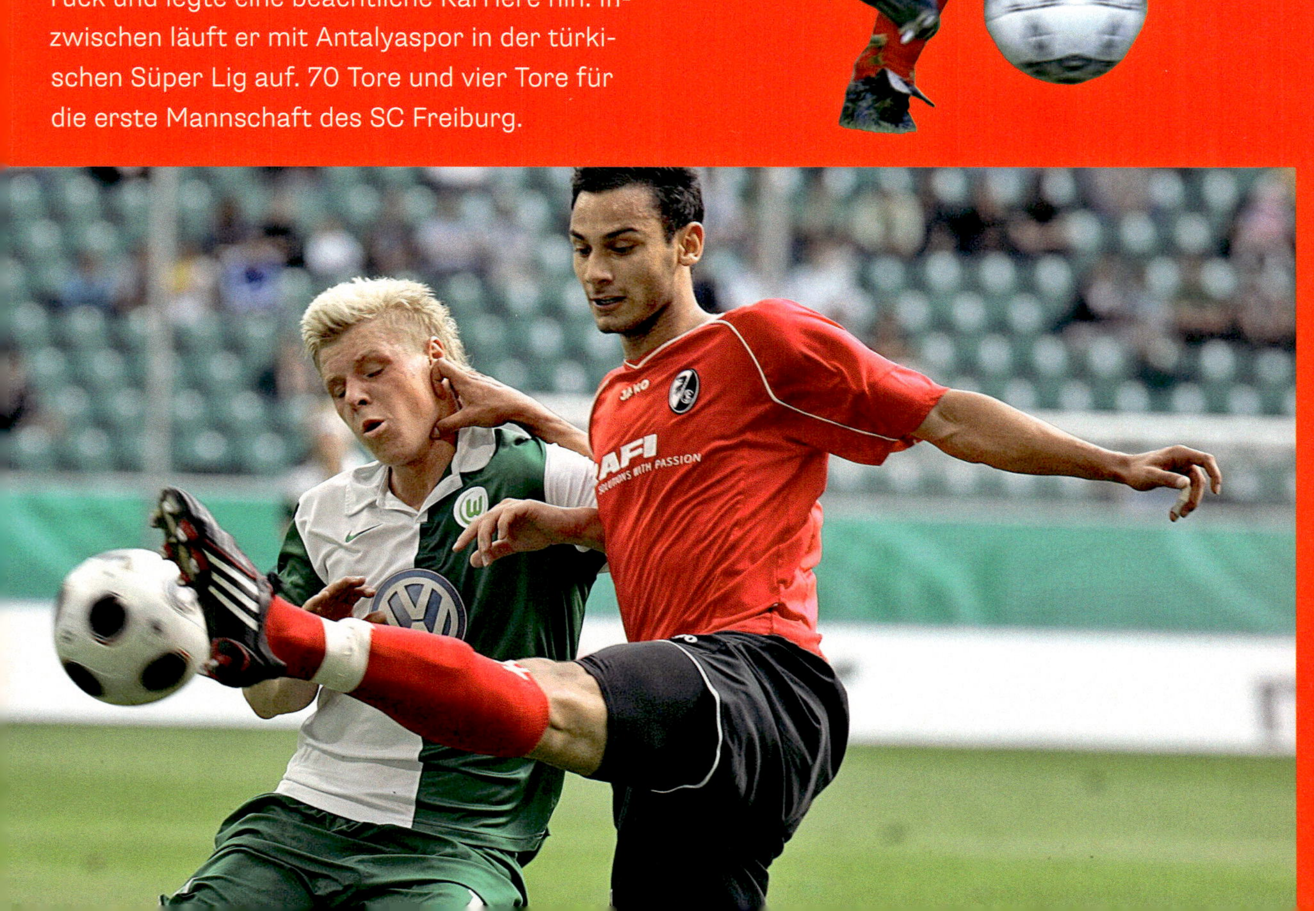

MITTELFELD

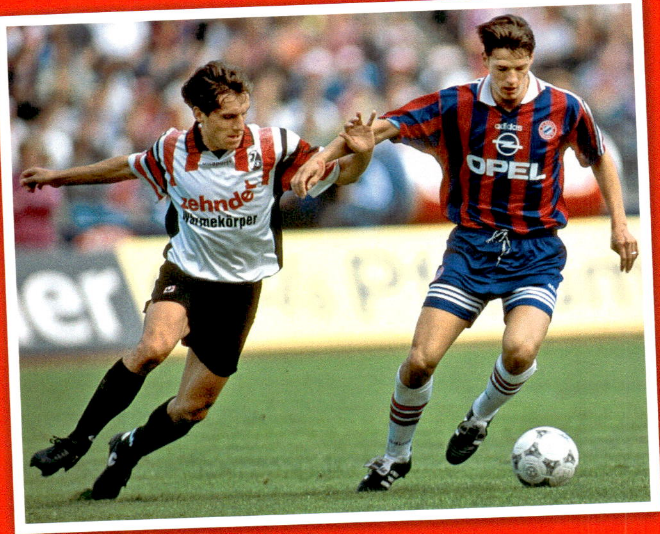

Rodolfo Esteban Cardoso war einer der ersten großen Stars in der Bundesliga-Geschichte des SC Freiburg. Ihm ist in diesem Buch daher ein eigenes Kapitel gewidmet. Für den SC Freiburg absolvierte er zwischen 1993 und 1995 69 Spiele (29 Tore, davon 12 Elfmeter). Cardoso wirkt heute in Hamburg als Jugendtrainer beim HSV.

Andreas Zeyer spielte von 1989-1997 sowie 1999-2004 für den SC Freiburg und war mit 236 Bundesliga-Spielen lange Zeit Rekordspieler, ehe er in dieser Wertung von einer neuen Generation vereinstreuer Stammspieler wie Christian Günter und Nicolas Höfler überholt wurde. Mit 441 Spielen insgesamt gehört er zu den treuesten SC-Spielern aller Zeiten. Zeyer war wichtiger Bestandteil der Aufstiegsmannschaft 1992/93, des Klassenerhalts-Teams 1993/94 sowie des Überflieger-Teams 1994/95. Den darauffolgenden Absturz konnte auch er nicht verhindern und wechselte nach dem Abstieg 1997 zum HSV. Über die Stationen KSC und VfL Bochum kehrte er 1999 nach Freiburg zurück, wo er 2004 seine Karriere schließlich beendete. Andreas Zeyer war einer der „echten" Studenten der „Studentenmannschaft". Sein Abschluss qualifizierte ihn zur Übernahme des elterlichen Maschinenbaubetriebs „Josef Zeyer Stahlbau Agrarsysteme GmbH" in Neresheim.

Alain Sutter kam im Oktober 1995, um die Lücke zu füllen, die der Weggang von Rodolfo Cardoso gerissen hatte. Zusammen mit den ebenfalls erst nach Saisonbeginn geholten „Notkäufen" Nicola Jurcevic sowie Harry Decheiver bildete der Schweizer ein furioses Trio, das die brach liegende Freiburger Offensive rasch wiederbelebte (48 Spiele und fünf Tore sowie neun Vorlagen). Anderthalb Jahre später löste sich die Mannschaft in ihre Einzelteile auf, standen am Saisonende der Abstieg und ein Trümmerhaufen. Da war Alain Sutter längst weitergezogen, um seine Karriere in Dallas ausklingen zu lassen. Heute ist der Schweizer als Persönlichkeitstrainer und Autor tätig.

Der georgische Rekordnationalspieler **Levan Kobiashvili** gehört mit 351 Spielen zu den ausländischen Bundesliga-Spielern mit den meisten Einsätzen. Zwischen 1998 und 2003 absolvierte er 185 SC-Spiele, erzielte 36 Tore und gab 22 Vorlagen.

STURM

Der Albaner **Altin Rraklli** war mit 16 Toren maßgeblich am Aufstieg 1992/93 beteiligt, wurde anschließend jedoch schwer krank. Er kämpfte sich zwar zurück, kam aber mit den psychischen und physischen Anforderungen in der Bundesliga nicht immer gut klar. Zudem ließ er sich allzu leicht von Gegenspielern provozieren und sammelte im Laufe seiner Karriere (als Stürmer!) drei rote Karten ein.

Uwe Spies war ebenfalls einer der Aufstiegshelden 1993, der verletzungsbedingt in der Bundesliga zunächst nicht so richtig zum Zug kam. In der Traumsaison 1994/95 absolvierte Spies alle Spiele, schoss 13 Tore und gab zehn Vorlagen. Legendär die „UUUUUUUwwwweeeee“-Rufe des Publikums. Der nachdenkliche Zeitgenosse bekam vom Feuilleton den Spitznamen „Strafraum-Melancholiker“ verpasst und wurde später als Ehrenspielführer der „Bunten Liga Freiburg“ geehrt.

Adel Sellimi war einer der diversen tunesischen Nationalspieler, die sich zeitweise in der Freiburger Offensive tummelten. Der WM-Teilnehmer von 1998 und 2002 absolvierte 108 Spiele und schoss 27 Tore für den SC Freiburg.

Alexander Iashvili kam 1997 vom VfB Lübeck und blieb bis 2007 beim SC Freiburg, für den er insgesamt 281 Spiele bestritt, 63 Tore erzielte und fast ebenso oft auflegte (61 Assists). War wie Kobiashvili georgischer Nationalspieler und ist mittlerweile Co-Präsident des georgischen Fußballverbands.

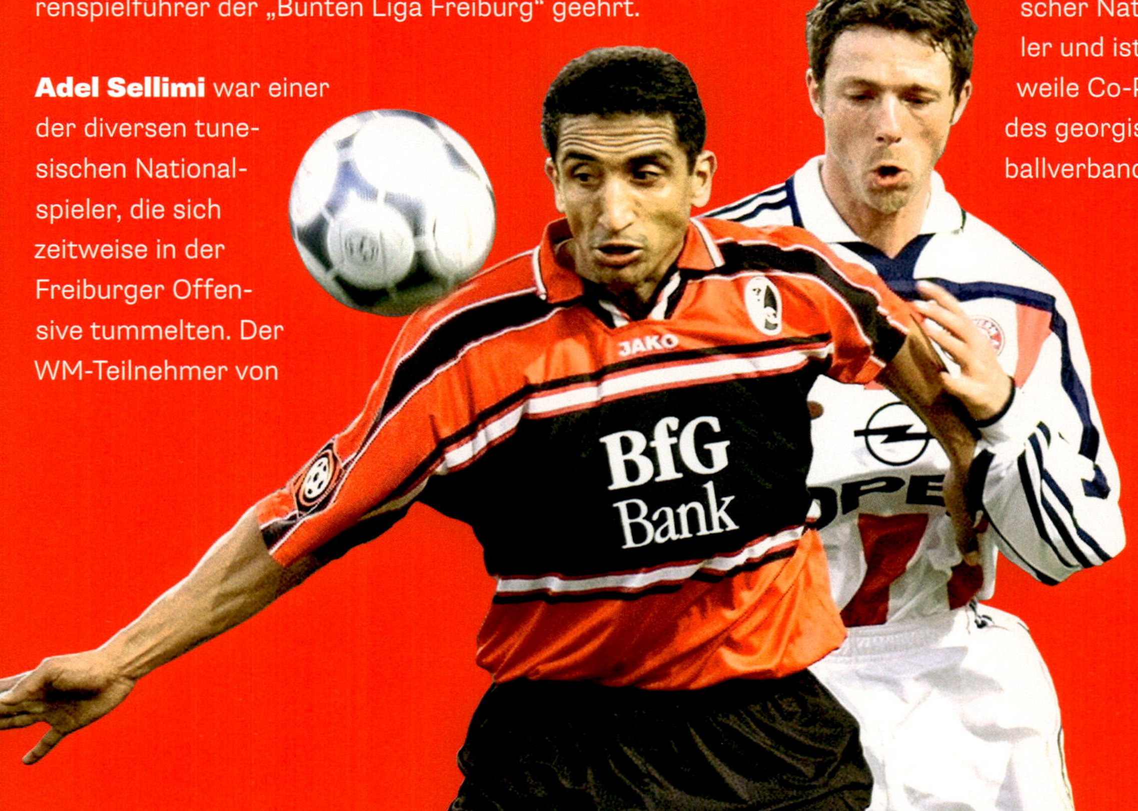

Eine Stadt steigt ab

So schön der etwas unerwartete und mit unkonventionellen Mitteln erreichte erste Bundesliga-Aufstieg 1993 war, so unschön waren die Begleitumstände des ersten Abstiegs 1997. Der Südwestfunk, Vorgängersender des heutigen SWR, hat beiden Geschichten jeweils ausführliche Fernsehdokumentationen gewidmet: In der einen heißt es „Eine Stadt steigt auf", in der anderen konsequenterweise „Eine Stadt steigt ab". Letztere beginnt mit dem vielsagenden Bild einer laufenden Waschmaschine und zeichnet das Ende der Utopie vom alternativen und völlig anderen Bundesliga-Standort Freiburg.

Es werden hässliche Bilder gezeigt, die man in Freiburg nie hatte sehen wollen: Ein Schiedsrichter wird von einem aufgebrachten Mob gejagt, die Kritik an den Spielern und auch an den zuvor noch so gefeierten handelnden Personen schießt weit über das Ziel hinaus und wird persönlich, bisweilen verletzend. Dass es so schnell so weit kommen würde im Vorzeige-Bundesliga-Standort überraschte. Oder doch nicht? Rückblick.

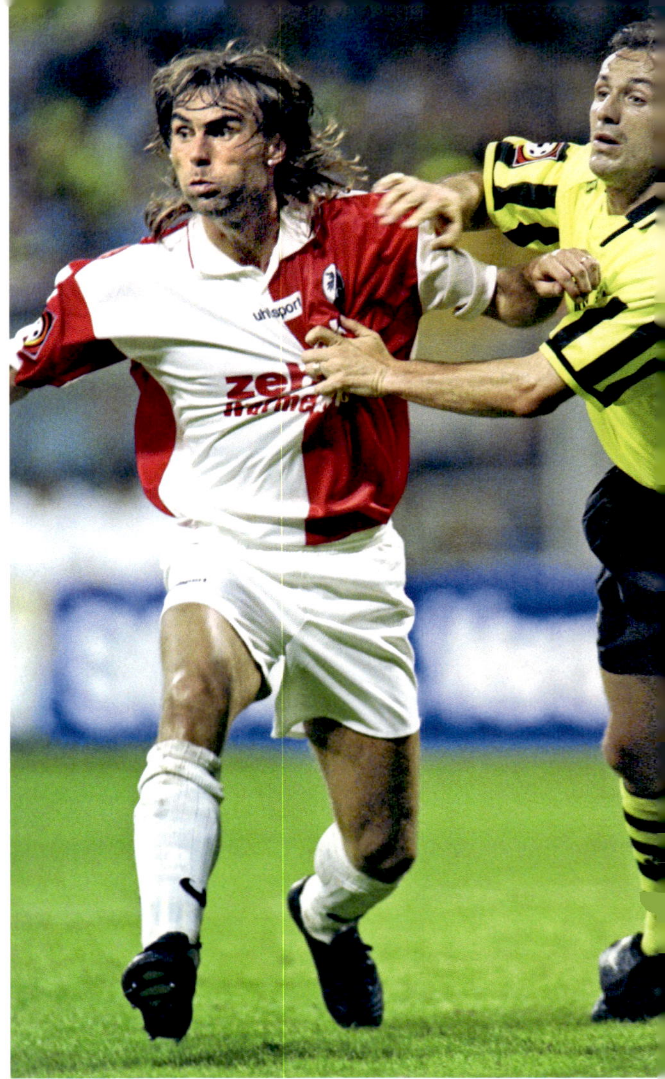

Harry Decheiver: „Fußball ist Geschäft. Freiburg muss sich anpassen."

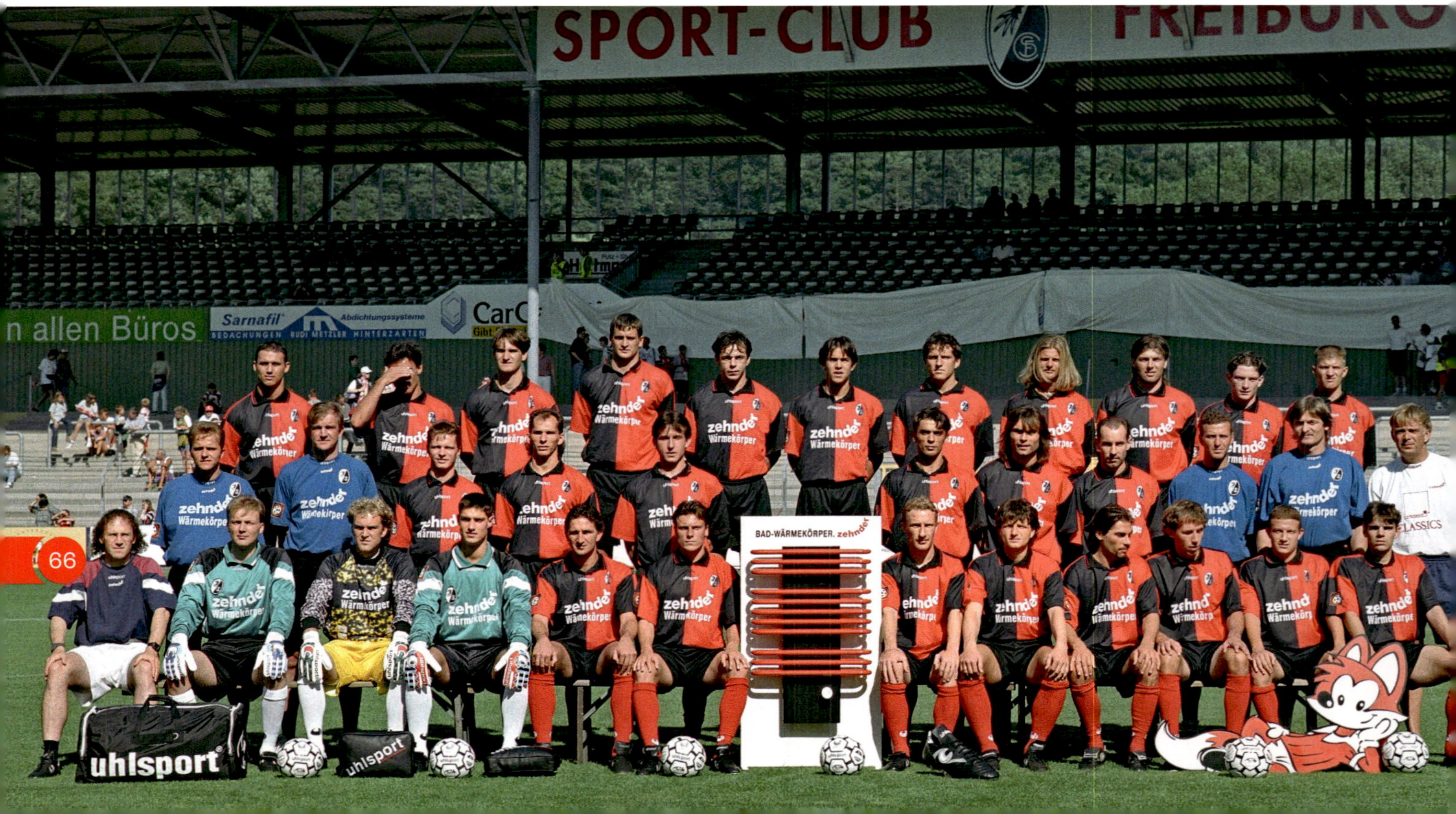

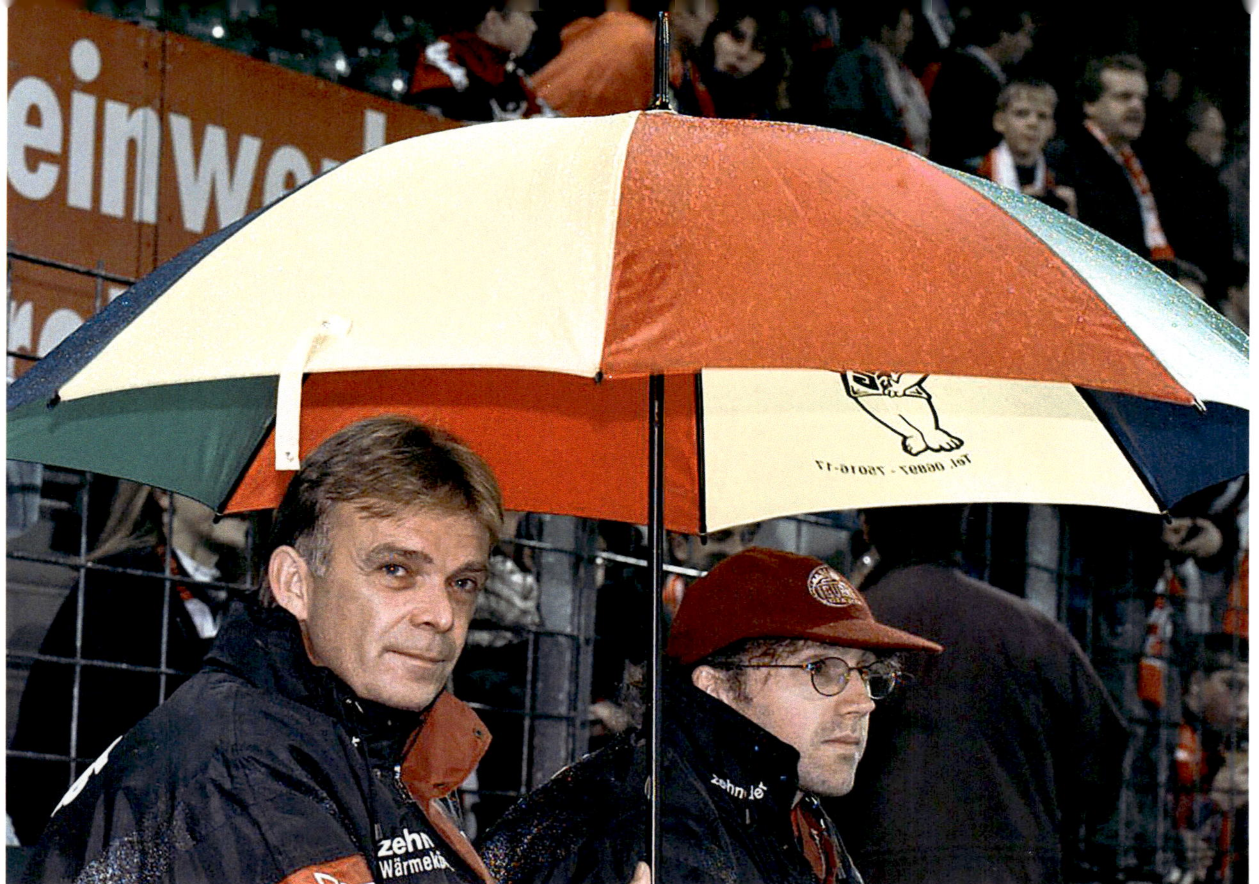

Düsterer Himmel über Freiburg.

Die zweite Bundesliga-Saison, in der man vom Abstiegskandidaten zumindest tabellarisch zum Spitzenteam mit der besten Abschlussplatzierung der Vereinsgeschichte (3. Platz 1994/95) und zwischenzeitlich gar zum ernsthaften Meisterschaftsanwärter wurde, hatte sowohl das Team als auch das Umfeld überfordert. Als es in der dritten Saison zunächst gar nicht lief und dann viele Prinzipien über den Haufen geworfen wurden, war der Klassenerhalt rückblickend teuer erkauft.

„Eine pflegeleichte Mannschaft wurde zur schwierigen Mannschaft", sagte Führungsspieler Andreas Zeyer später. Die Hauruck-Aktionen und Kaderkorrekturen während der laufenden Saison gingen auf Kosten der Nachhaltigkeit, das Gebilde implodierte. Folgerichtig der Abstieg ein Jahr später 1996/97. Den bekamen gar nicht mehr alle Protagonisten mit: Harry Decheiver, vormals gefeierter Publikumsliebling, der in der Winterpause im SWF-Interview noch den Hinweis gab „Fußball ist ein Geschäft, Freiburg muss sich anpassen", wurde am 9. März 1997 freigestellt. Sein Offensiv-Kollege Alain Sutter verließ Freiburg noch vor Saisonende nach Dallas. Das Dreisamstadion läge nun nicht nur geografisch, sondern auch „sportlich im Höllental", kommentierte Thomas Wehrle vom SWF und spielte auf das nahegelegene Schwarzwaldtal an.

Doch es war nicht nur ein sportlicher Abstieg, denn auch der Umgangston sowie die zahlreichen persönlichen Auseinandersetzungen waren bedenklich. Schlüpfrige Gerüchte wurden in Umlauf gebracht; es gab Geschichten um angebliche persönliche Bereicherung, deren Urheber bis heute die Beweise dafür schuldig geblieben sind. Dass trotz aller sportlicher Havarien nicht der Trainer, sondern die Mannschaft ausgetauscht wurde, ist wiederum ein Zeichen, dass man in Freiburg trotzdem nicht alle marktüblichen Gepflogenheiten übernahm. Und es war erfolgreich, denn die neuformierte Mannschaft schaffte den direkten Wiederaufstieg. „Das gibt's nur in Freiburg", kommentierte die „Badische Zeitung". Ein um seine Einschätzung gebetener Fan sprach bereits im Frühjahr 1997 in die Kamera: „So schön, wie es mal war, wird es nie wieder." Und behielt recht: Es wurde nämlich noch viel schöner. Wenn auch ganz anders ...

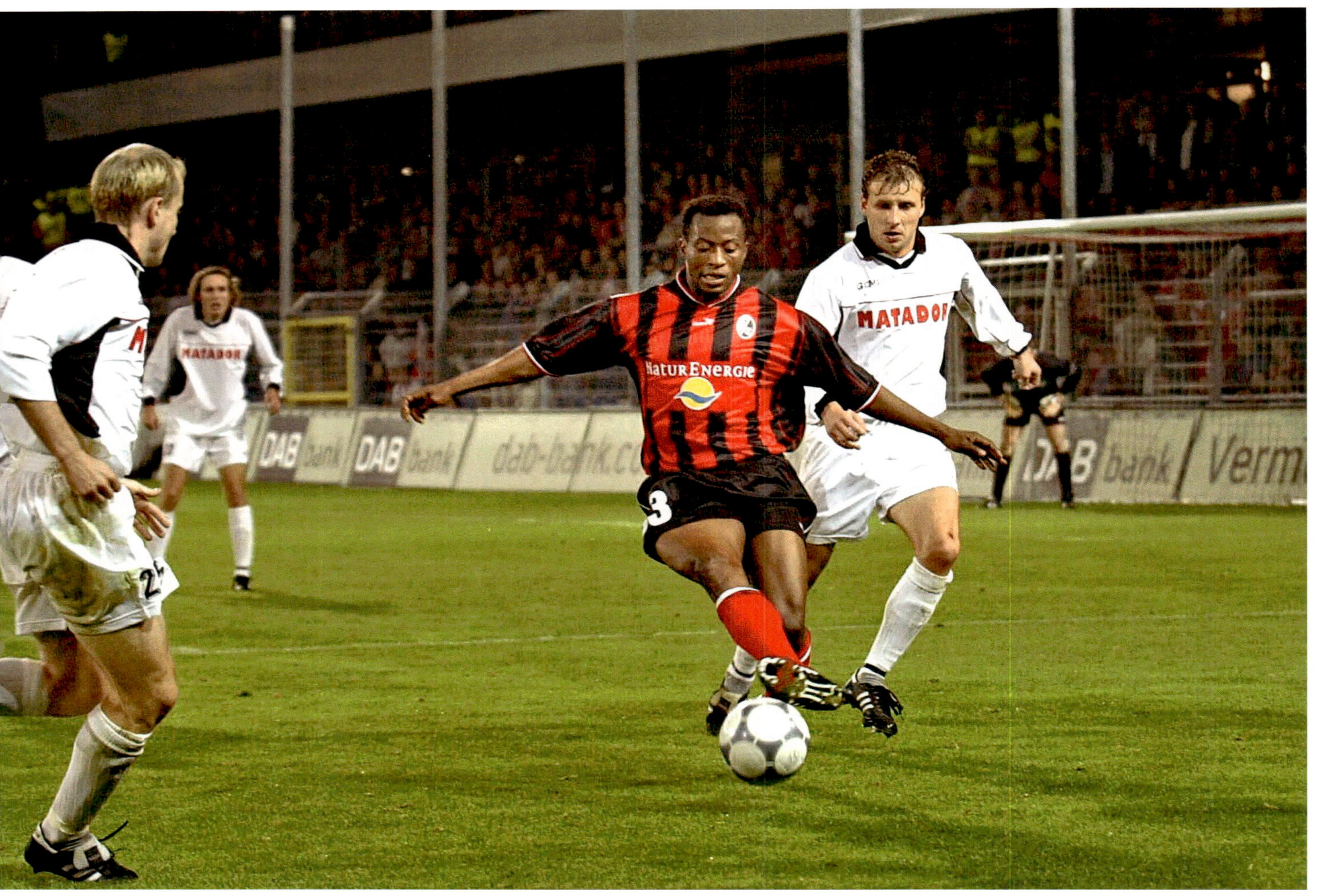

Ibrahim Tanko mit dem goldenen Tor zum 2:1.

UEFA-Cup und Weltpolitik – Matador Puchov und 9/11

Ausgerechnet an jenem geschichtsträchtigen Tag im Herbst 2001, der das Weltgeschehen auf den Kopf stellte, sollte der SC Freiburg sein erstes Europapokalspiel seit sechs Jahren bestreiten. Die Mannschaft war bereits ins slowakische Puchov gereist, als sie von den dramatischen Vorfällen am 11. September 2001 in den USA erfuhr. Zwei Flugzeuge waren ins World Trade Center gerast, ein weiteres hatte das Pentagon angegriffen. Der Tag ging als „9/11“ in die Geschichtsbücher ein. Und nicht nur Freiburger Fußballfans wissen genau, wo sie an diesem 11. September 2001 waren. Die Bildschirme waren tagelang mit Bildern von den Anschlägen und Reaktionen darauf gefüllt, die auch die Fußballübertragungen verdrängten.

Auf dem Fußballplatz in Puchov passierte an diesem Dienstagabend wenig. Der SK Matador und der Sport-Club trennten sich torlos mit 0:0. Am Wochenende darauf ging es für die Freiburger nach München. Wieder sah es nach einem 0:0 aus, als Giovane Elber in der 89. Spielminute zum 1:0 für die Bayern traf und anschließend mit den Händen eine Friedenstaube formte, um diese „fliegen“ zu lassen. Bilder, die nicht nur die Bundesliga berührten. Zwei Wochen später war beim UEFA-Cup-Rückspiel gegen Puchov in Freiburg dann schon wieder mehr los, wurde immerhin die zweite Halbzeit im öffentlich-rechtlichen Abendprogramm übertragen. Die Freiburger gaben ihre 1:0-Pausenführung, die von Levan Kobiashvili per Elfmeter in der 43. Minute noch hätte ausgebaut werden können, kurz nach Wiederanpfiff her. Aufgrund der Auswärtstorregelung sah es lange Zeit aus, als würden die Gäste weiterkommen. Dann erlöste Ibrahim Tanko in der 88. Minute die Fans im Stadion und vor den Bildschirmen mit dem 2:1-Siegtreffer. Es war eines seiner wenigen Tore im Dress des Sport-Clubs, und Tanko wurde anschließend sogar „Spieler des Spiels“ beim „kicker Sportmagazin“.

Erst in der dritten Runde schieden die Breisgauer unglücklich gegen den späteren Sieger Feyenoord Rotterdam aus.

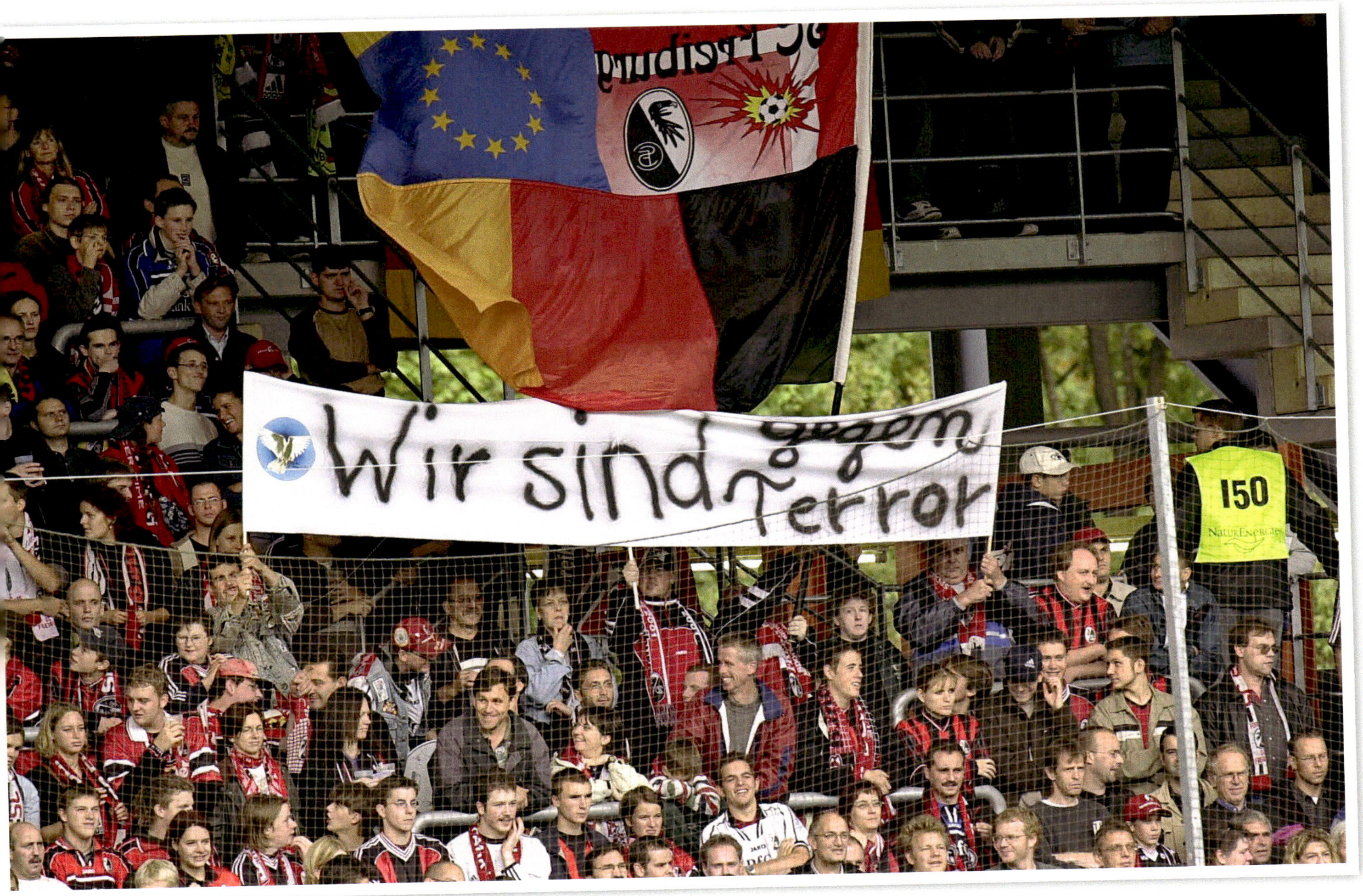

Klare Botschaft von der Fantribüne.

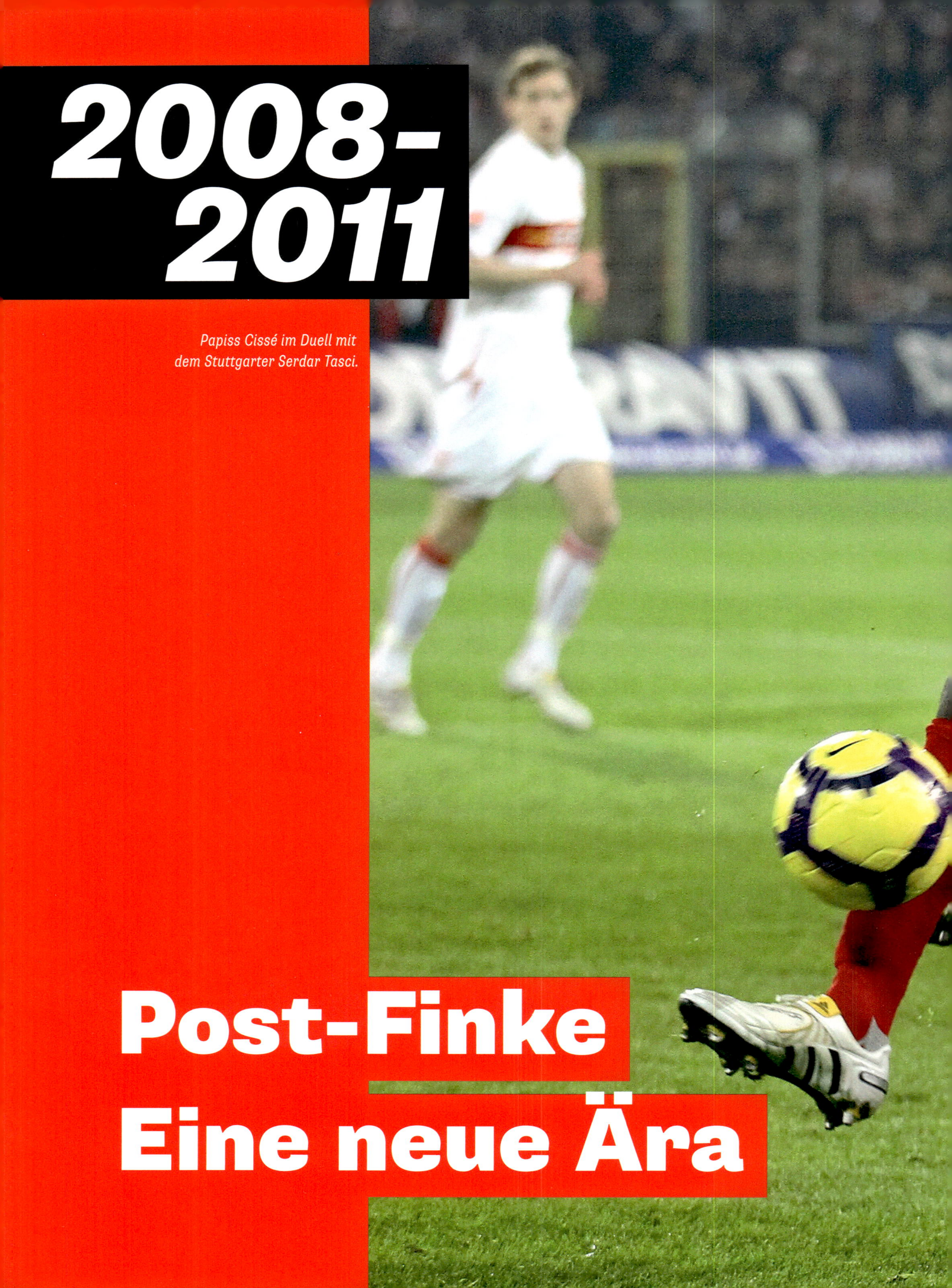

2008-2011

Papiss Cissé im Duell mit dem Stuttgarter Serdar Tasci.

Post-Finke Eine neue Ära

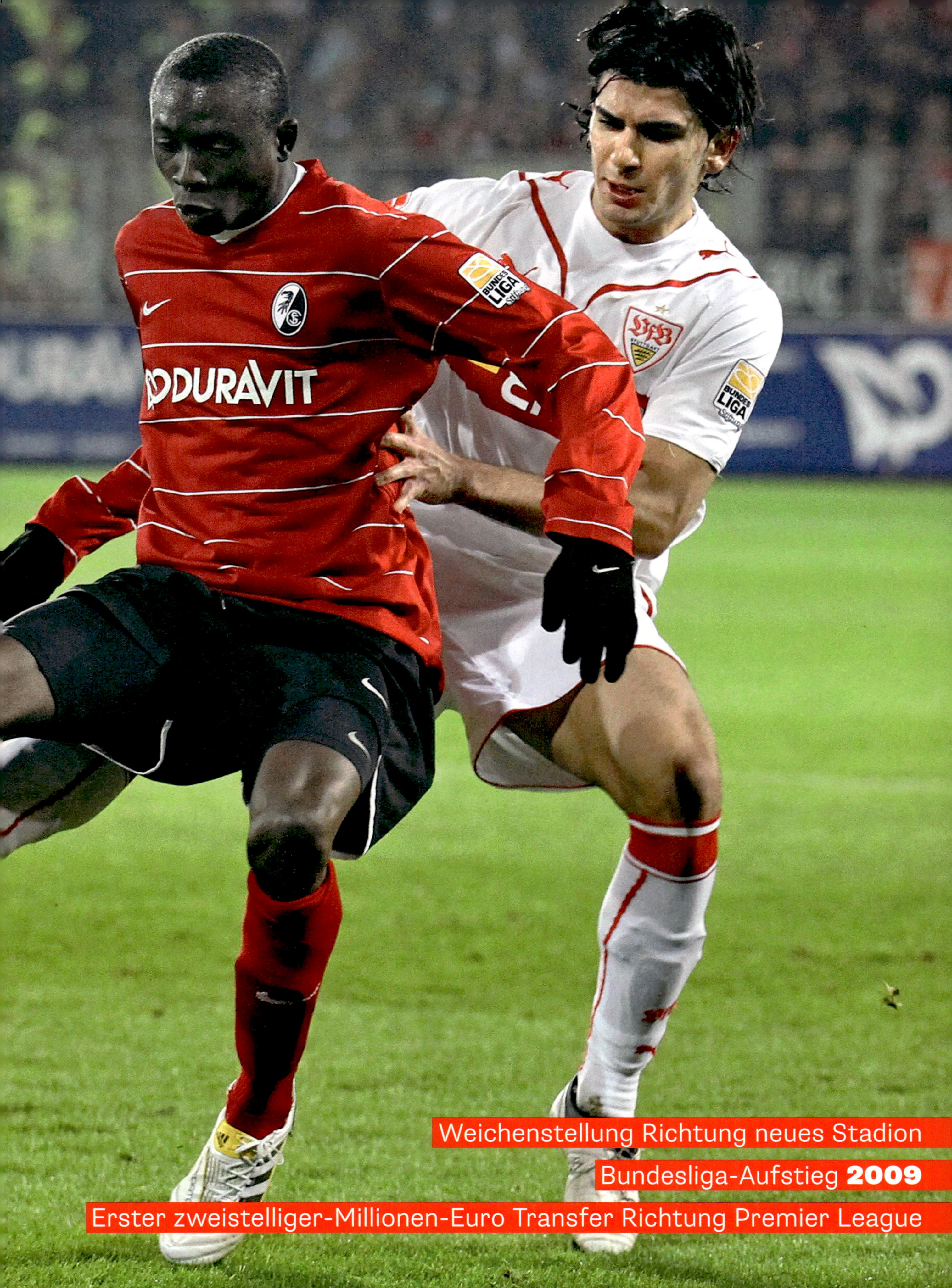

Weichenstellung Richtung neues Stadion

Bundesliga-Aufstieg **2009**

Erster zweistelliger-Millionen-Euro Transfer Richtung Premier League

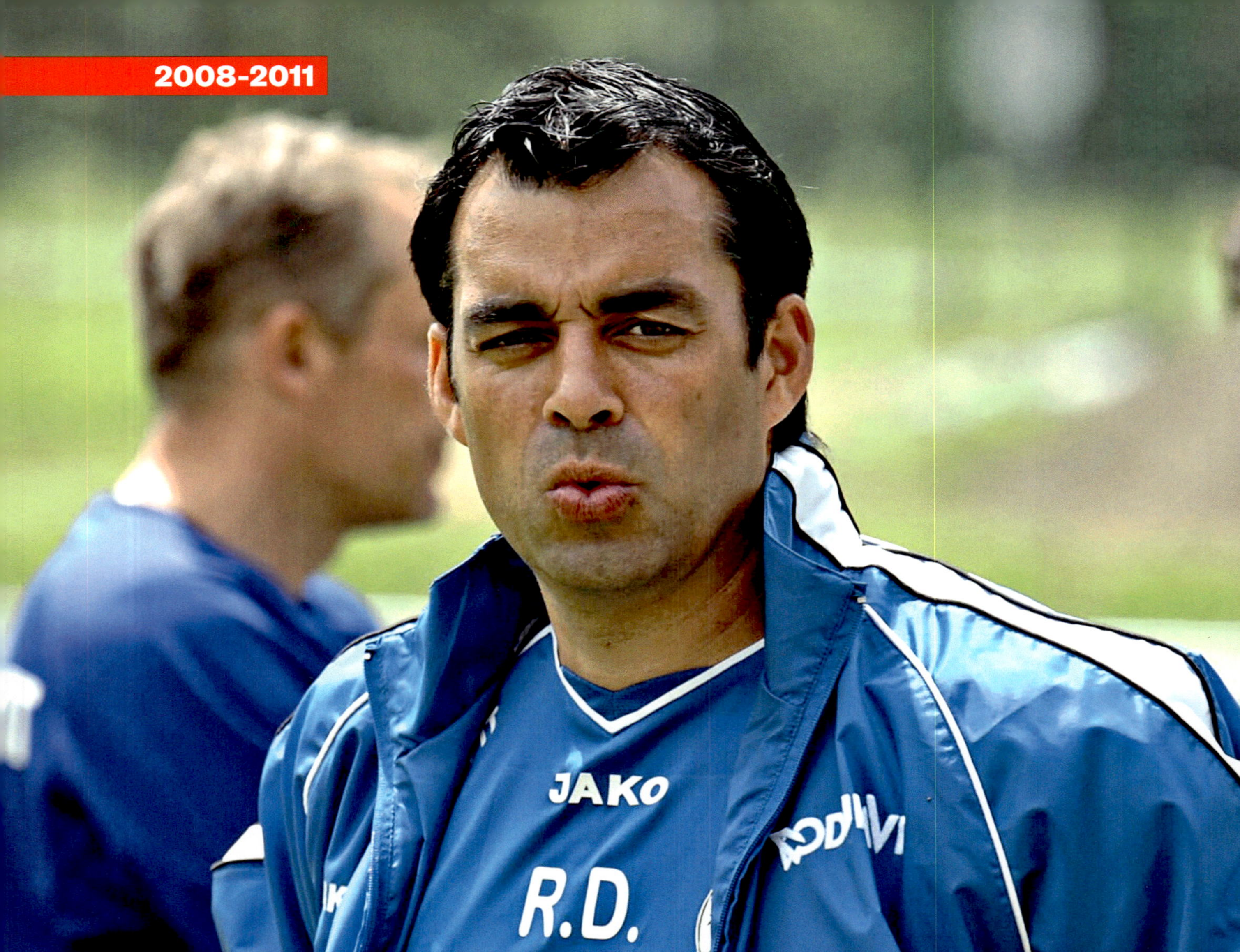

Robin Dutt

Trainer von Bayer Leverkusen, Werder Bremen, VfL Bochum und Wolfsberger AC. Vorstand beim VfB Stuttgart, Sportdirektor beim DFB. Das sind die Karriereschritte von Robin Dutt nach dessen Engagement beim Sport-Club Freiburg. Zuvor hatten lediglich die Stuttgarter Kickers und die TSF Ditzingen in Dutts Lebenslauf gestanden. Freiburg war für Dutt also das Sprungbrett in die Welt des Profifußballs. Vier Jahre wirkte Robin Dutt an der Dreisam. Ein Engagement, das, hätte Dutt gewollt, wohl auch noch länger gedauert hätte. Doch obwohl der Dutt'sche Fußball in Südbaden erfolgreiche Früchte trug, gelang es Robin Dutt nie, die Herzen der Fans in dem Maße zu erobern, wie es Volker Finke vor ihm und Christian Streich nach ihm taten.

In Finkes Fußstapfen zu treten war allerdings auch eine Mammutaufgabe - die Dutt mit Bravour meisterte. Bei keiner anderen Trainerstation holte er mehr Punkte pro Spiel (1,5) - obwohl es in Dutts erster Saison 2007/08 nur zu einem fünften Platz in der 2. Bundesliga reichte - die schlechteste Platzierung seit 1991. Im Jahr darauf führte Dutt den Sport-Club dann zurück in die Erstklassigkeit und feierte dort zweimal souverän den Klassenerhalt. Bei seinem Abgang stand der SC Freiburg jedenfalls deutlich besser da als zum Zeitpunkt seiner Übernahme.

Das Nachrichtenmagazin „Der Spiegel“ rief Dutt seinerzeit zum „Prototyp einer Trainergeneration“ aus. Ein moderner Coach, dessen Name häufig in einem Satz mit Thomas Tuchel oder Jürgen Klopp fiel. So sah er sich nach vier Jahren im Dreisamstadion zu Größerem berufen als dem Job im kleinen Freiburg. In einem Interview ließ Dutt rückblickend durchblicken, dass ihm das Nahbare und die familiäre Atmosphäre in Freiburg durchaus etwas bedeutet hatten. „Woanders macht ein Trainer vielleicht den Verein besser. Aber in Freiburg macht der Verein auch den Trainer besser.“ Klang fast ein bisschen wehmütig.

Bei seiner ersten post-Freiburg-Trainerstation Bayer Leverkusen dürfte Dutt das Wiedersehen mit seinem früheren Arbeitgeber in wenig guter Erinnerung haben. Am 31. März 2012, Dutt war noch kein Jahr im Amt bei den Rheinischen, besiegelten Tore von Julian Schuster und Daniel Caligiuri eine weitere Leverkusener Heimniederlage – und Dutts Entlassung am folgenden Tag. Langfristige Jobgarantien an der Seitenlinie wie in Freiburg gibt’s nun mal nicht überall …

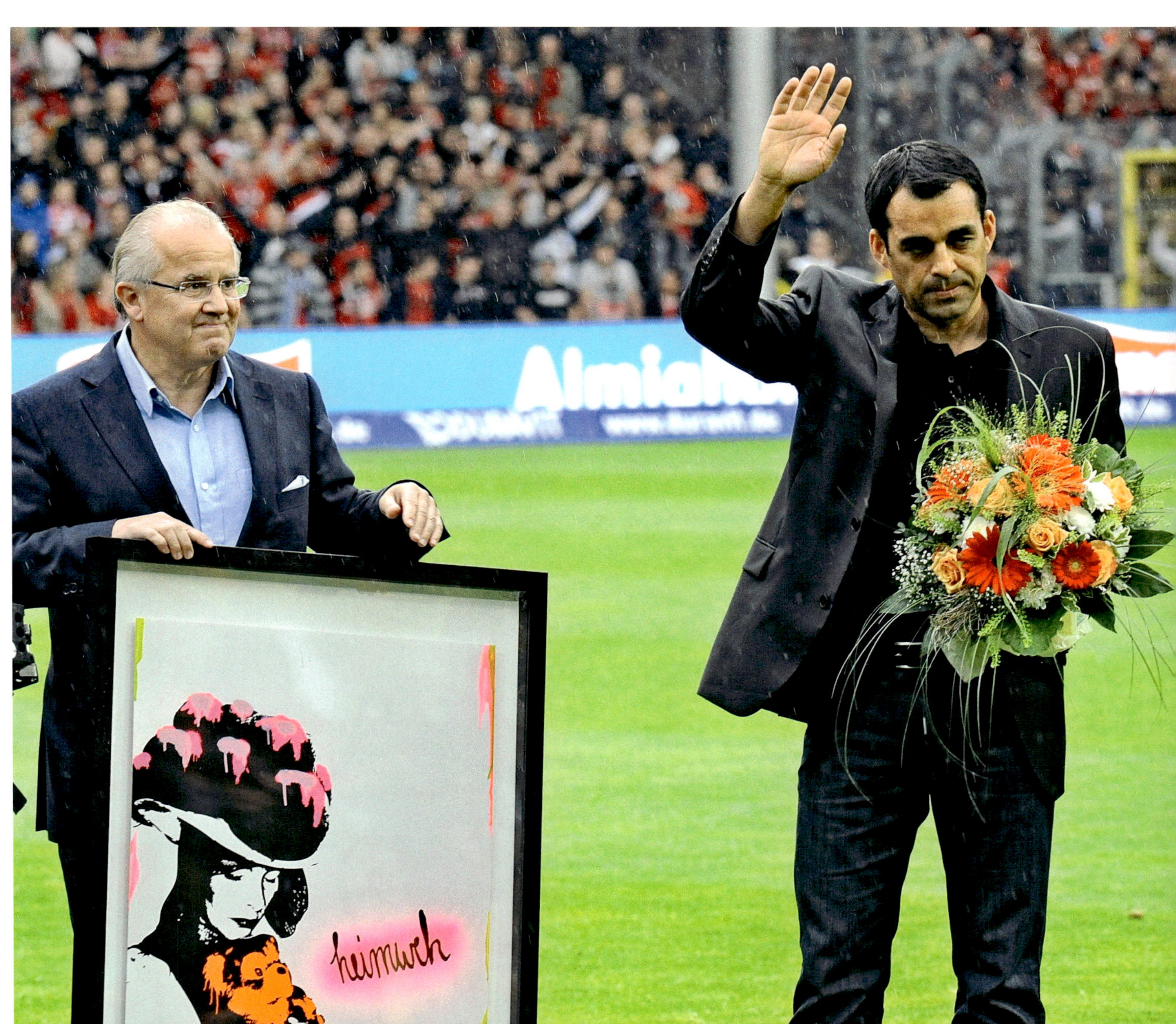

Der lange Weg zurück in die erste Liga 2005-2009

Der Abstieg aus der Bundesliga 2005 war nicht der erste für den SC Freiburg seit dem ersten Bundesliga-Aufstieg 1993. Bereits 1997 und 2002 hatte man den Gang in die Zweitklassigkeit antreten müssen. Der Unterschied: 1998 und 2003 stand Ende der Saison im Unterhaus der direkte Wiederaufstieg, und das stets mit demselben Trainer, mit dem man abgestiegen war.

Beim Abstieg 2005 war es jedoch anders: Der sportliche Niedergang war zu heftig und die Zahlen vernichtend: gerade einmal 15 Punkte in 34 Spielen, dazu nur magere 30:75 Tore, die schwächste Offensive der Bundesliga, nachdem diese zuvor immer noch eine Freiburger Stärke war. Aber auch 2005 entschied man sich dazu, mit dem seit 1991 im Amt befindlichen Trainer weiterzumachen und den direkten Wiederaufstieg zu schaffen. Nur - es klappte leider nicht so wie gewohnt. Man verpasste 2005/06 die Aufstiegsränge knapp, erreichte Platz 4, es gab kein Sommermärchen im WM-Jahr für den SC Freiburg. Im darauffolgenden Jahr folgte in der Hinrunde der Absturz Richtung Tabellenkeller, die Folge: Dem Trainer wurde kurz vor Weihnachten mitgeteilt, dass zum Saisonende nach 16 Jahren Schluss sein würde.

Es folgte eine beispiellose Aufholjagd, von der an anderer Stelle die Rede ist. Am Ende stand wieder Platz 4, der Trainer ging, der SC Freiburg blieb weiter in der 2. Bundesliga. Es kamen ein

Mo Idrissou duscht Trainer Robin Dutt.

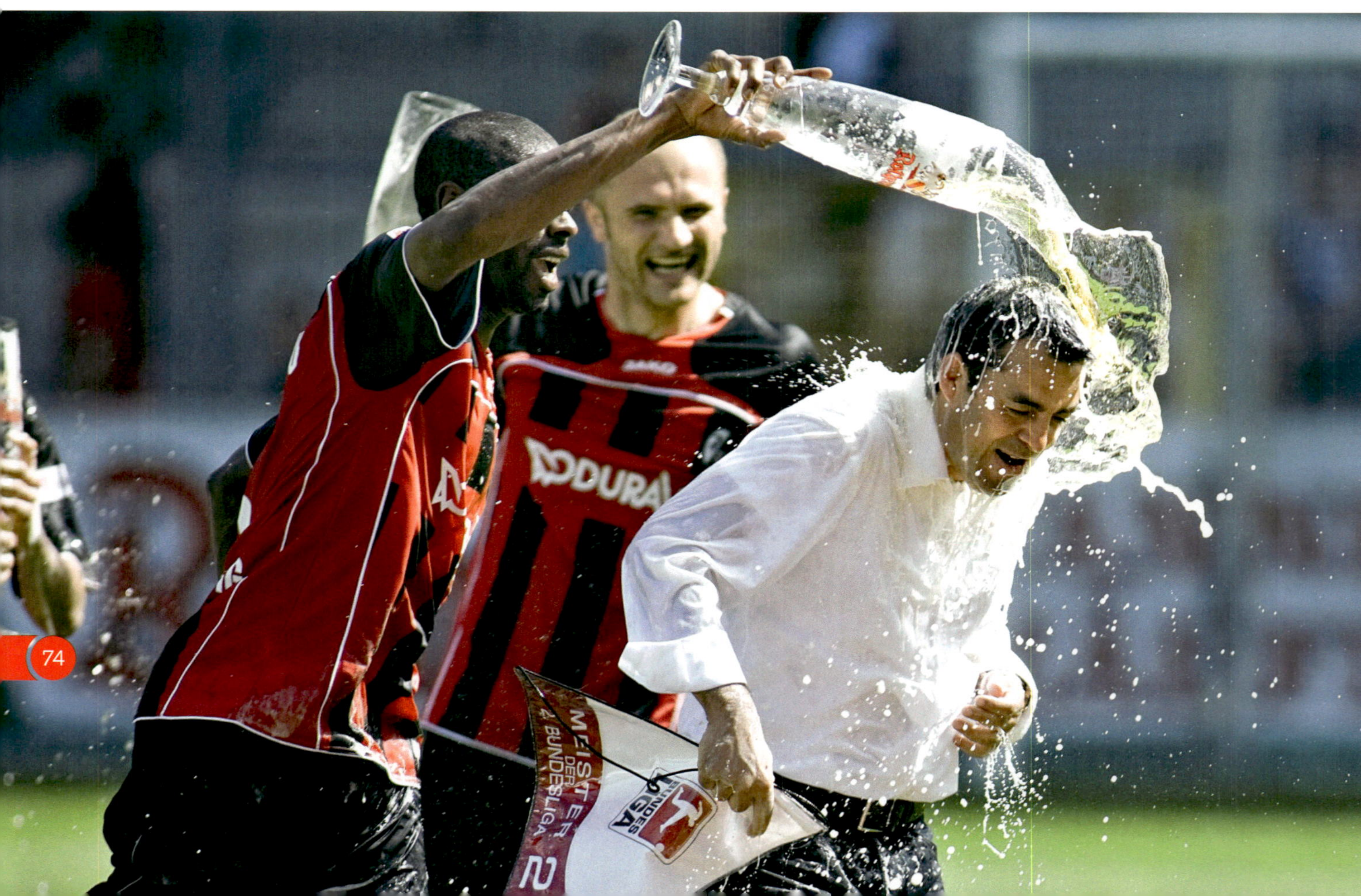

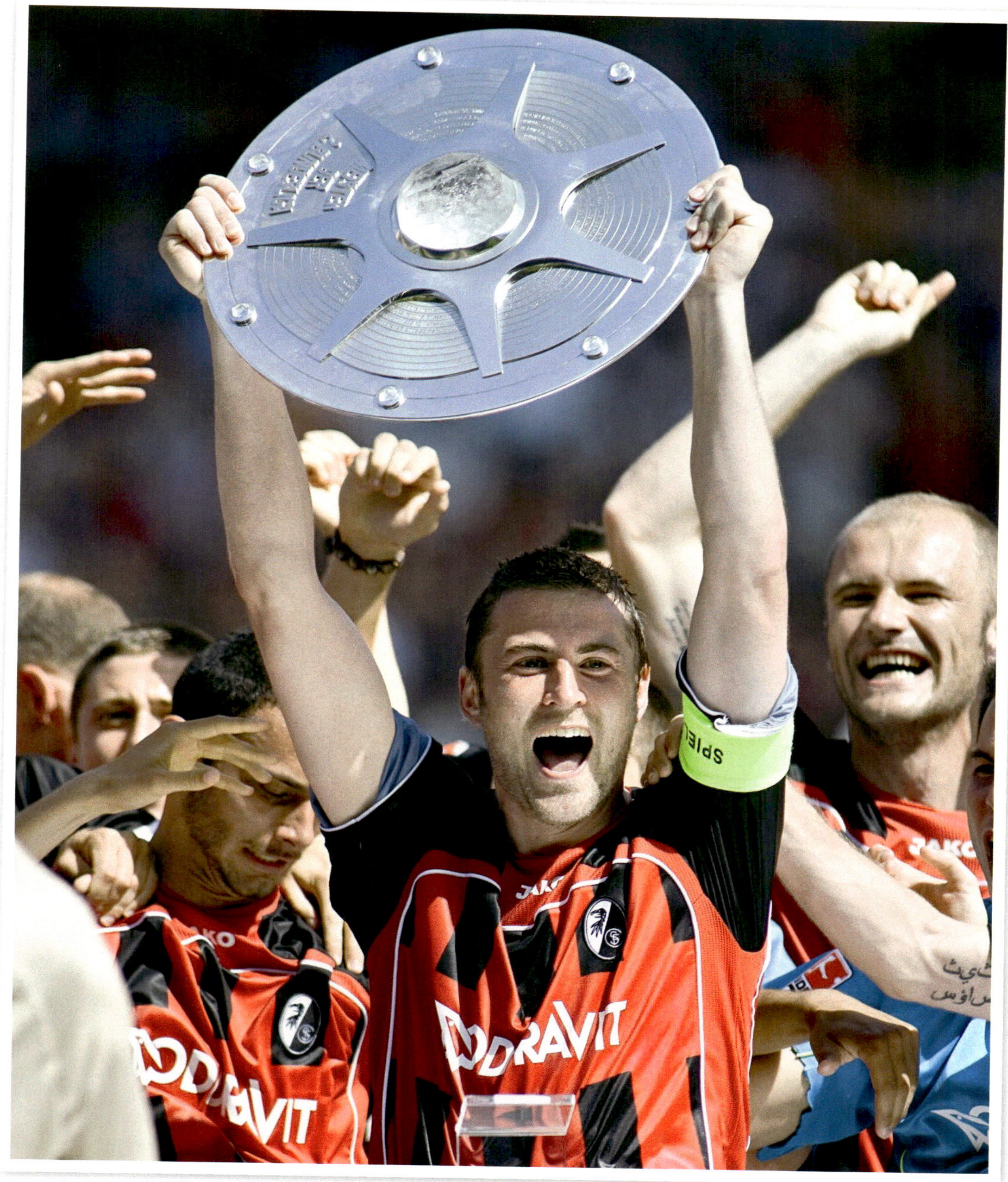

Kapitän Heiko Butscher mit der Meisterfelge.

neuer Trainer (Robin Dutt) und ein neuer Sportdirektor (Dirk Dufner), viele neue Spieler und am Ende stand – ein besonders knapper Platz 4 in der 2. Bundesliga, punktgleich mit dem aufsteigenden Tabellendritten, Relegation gab es seinerzeit nicht. Doch dann galt „4 gewinnt", die vierte Zweitligasaison endete nicht auf Platz 4, sondern an der Tabellenspitze. Die Zweitligameisterschaft 2009 führte den SC Freiburg nach einer gefühlten Ewigkeit wieder zurück in die Bundesliga. Die elfte Saison im Oberhaus konnte kommen, und beim ersten Heimspiel gegen den Hamburger SV war die Euphorie fast so groß wie beim ersten Aufstieg 1993. Den ersten Gegentreffer im Oberhaus nach der langen Zeit erzielte mit Jonathan Pitroipa dann ausgerechnet ein ehemaliger Freiburger, doch der dänische Lottogewinner Thommy Bechmann erzielte in der zweiten Halbzeit noch den Ausgleich.

Es folgte eine stabile lange Zeit der Bundesliga-Zugehörigkeit, fast könnte man von einer Ära sprechen, die seither nur durch den äußerst unglücklichen Abstieg 2015 – der umgehend wieder „korrigiert" werden konnte – unterbrochen wurde.

TOR UND ABWEHR

Die Stars von 2008-2011

Simon Pouplin kam von Stade Rennes und spielte von 2008 bis 2011 für den SC Freiburg. Außer der Station Freiburg, wo er 2009 Zweitligameister wurde und in die Bundesliga aufstieg, spielte der Franzose ausschließlich in seinem Heimatland.

Michael Müller, ein Torwart-Talent aus der Region, stand in der Saison 2008/09 zweimal als Ersatzmann im Kader und wechselte danach über den 1. FC Saarbrücken zum VfL Wolfsburg. Der Durchbruch blieb ihm jedoch verwehrt. Seit der Saison 2022/23 ist er den meisten SC-Fans dennoch ein Begriff. Damals ersetzte Müller den zum DFB abgewanderten Andreas Kronenberg als Torwarttrainer bei den Profis. Seither wird sein Name bei der Verkündung der Mannschaftsaufstellung tausendfach mitgerufen.

Heiko Butscher hatte nicht nur die Gabe, gut Fußball zu spielen und vorbildlich zu kämpfen. Neben seinen sportlichen Qualitäten wusste er auch als Musiker zu überzeugen. Er heizte den Freiburger Fans bei verschiedenen Anlässen mit dem Schlagzeug ein und ist auch auf der Aufnahme des aktuellen Vereinslieds „SC Freiburg vor“ zu hören. Der zuverlässige Abwehrspieler aus dem Allgäu hatte bereits eine wechselhafte Karriere hinter sich, als er 2007 nach Freiburg kam (Karlsruher SC, SV Sandhausen, VfB Stuttgart, VfL Bochum). Nach seiner Freiburger Zeit, die 2012 kurz nach dem Amtsantritt von Christian Streich endete, spielte er noch für Eintracht Frankfurt und kehrte schließlich zum VfL Bochum zurück.

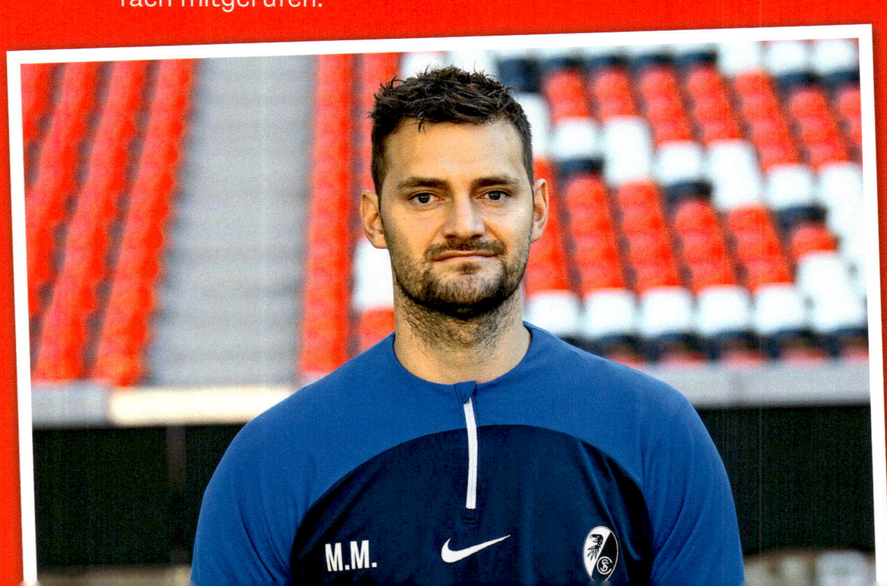

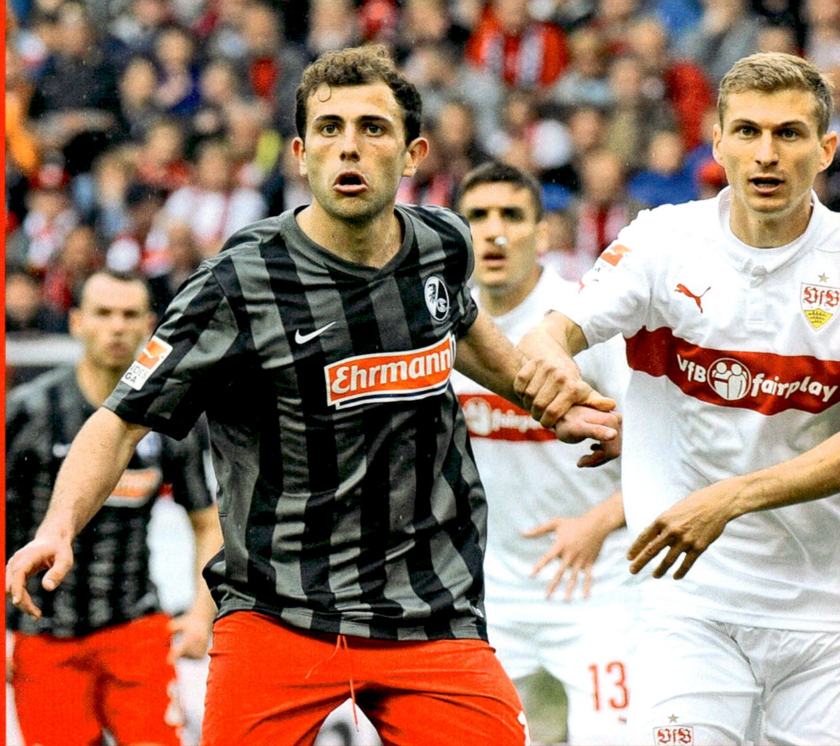

Daniel Schwaab kam vom SV Waldkirch in die SC-Jugend und rückte 2006 zu den Profis auf. Nach dem Bundesliga-Aufstieg 2009 wechselte er zu Bayer Leverkusen, 2013 dann zum VfB Stuttgart und schließlich 2016 zur PSV Eindhoven. In der Jugend (A-Jugend-Pokalsieger und U21-Europameister) sowie den Niederlanden (Meister und Superpokalsieger) sammelte er einige Titel, ehe Schwaab 2020 seine Karriere beendete.

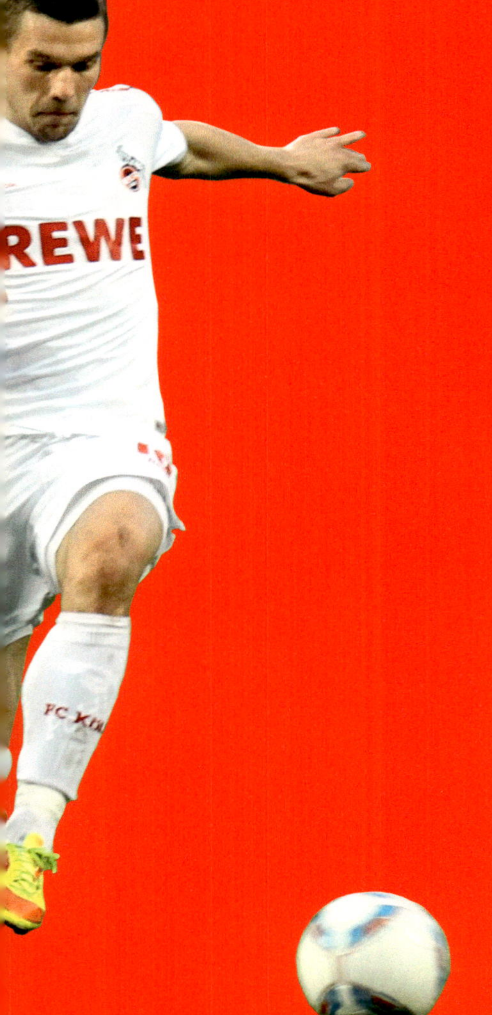

Der tschechische 1,93-Meter-Mann **Pavel Krmaš** spielte von 2007 bis 2015 in Freiburg und war maßgeblich am Aufstieg 2009 und der anschließenden Etablierung im Oberhaus beteiligt. Unvergessene Highlights waren seine Europapokal-Auftritte in der Saison 2013/14. Nach dem Abstieg 2015, den er mit einem Eigentor beim 1:2 in Hannover unglücklich besiegelte, kehrte Krmaš zu seinem Jugendverein SK Hradec Králové zurück und arbeitet seitdem wieder als Lehrer.

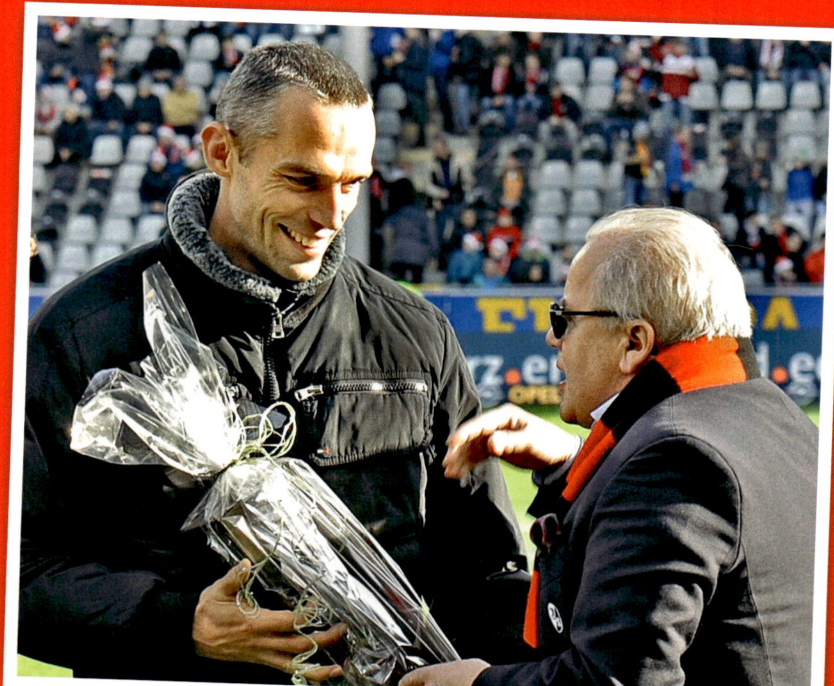

MITTELFELD

Mit **Julian Schuster** kam zur Saison 2008/09 mal wieder ein waschechter Schwabe ins Südbadische. Das hatte bekanntlich Tradition beim SC Freiburg – man denke beispielsweise an die Zeyer-Zwillinge in den 1990er-Jahren. Schuster trug für zehn Jahre das Freiburger Trikot und erzielte in 242 Partien 21 Tore. Unvergessen seine direkt verwandelte Ecke gegen die TSG Hoffenheim im April 2011, die in der ARD zum „Tor des Monats" gewählt wurde. Seit Ende seiner aktiven Karriere 2018 fungiert Schuster als Verbindungstrainer bzw. „Koordinator Talentförderung" beim SC Freiburg.

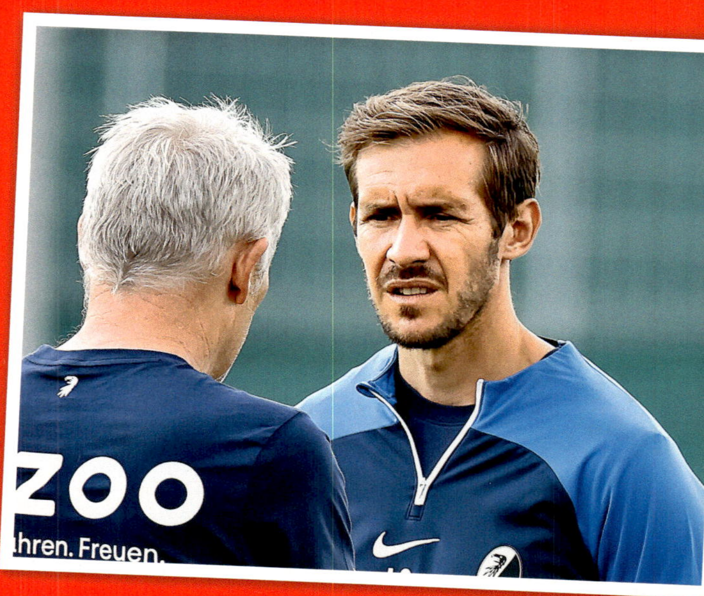

Johannes Flum lief von 2008 bis 2013 für die erste und von 2020 bis 2022 für die zweite Mannschaft des SC Freiburg auf. Wie Schuster war er ein enorm fleißiger und zuverlässiger Mittelfeldspieler, der zudem wusste, wo das Tor steht. Seine Bilanz: 186 Spiele für die beiden Profiteams des SC, 13 Tore, 14 Vorlagen. Unvergessen sein 1:0-Siegtreffer beim VfB Stuttgart, das dem Sport-Club im Januar 2010 den ersten Derbysieg seit ewigen Zeiten bescherte.

Nach dem Aufstieg 2009 kam mit **Cédric Makiadi** ein echter Hochkaräter zum SC Freiburg, der in den folgenden Jahren entscheidend mithalf, die Klasse zu halten. Aus Sicht der SC-Fans und Fußball-Conaisseure hätte Makiadi sicher noch länger oder gleich ewig bleiben können, doch nach vier Jahren, 138 Spielen und 13 Toren entschied er sich für einen Wechsel zu Werder Bremen. Dabei hätte der Sport-Club seine Fähigkeiten in der Europa League 2013/14 gut gebrauchen können!

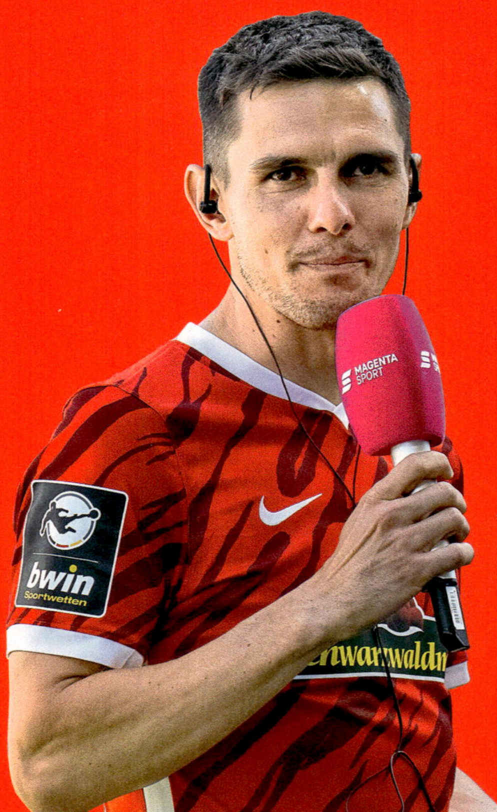

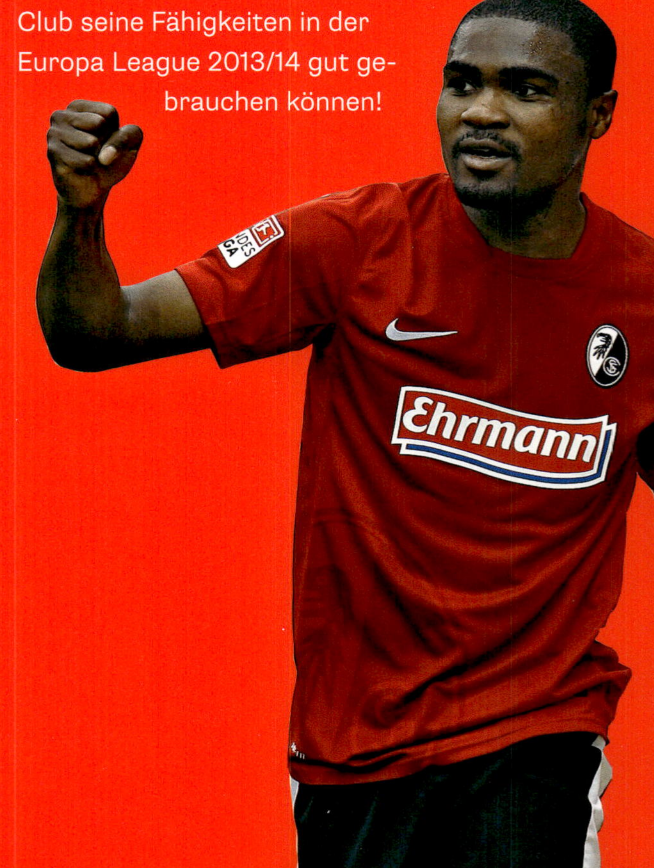

STURM

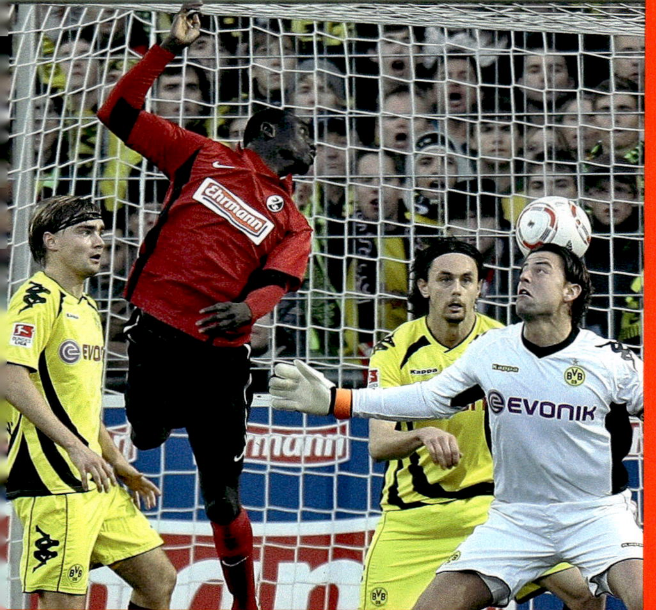

Mohamadou Idrissou kam zum Jahresbeginn 2008 vom MSV Duisburg zum SC Freiburg und leistete seinen Beitrag zum Aufstieg 2009 und Klassenerhalt 2010, bevor er zur Saison 2010/11 zu Borussia Mönchengladbach weiterzog. Idrissou kam während seiner Karriere auf fast zwei Dutzend Vereinsstationen, wobei er selten länger als zwei Jahre an einem Ort blieb. Sein Privatleben sorgte das eine oder andere Mal für Schlagzeilen, in Freiburg fragte man sich, ob er je von der Abseitsregel gehört hatte, und hört ihn bis heute im Stadion im Chor im Vereinssong „SC Freiburg vor". Mit 26 Toren in 79 Spielen für den SC Freiburg eine sehr ordentliche Quote.

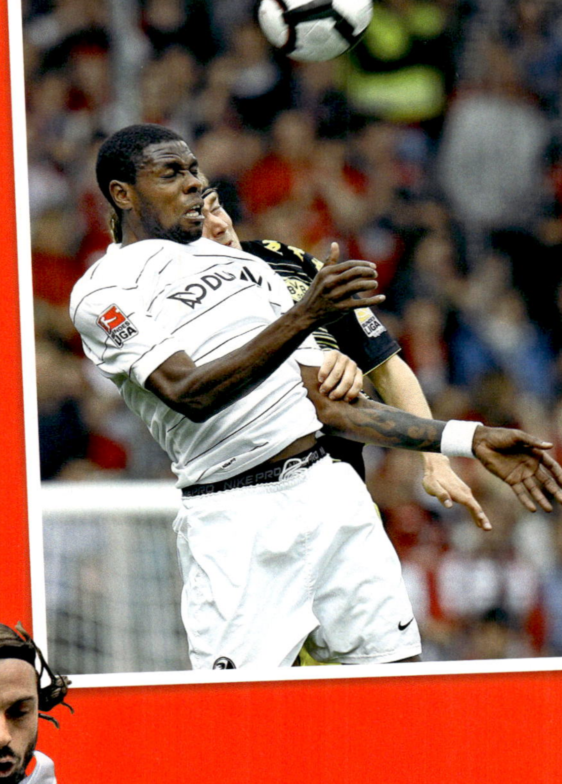

Als zum Jahreswechsel 2009/10 der Transfer des Senegalesen **Papiss Demba Cissé** vom FC Metz zum SC Freiburg bekannt wurde, dachten viele zunächst an den wesentlich prominenteren französischen Nationalspieler Djibril Cissé und wunderten sich über die plötzliche Transferoffensive des SC Freiburg. Der aus Dakar stammende Papiss Demba Cissé konnte die anhaltende Negativserie des Sport-Clubs nach seinem Wechsel in den Breisgau zunächst auch nicht stoppen. Zwar gelang dem neuen Stürmer am Valentinstag 2010 in Frankfurt sein erstes Tor, doch am Ende ging das Spiel trotzdem verloren. In seiner ersten (halben) Saison im Freiburger Dress schoss er sechs Tore, darunter ein Doppelpack beim 3:1 im letzten Heimspiel gegen Borussia Dortmund. 2010/11 legte Cissé dann richtig los und traf nach Belieben. Am Ende standen 22 Tore in der Bundesliga sowie zwei im DFB-Pokal, überboten sich die Interessenten gegenseitig. Das Rennen machte schließlich im Januar 2012 der Newcastle United FC, der 13,5 Millionen Euro für Cissé auf den Tisch legte. Der Senegalese war der erste einer Reihe von SC-Spielern, die vom Breisgau in die Premier League wechselten.

Jonathan Jäger kam 2007 vom 1. FC Saarbrücken und gehörte zu der Mannschaft unter Robin Dutt, die den Aufstieg 2009 schafften. Der kleine Franzose (1,74 m) war exakt genauso lange wie sein Trainer beim Verein und erzielte in 87 Spielen 11 Tore und gab 11 Vorlagen.

2012-heute

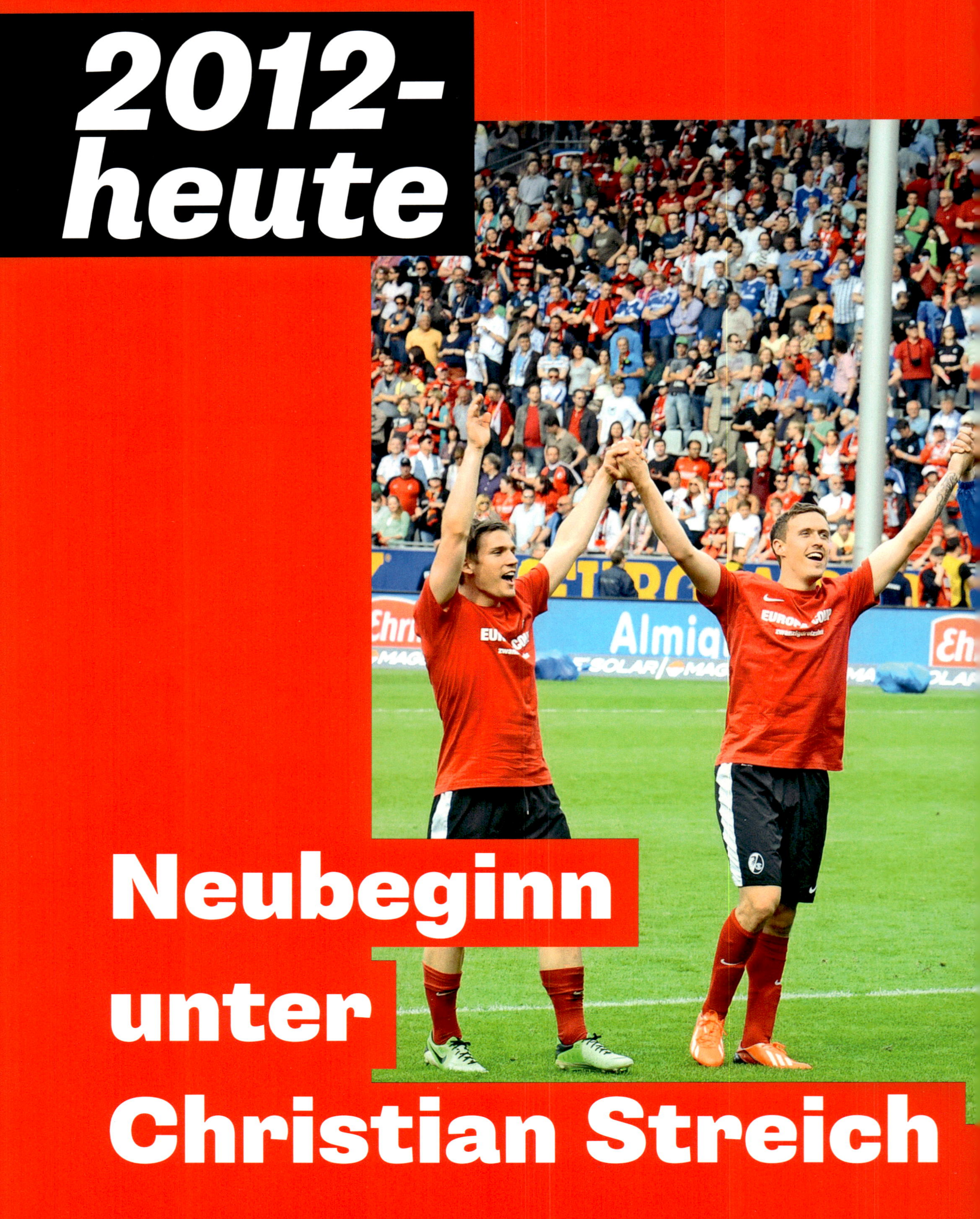

Neubeginn unter Christian Streich

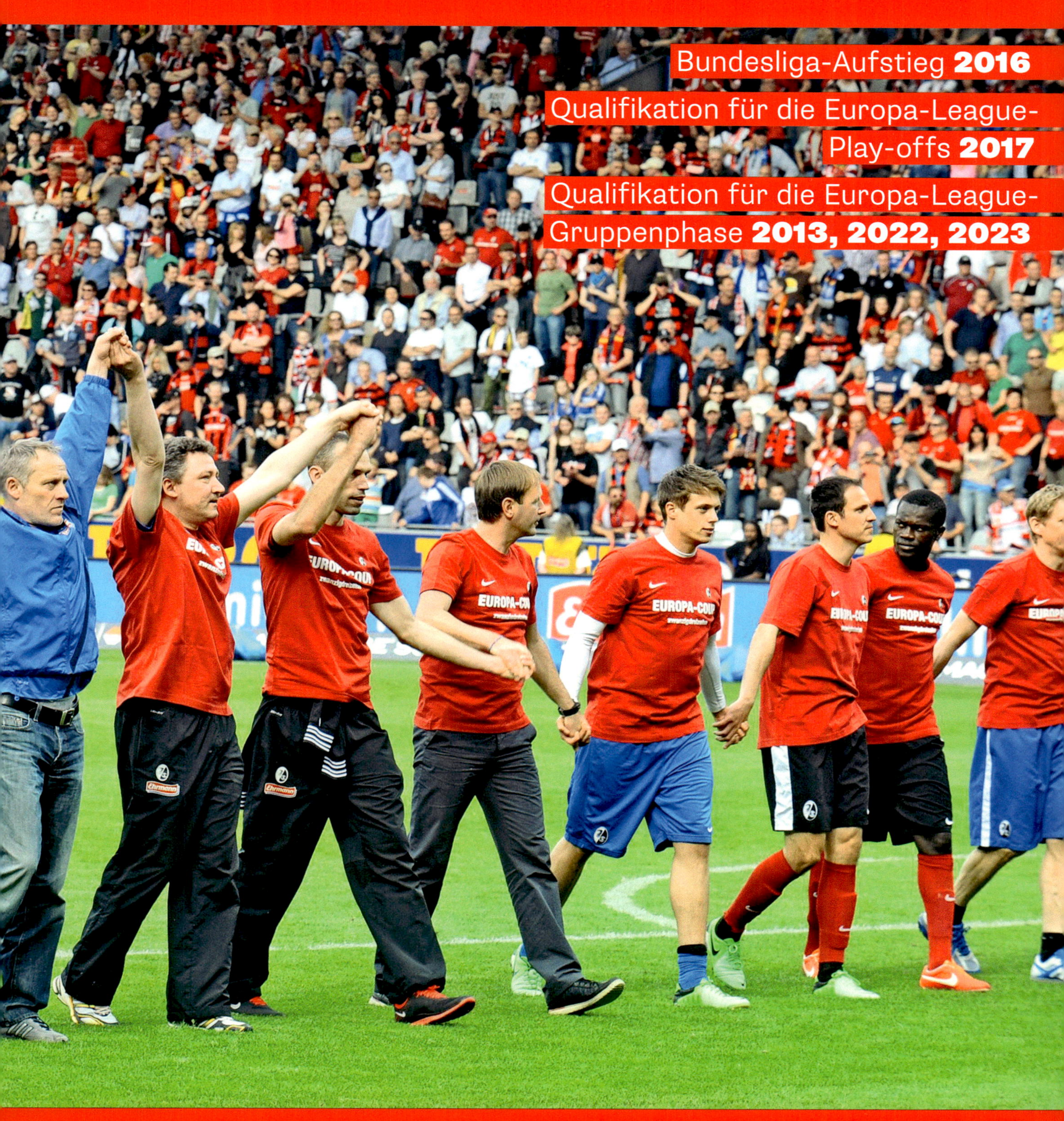

Bundesliga-Aufstieg **2016**

Qualifikation für die Europa-League-Play-offs **2017**

Qualifikation für die Europa-League-Gruppenphase **2013, 2022, 2023**

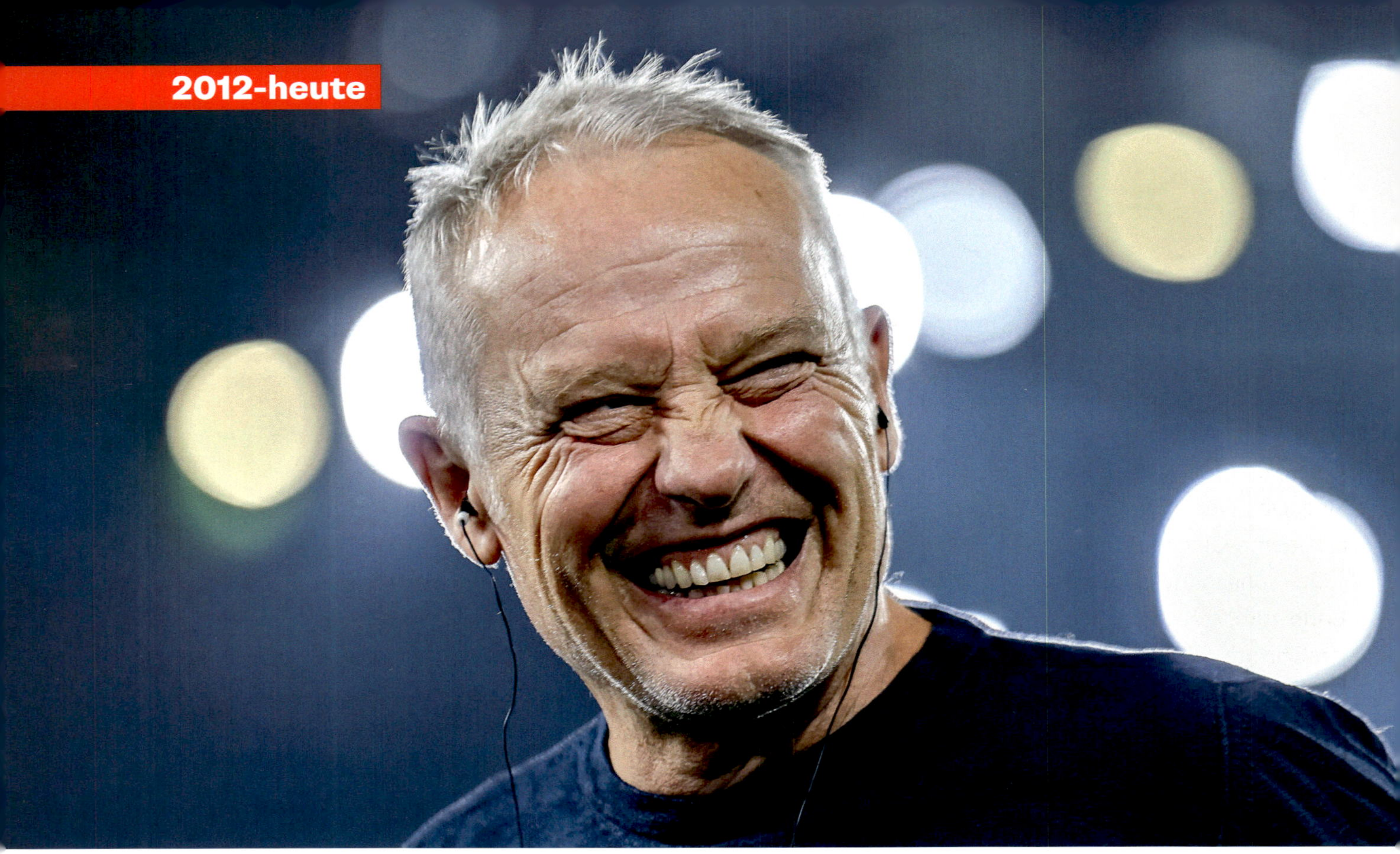

Christian Streich

Christian Streich verkörpert vieles, was den SC Freiburg ausmacht. Nicht für alles kann er etwas. Er ist der Mann, der seit mehr als einem Jahrzehnt als Chefcoach an der Seitenlinie steht, weil das – entgegen der Gesetze im modernen Profifußball – in Freiburg so gewollt ist. Er steht für Kontinuität, Akribie, Bodenständigkeit und – wie es auf der Webseite des SC sehr passend heißt –: „eine Detailversessenheit, mit der er Trainer und Spieler Tag für Tag besser machen möchte".

Unbestritten hat Streich einen hohen Anteil daran, dass sich der Verein in den vergangenen Jahren sportlich mehr und mehr im oberen Mittelfeld der Bundesliga etabliert hat. Hinzu kommt eine hohe Identifikation: im Verein seit 1995 und nicht weit von Freiburg aufgewachsen, im noch südlicheren Südbaden nahe Weil am Rhein. Zu seiner aktiven Zeit war Streich Spieler des SC, wenn auch nur für eine Saison, ansonsten trug er in seinen besten Jahren das Trikot des Stadtnachbarn FFC, das der Stuttgarter Kickers sowie das des FC Homburg.

Über Freiburg hinaus ist es seine Authentizität, die ihn oft in die Schlagzeilen bringt. Streich gibt es nur mit Dialekt, würde er Hochdeutsch sprechen, wäre er nicht Christian Streich. Mittlerweile zählt er zu den prominentesten Repräsentanten der alemannischen Mundart seit Johann Peter Hebel (1760-1826). Bei seinen Ausführungen verlässt er auf Pressekonferenzen gerne das Spielfeld, redet nicht nur über den nächsten Gegner, sondern widmet sich gesellschaftlichen Themen oder der Weltpolitik. Stets kritisch, sachlich, nie populistisch, argumentiert er aus seiner Perspektive über die Welt, zeigt er Haltung. So machte er sich für Geflüchtete stark, fürs Klima – oder gibt eine klare Kante gegen rechte Sprüche.

Wesentlich für Streichs erfolgreiche Trainerkarriere ist sicherlich, dass es ihm immer wieder gelingt, Spieler aus dem eigenen Nachwuchs im Profikader zu integrieren. Gerade in Freiburg ein wichtiger wirtschaftlicher Aspekt. Doch auch für einen Trainer gehört Mut dazu, unerfahrene Spieler ins Haifischbecken Bundesliga zu werfen. Symbolisch steht dafür Matthias Ginter, dem Streich in seinem ersten Spiel nach der Beförderung zum Chefcoach 20 Minuten vor Schluss zu seinem Profidebüt verhalf. Ginter dankte es mit dem Siegtor zum 1:0 gegen Augsburg. Das war im Januar 2012. Im gleichen Spiel debütierte Oliver Sorg, etwas später Immanuel Höhn. Jonathan Schmid wurde in jener Rückrunde zum Stammspieler. Alles Spieler, mit denen Christian Streich zuvor den DFB-Juniorenpokal gewonnen hatte.

„Wir wachsen sehr, sehr schnell, und wir müssen schauen, dass wir hinterherkommen."

– (Christian Streich im Frühjahr 2022)

Als Streich in der Winterpause 2011/12 die Bundesliga-Mannschaft übernahm, glaubten viele nicht mehr an den Klassenerhalt: Letzter Platz, 13 Punkte, schlechte Stimmung. Am Ende wurde man solider Zwölfter, hatte 40 Punkte auf dem Konto und viele neue Gesichter im Team. Der Mann an der Seitenlinie hatte sich, ob er nun wollte oder nicht, ein erstes kleines Denkmal errichtet.

Neben zahlreichen Erfolgen und einem kurzen Ausflug in die Zweitklassigkeit - man darf von einem Betriebsunfall sprechen - blieb Christian Streich eine Trophäe jedoch bislang leider verwehrt. Nie war er näher dran, den Verein zum ersten „großen" Titelgewinn zu führen, als am 21. Mai 2022 im so unglücklich verlorenen DFB-Pokalfinale gegen Leipzig.

Ein anderer Rekord steht bereits auf der Habenseite, denn dienstältester Bundesliga-Coach ist Streich schon lange. Und viereinhalb Jahre fehlen ihm noch, um auch Volker Finkes 16 Jahre dauernde Rekord-Amtszeit zu toppen. Dann wäre Christian Streich 62. Für die Rente zu früh.

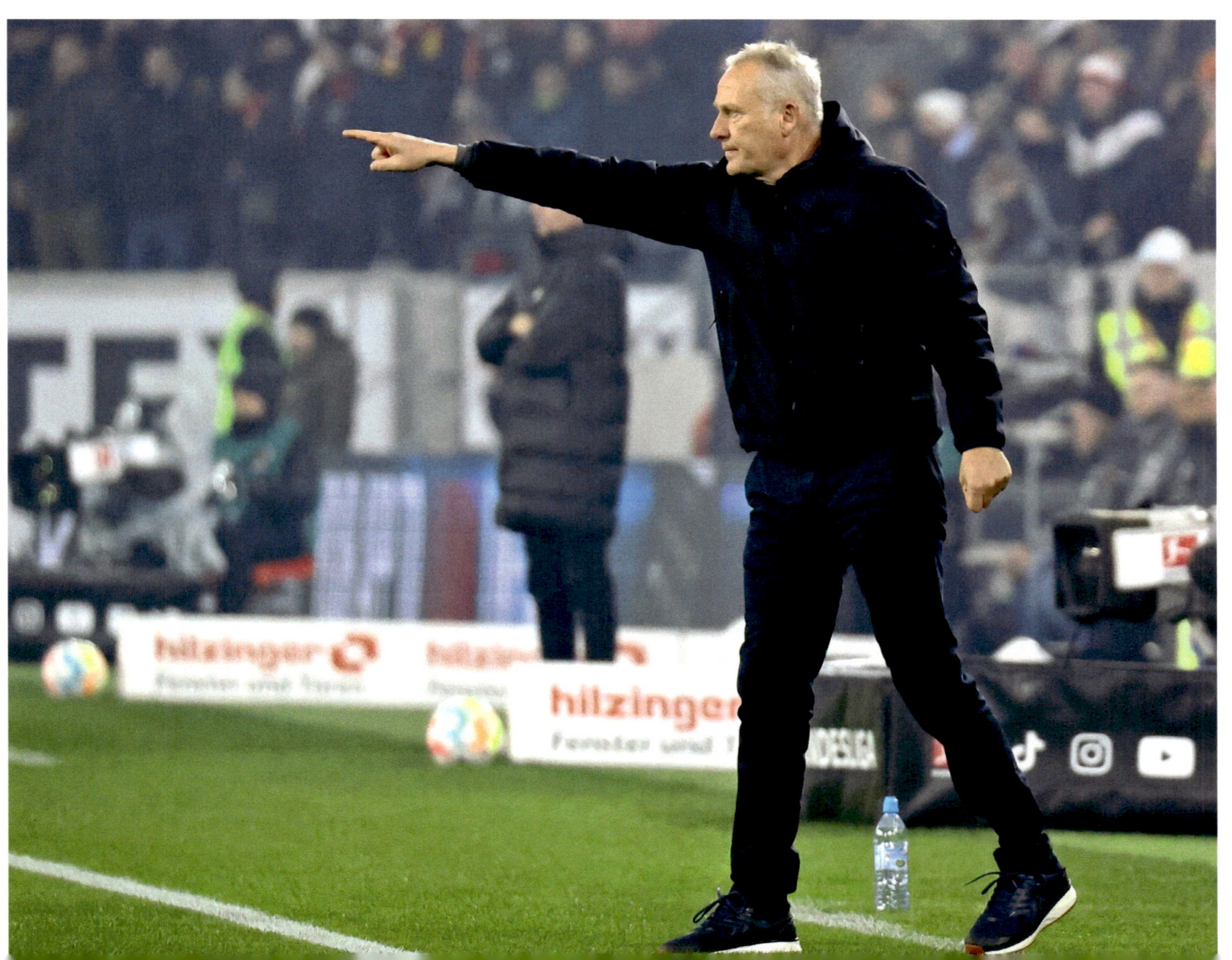

Vom Fußballschüler zum Rekordspieler – der unglaubliche Weg des Christian Günter

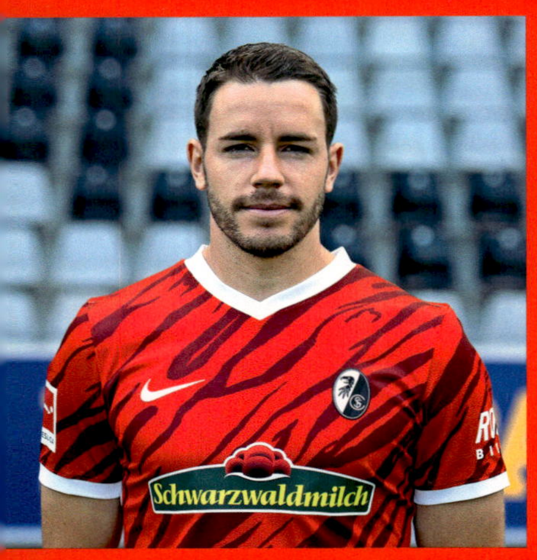

Neben der fußballerischen Ausbildung in der Freiburger Fußballschule hat der fleißige Christian Günter eine Berufsausbildung absolviert, passenderweise bei der unterhalb des Günterbergwegs in seinem Heimatort Tennenbronn gelegenen Firma J. G. Weisser. Der Einsatz hat sich gelohnt, neben der Auszeichnung „Rekordspieler des SC Freiburg in der Bundesliga" (wobei Günter von der langen Erstligazugehörigkeit der ersten Herrenmannschaft während seiner Laufbahn profitiert hat) darf sich der ebenso sympathische wie bodenständige Schwarzwälder auch deutscher A-Nationalspieler und EM-Teilnehmer 2020 (bzw. 2021) nennen. Bei letzterer gab es auf der angestammten Position auf der linken Außenbahn an Robin Gosens allerdings kein Vorbeikommen, und „CG30" blieb beim Turnier ohne Einsatz.

Dass es auf seiner bevorzugten Position starke Konkurrenz geben kann, hatte Günter bereits in der B-Jugend erlebt. Sein damaliger Jugendtrainer Christian Streich gab vorübergehend einem Mitspieler den Vorzug, und der weitere Verlauf der Karriere stand in den Sternen. Christian Günter kämpfte sich zurück, schaffte den Sprung zu den Profis und traf dort seinen Jugendtrainer aus der Fußballschule wieder. Bundesliga-Profi zu sein ist für den Kapitän der Profimannschaft und seit der Saison 2014/15 auch Kapitän des Füchsleclubs ein „gelebter Traum". Gleichzeitig schätzt er neben dem hektischen Alltag die Stille in der Natur und die Zeit mit der Familie. Seine Vorgänger in der Funktion als Füchsleclub-Kapitäne waren übrigens in der Saison 2013/14 Matthias Ginter und in der Saison 2012/13 Johannes Flum, die jedoch nicht annähernd auf solch eine lange Amtszeit zurückblicken können.

Die Auftaktpartie in der Bundesliga-Saison 2021/22 bei Arminia Bielefeld zum Saisonstart war für Christian Günter eine besondere Begegnung: Der SC-Kapitän absolvierte seinen 236. Bundesliga-Einsatz – und zog damit mit Andreas Zeyer als SC-Rekordspieler in der Bundesliga gleich. Mit dem Startelfeinsatz beim darauffolgenden Heimspiel gegen Borussia Dortmund wurde Günter alleiniger Bundesliga-Rekordspieler des SC Freiburg. Und nach dem gebrochenen Vereinsrekord könnten noch einige Spiele hinzukommen. Im „kicker"-Interview sagte CG30 in diesem Zusammenhang: „Es kann gut sein, dass ich für immer bleibe." Dass ausgerechnet der treue Rekordspieler die Niederlage im Pokalfinale 2022 mit seinem verschossenen Elfmeter einleitete, war auf eine besonders fiese Laune des Fußballgotts zurückzuführen. Doch weder Mannschaft noch Fans waren lange traurig und realisierten in den Wochen nach dem verlorenen Finale, dass Kapitän Christian Günter und sein Team für den Verein, die Stadt und die ganze Region Großartiges geleistet hatte.

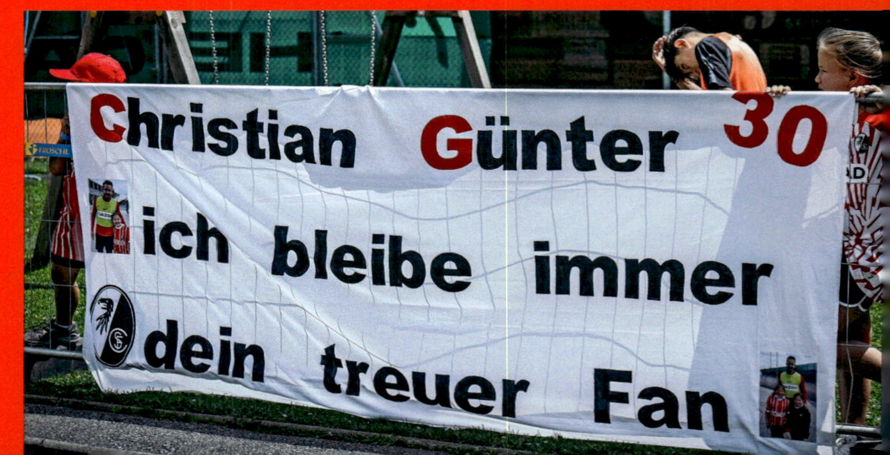

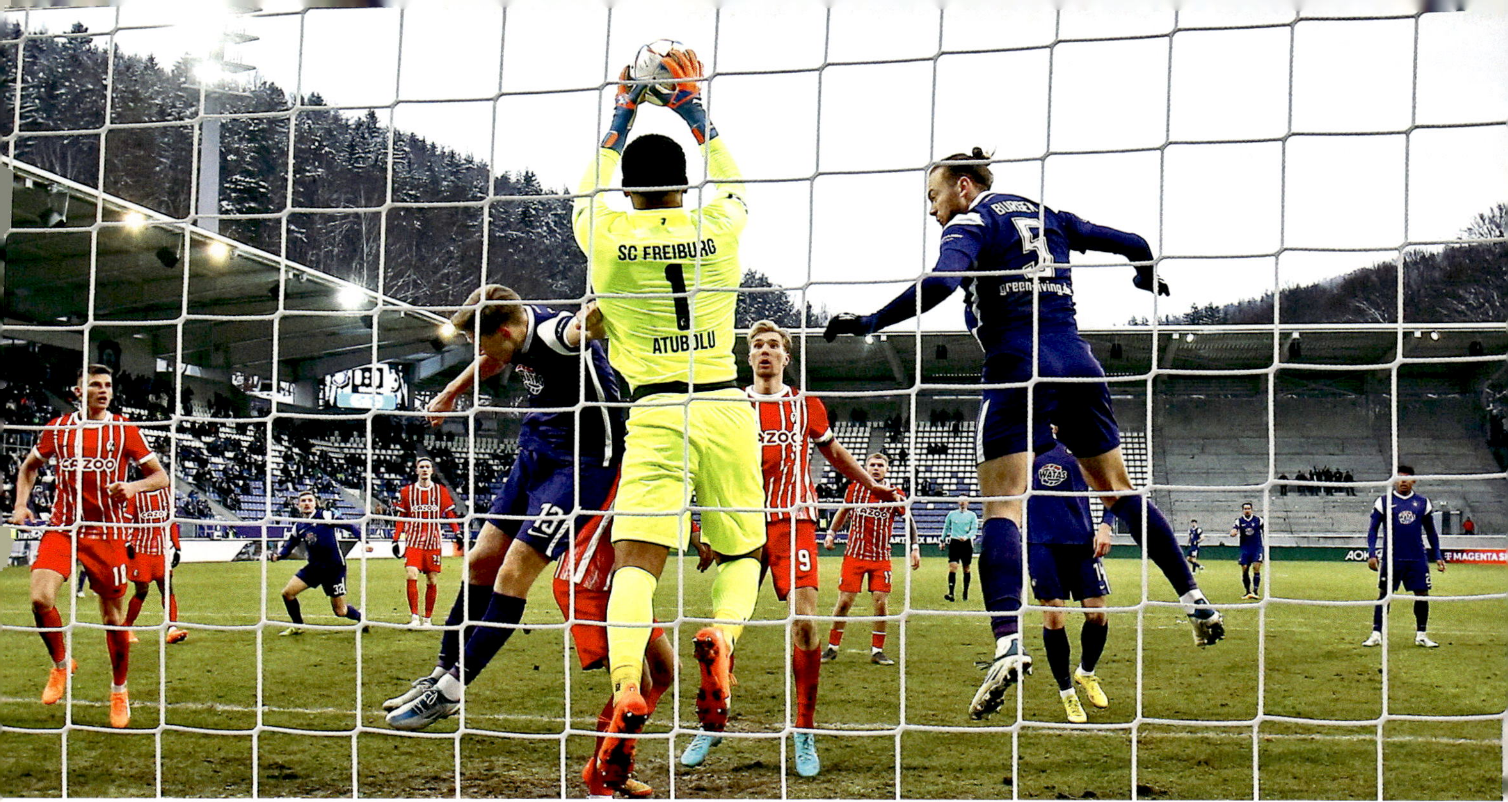

Noah Atubolu beim 0:0 der Freiburger Drittligamannschaft in Aue.

Die Freiburger Torwart-Schule

„Wir sind damals ohne Torhüter aufgestiegen", sagte Trainer Volker Finke einmal über den Kader, der 1992/93 den ersten Aufstieg des SC Freiburg in die Bundesliga bewerkstelligte. Carsten Eisenmenger, Stefan Beneking und Dietmar Hummel wechselten sich auf der Position zwischen den Pfosten ab und boten jeder auf seine Art und Weise wechselhafte Leistungen zwischen Genie und Wahnsinn. Diese Freiheit konnte man sich angesichts von 102 in 46 Spielen geschossenen Toren und einer mit 102:57 Treffern beeindruckenden Tordifferenz rausnehmen. Allerdings sicherten sich die Freiburger für die erste Bundesliga-Saison der Vereinsgeschichte die Dienste des erfahrenen Schlussmanns Jörg Schmadtke, der von Fortuna Düsseldorf kam. Nicht zuletzt auch deshalb, weil Eisenmengers Stammverein VfL Bochum aus der Bundesliga abgestiegen war und die Westfalen ihren ausgeliehenen Torwart zurückwollten.

Später wurde auf der Torwartposition die Professionalisierung vorangetrieben. In Person des Schweizers Andreas Kronenberg gab es einen überragenden Torwarttrainer, der Talente wie Oliver Baumann und Alexander Schwolow entdeckte und förderte. Das blieb dem DFB nicht verborgen, und dieser sicherte sich die Dienste des Schweizers zunächst im Jobsharing Verein/Nationalmannschaft und schließlich exklusiv für den DFB. Das sorgte zwischendurch für kuriose Situationen, als etwa bei einem Länderspiel gegen die Niederlande unter der Woche sein Freiburger Schützling Mark Flekken auf Seiten des Gegners spielte. Am Wochenende drauf war Kronenberg beim Spiel der Freiburger gegen die Bayern dann wieder Flekkens Coach, Neuer stand auf der Gegenseite im Tor.

Noah Atubolu schreibt die Erfolgsgeschichte der starken Sport-Club-Keeper der jüngeren Vergangenheit fort, der gebürtige Freiburger wird als einer der besten Nachwuchs-Torhüter Deutschlands gehandelt. Atubolu wuchs in der Hochhaussiedlung Weingarten auf und freut sich nach dem Abgang von Mark Flekken Richtung Premier League darauf, seinen Verein und

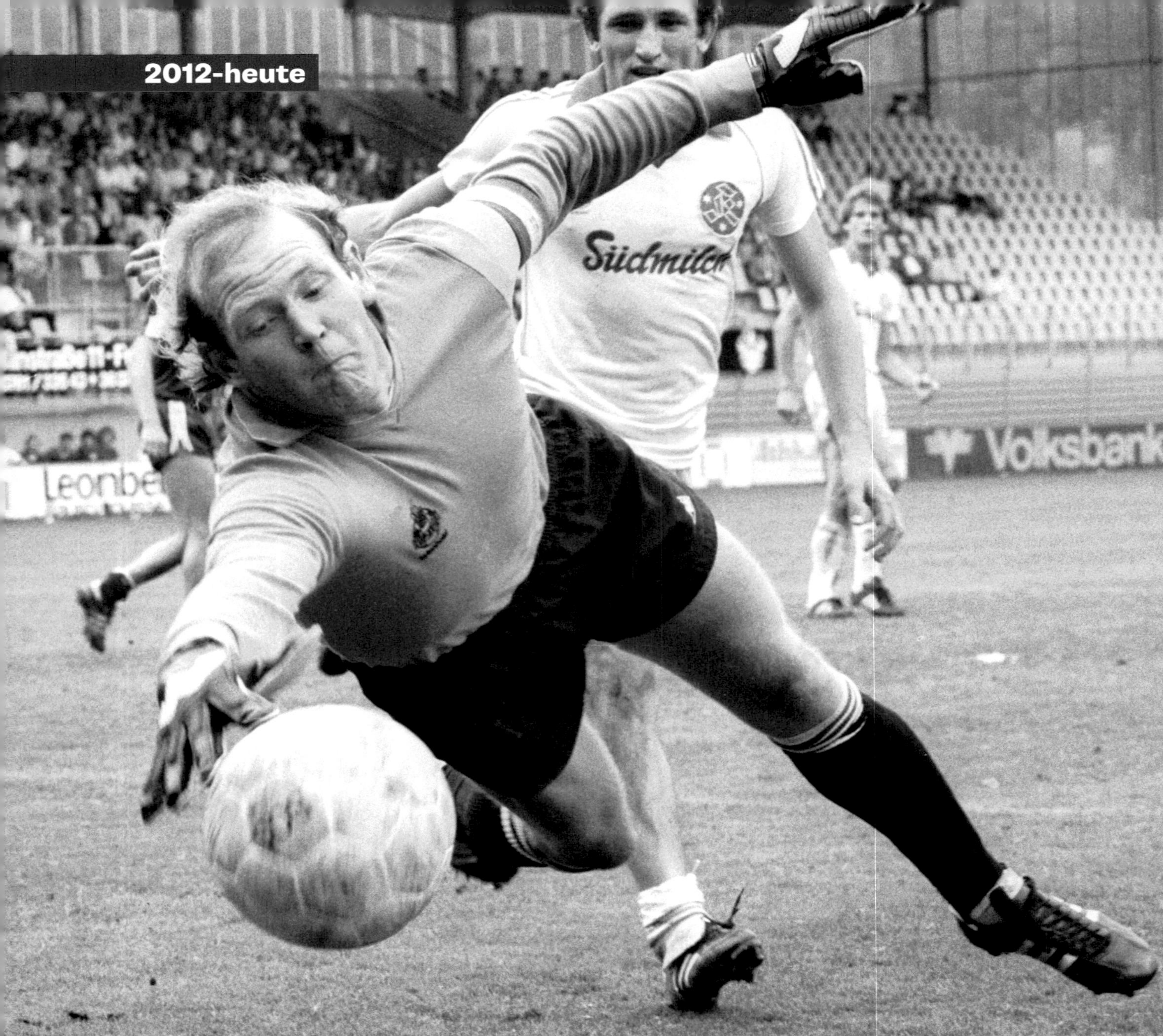

Transfercoup: Torwart Günter Wienhold rettet den SC vor dem Abstieg aus der 2. Bundesliga Süd 1978/79. Präsident Stocker hatte den Transfer eingefädelt. Wienhold wollte eigentlich nur das nächste Wechselfenster Richtung USA abwarten, stand dann aber doch für über 200 Spiele zwischen den Pfosten der Freiburger.

seine Stadt als Nummer 1 im Tor der ersten Mannschaft zu repräsentieren: „Ich bin ja in Weingarten aufgewachsen, und ich bin froh, dass ich die Kindheit dort hatte und dass es nicht woanders war. Denn das dort hat mich zu dem gemacht, der ich heute bin. Im Kopf stärker, du lernst, früh reif zu werden“, sagte Atubolu in einem Interview.

Neben talentierten Nachwuchskräften wie Atubolu, Baumann und Schwolow vertraute man beim SC Freiburg auf der Position zwischen den Pfosten aber auch immer wieder auf etablierte Kräfte wie etwa Günter Wienhold, Jörg Schmadtke oder

Richard Golz. Wienhold wurde nach dem holprigen Start in die erste Zweitligasaison 1978/79 nachverpflichtet und avancierte zu einem wichtigen Pfeiler für den Klassenerhalt und damit die Fortsetzung des Kapitels „SC Freiburg im Profifußball". Ohne den erfahrenen Keeper wäre es wohl schwierig geworden mit dem Klassenerhalt in der 2. Bundesliga, der letztlich der Grundstein für den späteren Bundesliga-Aufstieg war. Im September 2021 vernahm die Sport- und Fußballwelt die Nachricht vom viel zu frühen Tod Günter Wienholds.

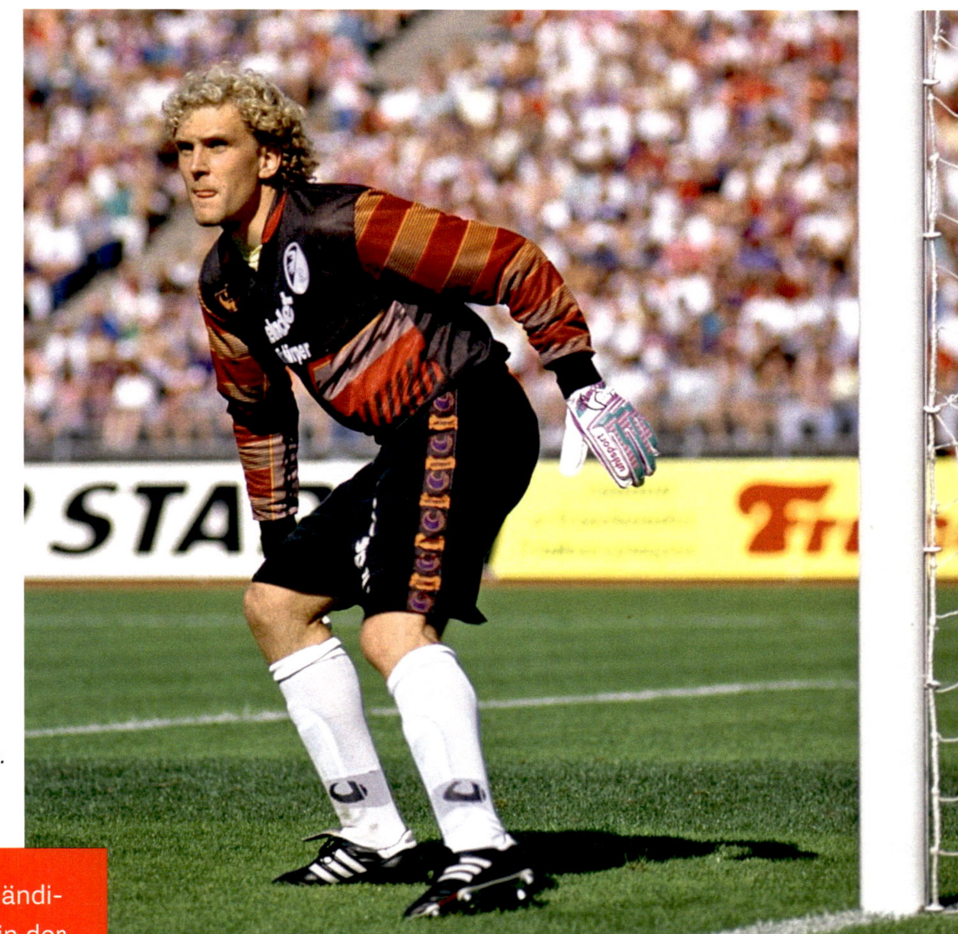

Jörg Schmadtke.

Von wegen „Flecken": Der niederländische Keeper Mark Flekken sammelte in der Saison 2022/23 die meisten „weißen Westen" (Spiele ohne Gegentor), bevor er mit seinem Wechsel nach London zum Premier-League-Club Brentford FC einen blitzsauberen nächsten Karriere-Schritt wagte.

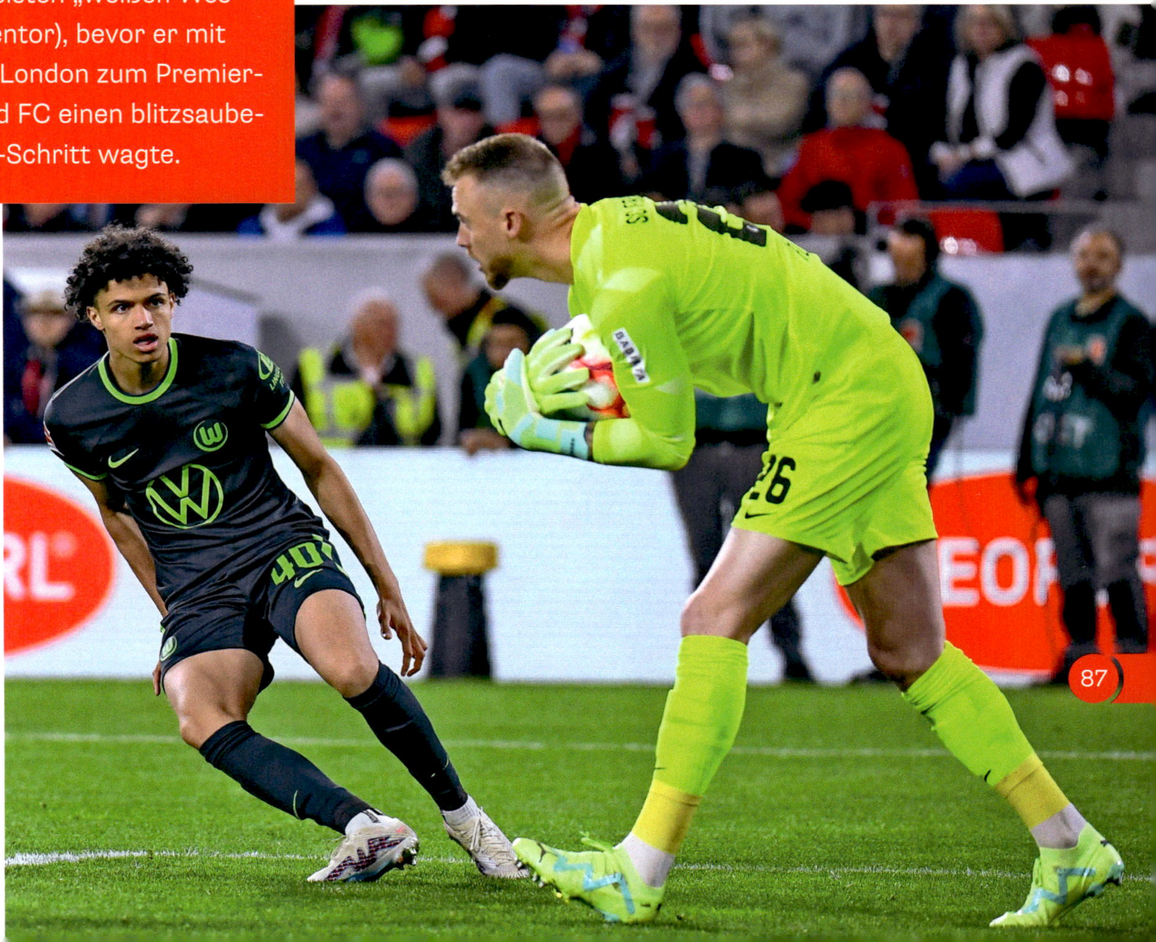

Mark Flekken.

Erstes Pokalhalbfinale der Vereinsgeschichte

Mainz am Europakreisel im März 2013. Die Viertelfinal-Partie im DFB-Pokal ist keine fünf Minuten alt und alle, die mit dem Sport-Club Freiburg halten, sind schon restlos bedient. Frühe Abwehraussetzer haben zum 2:0-für die Gastgeber geführt. Das Spiel scheint bereits entschieden. Doch ein Riesen-Comeback und ein Ivan Santini, der wohl das Spiel seines Lebens macht, bringen die Freiburger erst zurück ins Spiel, dann in die Verlängerung und schließlich auch auf die Siegerstraße. Santini ist entscheidend beteiligt, trifft zum 1:2-Anschluss und holt in der Nachspielzeit der regulären Spielzeit jenen Elfmeter heraus, den Daniel Caligiuri zum 2:2 verwandelt. Derselbe Caligiuri, der mit dem 3:2 in der Verlängerung den Spielverlauf endgültig auf den Kopf stellt und Vereinsgeschichte schreibt: Erstmals steht der Sport-Club Freiburg im Halbfinale um den DFB-Pokal!

Stuttgart-Bad Cannstatt im April 2013. Das größte Spiel der bisherigen Vereinsgeschichte steht an. Doch das Team, das seine Fans so sehr begeisterte und in der Liga wenige Spieltage vor dem Saisonende noch beste Chancen auf einen Champions-League-Platz hat, fällt im Hintergrund auseinander. Immer wieder sickern Meldungen über vermeintliche Abgänge durch. Leider werden sich die meisten bewahrheiten. Am Ende sind es mit Caligiuri, Makiadi, Kruse, Flum und Rosenthal gleich fünf Leistungsträger, die den Verein verlassen.

Zwischen Cheftrainer und Sportdirektor knirscht es. Letzterer hatte zuvor offensichtlich viele Vertragsverlängerungen mit viel zu niedrig angesetzten Ausstiegsklauseln erkauft. Noch einmal spielen die Freiburger Profis an diesem denkwürdigen Pokalhalbfinalabend in Stuttgart mit viel Herzblut und Leidenschaft für ihren Noch-Arbeitgeber. Ausgerechnet Jan Rosenthal, von dem schon klar ist, dass er geht, bringt sein Team nach frühem Rückstand mit der ersten Chance zurück ins Spiel. Der Traum von der Reise zum Finale nach Berlin ist jedoch bereits vorm Halbzeitpfiff ausgeträumt, denn auf Martin

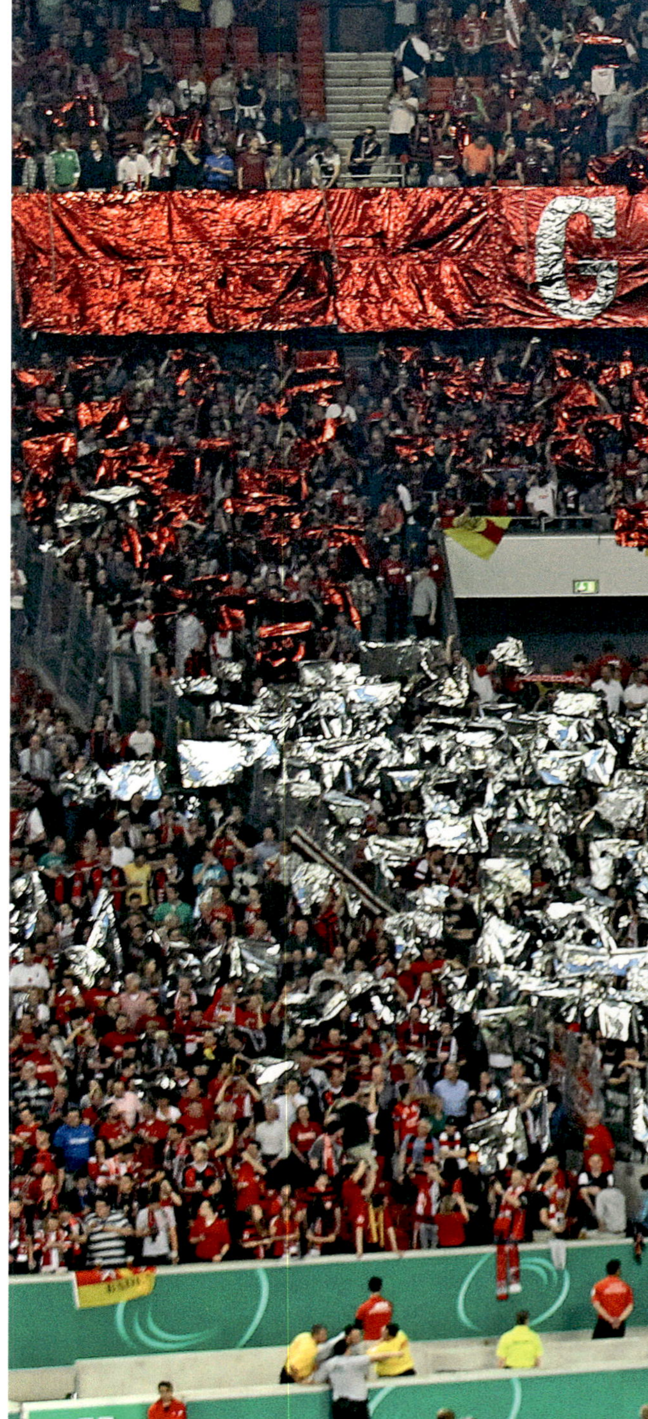

Harniks 2:1 für den Gastgeber findet der SC Freiburg keine Antwort mehr.

Eine große Enttäuschung für jeden der über 12.000 mitgereisten Fans, der bis dahin zahlenmäßig größte Auswärtsblock seit der Freiburger Bundesliga-Premiere im August 1993 in München. An den Fans lag es also sicherlich nicht. Streckenweise war man den Hausherren stimmlich sogar überlegen und wurde frech: „Steht auf, wenn ihr Badner seid" und „Wer nicht hüpft, der ist ein Schwabe" hallte es durch die Stuttgarter Arena. Doch sportlich reichte es am Ende eben nicht, und die große Chance, auf die man so lange gewartet hatte, blieb ungenutzt. Bis zur nächsten Gelegenheit sollten dann fast zehn Jahre ins Land ziehen.

Hamburg-Stellingen, April 2022: Der Freiburger Trainer heißt immer noch Christian Streich. Es ist wieder ein Auswärtsspiel, doch diesmal läuft es besser. Der Sport-Club Freiburg führt

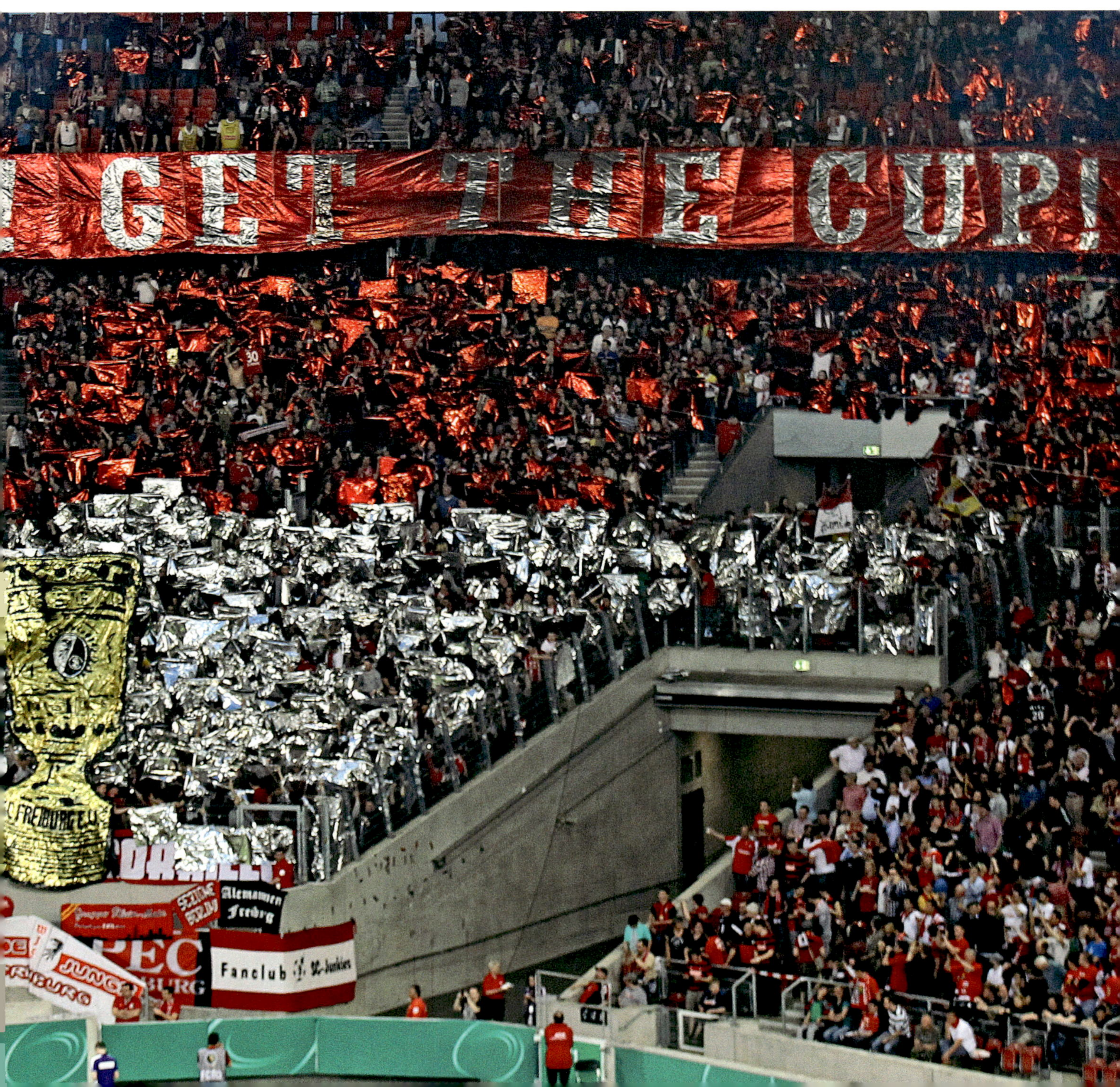

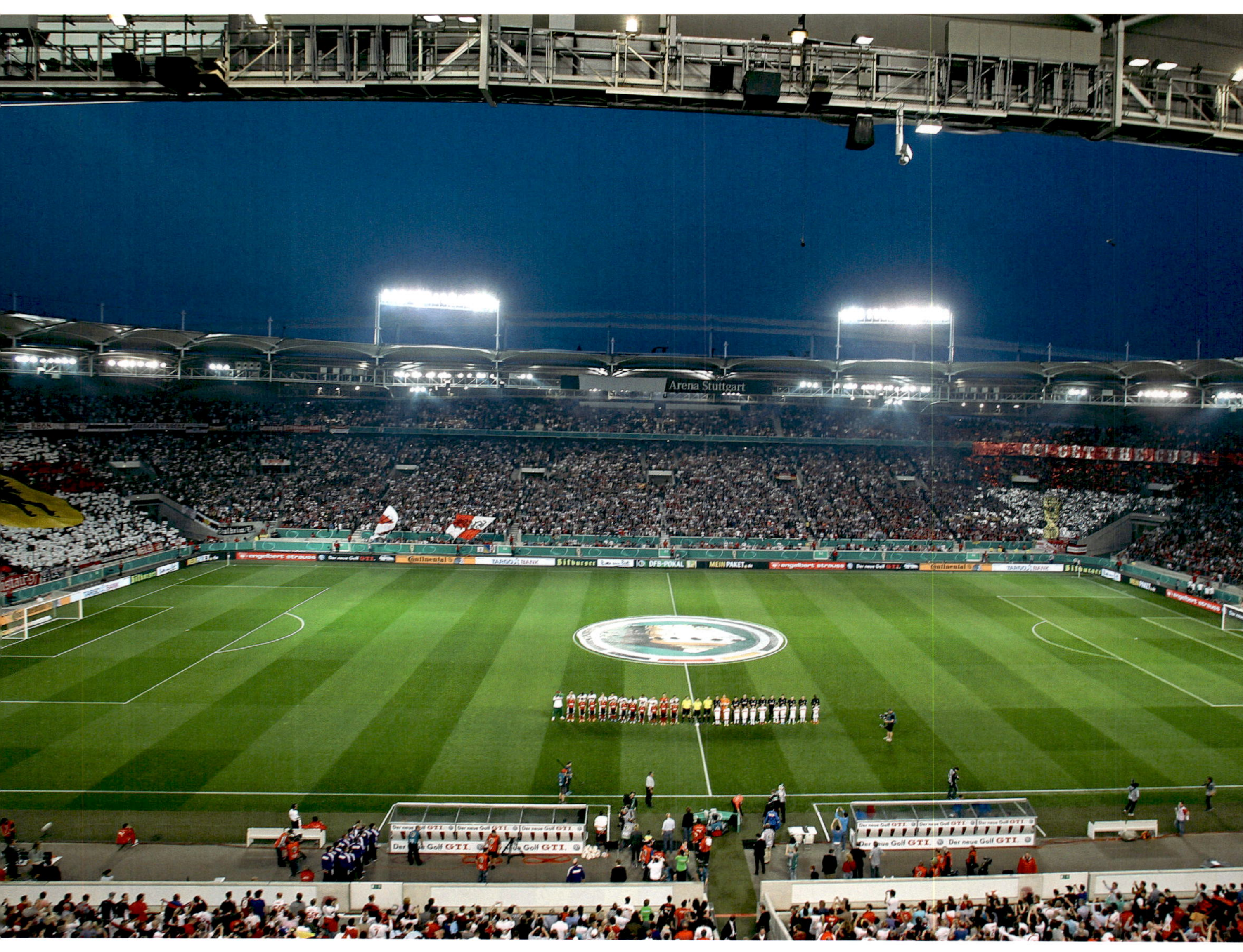

bereits zur Halbzeit 3:0, und nach 90 Minuten steht man erstmals im Finale um den DFB-Pokal. Der Rest ist Legende.

Freiburg, am Wolfswinkel im Mai 2023: Im dritten Halbfinale der Klubgeschichte trifft der Sport-Club im neuen Stadion auf den 2022er-Finalgegner Leipzig. Die Halbfinal-Heimpremiere missglückt. Schon zur Halbzeit ist angesichts eines 0:4-Rückstands klar, dass es mit dem zweiten Endspiel in Folge nichts wird. Wie 2013 den VfB Stuttgart sieht man zehn Jahre später auch Leipzig am darauffolgenden Wochenende zum fälligen Bundesliga-Spiel wieder. Und verliert wieder. Der Unterschied zu Stuttgart ist, dass Freiburg diesmal beide Spiele zu Hause austrug.

Dennoch: Einer der großen Erfolge der Ära Streich ist, dass Berlin nicht mehr unerreichbar ist.

Unsere Nummer 18 – Nils Petersen – FUSSBALLGOTT

Eine der schönsten Geschichten, die die Bundesliga zu bieten hat, ist diese: Der bei Bayern München gescheiterte und in Bremen aussortierte Stürmer, der im Dezember 2014 nicht sonderlich viel Interesse an einem Telefonat mit seinem potenziellen neuen Trainer Christian Streich hatte und dessen Transfer von einigen SC-Fans zunächst kritisch gesehen wurde, avancierte zum Rekordtorschützen des Vereins und ganz nebenbei zum Fußballgott.

> **„Alle, die den SC Freiburg im Herz haben, lieben den Nils Petersen."**
>
> – Christian Streich

Einen seiner wenigen Treffer für den FC Bayern erzielte Nils Petersen beim 7:0 gegen den SC Freiburg im September 2011 - natürlich als Joker.

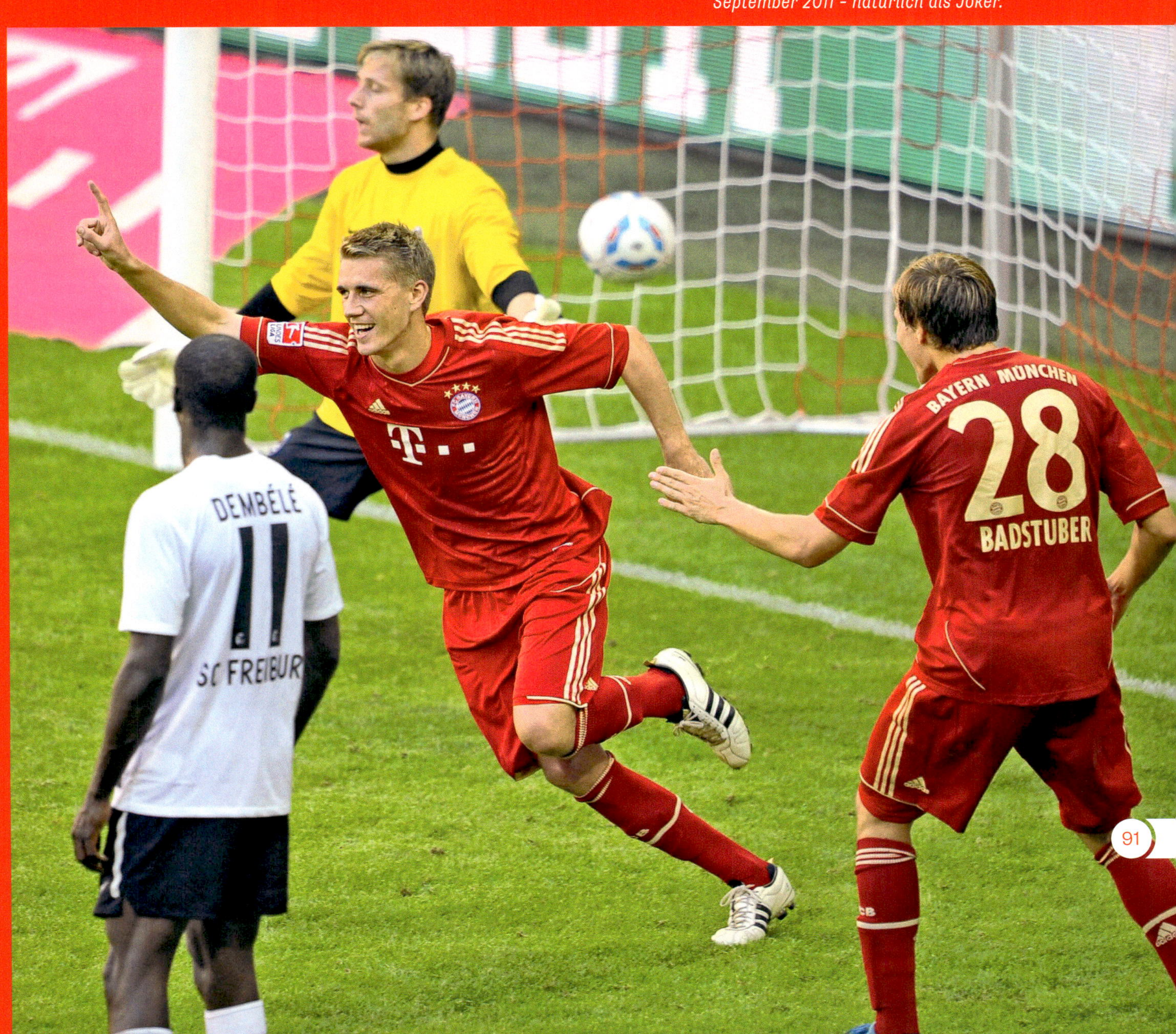

Nils Petersen wurde in Freiburg zum Rekord-Joker, zum Rekordtorschützen im geliebten Dreisamstadion, und er verwies dabei Vereinslegenden wie „Jogi“ Löw oder Papiss Demba Cissé auf die Plätze. Zudem ist er bisher einziger Freiburger Spieler, der ein „Tor des Jahres“ im Trikot des SC Freiburg erzielt hat - im Januar 2018 beim Spiel in Dortmund.

Nach seinem Wechsel in den Breisgau wurde Petersen schnell Publikumsliebling und fand auch privat sein Glück: Er heiratete eine Freiburgerin. Der ein Jahr vor der Wende in der DDR am Nikolaustag 1988 geborene Petersen wurde fernab seiner Heimatstadt Wernigerode im tiefen Süden heimisch. Als er am 31. Januar 2015 gegen Eintracht Frankfurt in der ersten Halbzeit zunächst auf der Bank Platz nahm und das Team von Christian Streich mit 0:1 in Rückstand geriet, sahen sich Skeptiker und Zweifler bestätigt. 45 Minuten und drei Petersen-Tore später war die Gefühlslage im Dreisamstadion eine komplett andere. Sein vermeintlich letztes Heimspiel einige Monate später im Mai 2015 verlief kaum weniger emotional. Ausgerechnet gegen den FC Bayern gelang ihm der entscheidende Treffer zum sensationellen 2:1-Heimsieg. Eine Woche später stand der Abstieg in die 2. Bundesliga fest - eine Gefühls-Achterbahn für Mannschaft und Fans. NP18 entschied sich schließlich doch zum Bleiben, wurde zum mitentscheidenden Faktor für die Zweitliga-Meisterschaft 2016 und den direkten Wiederaufstieg.

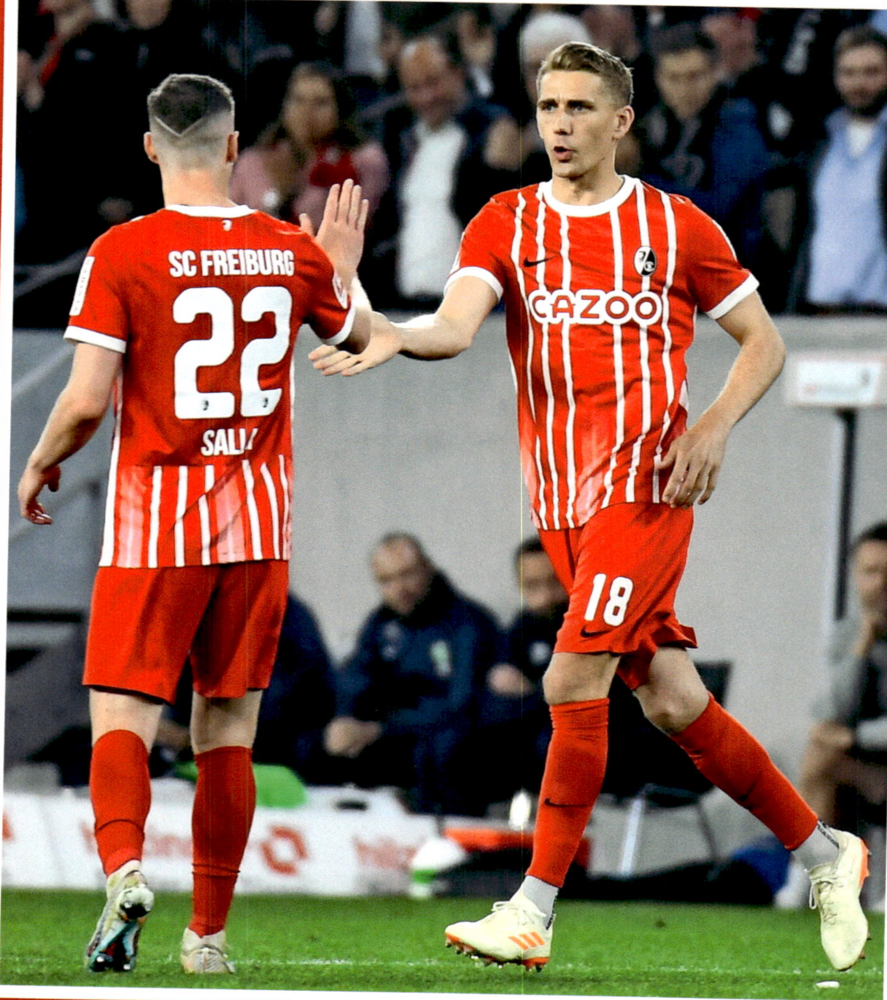

19. Mai 2023. Nils Petersen bedankt sich bei Roland Sallai, der ihm im letzten Bundesligaspiel für den SC auflegte.

„Niemand ist größer als der Verein, aber Du warst verdammt nah dran – DANKE NILS.“

– Spruchband auf der Südtribüne beim letzten Heimspiel im Mai 2023

Nils Petersens erstes und auch letztes Spiel für den SC Freiburg war gegen Eintracht Frankfurt. Beim ersten Einsatz traf er wie erwähnt gleich mal dreifach, beim letzten Auftritt gegen seinen Lieblingsgegner (neun Bundesliga-Tore in 17 Spielen) kam er gar nicht zum Einsatz. Den großen emotionalen Abschied hatte es bereits vor heimischer Kulisse gegen den VfL Wolfsburg gegeben. Bei der Gelegenheit hatte er dann auch noch sein erstes Saisontor 2022/23 und überhaupt sein erstes Bundesliga-Tor seit fast einem Jahr erzielt (damals auswärts in Frankfurt, wo sonst?).

Was Petersen auszeichnete, war, wie er den Wandel seiner Rolle vom Stammspieler, Leistungsträger und Fanliebling zum Ergänzungsspieler und Joker (und natürlich immer noch Fanliebling) managte. Nie war ein böses Wort zu hören, nie auch nur minimaler Groll zu verspüren. Im Gegenteil: Immer stellte er sich in den Dienst der Mannschaft und des Vereins, immer war er da, wenn er gebraucht wurde. So traf er in der Abschiedssaison 2022/23 für den SC Freiburg für seine Verhältnisse magere dreimal. Immerhin war in jedem Wettbewerb (Europa League, DFB-Pokal und Bundesliga) ein Petersen-Treffer dabei! Und beim 2:0 im DFB-Pokal-Achtelfinale in Sandhausen ließ er noch mal seine große Klasse aufblitzen und versetzte die Fans in Verzückung.

Unmittelbar nach Karriereende wurde bekannt, dass Nils Petersen unter die Buchautoren gegangen war. In „Bank-Geheimnis – Selbstgespräche eines Fußballprofis" gewährt der Publikumsliebling Einblicke in seine Karriere von Einheit Wernigerode über den FC Bayern bis hin zum SC Freiburg. Natürlich erfolgreich – inklusive Platzierung in den Top-Rängen der SPIEGEL-Bestseller-Liste. Und bei den Buchvorstellungen zeigte er wie gewohnt unendliche Geduld – wie einst bei seinen Autogrammstunden, wenn der über Jahre mit Abstand beliebteste Spieler des SC Freiburg erst dann ging, wenn auch der letzte Autogramm- und Selfie-Wunsch erfüllt war. Nils Petersen Fußballgott!

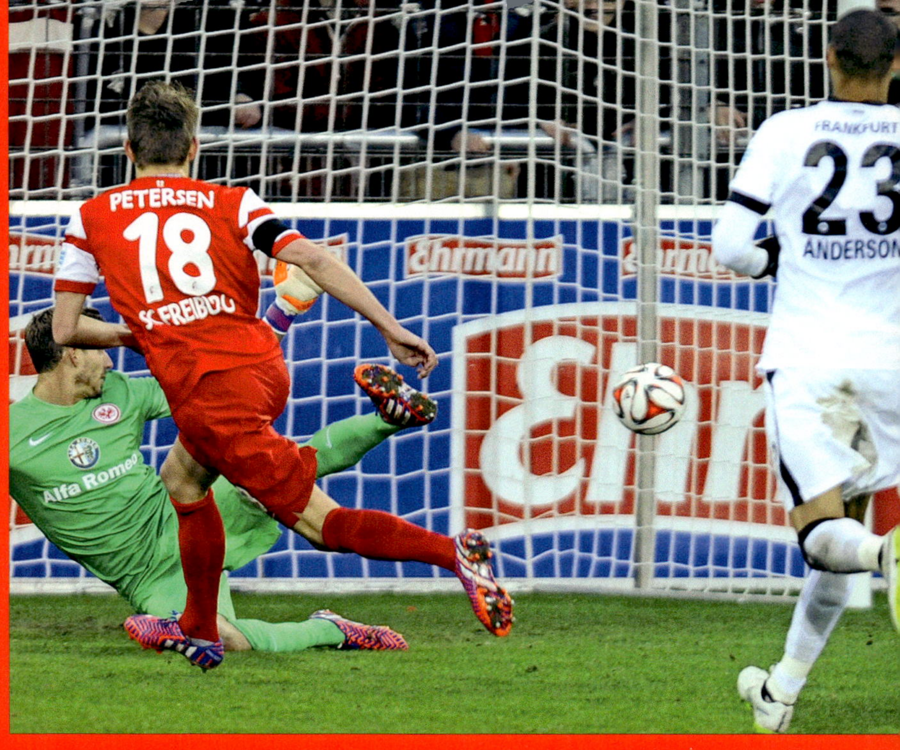

Kam, sah und traf gleich dreimal! Bei seinem Debüt für den SC am 31. Januar 2015 drehte Petersen den 0:1-Rückstand nach seiner Einwechslung im Alleingang in einen 3:1-Sieg. Hier sein Treffer zum 2:1.

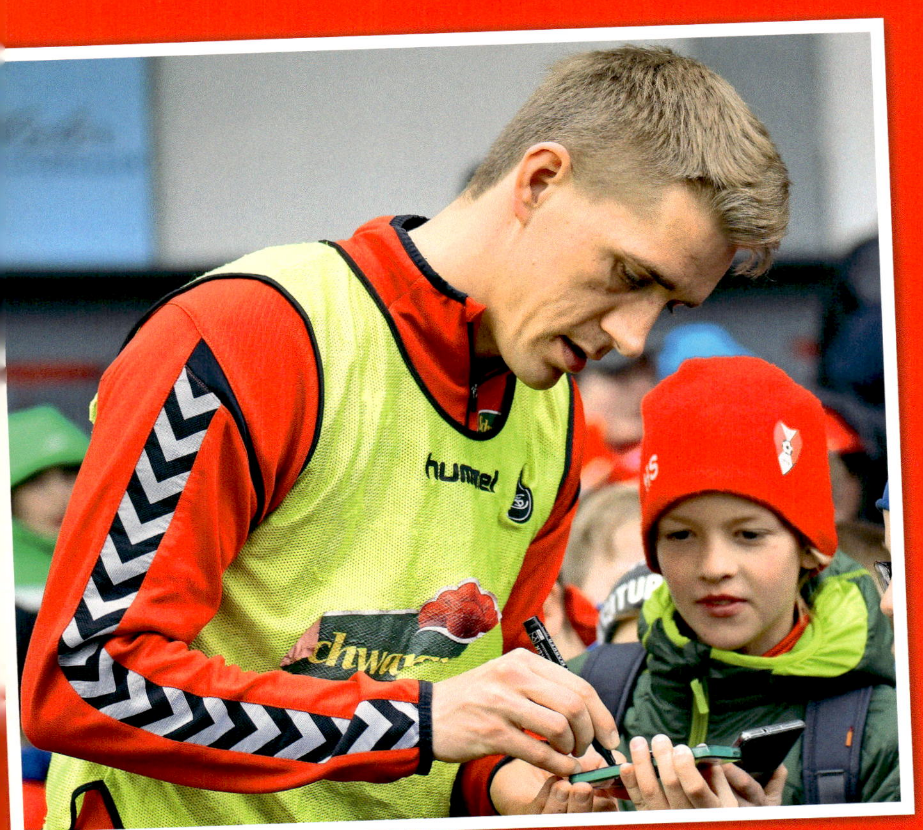

Der geduldigste Fußballprofi Deutschlands? Nils Petersen lässt selten einen Autogrammwunsch unerfüllt.

VAR-reiter-Rolle

Als zur Saison 2017/18 der „Video Assistant Referee“, kurz VAR, in der Bundesliga eingeführt wurde, war der SC Freiburg gleich mitten im Geschehen. Er hatte sozusagen eine „VAR-reiter-Rolle“. Denn beim Freiburger Heimspiel gegen Eintracht Frankfurt am ersten Spieltag zeigte das Schiedsrichtergespann eindrücklich, wie man es nicht macht: Eine lange Unterbrechung, die Analyse einer Situation, die etwa sieben Ballkontakte vor dem Abschluss von Tim Kleindienst stattfand, und zu allem Überfluss zu schlechtes Internet im Stadion, um als Zuschauer verstehen zu können, um was es eigentlich geht. Schließlich wurde Kleindiensts schön herausgespieltes Tor tatsächlich zurückgenommen. Es wäre sein erstes in Bundesliga gewesen, und anschließend musste er bis zum vorletzten Spieltag warten, ehe ihm der Premieren-Treffer im Oberhaus gelang und auch Bestand hatte.

Noch wilder ging es in der Rückrunde der VAR-Premieren-Saison im April 2018 in Mainz zu. Beim Abstiegskrimi am 30. Spieltag holte Schiedsrichter Guido Winkmann die Mannschaften in der Halbzeit aus der Mixed Zone auf den Rasen zurück, um in Minute 45+7 einen vom VAR unterstützten Elfmeter ausführen zu lassen.

Sicher haben auch die Freiburger das eine oder andere Mal profitiert von VAR-Entscheidungen, und am Ende des Tages kommt es - wie schon vor dem VAR - wohl unterm Strich zu ausgleichender Gerechtigkeit. Ähnlich klar ist aber das Stimmungsbild contra VAR - und das nicht nur in der Fankurve. Denn dem Fußball wird durch den VAR viel von seiner Spontaneität genommen.

Trauriger Höhepunkt war das „Abschiedsspiel“ am 19. Mai 2023. Im letzten Heimspiel von Nils Petersen hatte die vor dem Fußball-Ruhestand stehende SC-Legende bereits sein 34. Bundesliga-Jokertor erzielt, als er ein weiteres per Kopf nachlegte. Das Europa-Park Stadion rastete komplett aus, als die VAR-Prüfung hereinplatzte. Man hatte ein „Foulspiel“ von Nicolas Höfler lange vor dem Torabschluss entdeckt. Höfler hatte seinen Gegenspieler tatsächlich touchiert, doch da war der Ball längst weg. Das hatte nun auch wirklich jeder im Stadion gesehen, und als

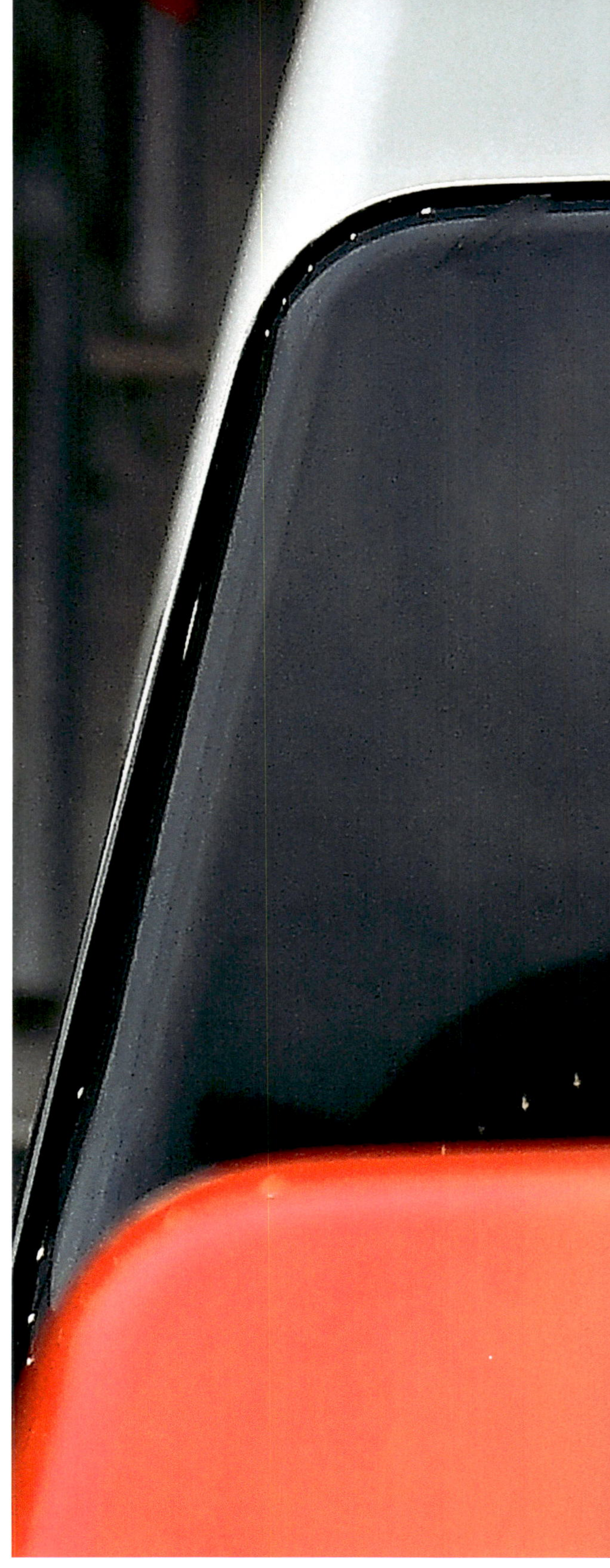

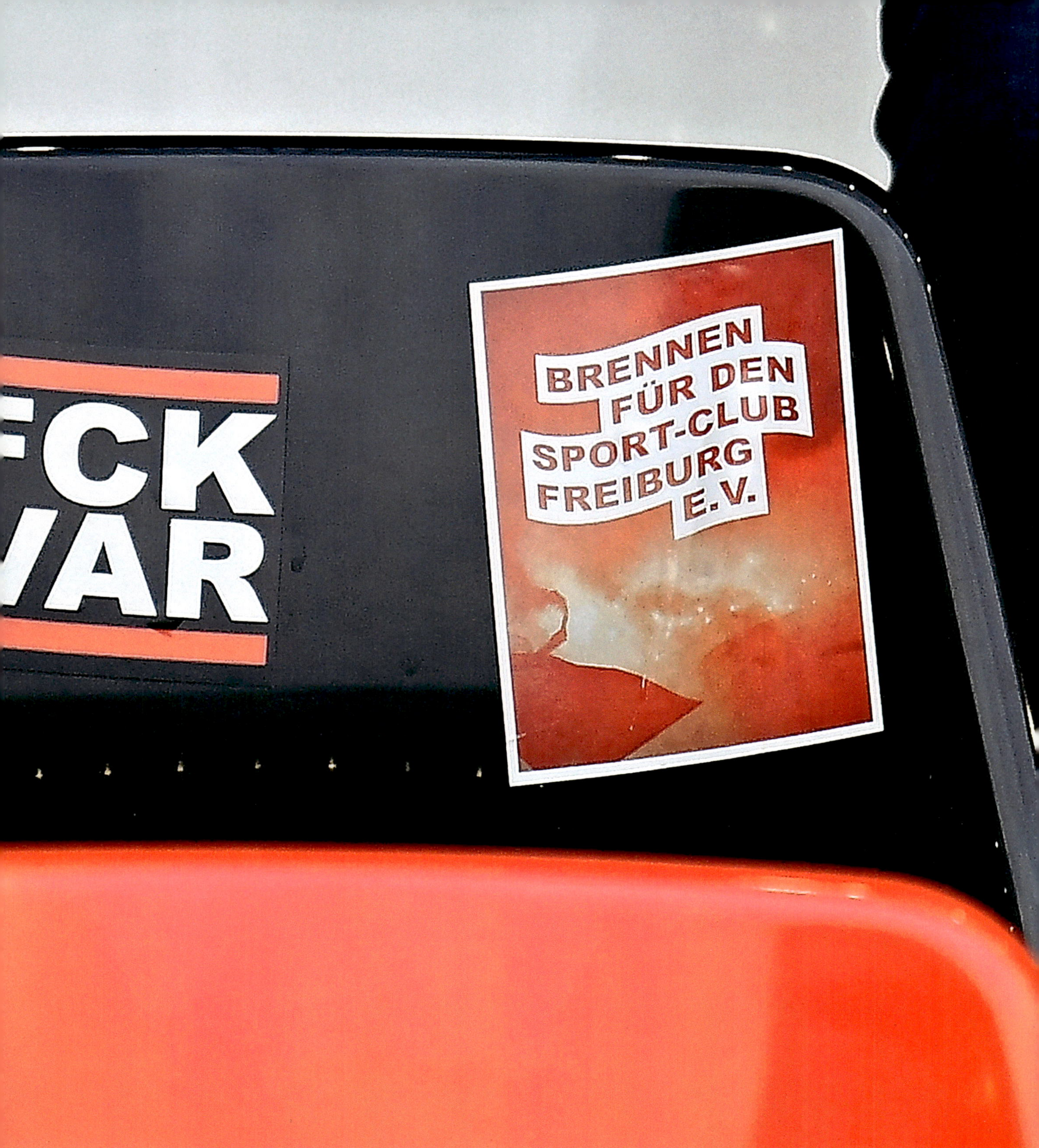

Schiedsrichter Bastian Dankert Richtung Mittelkreis zeigte dachte auch jeder, dass der Treffer zählt. Doch mitnichten! Das Tor wurde zurückgenommen. Zu Unrecht, wie selbst der VAR-freundliche „kicker“ feststellte.

Next Level

Der anhaltende sportliche Erfolg und die neuen Möglichkeiten in der Vermarktung dank des neuen Stadions mit vergrößerter Kapazität haben den Klub auf ein neues Level gehievt. Neben dem bewährten Standbein wirtschaftlich interessanter Transfers im Wert von mehr als 100 Millionen Euro in den vergangenen Jahren können dadurch inzwischen nicht mehr nur regelmäßig ambitionierte Zugänge mit interessanter Perspektive zum Sport-Club gelotst werden, sondern auch die Verträge bewährter und etablierter Kräfte verlängert werden.

Zur Saison 2023/24 startete der SC Freiburg zum zweiten Mal in Folge in der Europa League, das gab es noch nie in der Vereinsgeschichte. Eine entscheidende Erfolgssäule ist die bemerkenswerte Konstanz bei den handelnden und entscheidenden Personen. Überwiegend schon seit sehr langer Zeit im Verein, sind Vertrauensverhältnisse gewachsen, die sich von kurzfristigen Durststrecken nicht unterkriegen lassen. Das Management um Jochen Sauer und Oliver Leki wird bei der großen Umfrage des „kicker-Sportmagazins" regelmäßig an die Spitze gewählt: „Die machen aus wenig Mitteln großen Erfolg" ist der Tenor. Die Erfolgsmeldungen stehen auf dem Fundament eines eingetragenen Vereins mit über 60.000 Mitgliedern, womit der Sport-Club mittlerweile zu den größten Fußballklubs in Deutschland gehört.

Am anhaltenden sportlichen Erfolg der ersten Herrenmannschaft, dem zum zweiten Mal erreichten Pokalfinale der Frauenmannschaft, der Drittliga-Zugehörigkeit und dem enormen Profi-Output der U23 sowohl für den eigenen als auch für andere Vereine, der stetig wachsenden Bilanzsumme sowie der Geschäftsstelle lassen sich die enormen Erfolge des Sport-Clubs bestens ablesen. Das ganze Setting, das noch dazu langfristig und nachhaltig aufgestellt ist, lässt die Fans und Mitglieder des Vereins träumen, dass man nicht mehr der kleine Verein ist, sondern sich auf dem Weg zu einem „großen!" in Deutschland befindet.

Freiburger Kontinuitäten: von links Vorstand Jochen Saier, Sportdirektor Klemens Hartenbach und Trainer Christian Streich.

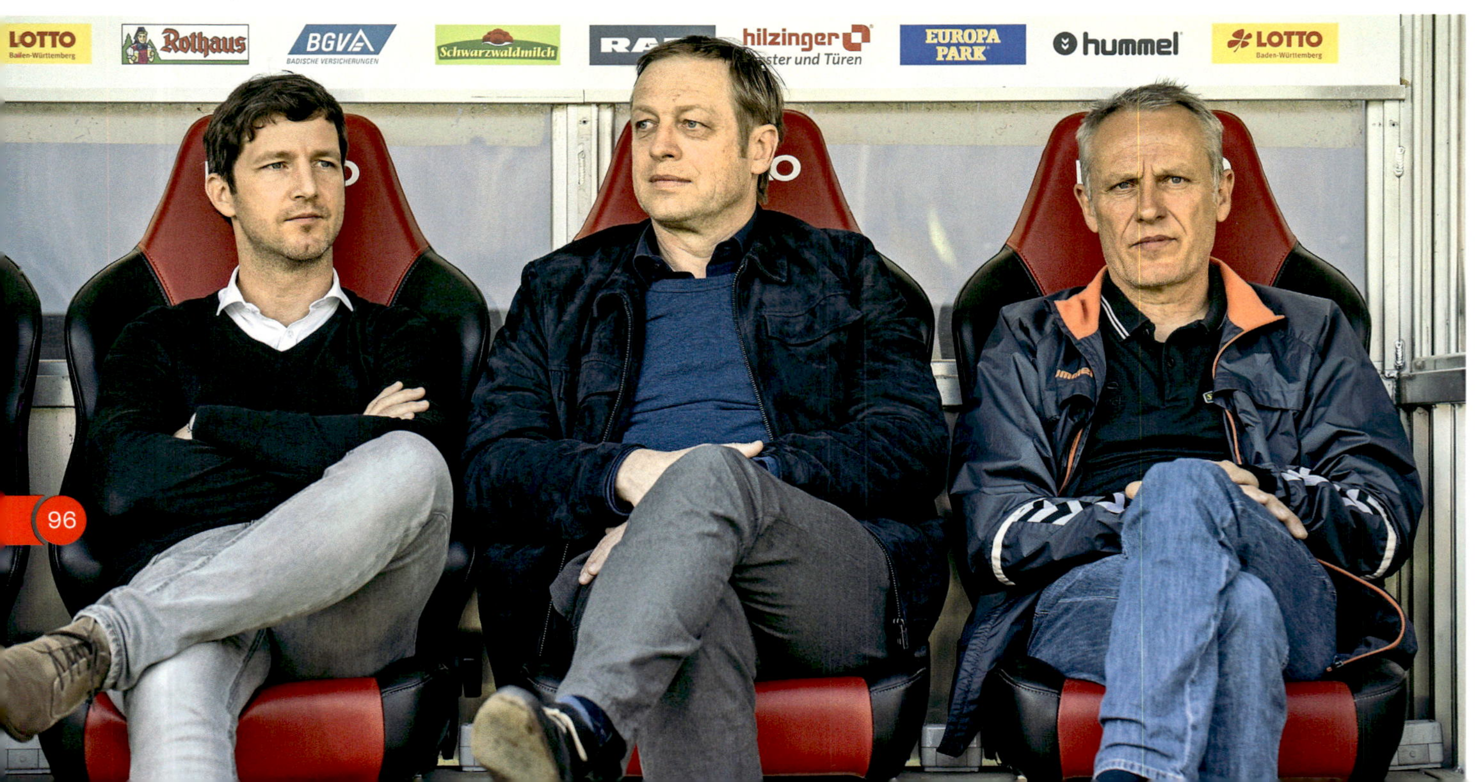

Vom Allesmacher zum Repräsentanten

Von 1972 bis 2009 hieß der Präsident des SC Freiburg Achim Stocker. 37 Jahre lang! Bis zu Stockers Tod hieß der Sport-Club deshalb manchmal einfach „SC Stocker". Der Oberfinanzdirektor, der als Student aus Konstanz nach Freiburg und zum SC gekommen war, leitete die Geschicke des Vereins bisweilen nahezu autokratisch, was vor dem sportlichen Höhenflug und den Aufstiegsambitionen Anfang der 1990er-Jahre vereinsintern keineswegs nur zustimmend zur Kenntnis genommen worden war.

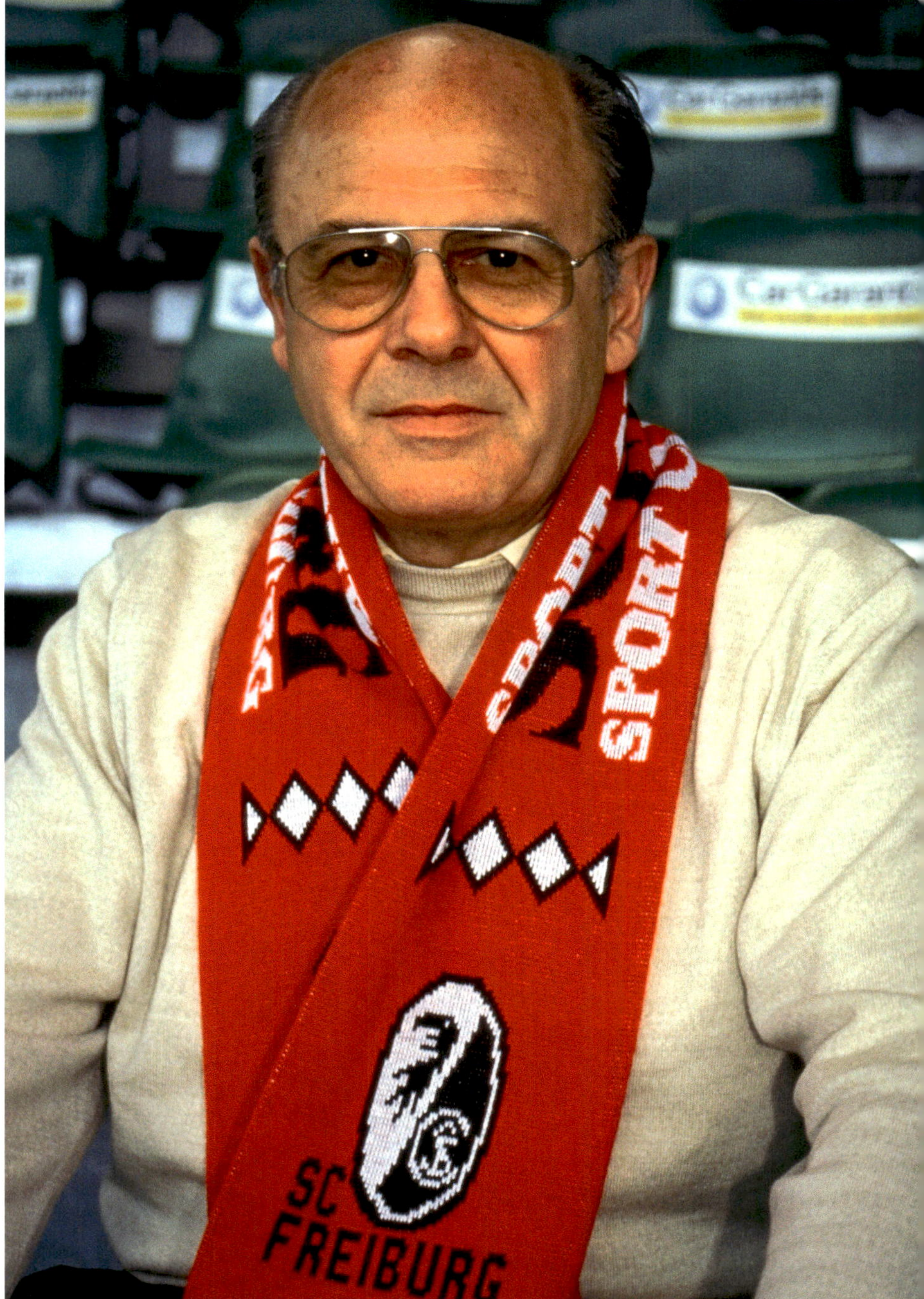

37 Jahre Präsident des SC Freiburg: Achim Stocker.

Doch ehe sich Widerstand formieren konnte, kam mit Volker Finke Stockers kongenialer Partner nach Freiburg. Das Duo hatte die Zügel anschließend zumeist fest in seinen Händen. Erst nach Stockers Tod im November 2009 und der ersten Amtszeit seines Nachfolgers Fritz Keller war es an der Zeit, den Verein angesichts der größer werdenden sportlichen und finanziellen Herausforderungen insgesamt professioneller aufzustellen. Die Mitgliederversammlung nickte eine Satzungsänderung ab, mit der das operative Geschäft in die Hände zweier gleichberechtigter hauptamtlicher Vorstände gelegt wurde. Seit 2014 ist Oliver Leki für den Bereich Verwaltung und Finanzen verantwortlich und Jochen Saier für den Sport.

Die Funktion des Präsidenten verschob sich in die Bereiche Repräsentanz und Kommunikation mit Mitgliedern bzw. Fans sowie zu allen anderen Akteuren von Sponsoren über Medien bis hin zu Politik und Verwaltung. Fritz Keller, der zum Zeitpunkt der Satzungsänderung im Oktober 2014 SC-Präsident war, wurde kurz nach Beginn des Stadionneubaus, bei dem er eine treibende Kraft war, im Herbst 2019 zum DFB-Präsident gewählt und daraufhin bei der nächsten SC-Mitgliederversammlung aus seinem Amt verabschiedet. Da der Klub nach der Satzungsänderung auch ohne Präsident handlungsfähig war, bestand keine Eile für die Neubesetzung des Ehrenamts an der Vereinsspitze.

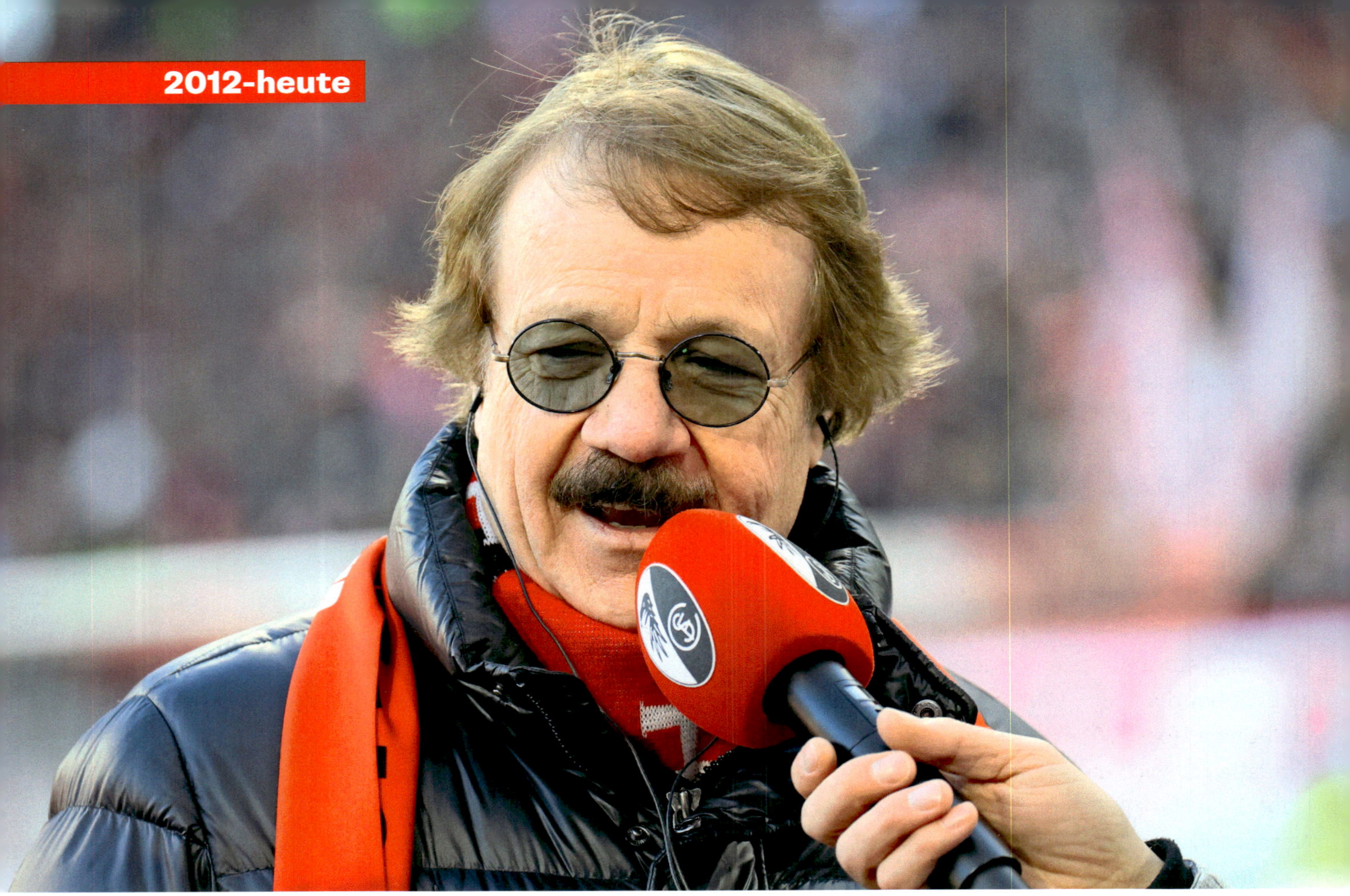

Der amtierende Präsident Eberhard Fugmann.

Am 28. September 2010 wurde Fritz Keller Präsident des SC Freiburg.

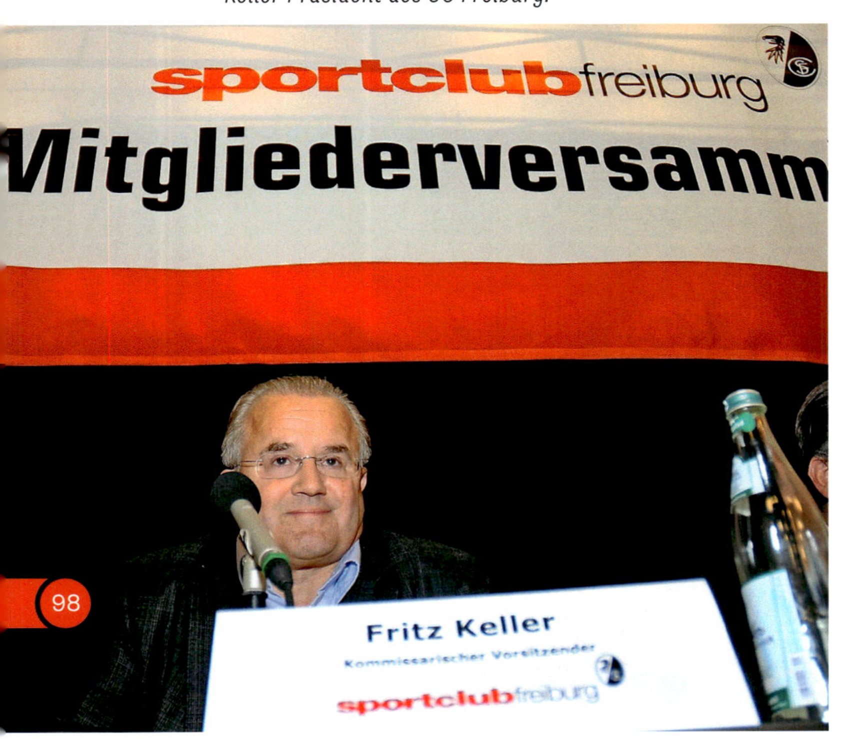

Dann kam die Corona-Pandemie, und so dauerte es zwei Jahre, ehe der SC Freiburg wieder einen Präsidenten bekam. Mit Eberhard Fugmann, pensionierter Gymnasialrektor und langjähriger Fan sowie Dauerkarteninhaber seit 1993, vollzog sich endgültig der Wandel des Amtes vom „Machen" zum „Moderieren". Wobei Letzteres nicht zu unterschätzen ist, denn die Mitgliederzahl von rund 2.000 zu Stockers Zeiten ist mit 60.000 im Sommer 2023 schlichtweg durch die Decke gegangen. Auch die Ansprüche von Fans und Sponsoren sind gestiegen, und alle erwarten kurzfristig Antworten auf ihre Fragen und Anliegen.

Und der nach seinem kurzen DFB-Intermezzo von der großen Fußballbühne zurückgekehrte Fritz Keller? Er ist nun wieder einfaches Vereinsmitglied, hat seinen Platz in der SC-Historie als „Vater des neuen Stadions" jedoch sicher. Die ums Stadion herumführende Straße bekam dennoch den Namen des prägendsten und wichtigsten Präsidenten seit 1904: Achim Stocker.

Immer wieder RBL

Als RB Leipzig 2009 gegründet wird, kehrt der SC Freiburg gerade nach einer vierjährigen Durststrecke in die 1. Bundesliga zurück – wo die Konzernkicker nach den Vorstellungen der österreichischen Zentrale ebenfalls schnellstmöglich landen sollen. Nach dem bitteren Abstieg der Freiburger im Jahr 2015 begegnet man sich erstmals im Unterhaus. Leipzig ist in der Zwischenzeit ziemlich weit gekommen auf seinem Weg und will noch weiter. Am Ende der ersten gemeinsamen Zweitligasaison mit zwei umkämpften Spielen (1:1 in Leipzig und 2:1 in Freiburg) steht der gemeinsame Aufstieg. Zunächst hat der Sport-Club gegenüber „Rasenball-Sport" (oder „Rasenballsportclub", wie Christian Streich einmal in der Pressekonferenz sagte) die Nase vorn und wird mit fünf Punkten Vorsprung Zweitliga-Meister 2016. In der Bundesliga spielt man fortan meist unentschieden, u. a. im ersten Bundesliga-Spiel im neuen Freiburger Stadion im Oktober 2021. Auch im Pokalfinale 2022 lautet der Endstand nach 120 Minuten 1:1, woraufhin es ins Elfmeterschießen geht, das der SC verliert. Für RB ist es schon das dritte Pokalfinale und das erste, das man gewinnt. Auch in Sachen Champions League ist Leipzig – bislang – Freiburg einen Schritt voraus. Besonders bitter für den SC Freiburg verläuft das Pokalhalbfinale gegen die roten Bullen im Mai 2023, zugleich das erste Halbfinale vor eigenem Publikum. Das bis dahin größte Spiel im Europa-Park Stadion ist bereits zur Halbzeit mit 0:4 entschieden (Endstand 1:5).

Die Freiburger Frauenmannschaft bekommt es im Pokal-Halbfinale 2023 ebenfalls mit RB zu tun, kann aber dank eines Treffers von Hasret Kayikci auswärts 1:0 gewinnen und ins Finale einziehen. Doch auch im Fußball der Frauen ist es nur eine Frage der Zeit, bis RB Leipzig im Konzert der großen Teams mitmischen wird. 2023 sind die RBL-Frauen in die 1. Bundesliga aufgestiegen, weshalb es nun auch dort immer öfter heißen wird: Füchsle gegen Bullen.

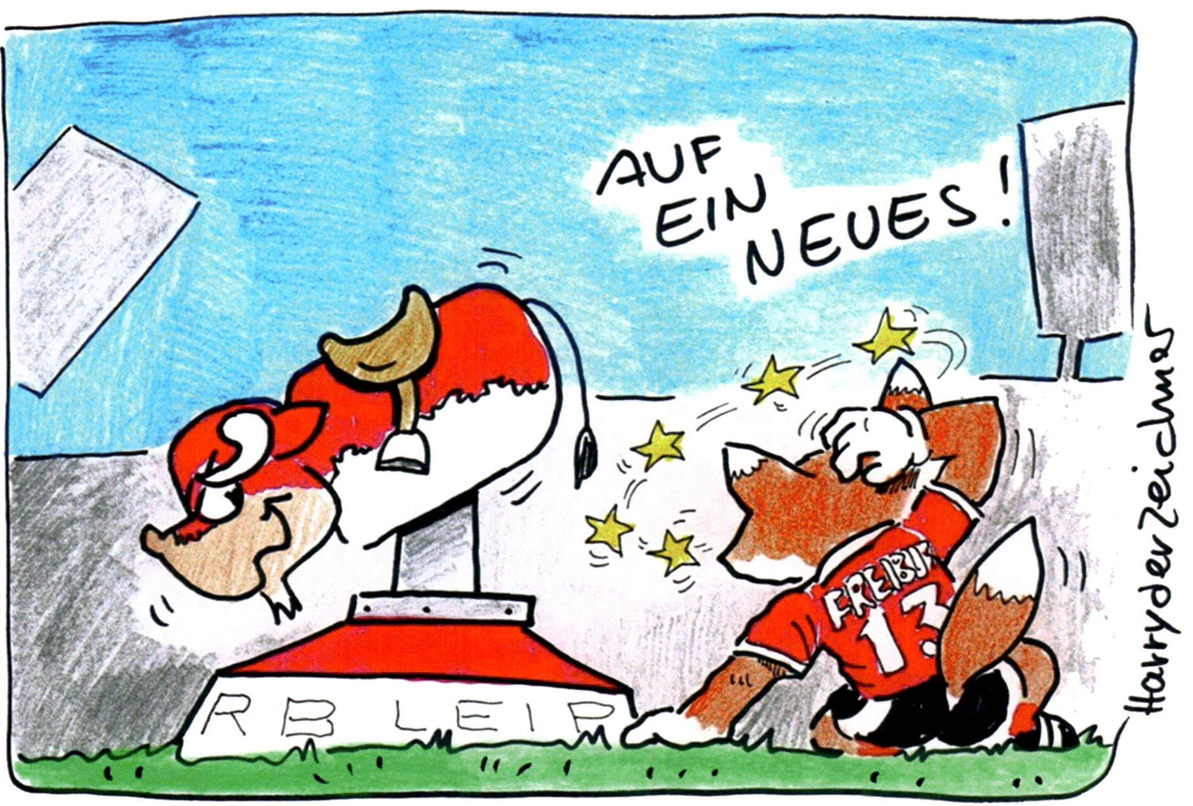

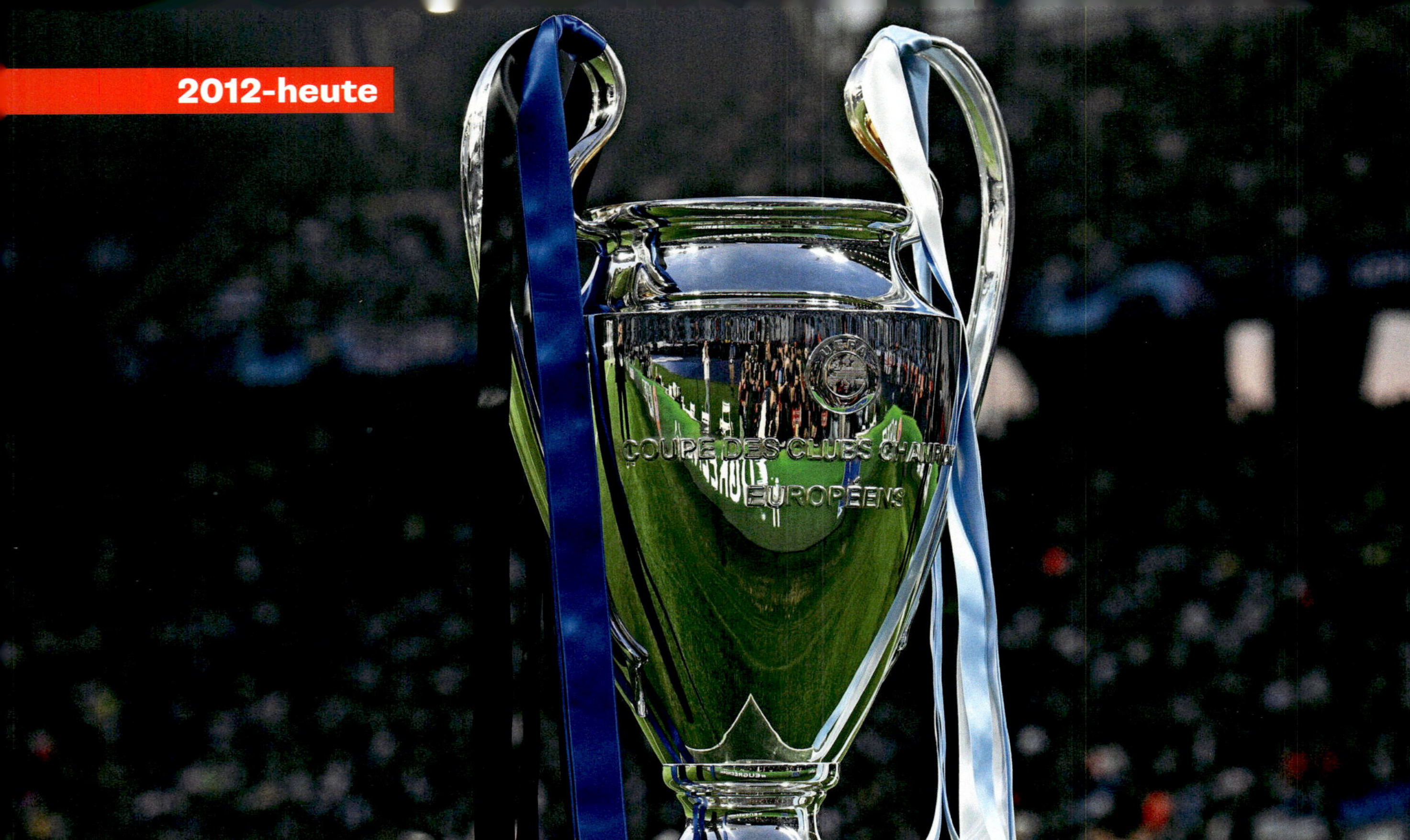

Champions League

Die erstmalige Qualifikation für die Königsklasse wäre nach der Saison 2022/23 und der höchsten Punktausbeute in der Bundesliga-Geschichte des SC Freiburg sicher hochverdient gewesen – und hätte eine historische Gerechtigkeit herstellen können. Als die Champions League mit neuem Namen und Modus im Herbst 1992 den alten Europapokal der Landesmeister ablöste, machte sich der Sport-Club gerade auf, Meister der 2. Bundesliga zu werden und im Sommer 1993 erstmals in die Beletage des deutschen Fußballs aufzusteigen. Auf den gelungenen Klassenerhalt in der Premierensaison folgte ein sensationeller dritter Platz in der Bundesliga-Saison 1994/95, was später in den allermeisten Fällen für die Champions-League-Qualifikation gereicht hätte. Nicht so 1994/95, da reichte es „nur" für den UEFA-Cup, in dessen erster Runde das Aus kam.

Ganz nah dran war man auch 2013/14, als es ein „Endspiel" am letzten Spieltag gegen Schalke 04 gab. Königsblau stand mit einem Punkt Vorsprung auf Platz 4, und den Freiburgern hätte ein Heimsieg gereicht, um die Plätze zu tauschen. Doch daraus wurde nichts. Zwar konnte Schmid die Knappen-Führung ausgleichen, am Ende hieß es jedoch 1:2, und Freiburg spielte „nur" in der Europa League.

2022/23 konnte man sich trotz einiger vergebener „Matchbälle" gegen direkte Konkurrenten gegen Saisonende am letzten Spieltag eine gute halbe Stunde an der Live-Tabelle erfreuen, die den SC Freiburg auf einem Champions-League-Platz zeigte. Als jedoch Union Berlin daheim gegen Werder in Führung ging und Freiburg in Frankfurt den Ausgleich kassierte, war es vorbei mit der Träumerei. Mit ihrem 2:1-Sieg konnten sich die Frankfurter dann sogar selbst noch über Europa und die Qualifikation für die Conference League freuen.

Zweite Profi-Mannschaft statt SC-Amateure – Die Entwicklung der U23

Zum Zeitpunkt des ersten Bundesliga-Aufstiegs 1993 spielten die SC-Amateure, die damals tatsächlich noch welche waren, in der Landesliga. 30 Jahre später ist die zweite Profimannschaft, von den Fans immer noch liebevoll „Freiburg Amateure – Freiburg Amateure" angefeuert, ein etabliertes Mitglied der professionellen dritten Liga und hat 2022/23 die Meisterschaft nur knapp verpasst.

Zudem weist die nunmehrige U23 einen enormen Output an Nachwuchs-Profis auf, sowohl in Richtung der Freiburger Bundesliga-Mannschaft als auch für andere Profiklubs. Ganz zu schweigen von der Option, im zweiten Profiteam Neuzugängen mit Potenzial sowie von Verletzungen zurückkehrenden Profis durch Spielpraxis auf hohem Niveau zu helfen. Die U23 wird außerdem als Abkürzung von talentierten Spielern der U19 genommen, die auf diesem Weg an den Profifußball herangeführt werden.

Da zeitgleich mit dem Freiburger Aufstieg renommierte Vereine den entgegengesetzten Weg antraten, spielen einige der Gegner aus frühen Freiburger Zweit- und Erstligajahren inzwischen in der dritten Liga gegen die U23 des Sport-Clubs. So ist etwa der MSV Duisburg inzwischen wieder Stammgast im Dreisamstadion. Ebenso der TSV 1860 München oder zwischenzeitlich der 1. FC Kaiserslautern. Gästefans sorgen dann mitunter ordentlich für Stimmung im Dreisamstadion und bringen zahlenmäßig großen Support mit, der bis in die Tausende geht.

Die Unterstützung fürs Heimteam geht insbesondere von der Nord- und Haupttribüne aus, wo auch die Haupt-TV-Kamera aufgestellt ist

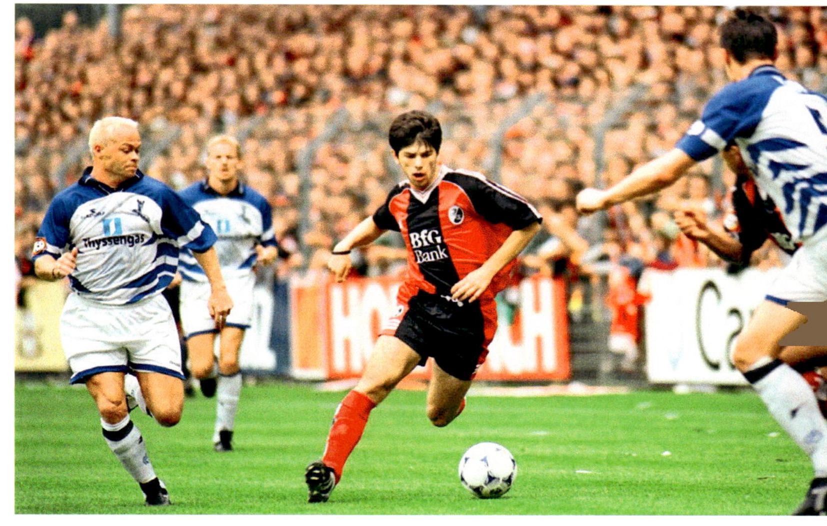

26. September 1998: Der MSV Duisburg spielt im Dreisamstadion gegen die „Erste" des Sport-Clubs. Levan Kobiashvili im Laufduell mit Stig Töfting.

und ihren Blick auf die meist menschenleere Gegentribüne richtet, was den Eindruck eines leeren Stadions vermittelt. Stimmung wird bei den Heimspielen der U23 vom Block A auf der Haupttribüne gemacht.

Die Spiele der zweiten Mannschaft werden von den Freiburger Fans mal mehr, mal weniger als Ergänzung des Fußballsportangebots wahrgenommen und sind außerdem eine willkommene Gelegenheit, neben den Partien des Frauen-Bundesligateams das geliebtes Dreisamstadion besuchen zu können.

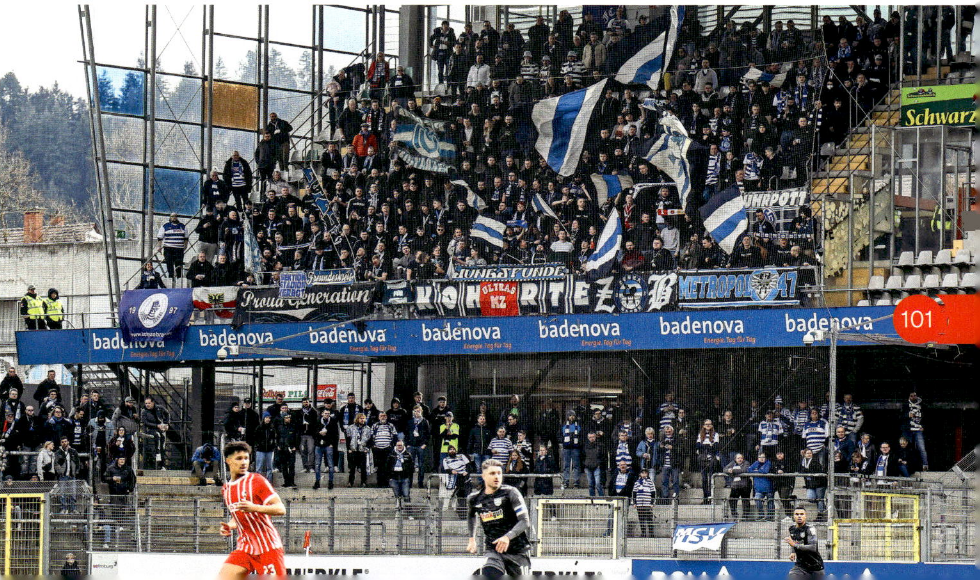

18. Februar 2023. Der MSV Duisburg gastierte bei der Freiburger U23 und hat einen Haufen Fans mitgebracht.

Kilian Sildillia – Bundesliga-Debüt bei der Premiere

Am 16. Oktober 2021 startete der Sport-Club Freiburg in eine neue Ära, ging endgültig den Schritt vom Underdog und grauer Maus Richtung Bundesliga-Establishment. Das erste Bundesliga-Spiel im neuen und modernen, 34.700 Zuschauer fassenden Stadion stand auf dem Spielplan. Nach sentimentalem Abschied vom Dreisamstadion und einem Freundschafts- und Eröffnungsspiel gegen den FC St. Pauli ging es bei der Bundesliga-Premiere – ausgerechnet – gegen RB Leipzig, das Spiel endete 1:1. Mit den aufstrebenden und nicht unumstrittenen Messestädtern hatte man schon in der 2. Bundesliga die Klingen gekreuzt und – erfolgreich – um die Meisterschaft im Unterhaus gekämpft.

Bei der Bundesliga-Premiere des Stadions feierte Kilian Sildilla sein Bundesliga-Debüt, eine außergewöhnliche und nicht gerade häufig vorkommende Konstellation: das Bundesliga-Debüt eines Spielers beim ersten Bundesliga-Spiel in einem neuen Stadion. Gerade mal ein Jahr zuvor ablösefrei vom FC Metz aus der zweiten französischen Liga zur zweiten Mannschaft des Sport-Club gekommen, wurde er mit dem Team Meister der Regionalliga Süd. Im August 2021 dann das Debüt in der dritten Liga, zwei Monate später in der Bundesliga. Passend zur steilen Karriere entwickelte sich der Marktwert in den Bereich über 10 Millionen Euro. Sehr erfreulich in diesem Zusammenhang, dass darauf eine Vertragsverlängerung folgte und nicht das erstbeste externe Angebot angenommen wurde, wie es noch vor wenigen Jahren in ähnlichen Fällen passiert wäre – eine erfreuliche Entwicklung beim SCF!

Und auch beim ersten Europapokal-Abend im Europa-Park Stadion gegen Qarabag Agdam im September 2022 war der tiefenentspannte Franzose, der sehr gut Deutsch spricht, natürlich mit von der Partie. Kilian Sildillia hat zum neuen Stadion eine ganz besondere Verbindung.

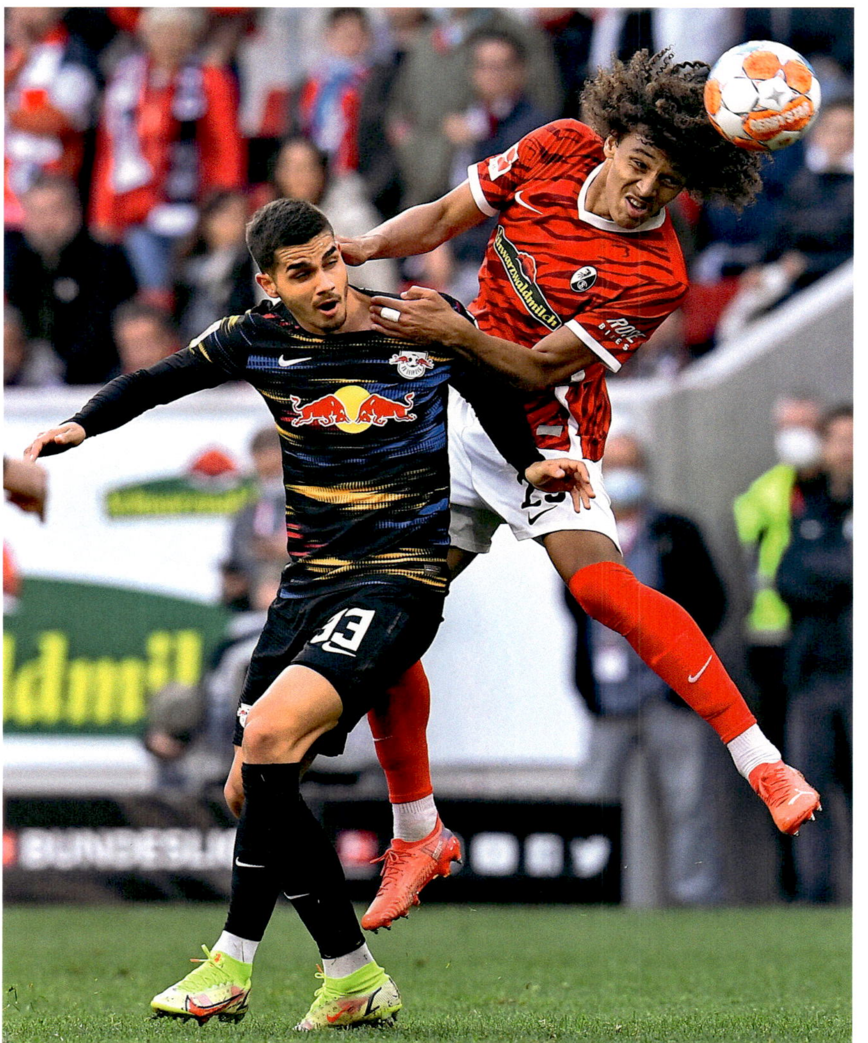

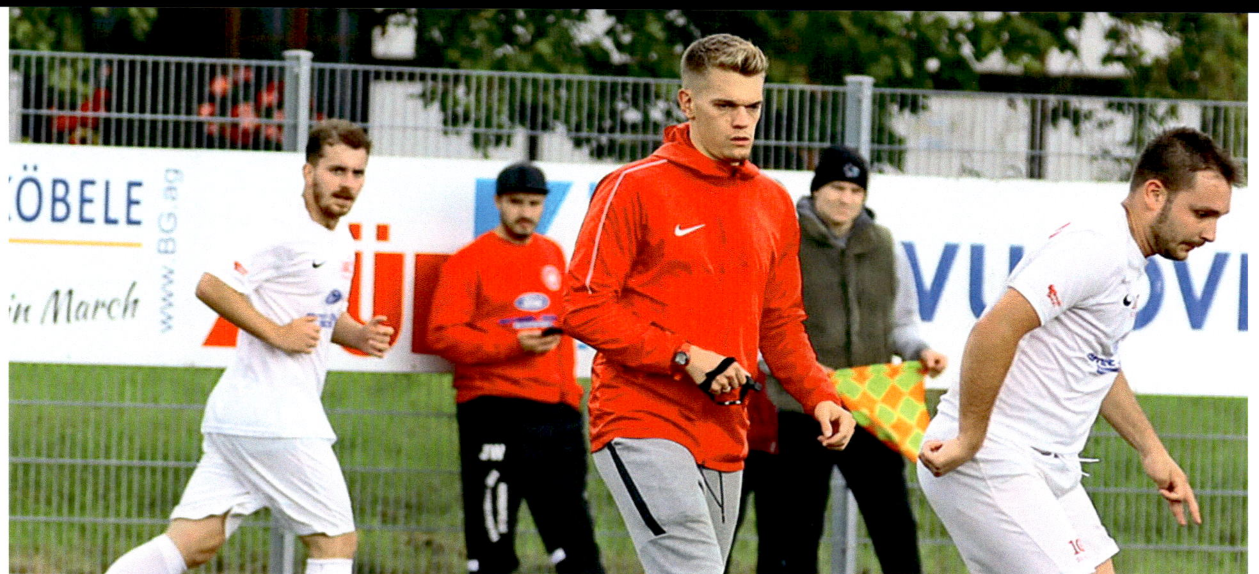

Ersatzschiri Matthias Ginter.

Top-Spieler und Spitzen-Schiris Ginter und Petersen

Die Profis des SC Freiburg sind sehr sicher in Regelkunde und stellen das regelmäßig mit ihrer fairen Spielart unter Beweis. Ein Blick auf die Fair-Play-Tabellen der meisten Bundesliga-Saisons mit Freiburger Beteiligung untermauert diese These. Ganz praktisch zum Einsatz kommen die besonderen Fähigkeiten bisweilen spontan, als beispielsweise Matthias Ginter in Ermangelung eines Schiedsrichters im Oktober 2022 ein Kreisligaspiel beim SC March pfiff. „Souveräne Spielleitung von Matthias Ginter, Nationalspieler und Bundesliga-Spieler des SC Freiburg", meldete der Fußballbezirk Freiburg im Anschluss via Social Media.

Eine Nummer größer aufgezogen war der Schiedsrichter-Einsatz von Nils Petersen kurz vor Ende seiner letzten Saison als aktiver Spieler im Dress des SC Freiburg. Im Rahmen des Aktionsjahrs „Jahr der Schiris" und unter Anleitung von Deniz Aytekin schlüpfte Petersen am 25. März 2023 gemeinsam mit seinem Kollegen Anton Stach vom 1. FSV Mainz 05 in eine für Fußballprofis ungewohnte Rolle: Sie pfiffen das Bezirksliga-Rheinhessen-Spiel zwischen dem VfR Nierstein und TSV Mommenheim. Dabei machte Petersen eine mindestens ebenso gute Figur wie in seiner SC-Paraderolle als Bundesliga-Rekord-Joker.

Spieler, Betreuer und der das Ereignis beaufsichtigende Profischiedsrichter Aytekin fanden viele lobende Worte für die beiden Schiedsrichter-Neulinge, die jeweils eine Halbzeit pfeifen durften. „Die beiden waren hier, weil sie es wirklich wollten", freute sich Ayketin.

Schiedsrichter Nils Petersen.

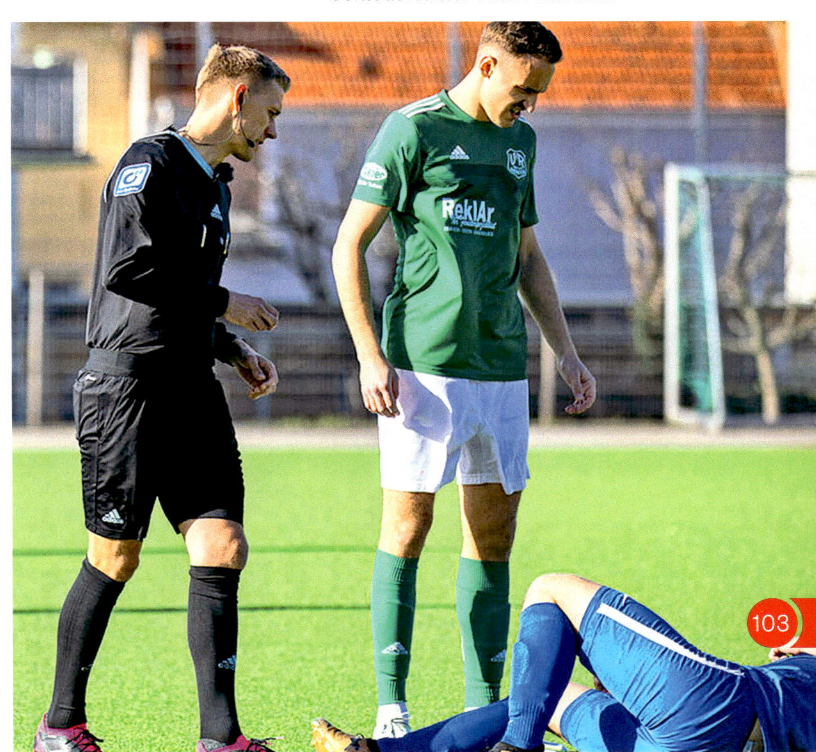

Ein Auswärtssieg für die Ewigkeit

Nicht wenige Fans und Beobachter sahen die DFB-Pokal-Reise des Vorjahresfinalisten SC Freiburg bereits nach der Auslosung zum Viertelfinale 2022/23 beendet: Mit dem FC Bayern, und das in München, hatte man das denkbar schlechteste Los gezogen. Nichtsdestotrotz machten sich in den Osterferien trotz Free-TV-Liveübertragung rund 8.000 Freiburger Fans auf den Weg in die bayerische Hauptstadt, um das Team bei der „Mission Impossible" zu unterstützen.

Nach unzähligen Versuchen sowohl in der Liga als auch im Pokal sollte es endlich einmal klappen mit einem Auswärtssieg beim Rekordmeister. Seit dem allerersten Freiburger Bundesliga-Spiel, das am 7. August 1993 im Münchner Olympiastadion stattfand, waren die zu vergebenden zwei bzw. drei Punkte fast ausnahmslos in München geblieben. Dabei hatte der SC Freiburg zwischenzeitlich durchaus den Beweis erbracht, sowohl gegen die Bayern (zu Hause, nämlich 1993, 1994, 1996 und 2015) als auch in der Allianz Arena gewinnen zu können (beim zwischenzeitlichen Stadion-Miteigentümer TSV 1860 München).

Die Vorzeichen an diesem Dienstag, 4. April 2023, waren nicht sonderlich gut. Obwohl die Bayern keineswegs wie gewohnt souverän unterwegs waren in der entscheidenden Saisonphase, waren es immer noch die Bayern, und die hatten kurz zuvor ihren Trainer Julian Nagelsmann durch Thomas Tuchel ersetzt. Tuchel und Streich hatten sich schon in längst vergangenen Zeiten, als beide noch Jugendtrainer ihrer Heimat- und Herzensvereine waren, gegenübergestanden.

Das Spiel begann so, wie man es erwartet hatte und wie es schon viele auf dem Papier schwächere Gastmannschaften in München erleben mussten: Nach einer Ecke von Kimmich entledigte sich Dayot Upamecano mittels Aufstützen seines Gegenspielers Maximilian Eggestein und köpfte zur Münchner Führung ein. Der VAR hielt sich ob der regeltechnisch zumindest fragwürdigen Aktion vornehm zurück. Die Freiburger hielten jedoch tapfer und taktisch diszipliniert dagegen und blieben

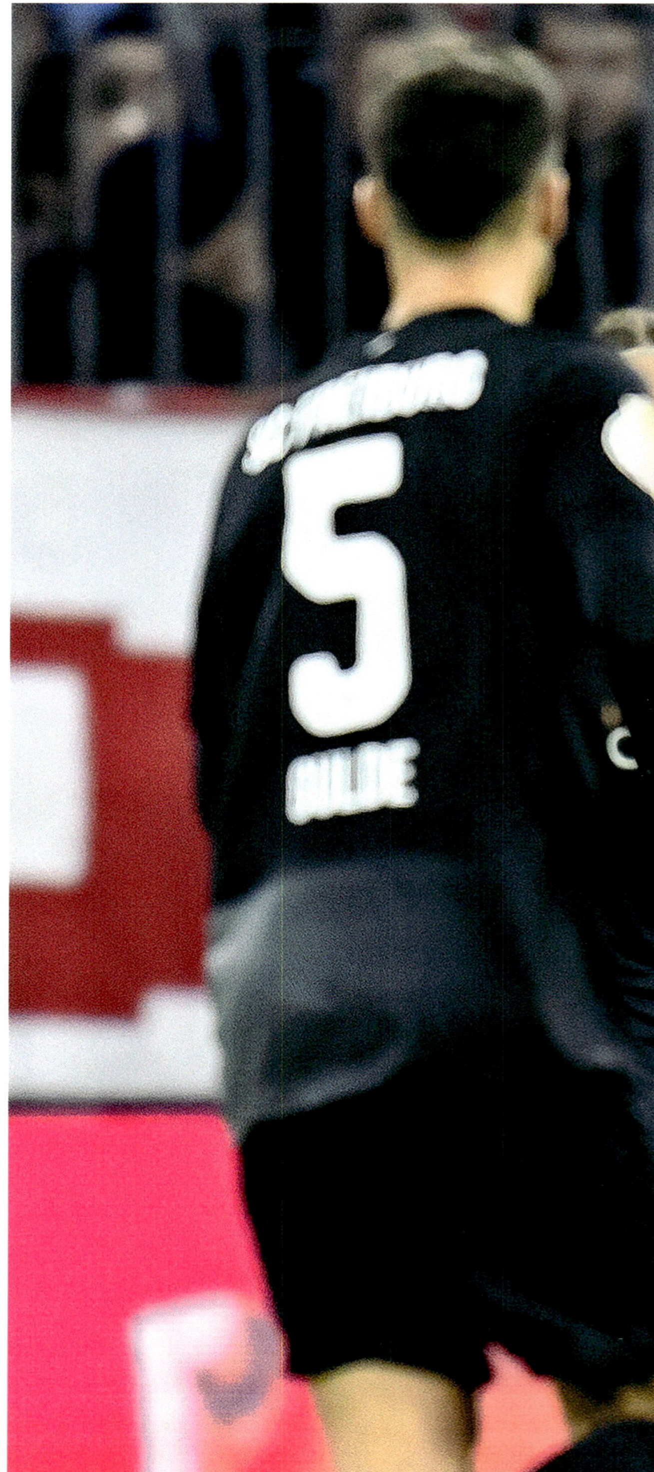

durch die Vermeidung weiterer Gegentore im Spiel. Es kam noch besser! Ein fulminanter Fernschuss-Dropkick von Nicolas Höfler sowie ein Handelfmeter in der Nachspielzeit – Lucas Höler blieb eiskalt und hämmerte den Ball vom durch Benjamin Pavard zertretenen Elfmeterpunkt in die Maschen –, drehten das Spiel sensationell zugunsten des Underdogs. Endlich war Freiburgs erster Auswärtssieg bei den Bayern da! Der erste Bundesliga-Auswärtssieg ist da wohl auch nur noch eine Frage der Zeit, denn die SC-Fans warten schließlich schon eine Ewigkeit drauf.

Nicolas Höfler hat zum Ausgleich getroffen! Maximilian Eggestein, Lucas Höler und Manuel Gulde jubeln mit.

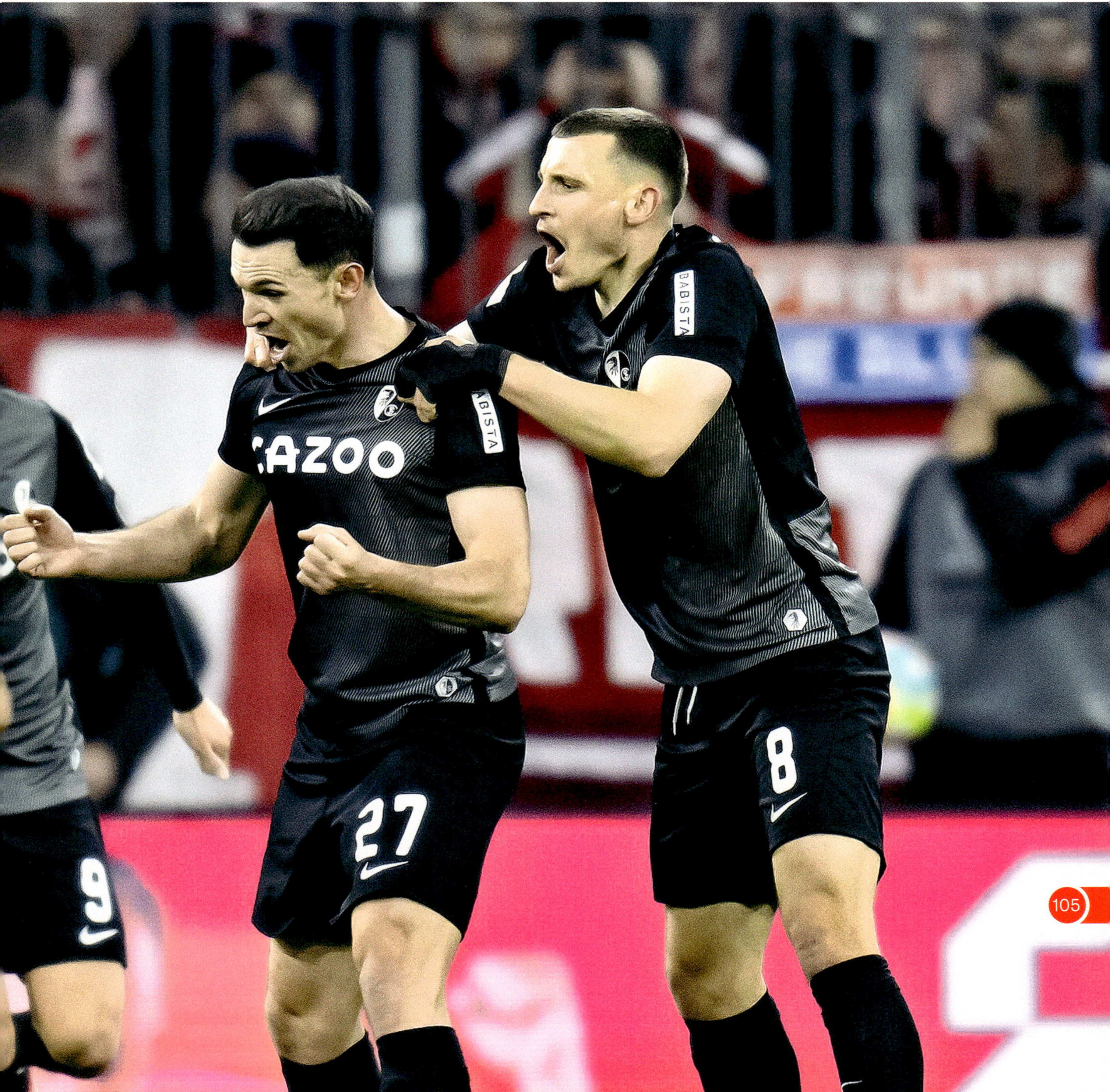

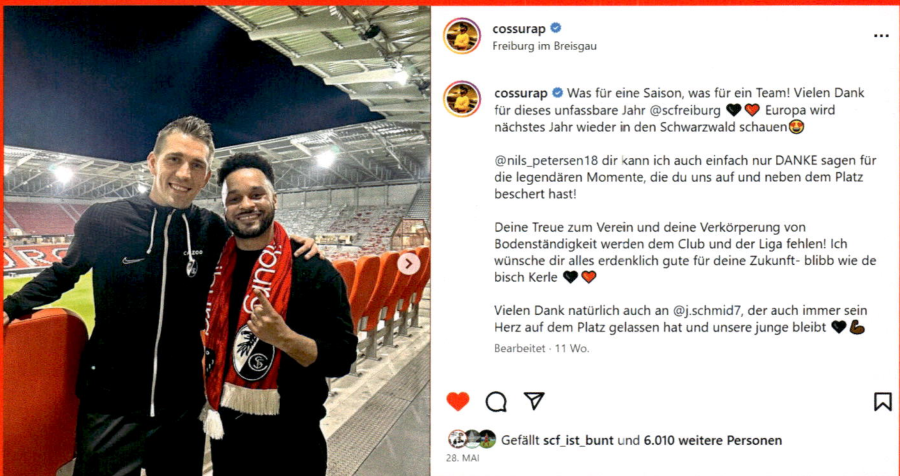

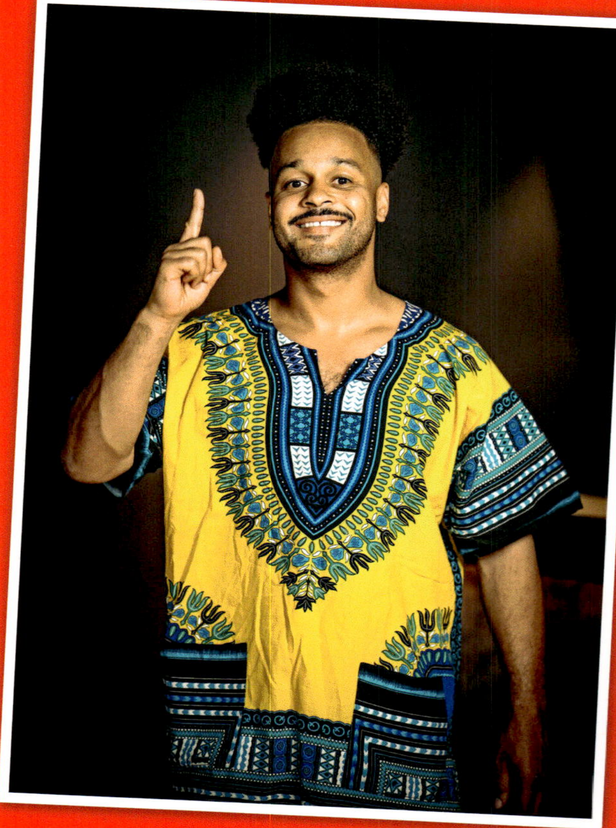

Der Fanfluencer

Der Schwarzwälder Edelfan und Influencer Lukas Staier aka Cossu gehört seit der Eröffnung des Europa-Park Stadions im Oktober 2021 quasi zum Inventar. Er ist ein Schwarzwälder Original und bekennender SC-Fan, der als Einheizer bei Bülent Ceylan und Sidekick von Chris Tall zu erster Bekanntheit kam. Er begeistert die stetig wachsende Fangemeinde auf Instagram und TikTok mit lustigen Stadionführungen genauso wie mit auf „gut Badisch" vorgetragenen Werbespots für bekannte badische Marken von Burda bis Edeka.

Zwischen Comedy und Sport gäbe es durchaus Parallelen, sagt er: „Überall gibt es Personen, die sich zum Clown machen". Und weiter? „Um erfolgreich zu sein, braucht man in beiden Bereichen Ausdauer und Disziplin." Besonders witzig im SC-Kader sei übrigens Vincenzo Grifo, das könne jeder im Umfeld bestätigen: „Vince ist ein super herzlicher, aber auch sehr humorvoller Typ, der immer einen witzigen Spruch auf den Lippen hat und einen mit seiner Art zum Lachen bringt."

Cossu hält seit dem ersten Stadionbesuch mit dem Onkel, da war er acht Jahre alt, zu den Freiburgern. Seither verpasst er keine Nachricht zu seinem SC und ist bei jedem Heimspiel dabei.

Seine schönsten Erlebnisse waren die Spiele im DFB-Pokal 2021/22, vor allem das Halbfinale in Hamburg und das Finale in Berlin. In Hamburg schlüpfte er, wie zu Beginn seiner Comedy-Karriere, in die Rolle des Einheizers: „Als die Ultras wegen Zugverspätung ausblieben und das Fan-Treffen noch etwas ‚zu ruhig' war, habe ich mich auf eine Mülltonne gestellt und für alle mitgereisten Fans lautstark Stimmung gemacht. Das hat sehr viel Spaß gemacht."

Der 19. Mai 2023 – Ein ganz besonderer Abend im Europa-Park Stadion

34 – Nils Petersen erzielt im letzten Heimspiel gegen den VfL Wolfsburg sein 34. Jokertor in der Bundesliga und baut seinen historischen Rekord aus. 30 davon erzielt er für Freiburg.

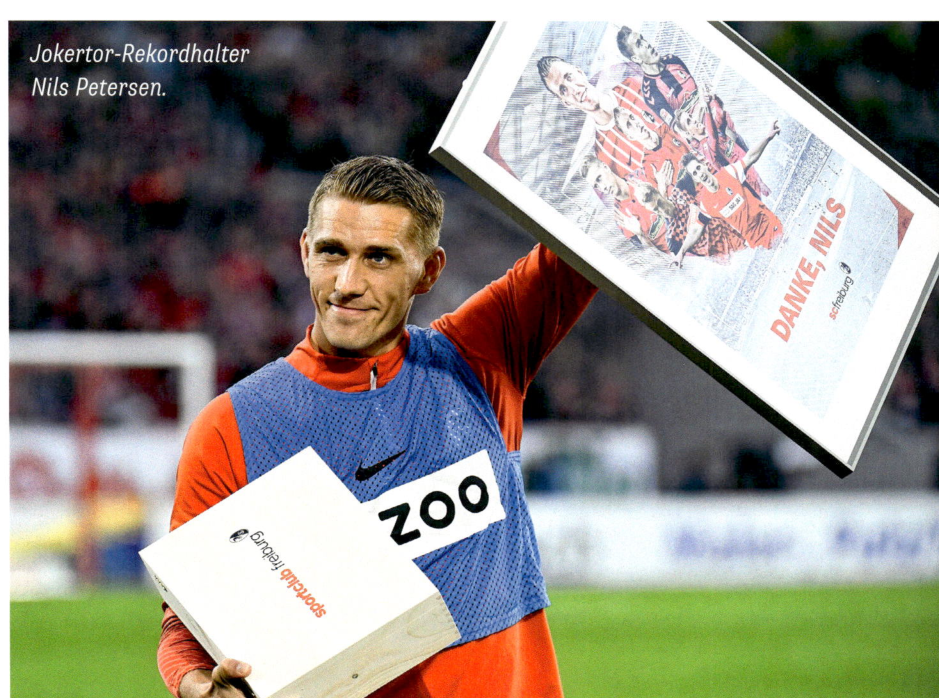

Jokertor-Rekordhalter Nils Petersen.

Ein Umzug in ein neues Stadion ist eine Herausforderung für jeden Verein. Die jüngere Vergangenheit hat mehrere Fälle geliefert, in denen ein Umzug nicht vom erhofften sportlichen Erfolg begleitet wurde. Im Gegenteil. Alemannia Aachen mit dem neuen Tivoli, der TSV 1860 mit der Fröttmaninger Arena oder Kickers Offenbach mit dem neuen Bieberer Berg kamen gar arg in die Bredouille.

Nicht so in Freiburg. Der Umzug ins neue Stadion liegt nun schon wieder eine Weile zurück, und die Mannschaft hat diesen Zeitraum sportlich enorm erfolgreich gestaltet. Sie qualifizierte sich in den ersten beiden Spielzeiten im neuen Stadion sogar zweimal in Folge für den Europapokal.

Einer der großen Momente, der abseits des sportlichen Geschehens auf der emotionalen Ebene zur Legendenbildung beitrug und dafür sorgte, dass Team, Fans und Verein heimisch wurden im neuen Stadion, ereignete sich am Freitag, dem 19. Mai 2023. Es war keines dieser unvergessenen Spiele wie das im DFB-Pokal gegen den FC St. Pauli mit zwei späten Treffern, die ungeschlagene Europapokal-Gruppenphase oder das Achtelfinale gegen

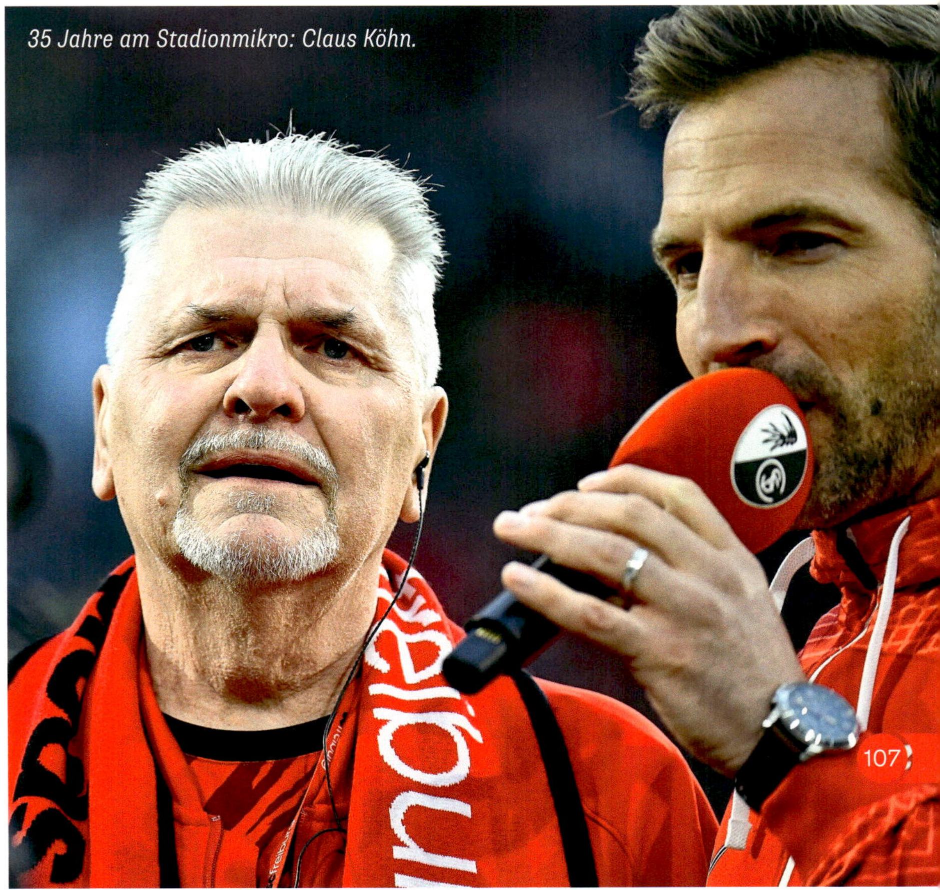
35 Jahre am Stadionmikro: Claus Köhn.

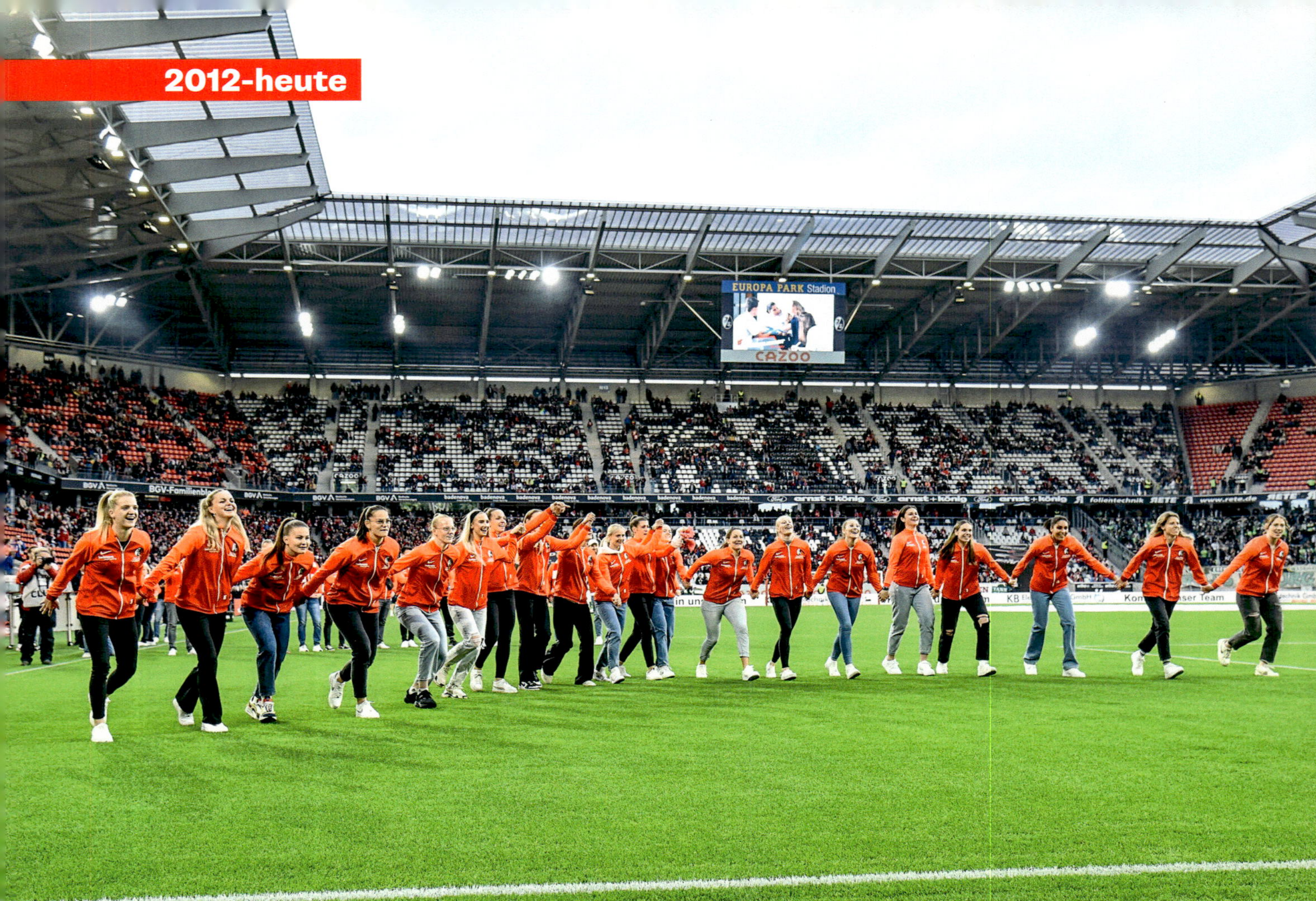

Die Fußballfrauen rocken Freiburg.

Juventus Turin. Sportlich war am vorletzten Bundesliga-Spieltag immerhin noch die Champions League im Bereich des Möglichen, wenn auch nur theoretisch.

Zugleich war es ein Déjà-vu für viele SC-Fans, die tags zuvor das DFB-Pokalfinale der Frauen in Köln mit eben jener Paarung besucht hatten: SC Freiburg gegen VfL Wolfsburg. Eben diese Frauenmannschaft wurde dann vor dem Anpfiff ebenso herzlich begrüßt wie die legendäre Männer-Aufstiegsmannschaft von 1993, aus deren Reihen am nächsten Tag der eine oder andere für die SC-Traditionself auflief.

Der laue Frühlingsabend stand neben der sportlichen Spannung im Zeichen des Abschiednehmens. Nicht nur von den beiden langjährigen Spielern Jonathan Schmid und Nils Petersen, sondern auch von einer echten Vereinslegende, die außerhalb der Freiburger SC-Bubble weniger bekannt war: Stadionsprecher Claus Köhn. Nach 35 Jahren und 606 Spielen war er zum letzten Mal am Mikrofon im Einsatz. Für mindestens 90 Prozent der anwesenden Fans war Köhn der einzige Stadionsprecher, den sie in ihrem Fanleben beim SC Freiburg jemals gehört hatten.

Dass Nils Petersen in seinem letzten Bundesliga-Spiel Jokertor Nummer 34 (davon 30 für den SC Freiburg) beitrug und sogar noch ein zweites Mal traf (was nach einer VAR-Intervention zurückgenommen wurde), war die Kirsche auf der Sahnetorte eines perfekten Abends.

Die Stars von 2012-heute

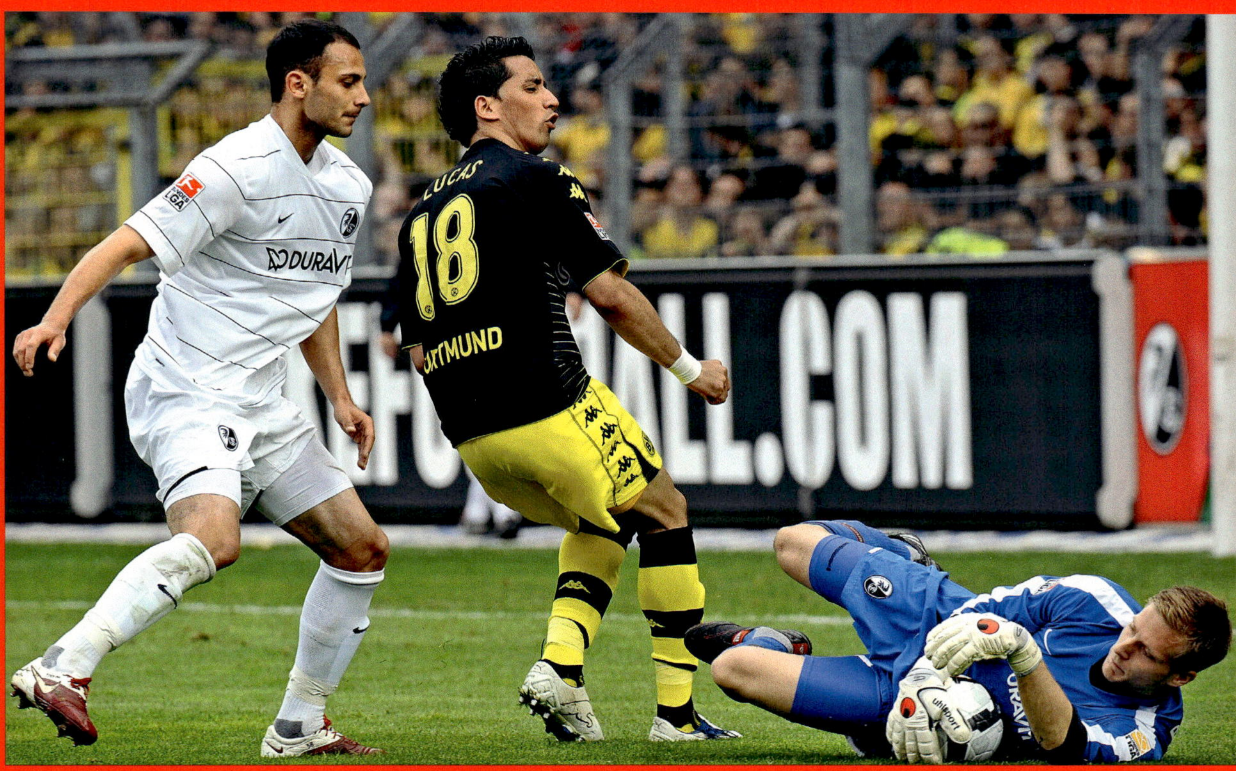

Der aus Breisach stammende **Oliver Baumann** kam im Alter von zehn Jahren in die Jugendabteilung des SC Freiburg, wurde mit der A-Jugend sowohl Deutscher Meister (2008) als auch Pokalsieger (2009) und arbeitete sich über die zweite Mannschaft in den Profikader. Sein Debüt gab er im Mai 2010 beim 3:1-Heimsieg über Borussia Dortmund. Baumann startete anschließend durch, profitierte vom Verletzungspech von Stammtorhüter Pouplin und war fortan die Nummer 1 im Freiburger Tor. Nach 147 Einsätzen für den SC Freiburg wechselte er 2014 zur TSG Hoffenheim, wo er nicht nur zahlreiche Bundesliga-, Europa-League- und Champions-League-Einsätze sammelte, sondern zu den Rekordspielern der Bundesliga aufschloss. Mit aktuell 427 Bundesliga-Spielen und angesichts seines Alters hat er die besten Chancen, diese Zahl noch erheblich zu steigern.

Der Schweizer **Roman Bürki** kam 2014 nach Baumanns Abschied zum SC Freiburg und entwickelte sich aus dem Stand zu einem der besten Keeper der Bundesliga. Nach dem Abstieg 2015 war er nicht zu halten und heuerte bei Borussia Dortmund an.

Mark Flekken kam 2018 vom MSV Duisburg und hatte das Pech, hinter dem gesetzten Alexander Schwolow nur Nummer 2 zu sein. Nach dem Abgang von Schwolow zu Hertha BSC 2020 sollte „Flekki" Stammkraft zwischen den Pfosten werden, verletzte sich jedoch beim Saisonstart schwer. Daraufhin wurde Florian Müller von Mainz 05 ausgeliehen. Die Spielzeiten 2021/22 und 2022/23 absolvierte der Niederländer Flekken dann als Stammtorhüter und wurde aufgrund seiner herausragenden Leistungen vom Premier-League-

Klub Brentford FC verpflichtet. Mark Flekken absolvierte 96 Spiele für den SC Freiburg und wurde während seiner Zeit im Breisgau zur niederländischen Nationalmannschaft berufen.

Das Freiburger Eigengewächs **Noah Atubolu** trat in die Fußstapfen von Mark Flekken und bekam ähnlich wie einst Oliver Baumann das Vertrauen ausgesprochen. Der ehemalige SC-Jugendspieler hatte sich über die zweite Mannschaft für höhere Aufgaben empfohlen und ist aktuell Stammtorhüter der ersten Mannschaft.

Der österreichische Nationalspieler **Philipp Lienhart** kam 2017 von der zweiten Mannschaft von Real Madrid („Castilla"). Er absolvierte ein Spiel für die Profis der „Königlichen". Lienhart profitierte erheblich von der guten Ausbildung in Madrids „Castilla" und spielte sich sofort in die Freiburger Stammelf, ehe er von Verletzungen zurückgeworfen wurde. Seit der Saison 2020/21 unumstrittener Stammspieler und für einen Innenverteidiger zudem torgefährlich, erzielte Lienhart in bisher 168 Einsätzen zehn Tore für den SC Freiburg.

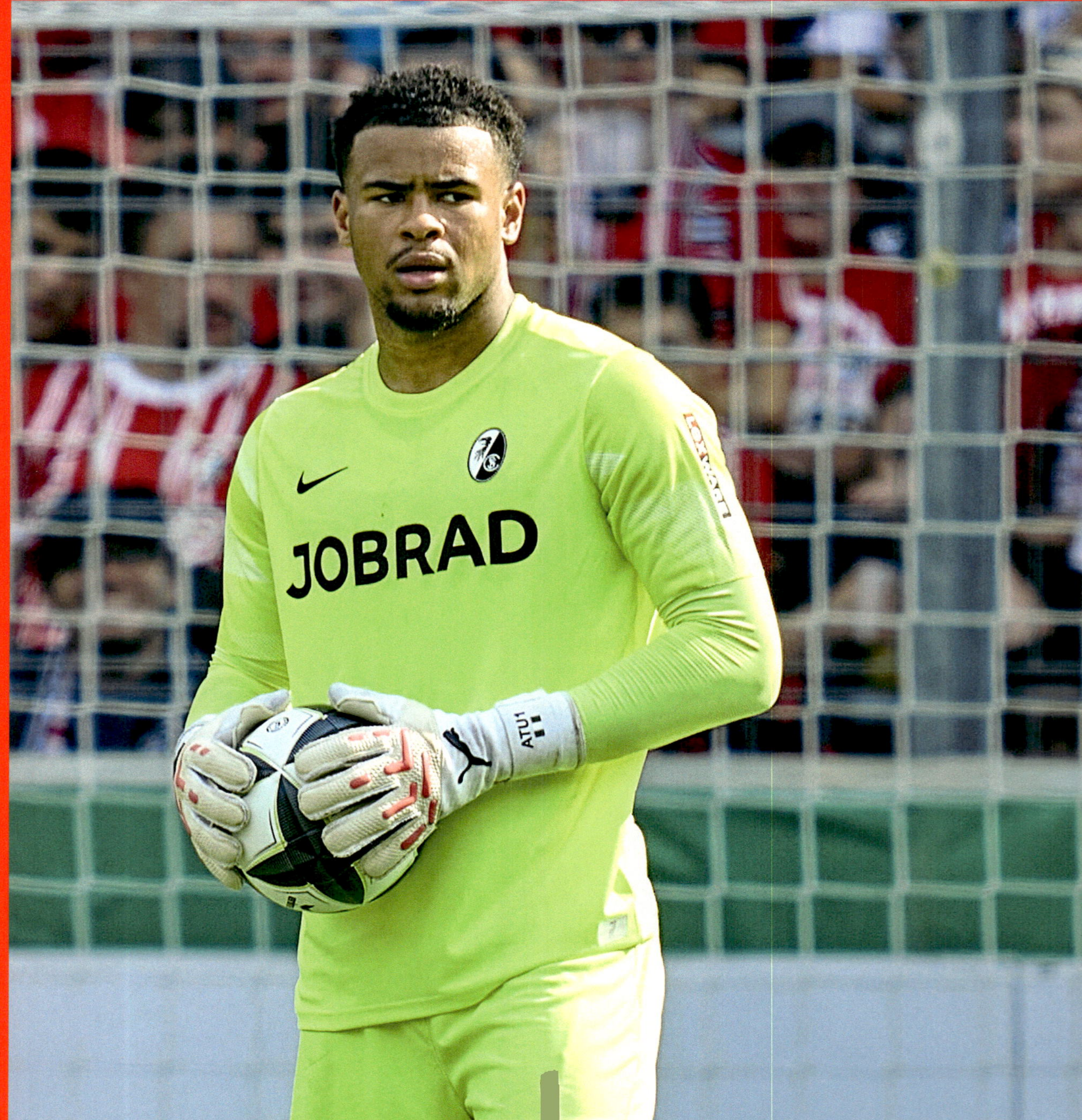

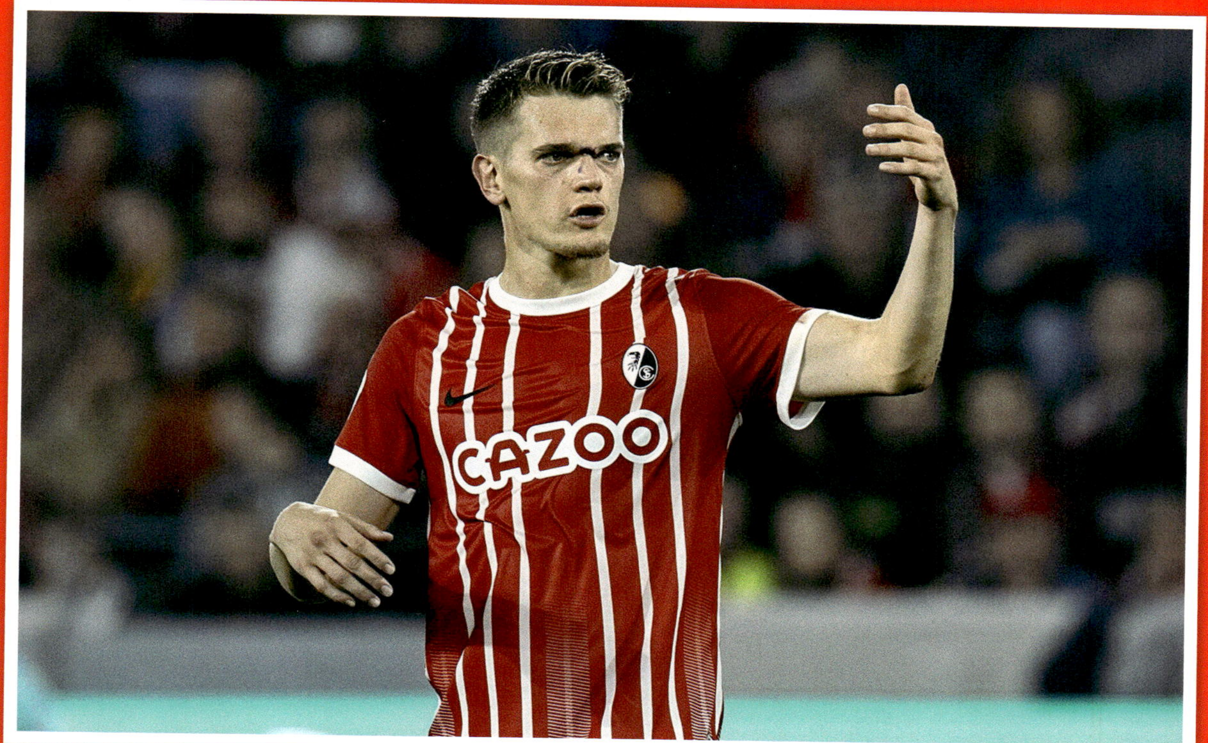

Legendär: Trotz Verletzung spielte Ginter im Oktober 2022 im Pokalspiel gegen den FC St. Pauli weiter und erzielte in der Nachspielzeit das 1:1. Auch die Verlängerung zog er durch und wurde anschließend zum „Man of the Match" gekürt.

Matthias Ginter und **Christian Streich** teilen eine gemeinsame Geschichte: Die beiden Vereinslegenden absolvierten ihr Debüt für die Profimannschaft jeweils am 21. Januar 2012. Der neue Chefcoach hatte in seinem ersten Spiel den zwei Tage zuvor 18 gewordenen Ginter aus der A-Jugend angefordert, nachdem mit Felix Bastians und Heiko Butscher zwei etablierte Stammkräfte aus der Verteidigung vereinsseitig suspendiert worden waren. Der Wechsel klappte, und Matthias Ginter erzielte bei seinem Debüt prompt den 1:0-Siegtreffer. 2014 wurde er als SC-Spieler in Brasilien Weltmeister (ohne Einsatz) und wechselte zur Saison 2014/15 zu Borussia Dortmund und wurde Pokal- und Superpokalsieger. Anschließend in den Borussia-Park nach Mönchengladbach gewechselt, kehrte er 2022 zu seinem Ausbildungsverein zurück. Seitdem erneut Leistungsträger beim Sport-Club, verpasste Ginter bislang keine Bundesliga-Minute.

Wie so viele kam **Nico Schlotterbeck** über die SC-Jugend sowie die U23 in den Profikader. 2020/21 wurde er für ein Jahr an Union Berlin ausgeliehen und startete nach seiner Rückkehr beim SC Freiburg durch. Defensiv eine „Wand", seine enorm präzisen Diagonalpässe quer über das Feld eine gefährliche „Waffe" im Spielaufbau und seine unermüdlichen Offensivvorstöße belebend, ließen NS4 binnen Kurzem zu einem der besten und begehrtesten Abwehrspieler reifen. Im Transferpoker machte schließlich 2022 Borussia Dortmund das Rennen. Fast hätte Schlotterbeck am Ende seiner ersten Saison in Schwarz-Gelb sogar auf dem Meistertreppchen gestanden. Aber eben nur fast.

Christian Günter wird in diesem Buch ein eigenes Kapitel gewidmet, in dieser Liste darf er aber dennoch nicht fehlen. Der Fanliebling, Kapitän und Nationalspieler hat als Vorbild das Potenzial, zu einem in der heutigen Zeit seltenen „One-Club-Man" zu werden – ein Spieler, der seine gesamte Karriere bei nur einem Verein verbringt.

MITTELFELD

Vladimir Darida kam Ende August 2013 von Viktoria Pilsen nach Freiburg. Grund für den recht späten Wechsel war, dass sein Verein mit ihm noch die Qualifikation zur Champions League spielen wollte. Darida erzielte ein Tor und legte drei weitere auf, woraufhin Viktoria Pilsen die Gruppenphase erreichte und dort auf den FC Bayern München traf. Beim SC Freiburg entwickelte sich der Tscheche zu einem ausgezeichneten Bundesliga-Spieler, und man hätte ihn im Breisgau sicher gerne behalten, als der Abstieg von 2015 die nominell gut aufgestellte Mannschaft zerfallen ließ. Darida zog es zu Hertha BSC, wo er wechselhafte Zeiten durchmachte. Dennoch blieb er siebeneinhalb Jahre, von Juli 2015 bis Januar 2023, in der Hauptstadt und damit ein Vielfaches länger als in Freiburg.

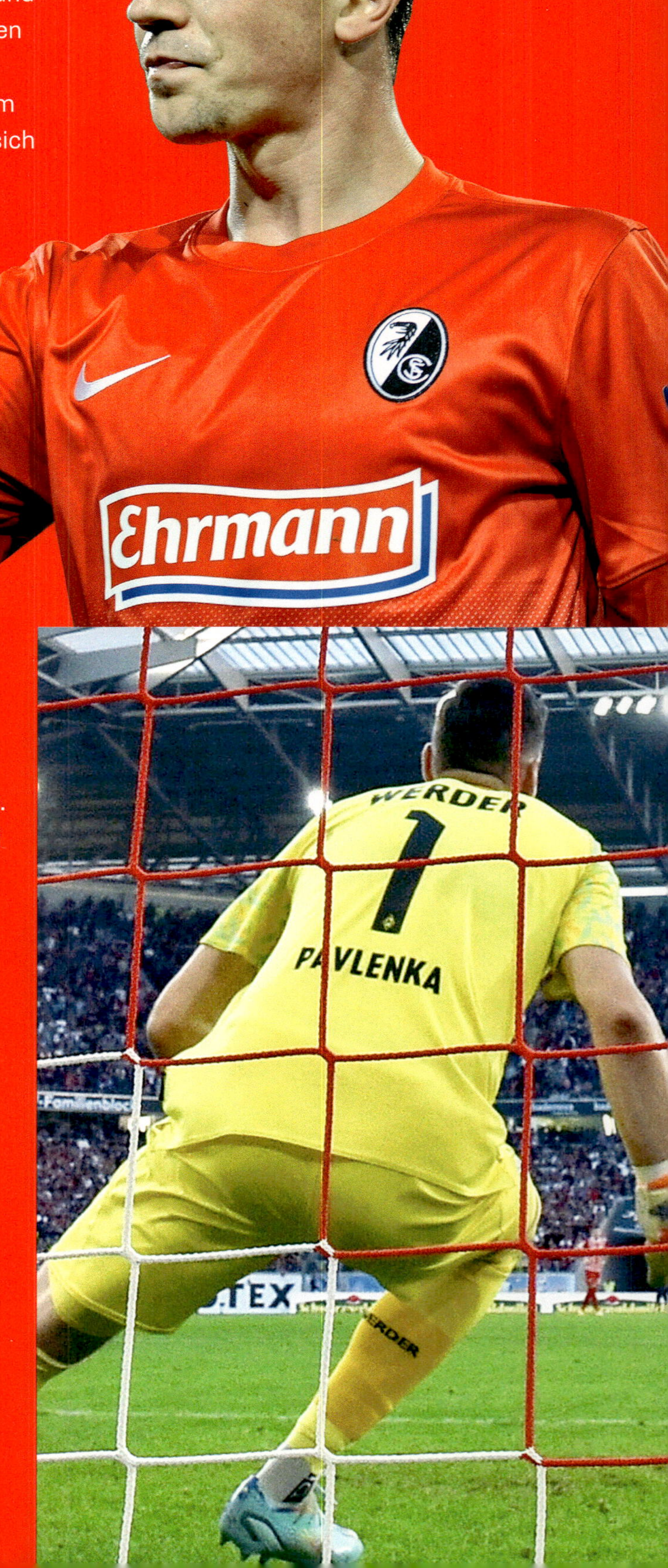

Vincenzo Grifo ist leuchtendes Beispiele dafür, dass die Tür in Freiburg nie richtig zu ist. „Vince“, wie Grifo liebevoll genannt wird, kam 2015 zum damaligen Zweitligisten SC Freiburg. Klub und Spieler machten rasante Fortschritte – allerdings nicht immer gemeinsam. Denn nach zwei Jahren verließ Grifo den Sport-Club und heuerte bei Borussia Mönchengladbach an. Von dort aus ging es 2018 weiter nach Hoffenheim, ehe ihn der SC Freiburg für die Rückrunde 2018/19 zunächst ausleihen und zur Saison 2019/20 dann wieder fest verpflichten konnte. An der

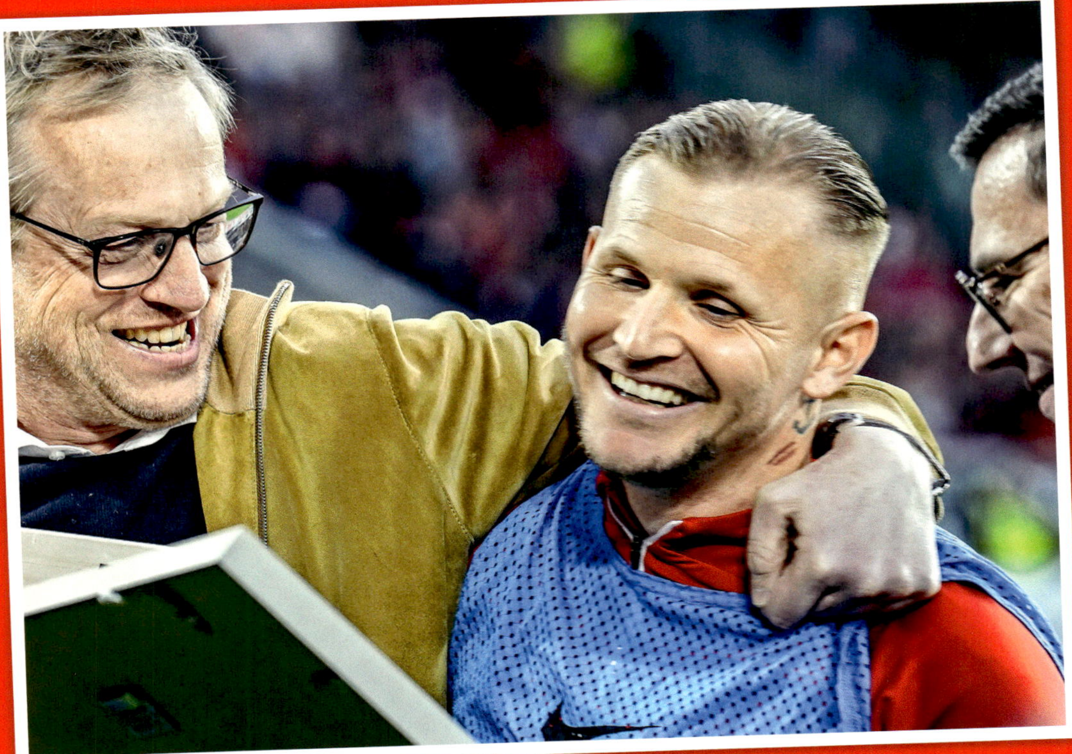

MITTELFELD

Panenka gegen Pavlenka – Grifo macht Grifo-Sachen.

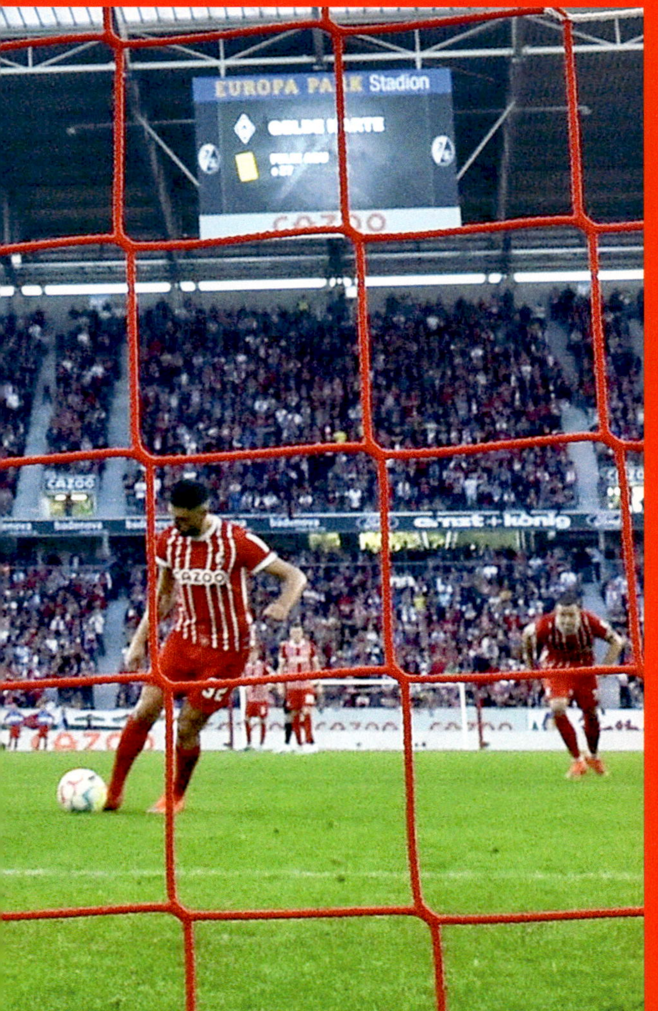

Dreisam wurde Grifo italienischer Nationalspieler und löste Luca Toni als bester italienischer Torschütze der Bundesliga-Geschichte ab. Seine Standards und Freistöße sind bei den Gegnern gefürchtet und bei den Freiburger Fans Kult. Zuletzt erweiterte Grifo sein Standard-Repertoire um einige listige Elfmeter-Varianten.

Auch **Jonathan Schmid** wollte zwischendurch mal die Bundesliga-Welt außerhalb von Freiburg kennenlernen und kickte sowohl in Hoffenheim als auch in Augsburg. Dann überkam ihn jedoch das Heimweh, und weil auch in seinem Fall die Tür nicht zu, sondern nur angelehnt war, gab es das Schmid-Comeback im SC-Dress. In Freiburg wurde er zum Rekord-Franzosen und überholte Landsmann Franck Ribéry als Franzose mit den meisten Bundesliga-Spielen. Nach der Saison 2022/23 wurde sein Vertrag nicht verlängert, und er verabschiedete sich gemeinsam mit Nils Petersen beim letzten Heimspiel gegen den VfL Wolfsburg von den Fans. Ebenso wie Petersen blieb Schmid für 90 Minuten auf der Bank, obwohl er sich sein 300. Bundesliga-Spiel sehr gewünscht hätte (198 für Freiburg, 78 für Augsburg und 23 für Hoffenheim).

MITTELFELD

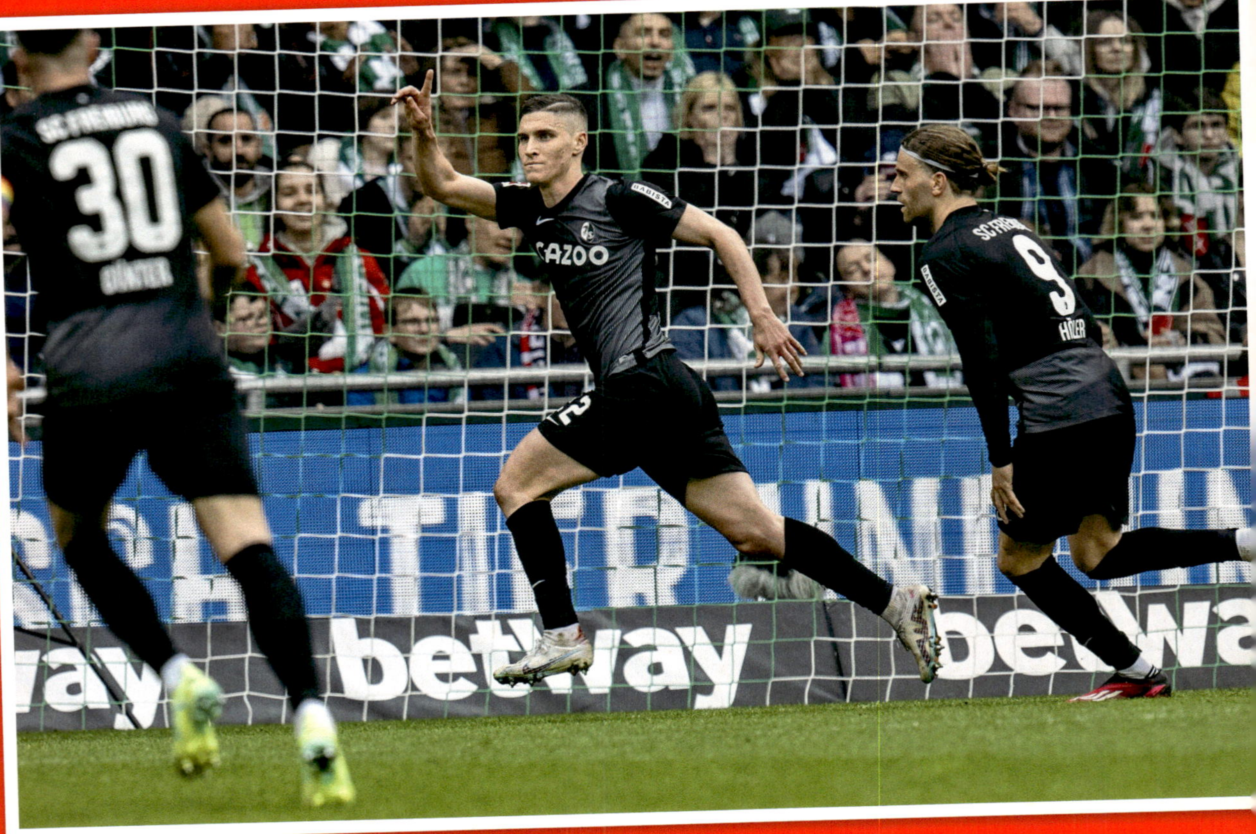

Nicolas Höfler hat sich still, heimlich und leise zu einem wichtigen Teil im SCF-Puzzle gemausert. Der Mann vom Bodensee kam 2005 in die Freiburger Fußballschule und ging den typischen Freiburger Weg über die U-Teams, die zweite Mannschaft sowie eine Leihe (Erzgebirge Aue), ehe er in der ersten Mannschaft ankam. Aus jener ist der gebürtige Überlinger mittlerweile nicht mehr wegzudenken und absolvierte bislang 303 Einsätze für die erste und 79 für die zweite Mannschaft des SC. Höfler ist zwar nicht der Torschütze vom Dienst, aber wenn er mal einen „auspackt", dann ist der Treffer umso schöner. So wie im April 2023, als er mit einem herrlichen Dropkick im Pokalspiel bei den Bayern den Ausgleich erzielte.

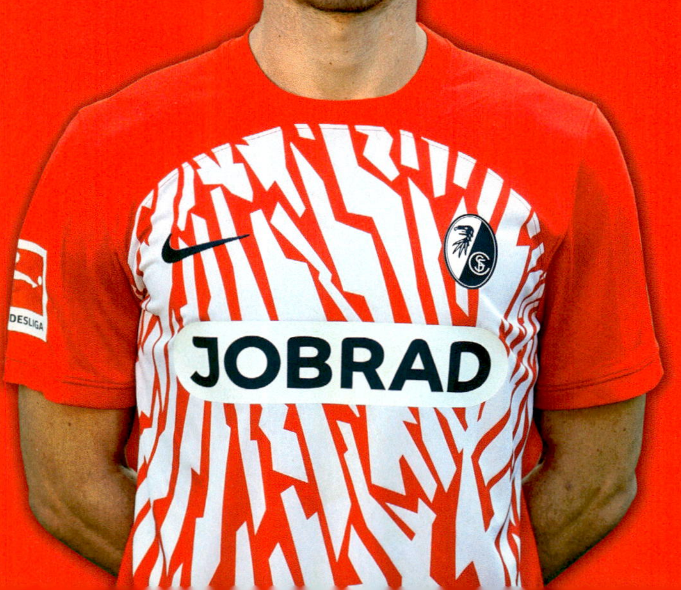

Der ungarische Nationalspieler **Roland Sallai** ist seit 2018 in Freiburg. Er kam in einem Deadline-Day-Deal von APOEL Nikosia und hat sich ad hoc in der ersten Elf festgespielt – sofern er auf allen Ebenen (körperlich wie mental) fit ist. Das war in der Saison 2022/23 nicht immer der Fall. Schade, denn in Sallai schlummert ein unglaublich kreatives Potenzial. Im April 2023 erzielte der Ungar im Auswärtsspiel bei Werder Bremen das 1.000. Bundesliga-Tor für den SC Freiburg (Endstand 1:2).

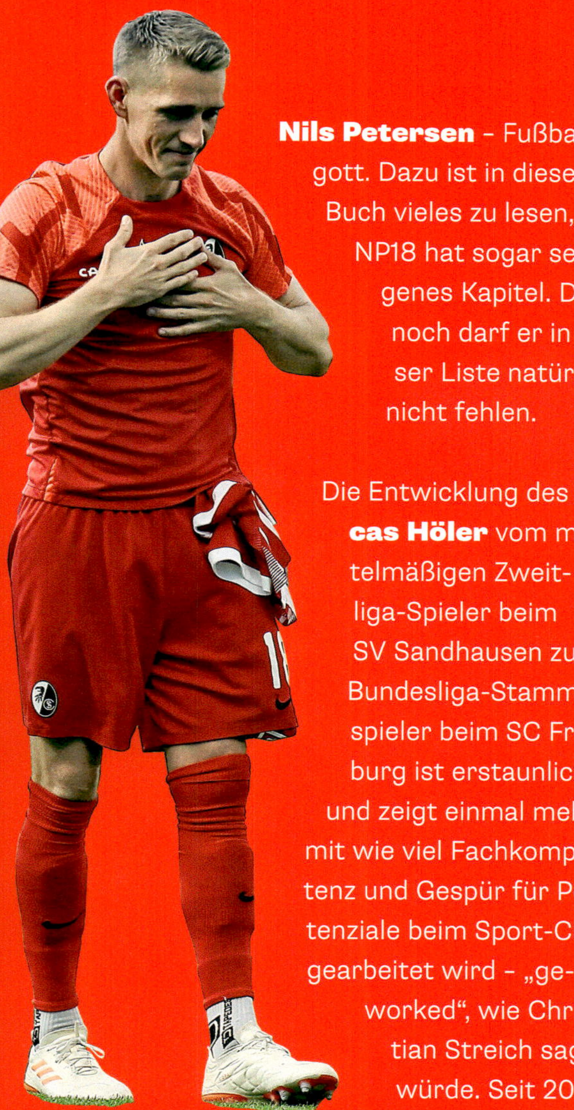

Nils Petersen – Fußballgott. Dazu ist in diesem Buch vieles zu lesen, und NP18 hat sogar sein eigenes Kapitel. Dennoch darf er in dieser Liste natürlich nicht fehlen.

Die Entwicklung des **Lucas Höler** vom mittelmäßigen Zweitliga-Spieler beim SV Sandhausen zum Bundesliga-Stammspieler beim SC Freiburg ist erstaunlich und zeigt einmal mehr, mit wie viel Fachkompetenz und Gespür für Potenziale beim Sport-Club gearbeitet wird – „geworked", wie Christian Streich sagen würde. Seit 2018 im Verein, erzielte Höler bislang 30 Tore und gab 21 Vorlagen in 186 Partien. Ein Tor für die Freiburger Geschichtsbücher war der verwandelte Elfmeter zum 2:1-Auswärtssieg im Pokalspiel am 4. April 2023 bei den Bayern.

Der Schweizer Nationalspieler **Admir Mehmedi** kam 2013 zunächst als Leihspieler von Dynamo Kiew und wurde nach starken Leistungen und vielen Toren bzw. Assists zur Folgesaison fest verpflichtet. Nach dem Abstieg 2015 suchte sich Mehmedi – wie viele seiner damaligen Freiburger Kollegen – einen neuen erstklassigen Arbeitsplatz. Er fand ihn in Leverkusen und hatte dort – wie später auch in Wolfsburg – gute und erfolgreiche Jahre.

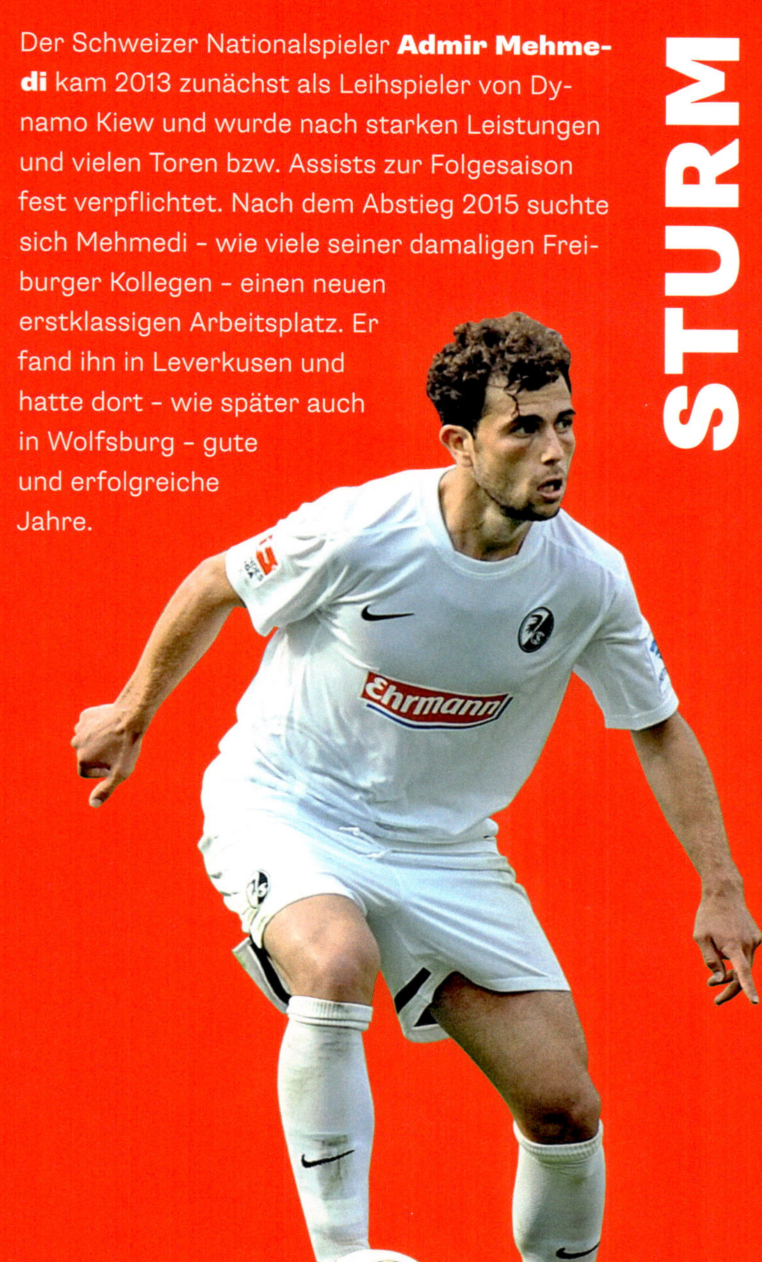

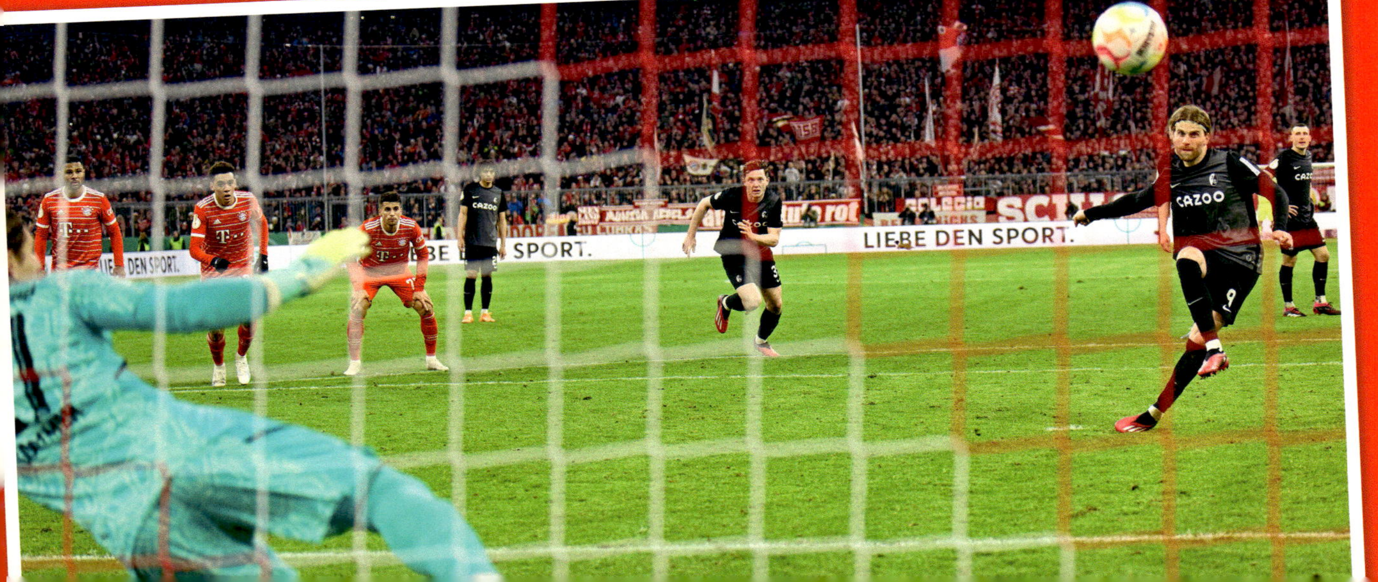

Zu früh verstorben

In der jüngeren Vergangenheit gab es einige Trauerfälle zu beklagen. Spieler, die seit dem Zweitliga-Aufstieg 1978 für den SC Freiburg spielten, verabschiedeten sich viel zu früh.

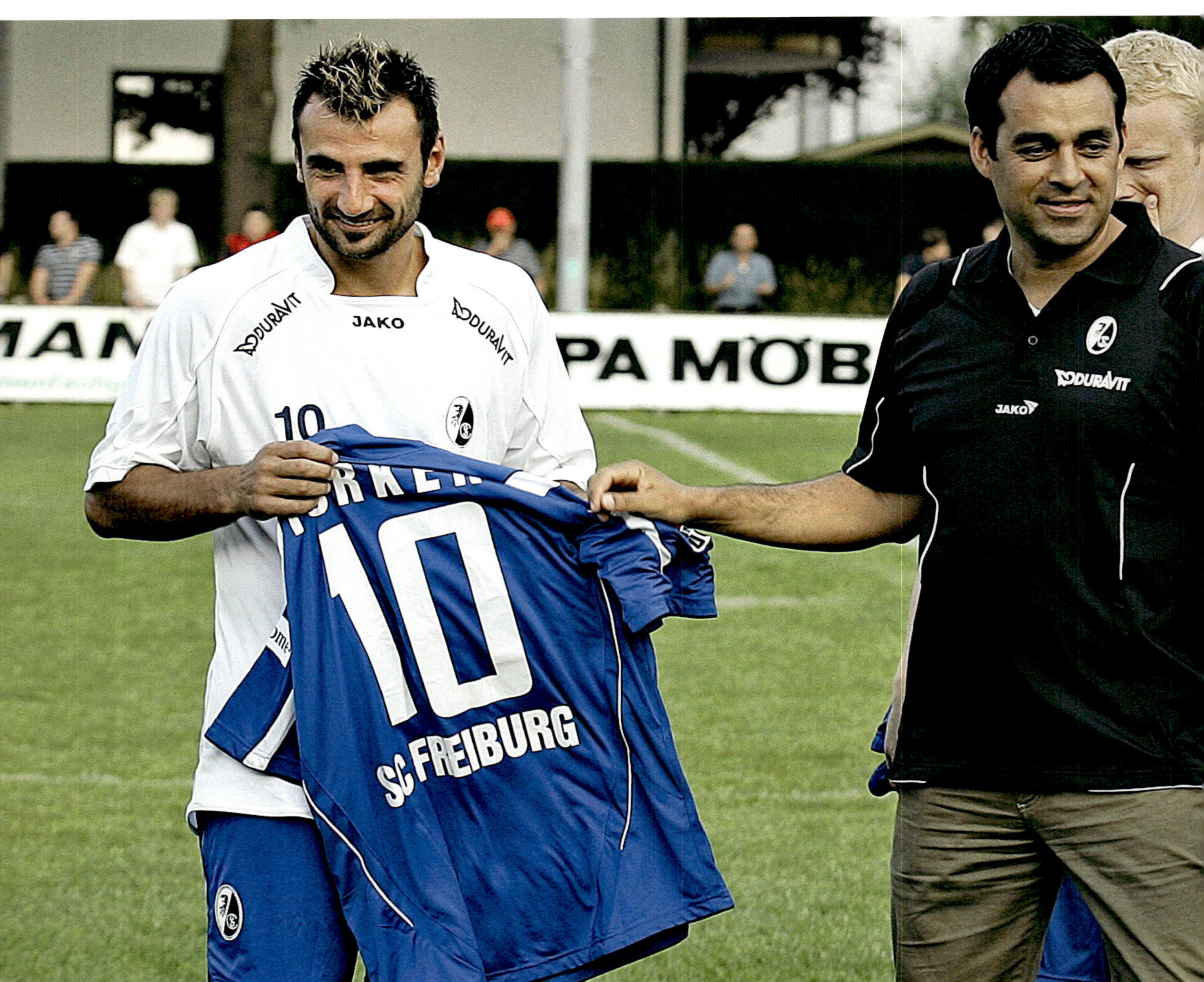

Suat Türker (*10.03.1976 †12.02.2023)
Der gebürtige Türke kam 2008 von Kickers Offenbach und erhielt die „große" Nr. 10. Mit der Dutt-Elf feierte er 2009 den Aufstieg und anschließend den Klassenerhalt, schaffte es aber nicht, eine tragende Rolle im Team einzunehmen (14 Spiele/2 Tore). 2010 wechselte er zum SV Wehen-Wiesbaden. Zehn Jahre nach seinem Karriereende erlag Suat Türker Anfang 2023 im Alter von 46 Jahren einem Herzinfarkt.

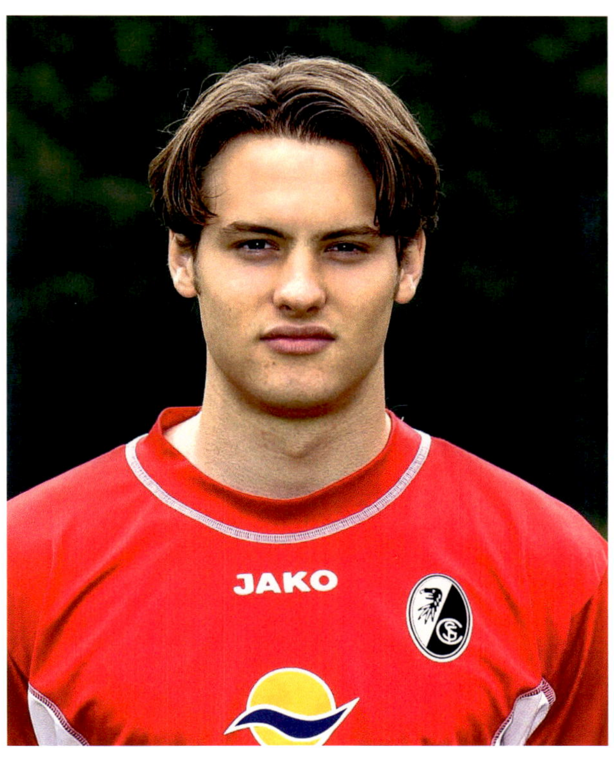

Jan Männer (* 27.08.1982 † 26.09.2022)
Der gebürtige Emmendinger gehörte dem SC inklusive Jugend und Leihen von 1996 bis 2004 an. Er hatte seine beste Zeit beim Karlsruher SC, wo er 115 Spiele absolvierte und 2007 den Bundesliga-Aufstieg feierte.

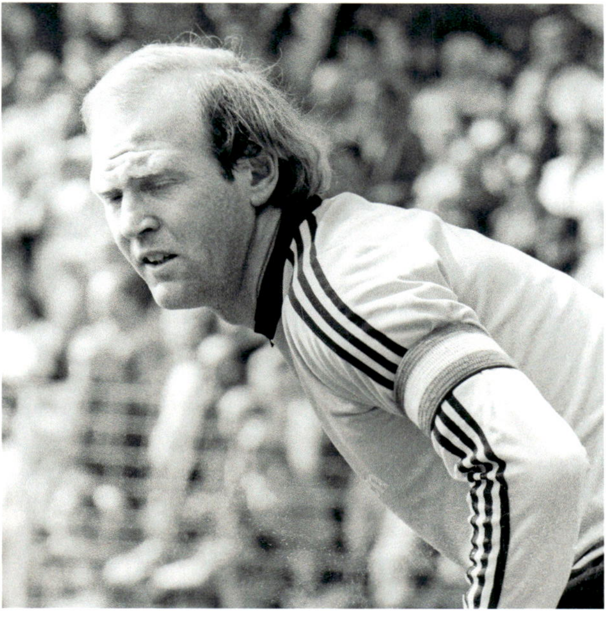

Günter Wienhold
(* 21.01.1948 † 21.09.2021)
Günter Wienhold kam, sah und rettete den SC Freiburg nach dem Zweitligaaufstieg 1978 vor dem drohenden sofortigen Wiederabstieg aus dem Profilager. Hütete das SC-Tor von 1978 bis 1985 in über 200 Spielen. Sprang später nochmals als Keeper ein und feierte sein Comeback (für ein Spiel) im hohen Sportler-Alter von 41 Jahren.

Christian Simon
(* 30.06.1970 † 26.11.2021)
Der sympathische, zurückhaltende Schwarzwälder kam 1990 vom FC Neustadt aus dem Höllental hinunter ins Dreisamtal zur zweiten Mannschaft des SC Freiburg. Unter Volker Finke wurde der Landesliga-Torschützenkönig zu den Profis „hochgezogen" und war dort typischer Einwechselspieler. Dank seines Tempos kam er immer wieder in aussichtsreiche Abschlusspositionen und erzielte in 48 Spielen für den SC Freiburg zwölf Treffer. Christian Simon gehörte zur Aufstiegsmannschaft 1992/93 und zu den Torschützen beim historischen ersten Heim- und Bundesligasieg am 14. August 1993 (4:1 gegen Wattenscheid). Simon verstarb nach langer und schwerer Krankheit im Alter von 51 Jahren.

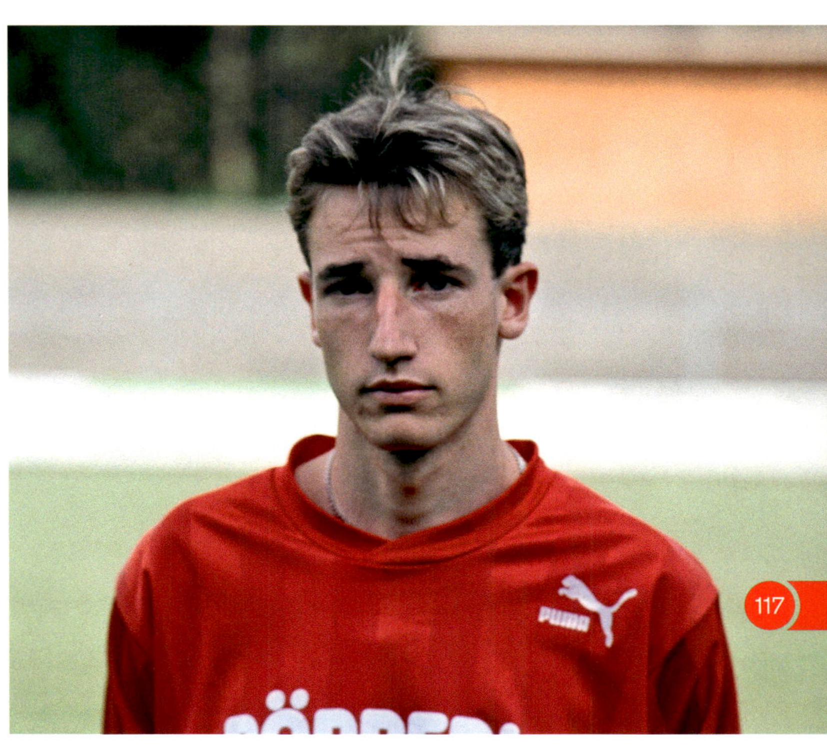

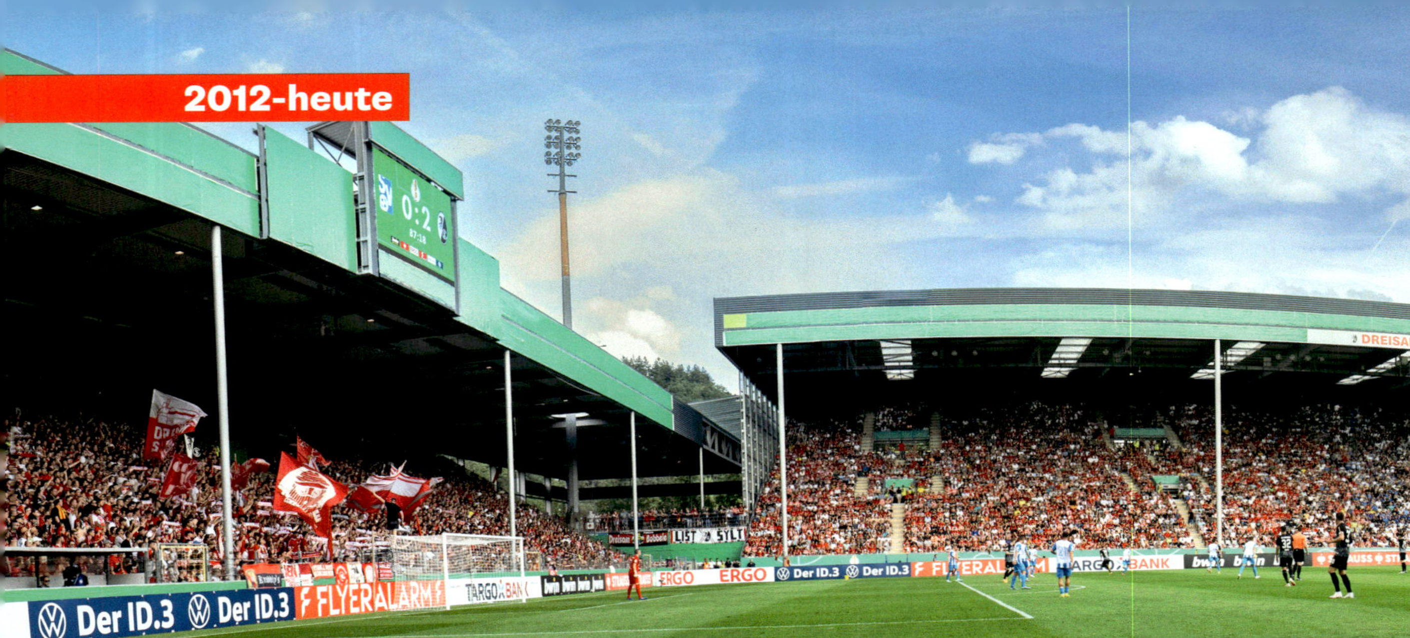

Auswärtsspiel in der alten Heimat

Die erste Pokalrunde kann für einen Bundesligisten eine wahre Wundertüte sein: Ein Heimspiel ist aufgrund des Auslosungsmodus mit gesetzten und ungesetzten Teams quasi ausgeschlossen. Stattdessen hat man es allzu oft mit unbequemen Gegnern aus der dritten Liga oder darunter zu tun, und nicht wenige Profiklubs erlebten bereits vor dem Liga-Start fernab der Heimat das böse Erwachen. Keine Seltenheit, dass ein Bundesligist erst nach 120 umkämpften Minuten einen knappen Sieg eintütet und sich dann erleichtert auf die oft lange Heimreise begibt.

Nicht so der SC Freiburg in der ersten Runde des DFB-Vereinspokals 2023/24, der mit dem SV Oberachern den Pokalsieger aus dem eigenen Landesverband Südbaden zugelost bekam. Dabei handelte es sich um den Titelverteidiger des südbadischen Pokals, der in der Vorsaison sein Erstrundenspiel gegen Borussia Mönchengladbach im Freiburger Dreisamstadion ausgetragen hatte. Dort hat es den Oberliga-Kickern trotz 1:9-Niederlage so gut gefallen, dass sie auch gegen den SC Freiburg in dessen „Zweitstadion" spielen wollten, das seit dem Auszug der Herren-Profimannschaft von der Bundesliga-Damenmannschaft und der zweiten Herrenmannschaft (U23) in der dritten Liga genutzt wird.

Somit kehrten die SC-Profis zum ersten Pflichtspiel seit dem emotionalen und tränenreichen Abschiedsspiel gegen den FC Augsburg Ende September 2021 nach 686 Tagen zu der Spielstätte zurück, die seit 1955 die Heimat des Vereins und seiner Fans war. Hier wurde nicht nur der erste Bundesliga-Aufstieg 1993 gefeiert, sondern viele weitere sportliche Höhepunkte und Tiefschläge gemeinsam durchlebt. Ein solches Szenario wurde vom Verein während der Pandemie tatsächlich in Aussicht gestellt, nämlich dass man mit den Profis ohne Corona-Einschränkungen noch einmal zurückkehren wolle; möglicherweise im Rahmen eines Pokalspiels. Dass es nun wahr wurde, ist schön – und dass es auch noch ein „Auswärtsspiel" war – eine mehr als außergewöhnliche Laune von Glücksgöttin Fortuna!

Die Partie im mit 24.000 Zuschauern ausverkauften Dreisamstadion war nicht unspektakulär – allerdings anders, als es sich die Fans des SC Freiburg erhofft hatten. Nach 14 Minuten lag der Ball erstmals im Netz. Die Spieler des Oberligisten setzten gerade zum Jubeln an, als die Fahne des Linienrichters Abseits anzeigte und die Erleichterung bei den Profis groß war. Die besseren und zahlreicheren Chancen hatte der Underdog. Erwähnenswert insbesondere ein

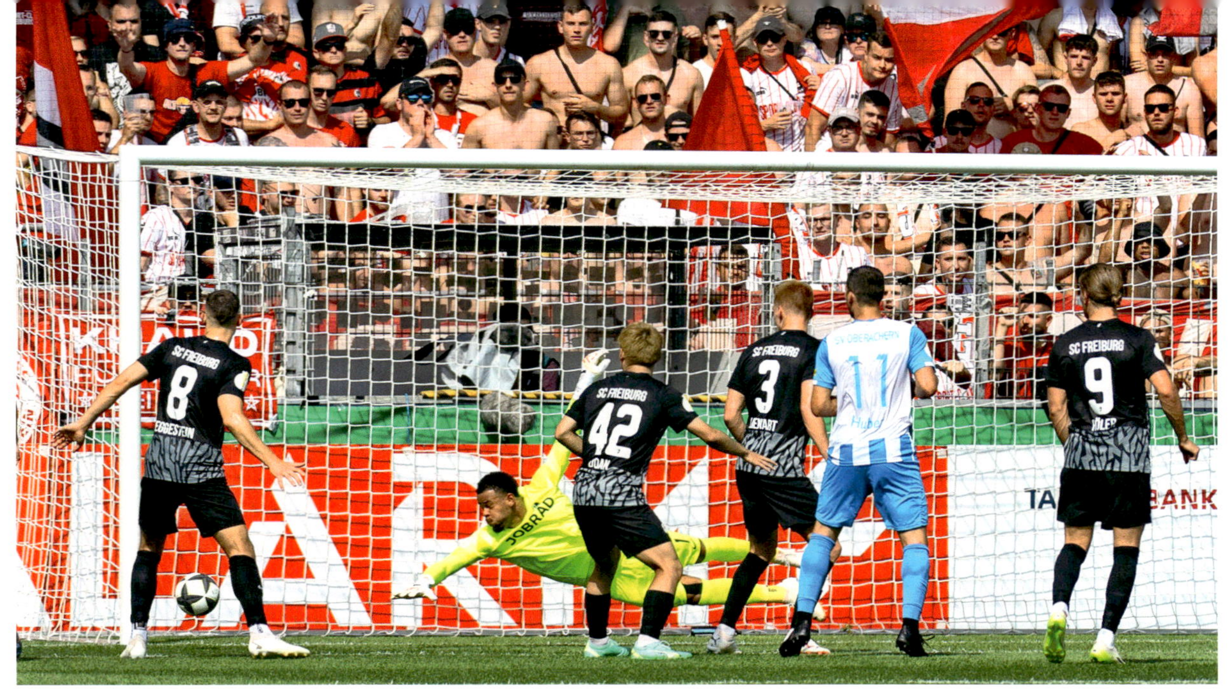

Marvin Ludwig vom SV Oberachern scheitert in der 27. Minute am Pfosten.

Ludwigs Treffer aus der 14. Minute wiederum wurde wegen Abseits nicht anerkannt.

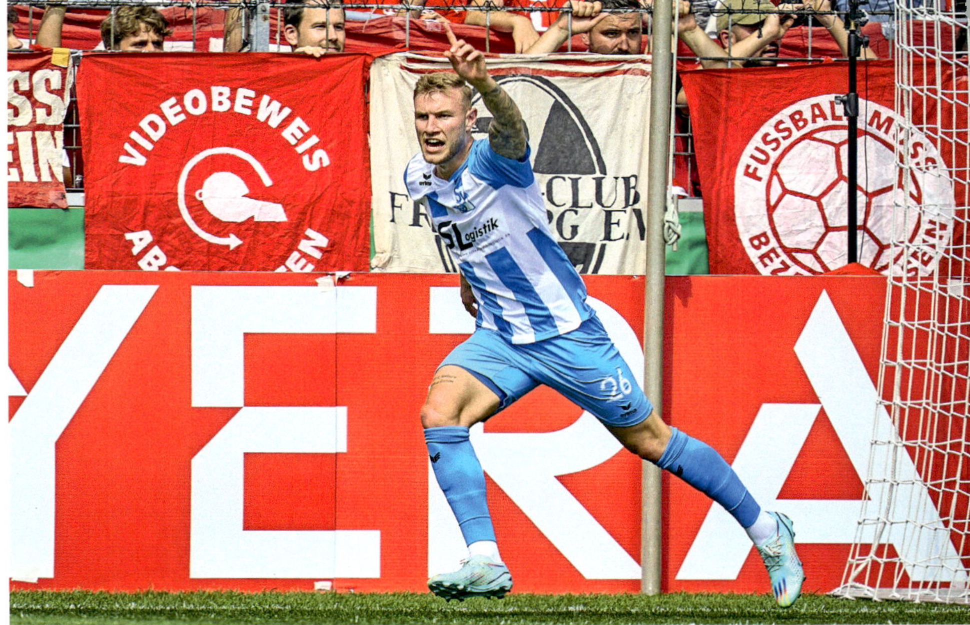

Pfostenknaller in der 27. Minute. Das 0:0 zur Halbzeit war für den Bundesligisten jedenfalls schmeichelhaft. Erst nach der Pause drehte das Team von Christian Streich auf, und in der 60. Minute fand der eingewechselte Christian Günter die Lücke zum 1:0. Das zweite Tor von Roland Sallai fiel nach freundlicher Unterstützung der gastgebenden Gäste, und so hieß es am Ende 0:2 im über weite Strecken gar nicht so ungleichen Duell Oberliga gegen Bundesliga. Rund ums altehrwürdige Stadion herrschte Volksfeststimmung bei herrlichem Sommerwetter. Nach dem Schlusspfiff feierte die Freiburger Mannschaft vor der Nordtribüne, ganz so wie zuletzt vor 686 Tagen gegen Augsburg. Ein kurioser und nostalgischer Nachmittag irgendwo zwischen Vergangenheit, Gegenwart und Zukunft.

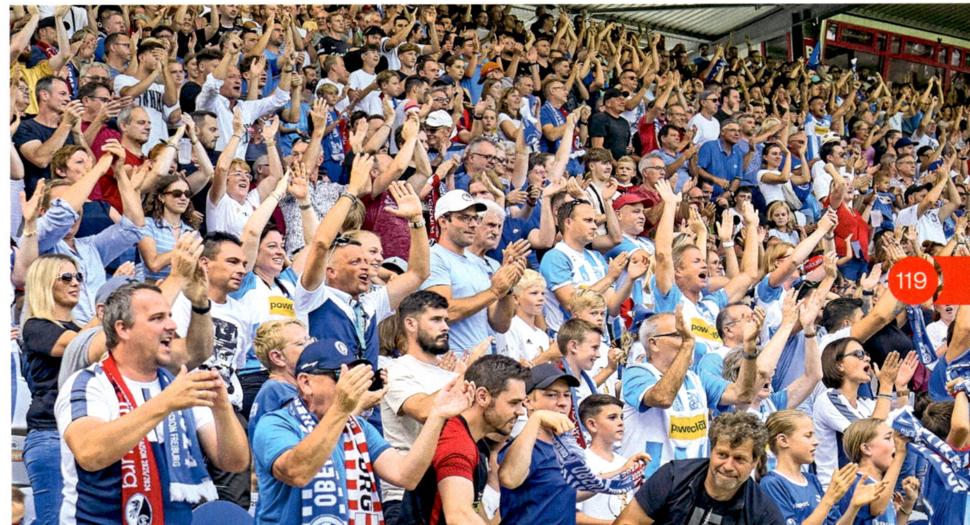

Die SVO-Fans hatten gute Laune.

Über **30.000** Zuschauer pro Spiel

25.000 Dauerkarten

35.000 Freiburger Fans beim DFB-Pokalfinale 2022

28.000 Ticketanfragen für 2.100 Auswärtskarten bei Juventus Turin

60.000 Mitglieder

Über **100** offizielle Fanclubs mit mehr als **5.000** organisierten Mitgliedern

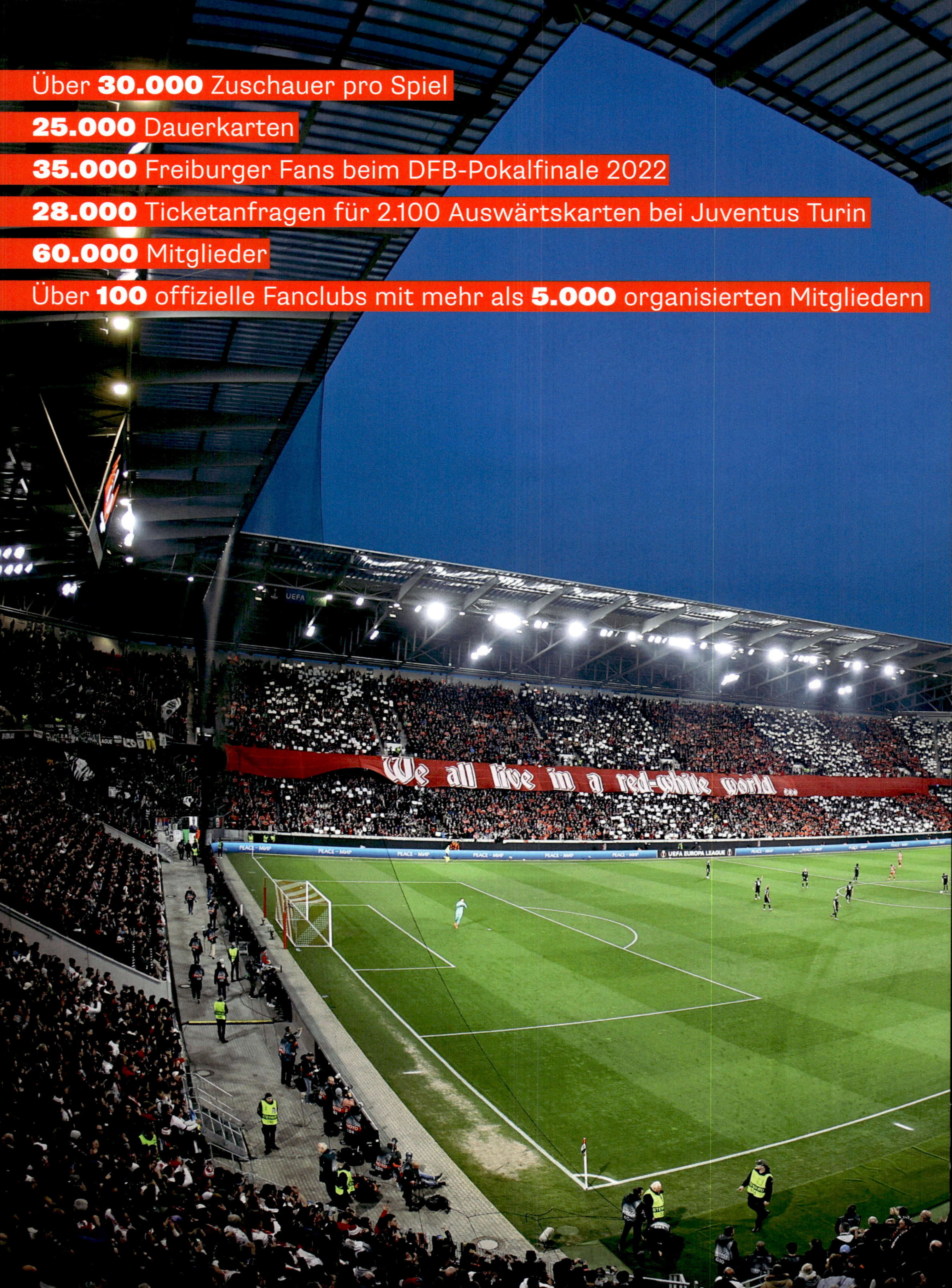

Alles über den SC Freiburg

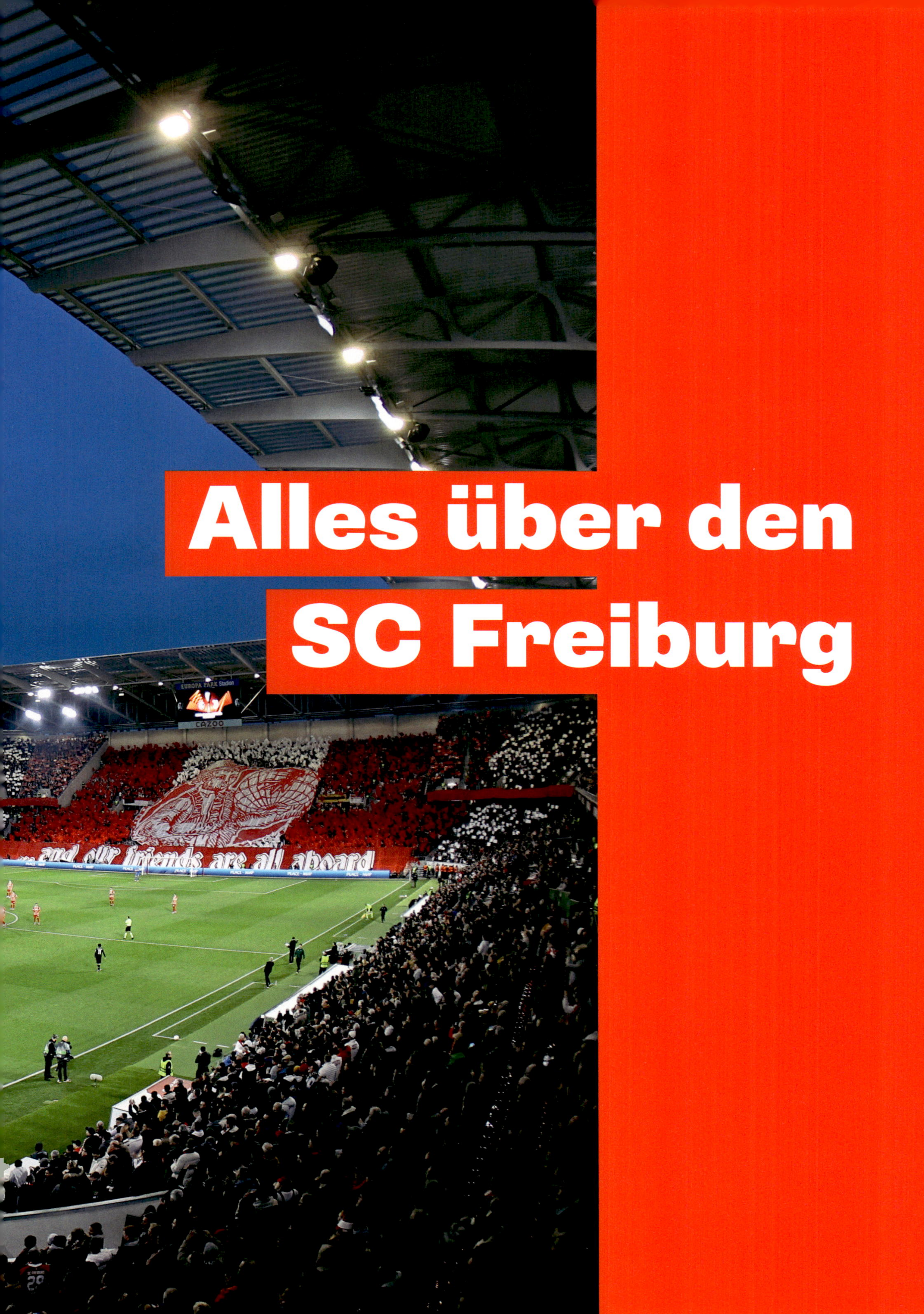

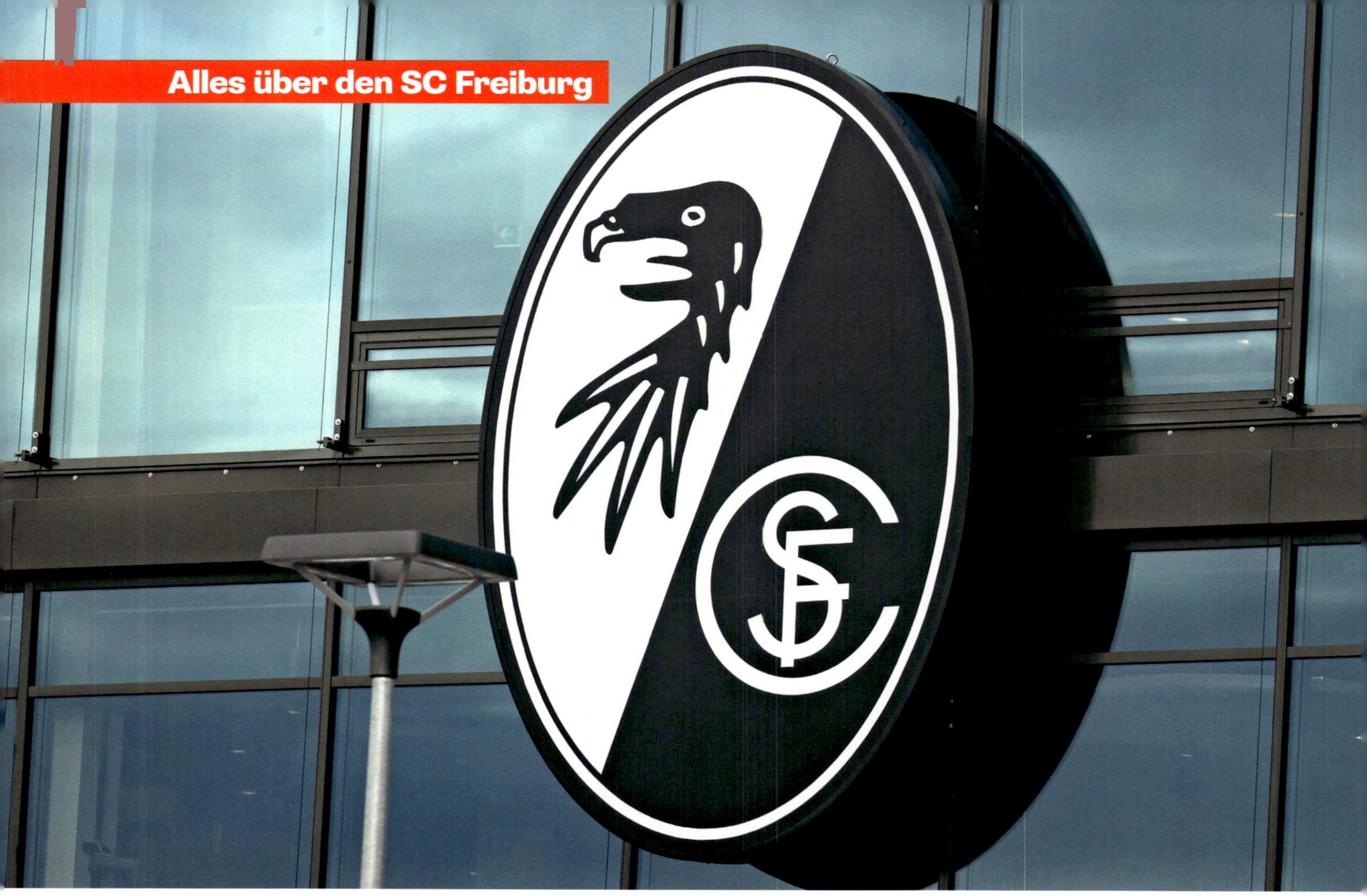

Das Vereinswappen mit dem Greif ist an verschiedenen Stellen des neuen Stadions zu sehen. Hier als Dekorationselement der Glasfassade der Westtribüne, hinter dem die Business-Ebenen platziert sind …

Der SC-Greif

Das Freiburger Vereinswappen besteht aus einem geteilten Oval mit einem schwarzen Greif auf weißem Grund auf der linken Seite sowie der verschlungenen weißen Buchstabenkombination S-C-F auf schwarzem Grund rechts. Der Ursprung des Wappens ist gut dokumentiert. Von seiner Einführung wird in der „Sport-Club Rundschau“ im Jahre 1924 im Artikel „Unser neues Vereinsabzeichen“ berichtet. Es wird von langwierigen Diskussionen erzählt und dass im Zusammenhang mit dem Wappen auch die Vereinsfarben diskutiert wurden.

Diese waren nämlich keineswegs immer Weiß-Rot, wie es heute in der Satzung verankert ist. Bei seiner Gründung gab sich der Verein die Farben Schwarz-Weiß-Gold. Dabei sollte es 1924 auch bleiben. „Wie so alles andere, so hat eben auch unser Gedächtnis unter der modernen Zeitströmung sehr gelitten, sonst hätte es jener unerquicklichen Debatten nicht bedurft“, heißt es in der Vereinszeitschrift. Die sogenannte „Farben-Affäre“ spiegelte wohl auch einen Generationenkonflikt im Verein, bei dem sich ganz klassisch Jung gegen Alt bzw. progressiv gegen konservativ gegenüberstanden.

Der Entwurf des neuen Wappens stammte vom dafür beauftragten Universitätszeichenlehrer Hans Dettelbacher (der später als Nationalsozialist in Erscheinung trat), der die Auswahlkommission des Sport-Clubs zu überzeugen wusste: „Die einstimmige Billigung über den nunmehr zur Ausführung gekommenen Entwurf bewies, dass die Geschmacksrichtung innerhalb des Kollegiums eine einheitliche war.“ Eine wich-

tige Verwendung des neuen Vereinsabzeichens waren Anstecknadeln, die anlässlich der Jubiläumswoche im 20. Gründungsjahr hergestellt wurden.

Der Greif ist ein Fabelwesen mit Adlerkopf und Löwenkörper, wobei im Freiburger Fall nur Hals und Kopf zu sehen sind. Seit etwa 1907 ist der Greif auch das Markenzeichen der Freiburger Ganter-Brauerei, die seit 1877 an der Dreisam unweit des Schwabentors ihren Sitz hat. Zuvor war das Ganter Bier seit 1865 in der Innenstadt am Kartoffelmarkt gebraut worden. Dort war und blieb der Brauereiausschank, der lange Zeit als Vereinslokal des SC Freiburg diente. Daher liegt die These auf der Hand, dass der Verein bzw. Wappen-Zeichner Dettelbacher den Ganter-Greif seinerzeit für sein Wappen übernahm. Dafür gibt es jedoch keine Belege. Wahrscheinlicher ist, dass der Entwurf einen Bezug zur Stadt Freiburg hat. Deren gängige Symbole sind das Georgskreuz, das Wasserschloss (zu sehen auf den Gullideckeln der Stadt) und der Greifenkopf. Letzterer stammt aus der Zeit der Zähringer-Herrschaft, als die Stadt Freiburg das Recht zur Münzprägung hatte.

Das neue Vereinswappen wurde bis heute nur in Nuancen abgewandelt bzw. angepasst. So gibt es auch schmalere und breitere Ausführungen als das Original von 1924. Die Vereinsfarben wiederum wurden 1952 in Weiß-Rot verändert. Warum Weiß-Rot und nicht Rot-Weiß? Vermutlich ist der Grund dafür einmal mehr die Konkurrenz vom Freiburger FC. „Rotjacken" nennen sich die Rot-Weißen, da wollte man sich beim Sport-Club lieber abgrenzen. Weiß-Rot sind zudem die Stadtfarben. Deren Wappen – das Georgskreuz – wird zudem immer wieder in Darstellungen des Sport-Clubs genutzt – beispielsweise in Trikots oder Fahnen.

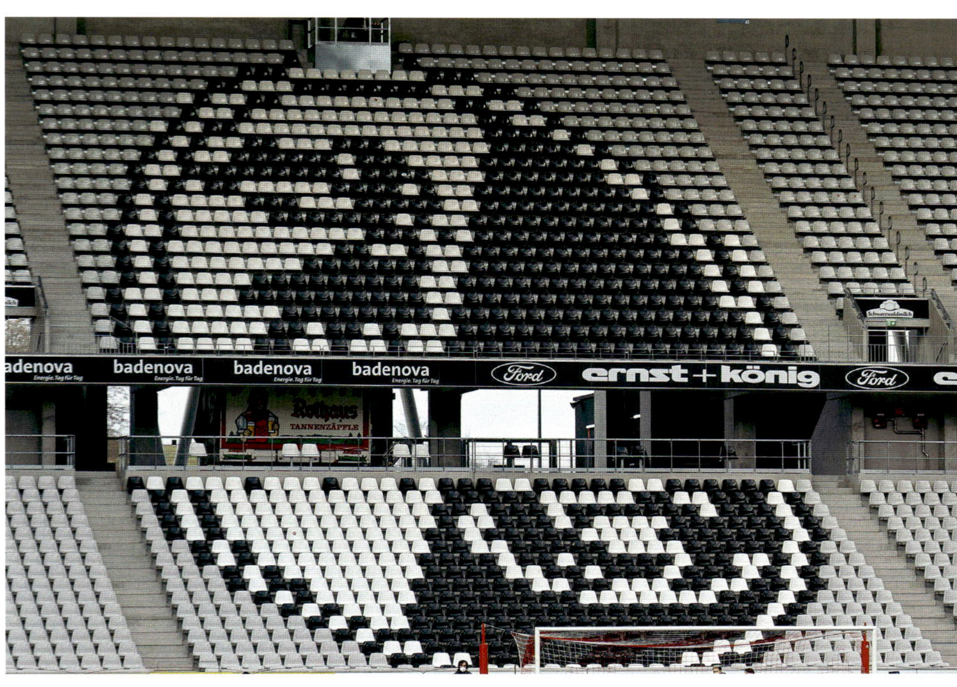

... oder als Mosaik aus Stadion-Sitzschalen im Heimbereich der Nordtribüne.

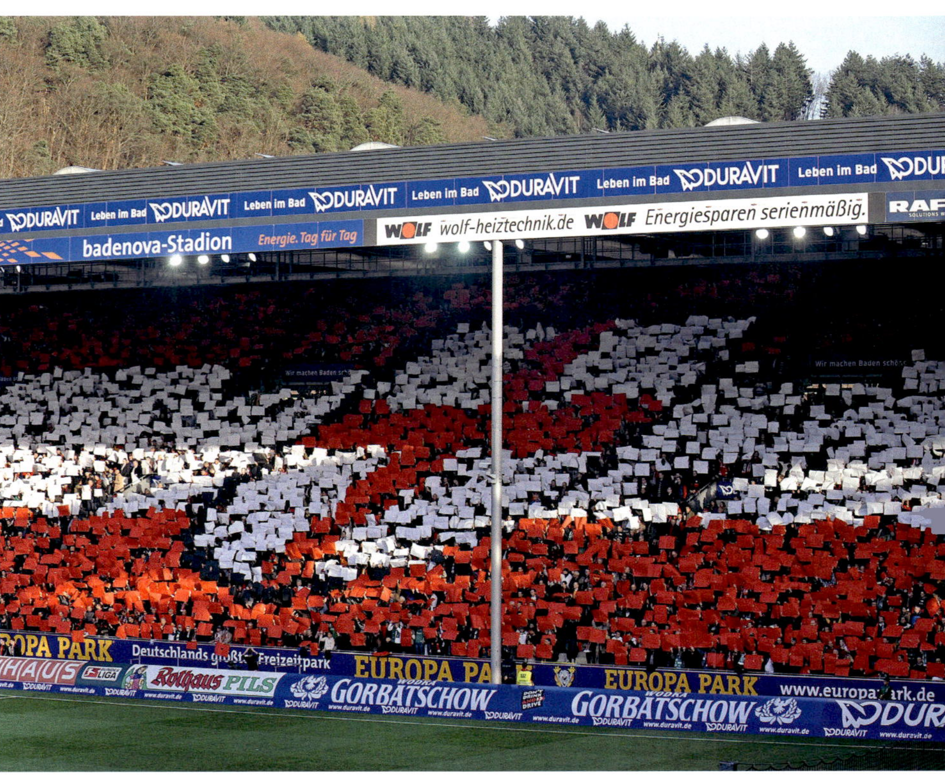

Das Stadtwappen als Teil einer Choreografie.

Ein Stadion für alle

Die Architekten des 2021 eröffneten Europa-Park Stadions waren erfahrene Bauherren. Das in Düsseldorf ansässige Büro HPP Architekten hatte weltweit bereits einige Sportstätten umgesetzt und zeichnete auch für das Deutsche Fußballmuseum in Dortmund verantwortlich.

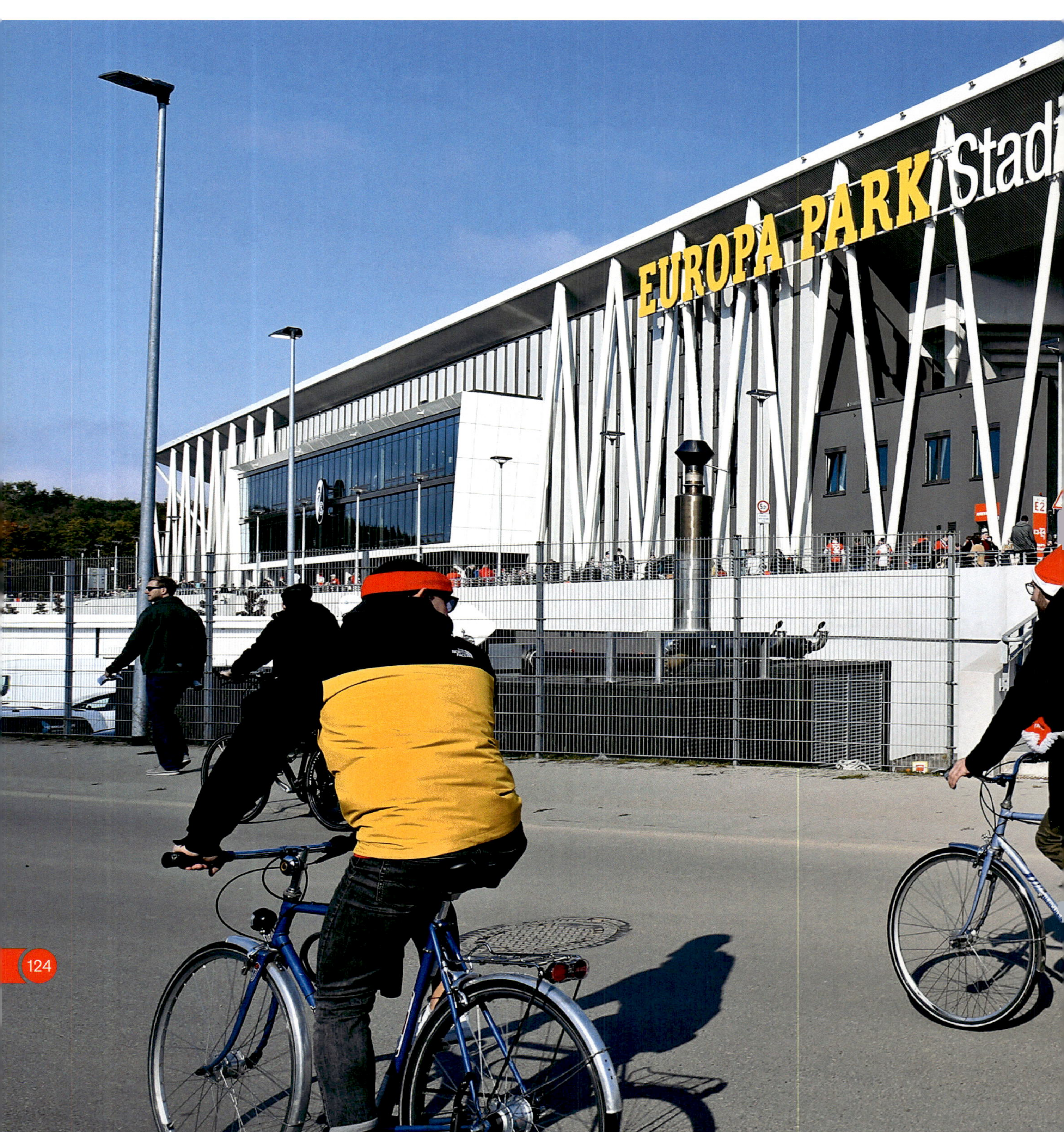

Den Freiburger Leitgedanken „Ein Stadion für alle" setzte man mit großer Expertise und Leidenschaft um.

Das neue Stadion setzt in vielerlei Hinsicht Maßstäbe und spiegelt den besonderen Charakter des SC Freiburg. So ist beispielsweise das Verhältnis von 144 Rollstuhlfahrerplätzen zur Gesamtkapazität 34.700 ligaweit spitze. Die Rollstuhlplätze befinden sich in einem das gesamte Stadionrund umspannenden, barrierefrei zugänglichen Umlauf, der an Spieltagen nur durch den Auswärtsblock und den Busi-

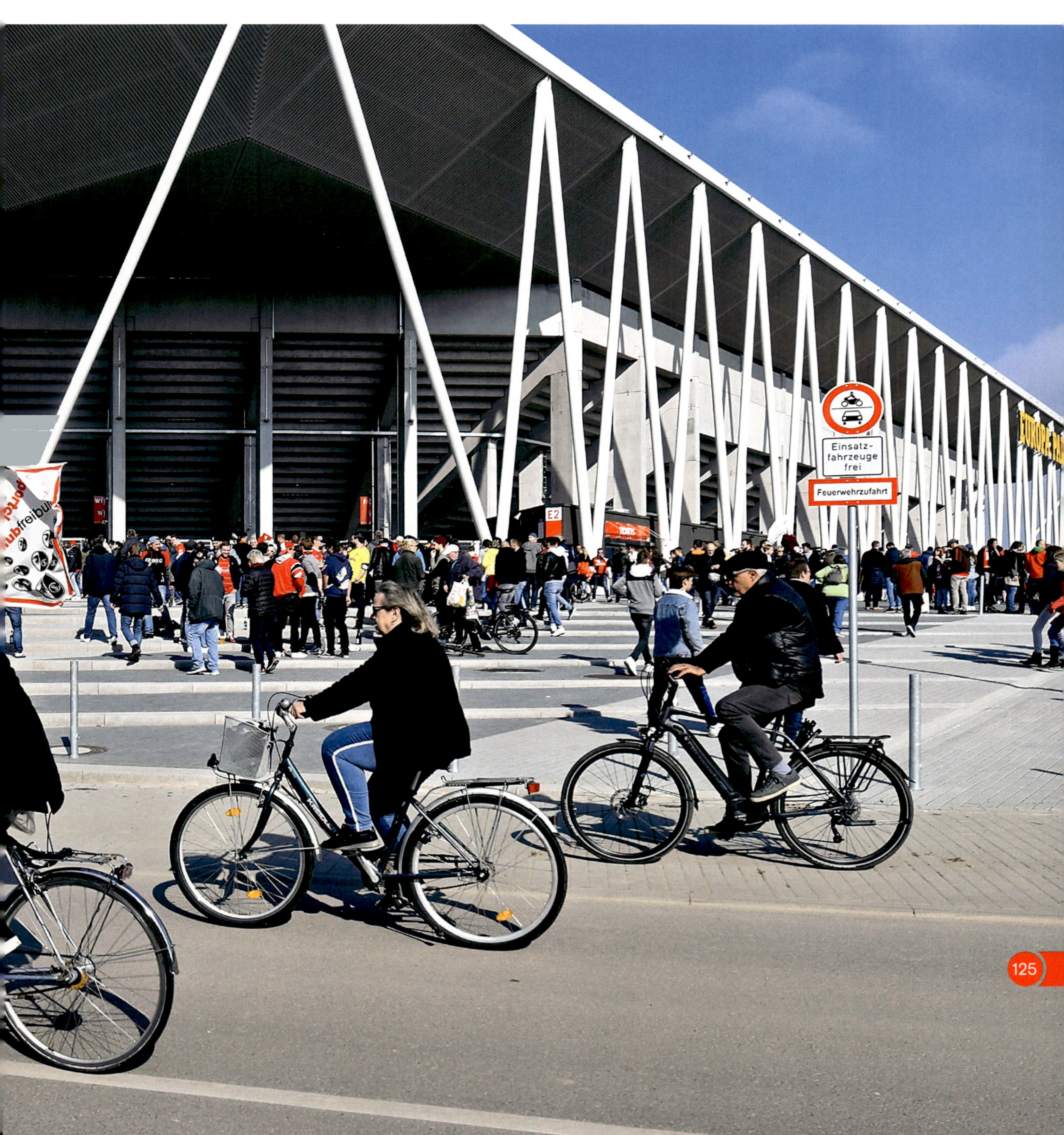

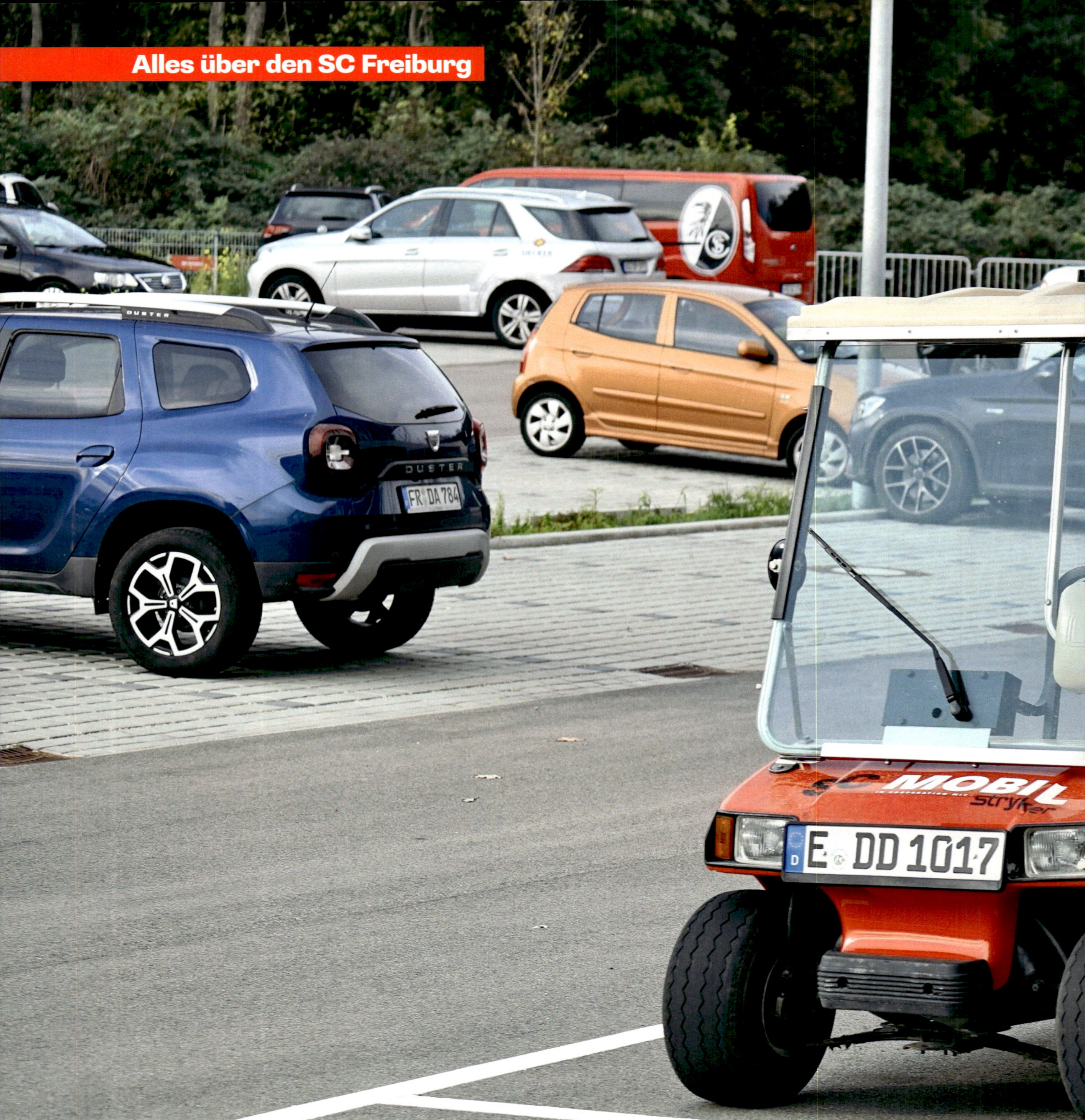

ness-Bereich unterbrochen wird. Die „Rollis" unter den Auswärtsfans können ihre Plätze über eine Rampe direkt vom Gästeparkplatz erreichen. Zu den weiteren inklusiven Angeboten im Freiburger Stadion gehören eine „Toilette für alle" auf der Osttribüne, der Inklusionsblock O7, wo gegen entsprechenden Nachweis (Schwerbehindertenausweis) vergünstigte Sitzplätze mit möglichst kurzem und barrierefreiem Weg vom De-facto-Haupteingang E1 Richtung Boulevard und Parkplatz angeboten werden. Und wer den knapp 900 Meter langen Weg bis zur Straßenbahn nicht selbst bewältigen kann, bekommt Unterstützung von freiwilligen Helfern, die an Spieltagen mit dem SC-Mobil unterwegs sind.

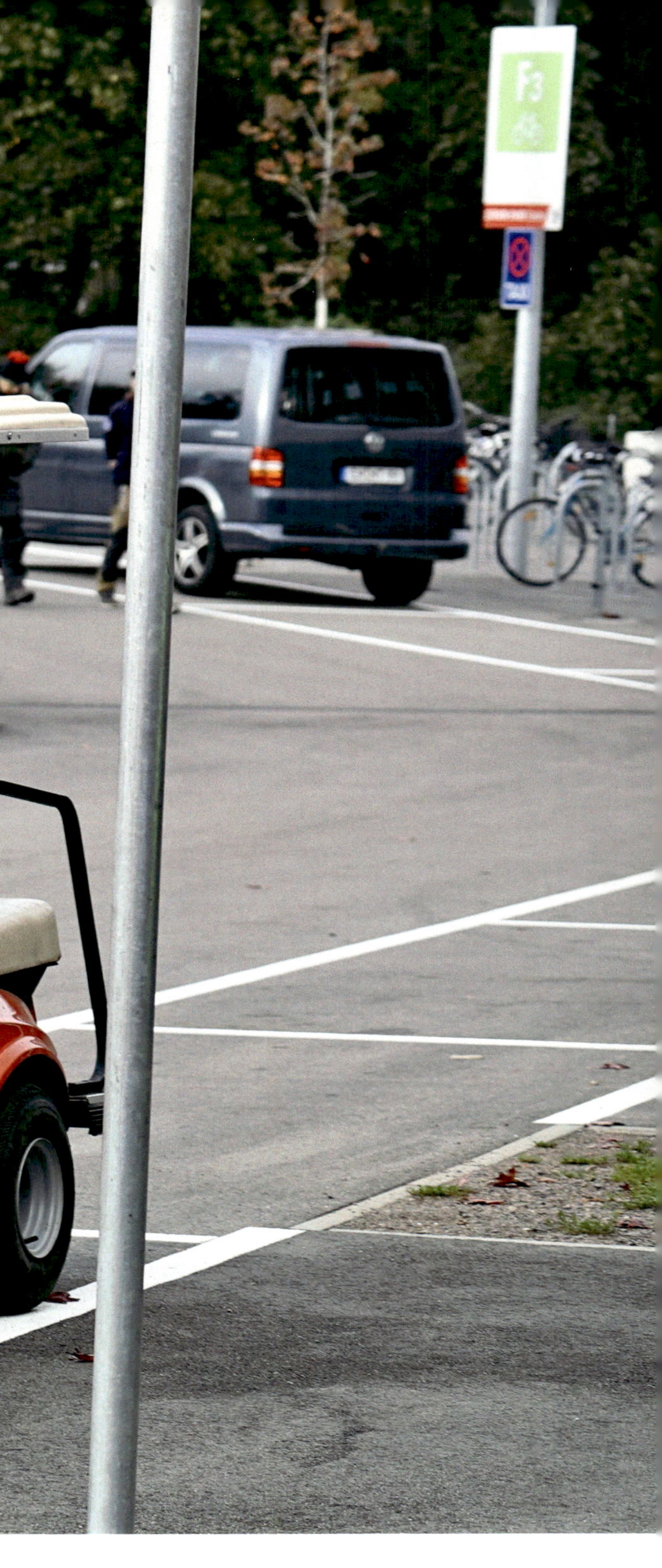

Ebenfalls von einem Team von freiwilligen Helfern erhalten Sehbehinderte in Freiburg eingesprochene Reportagen. Die entsprechenden Reporter sind innerhalb der Bundesliga miteinander vernetzt und haben ihre Position auf der gegenüberliegenden Seite bei den Reporterplätzen der West- bzw. Haupttribüne. Die Funkkopfhörer, mit denen die auch im Internet gestreamte Reportage gehört werden kann, gibt es am Inklusionsblock O7.

3.700 Fahrradstellplätze rund um die Heimspielstätte im Freiburger Westen suchen ligaweit ebenfalls ihresgleichen.

„Stadion für alle“ bedeutet auch, mehr Menschen als bisher die Möglichkeit zu geben, die Spiele des SC Freiburg zu besuchen. Und das bei

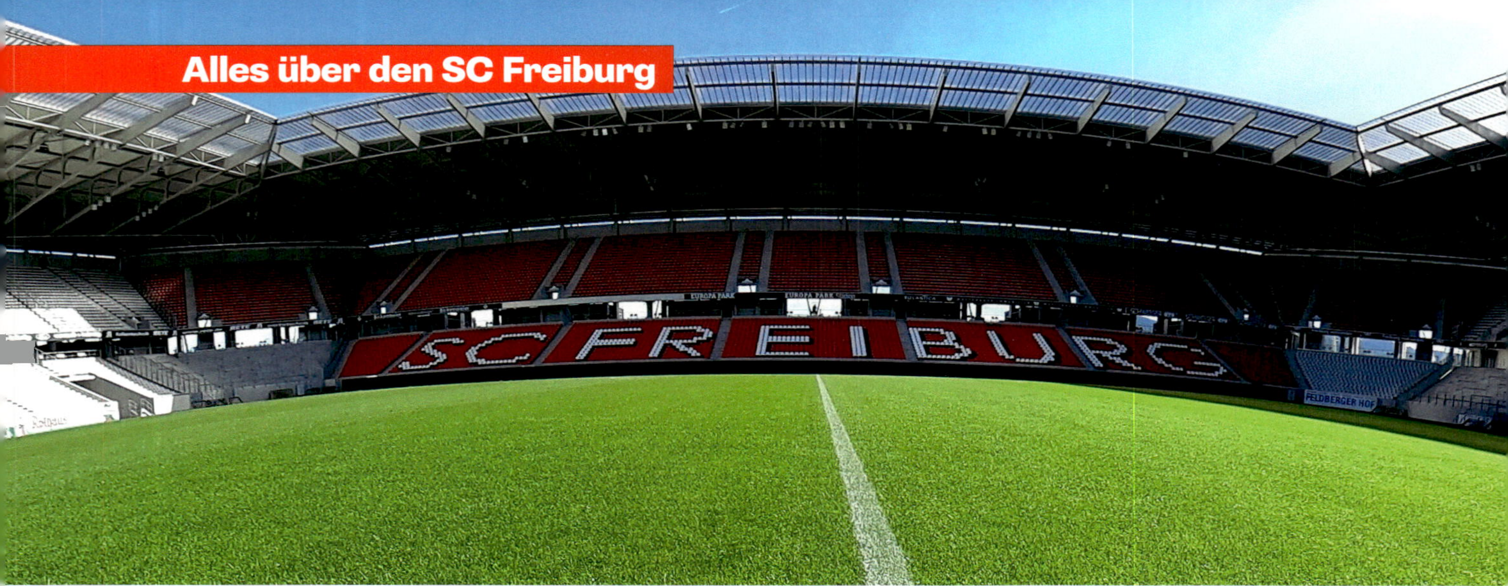

deutlich verbesserter Erreichbarkeit. Es muss nun nicht mehr die gesamte Stadt durchquert werden, wenn Besucherinnen und Besucher vom Westen über die Autobahn oder den Hauptbahnhof anreisen.

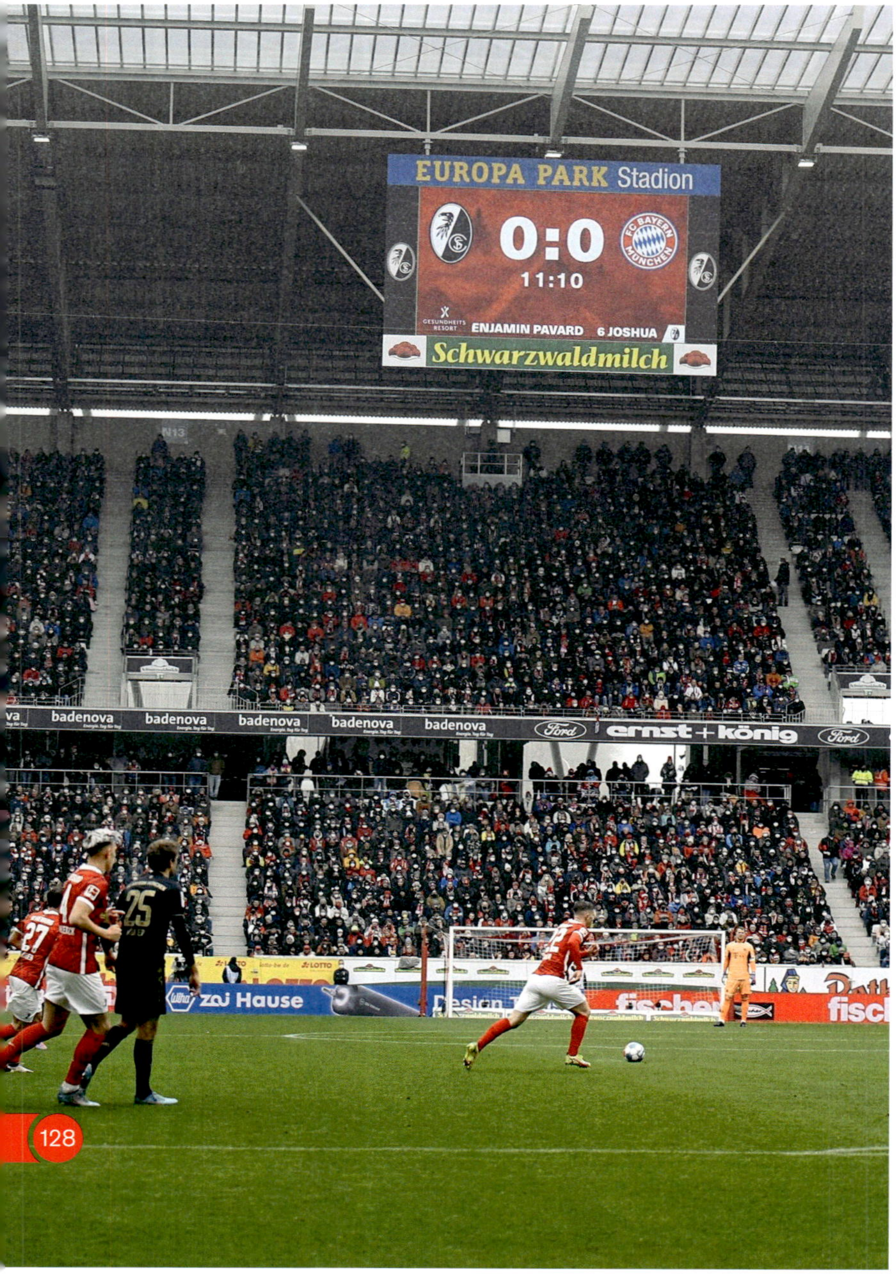

Das Angebot von über 12.000 Stehplätzen – ein gutes Drittel der Gesamtkapazität – macht den Stadionbesuch für viele erschwinglich. Die Freiburger Stehplatz-Dauerkarte gehört mit 210 Euro zwar nicht zu den günstigsten in der Bundesliga (2023/24: TSG Hoffenheim, 150 Euro), liegt aber auch deutlich unter dem teuersten Angebot (Darmstadt 98, 256 Euro).

Die Rückkehr in den Westen der Stadt knüpft an die Vereinsgeschichte an. 1928 eröffnete der SC Freiburg unweit des heutigen Europa-Park Stadions im Bereich des Messegeländes das Wintererstadion. Eigentlich wollte man die Anlage gemeinsam mit dem PSV Freiburg nutzen, um die Kosten gering zu halten. Doch als zunächst der PSV aus wirtschaftlichen Gründen ausstieg und dann die Wehrmacht das Gelände für einen militärisch genutzten Flugplatz beanspruchte, musste das in Eigenleistung errichtete Stadion bereits 1937 wieder abgerissen werden.

Stadiontour hat Vorteile

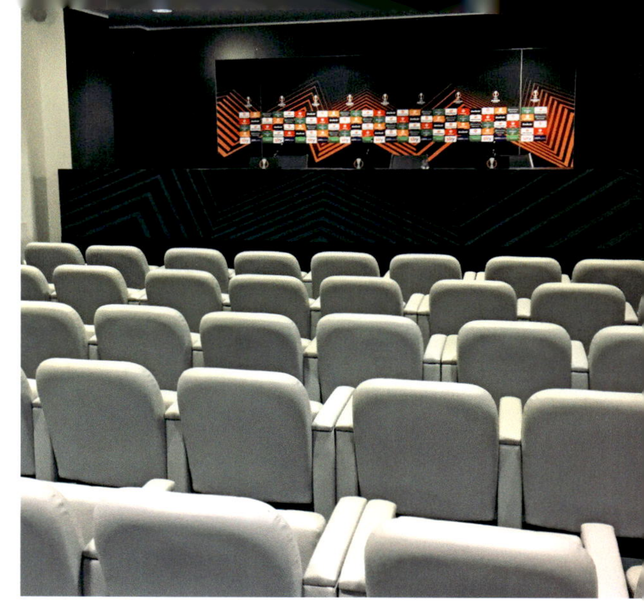

Eine Stadiontour hat gegenüber dem Spielbesuch den einen oder anderen Vorteil. Das fängt mit der Anreise und der Parkplatzsuche an. Diese dürfte in den allermeisten Fällen zeit- und kostensparender als am Spieltag ausfallen und damit wesentlich weniger nervenaufreibend. Zudem kann man sich die Termine im Gegensatz zu den Spielen weitestgehend selbst aussuchen und dem eigenen Terminplan anpassen. Die Tickets sind natürlich auch wesentlich günstiger und, im Fall Freiburg bedeutend, wesentlich einfacher zu bekommen.

Bei einer Stadiontour bekommt man exklusive Einblicke in sonst verborgene Bereiche, vom Medienarbeitsbereich- und PK-Raum über Mixed Zone bis hin zur Kabine, dem Spielertunnel und schließlich dem Spielfeld. Manchmal werden sogar die Türen der VIP-Bereiche und -Logen geöffnet. Probesitzen und Erinnerungsfotos auf der Trainer- und Ersatzbank gehören zu den Highlights. Manchmal werden die Besuchergruppen wie zwei Teams aufgestellt und die Einlaufmusik eingespielt, wenn es durch den Spielertunnel auf den heiligen Rasen geht. Oder besser: neben den heiligen Rasen. Denn auf das eigentliche Heiligtum darf niemand außer den Spielern.

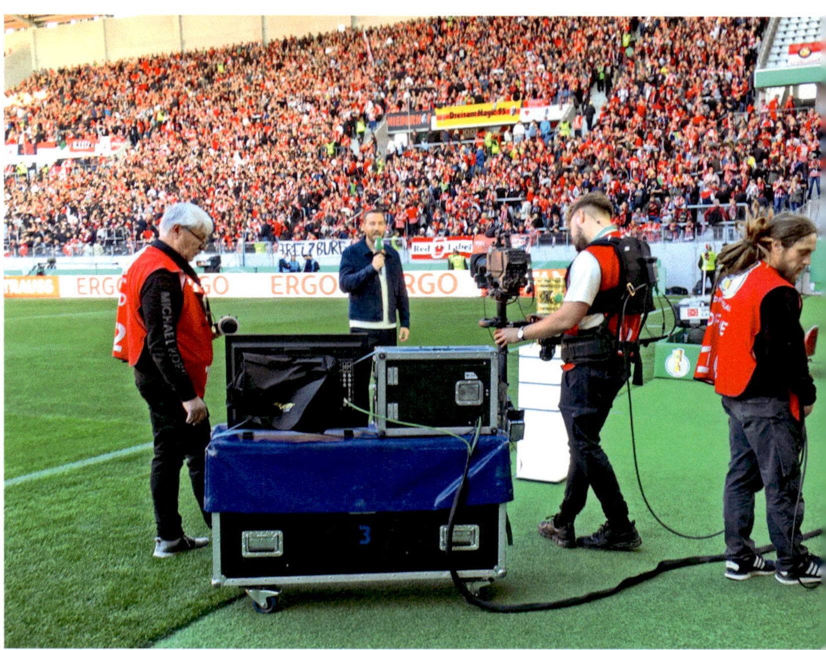

Mit den Stadionguides, in aller Regel Fans und langjährige Beobachter ihrer Klubs, können fachliche Gespräche geführt und Anekdoten ausgetauscht werden.

Zu guter Letzt läuft man bei einer Stadiontour nicht Gefahr, dass das eigene Team verliert und den Stadionbesuch – und damit den ganzen Tag – vermiest. Es sei denn, man hat die Gelegenheit zu einer Stadiontour am Spieltag, dann hat man die perfekte Symbiose aus beiden Stadionerlebnissen.

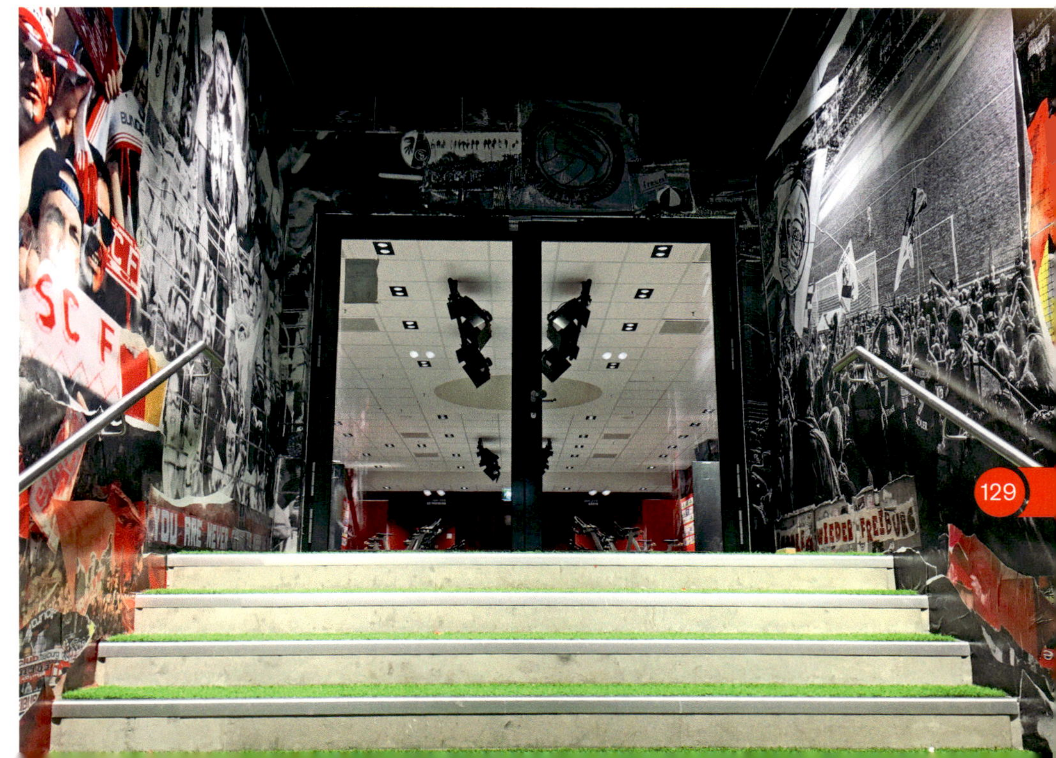

Sightseeing – Die Vielfalt der Stadt auf 320 Metern

Um die Zuschauermassen möglichst umweltfreundlich ins neue Stadion im Freiburger Westen zu transportieren, das einen Kapazitätszuwachs um knapp 10.000 von 24.000 auf 34.700 brachte, setzte die Stadt Freiburg neben dem ausgeklügelten Fahrradwegekonzept und 3.700 Stellplätzen für die Drahtesel auf die Verlängerung der Straßenbahnlinie bis zum nahegelegenen Messegelände.

Die 320 Meter zwischen der Stadion- und der Endhaltestelle, die von einer langen Betonwand vom angrenzenden Flugplatz und der Autostraße Madisonallee abgetrennt werden, sollten möglichst farbenfroh gestaltet werden und zugleich die Vielfalt der Stadt Freiburg zeigen. Der einheimische Graffiti-Künstler Tom Brane hat bei der Auswahl der Motive die Bandbreite von in Frage kommenden Themen von Kultur (Stadttheater, Straßenmusik) über Alltagsszenen (Menschen, Tiere, Gegenstände) sowie Stadt- und Naturlandschaften und natürlich ganz viel Fußball aufgegriffen. Die Besonderheit in der konzeptuellen Farbgestaltung liegt darin, dass immer die Farben verwendet wurden, die den bei den Motiven verkehrenden Straßenbahnlinien zugeordnet sind.

Entstanden ist nicht weniger als „Freiburgs größtes Kunstwerk", wie die Auftraggeberin, die städtische Nahverkehrs-Tochter Freiburger Verkehrs AG, feststellte. Das Werk, für das Angaben des Künstlers zufolge 300-400 Spraydosen geleert wurden, erstreckt sich über die gesamten 320 Meter in einem halben bis 1,80 Meter Höhe und erfreut alle aufmerksamen Fahrgäste und Fußgänger auf ihrem Weg zum Stadion.

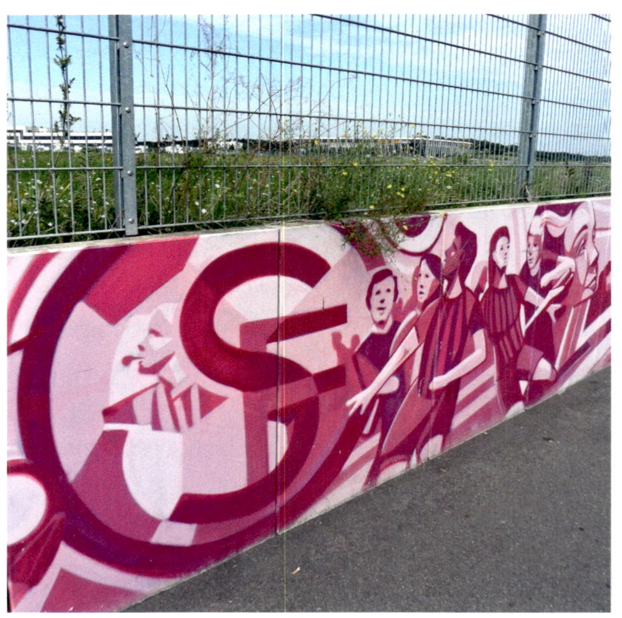

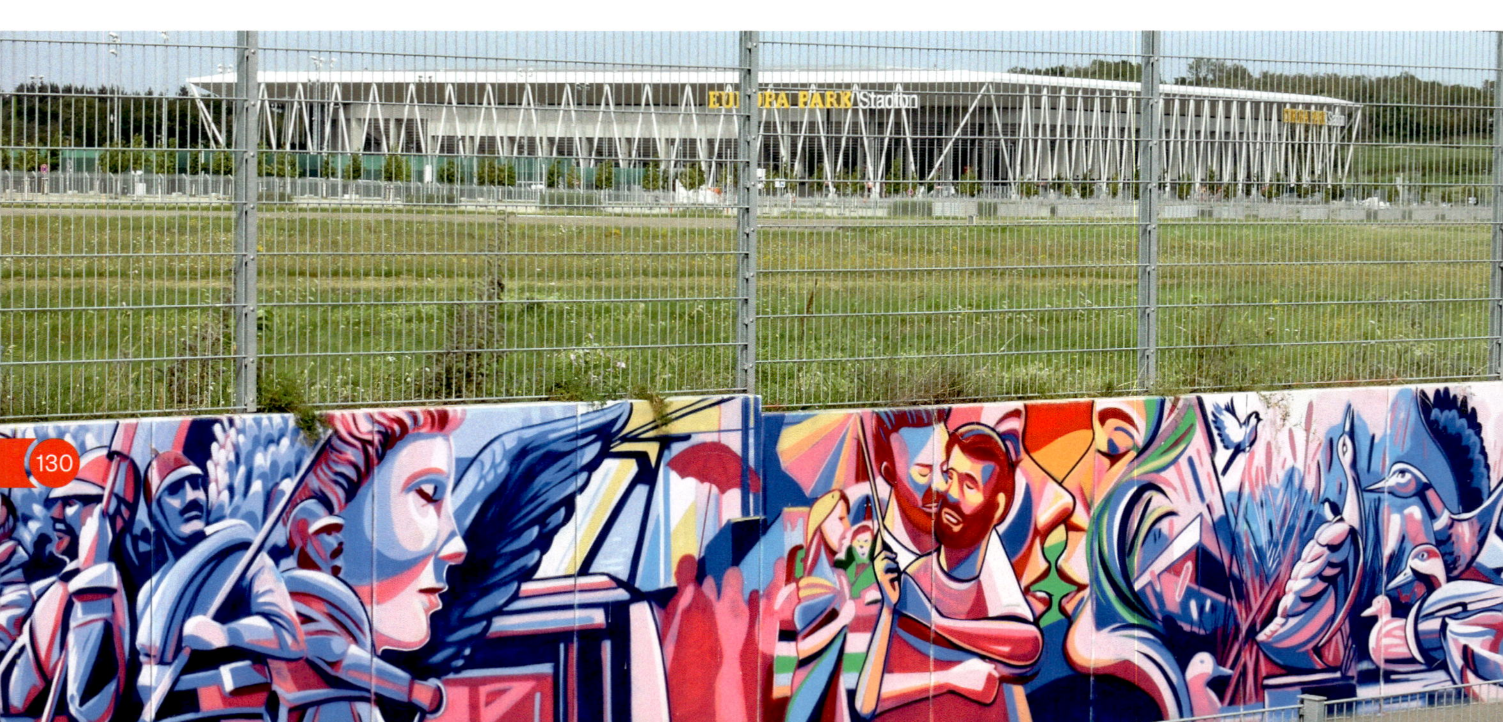

Freiburger Trikots

Wie überall hat sich das Thema Trikots in den letzten Jahrzehnten auch in Freiburg rasant entwickelt. Beim ersten Bundesliga-Aufstieg 1993 gab es nur eine Handvoll Geschäfte in der Stadt, die das SC-Trikot feilboten. Bis zum Aufstieg war ohnehin nur eine kleine Gruppe Fans im Trikot des Ausrüsters PATRICK herumgelaufen, das heute Kultstatus genießt.

Im Aufstiegsjahr hatte das mittelständische Unternehmen „zehnder Wärmekörper" aus Lahr im Schwarzwald die Rolle des Haupt- und Trikotsponsors eingenommen. Zuvor war diese vom Bauunternehmer Gernot Pöpperl erfüllt worden, der bis heute im Aufsichtsrat des e.V. sitzt. Pöpperl hatte sein jahrelanges Engagement zunehmend als Mäzenatentum verstanden und stets zu verstehen gegeben, dass er den Werbeplatz räumen würde, sollte sich ein tatsächlich an Werbewirkung interessierter Kunde melden. Mit der erfolgreichen Saison 1991/92 hatte der Sport-Club ein sportliches Ausrufezeichen gesetzt und „zehnder" damit ab 1992/93 zum Sponsoring bewogen. Mit dem ersten Bundesliga-Aufstieg

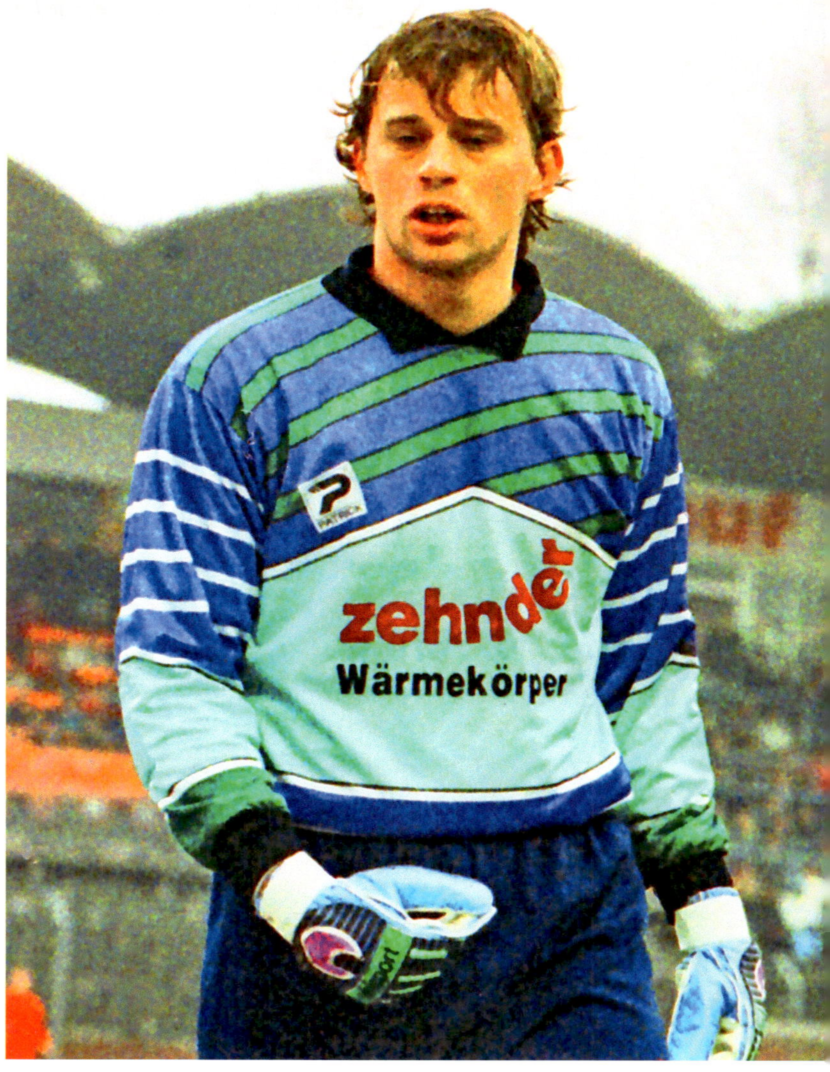

Mit „formschönen Wärmekörpern" erklomm der Sport-Club 1993 die Bundesliga. Hier Torwart Carsten Eisenmenger.

„Naturstrom ist besser als Atomstrom".

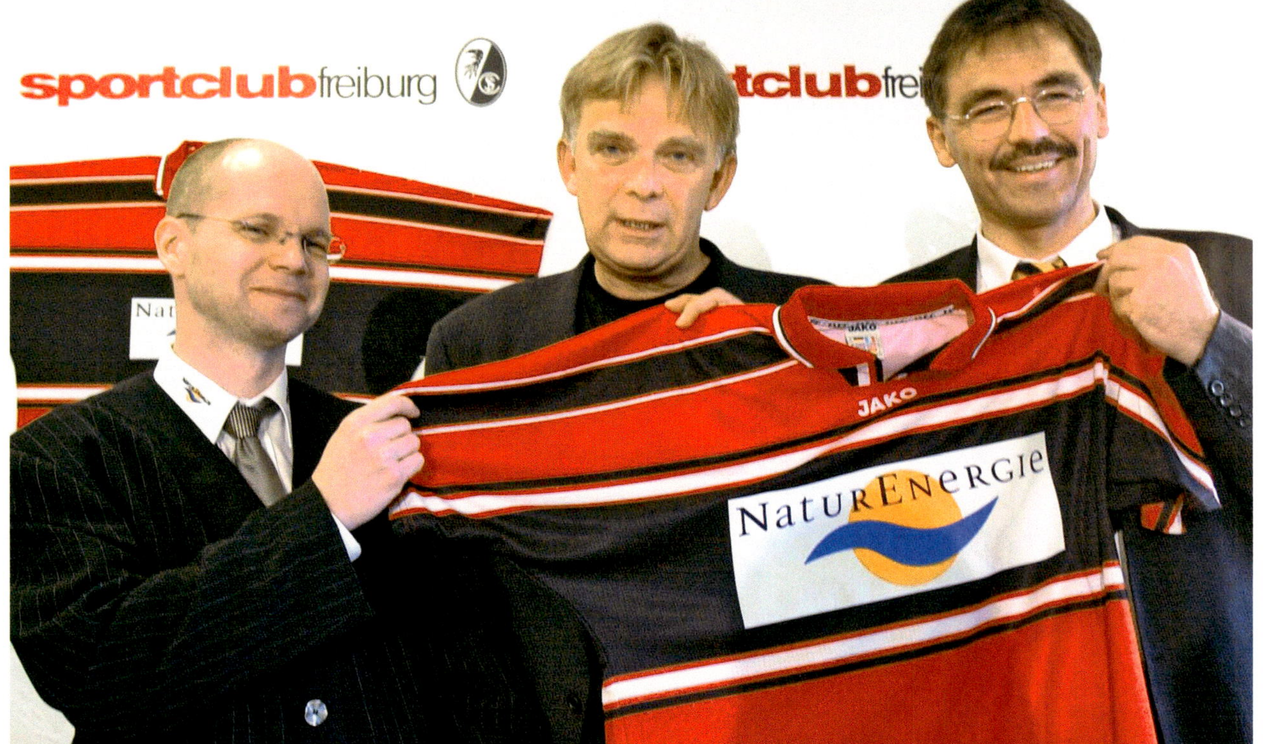

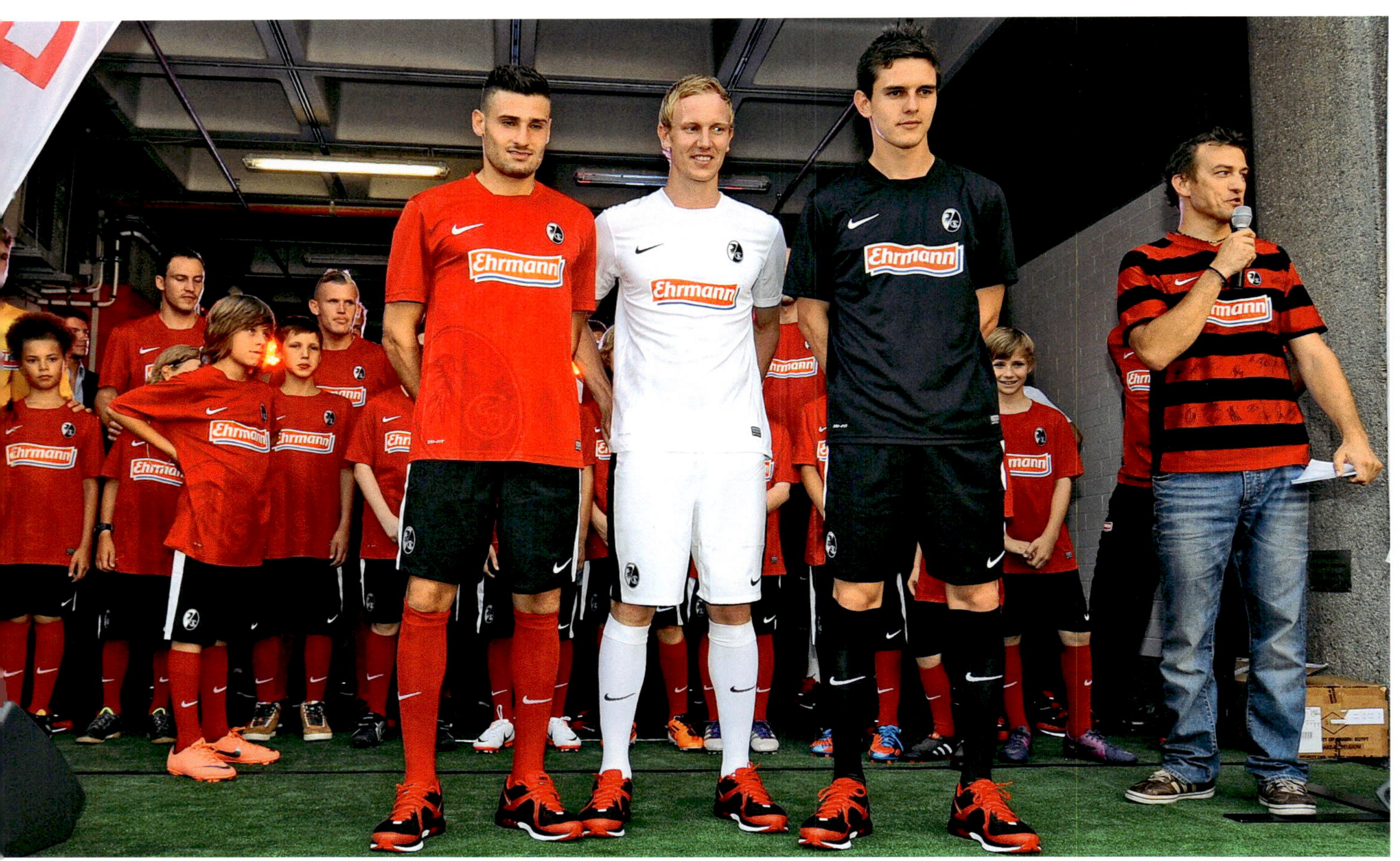

Langjähriger Werbepartner: Ehrmann.

wurde die Vermarktung der Trikot-Brust dann wesentlich einfacher, denn in der Beletage des deutschen Fußballs wird schließlich eine ganz andere Aufmerksamkeit und TV-Präsenz erreicht als in den Niederungen der damals längst nicht wie heute überhypten 2. Bundesliga.

Ein moderner Klassiker der Freiburger Trikot-Historie ist die Kollektion 1994/95. Mit ihrer Schlichtheit und Eleganz fanden die klassisch vertikal gestreiften Trikots im Stile von Juventus Turin (weiß-schwarz) bzw. AC Mailand (rot-schwarz) begleitet vom sportlichen Erfolg - es war die tabellarisch erfolgreichste Saison der Vereinsgeschichte - reißenden Absatz. Die Trikots jener Saison werden heute hoch gehandelt und auch noch getragen, was einiges über die Qualität aussagt. Nicht auszuschließen allerdings, dass einige Fakes darunter sind, denn im Internet kursieren mittlerweile die verrücktesten Angebote. Neben offensichtlich gefälschten Artikeln gibt es auch gekonnt gefälschte Stücke, die man erst auf den zweiten Blick als solche erkennt.

Zuweilen gibt es inhaltliche Dispute bezüglich der Geschäftsmodelle bzw. -tätigkeit der Sponsoren. So sorgte das Trikot der Saison 2022/23 mit dem britischen Online-Gebrauchtautohändler CAZOO bei Teilen der Fanszene für Unverständnis, weil man darin nicht die Werte ihres Vereins repräsentiert sah. Das Thema erledigte sich mit dem Rückzug des Sponsors vom europäischen Markt. Mit der Freiburger Firma JOBRAD wurde ein Nachfolger gefunden, der perfekt zum Publikum passt.

Das war auch schon vor 20 Jahren der Fall, als in Freiburg ein Trainer im Amt war, der nach einem Auswärtssieg in Dortmund - Freiburg warb für „Naturenergie“, Dortmund für „E.ON“ - in die Kameras sprach: „Naturstrom ist besser als Atomstrom“.

Europa-Park und -Stadion und Europa-Pokal

Mit dem Europa-Park hat der SC seit über 30 Jahren einen verlässlichen Partner, der mit dem Klub durch dick und dünn, durch erste wie zweite Liga, geht. Der Europa-Park gehörte schon während seiner Anfänge zum Sponsorenpool des SCF. Die beiden Top-Freizeit-Angebote der Region sind miteinander gewachsen und gehören heute zu den jeweils besten auf ihren Gebieten.

In den ersten beiden Spielzeiten im nach dem Freizeitpark benannten neuen Stadion wurden Platzierungen erreicht, die den Sport-Club ins internationale Geschäft führten. An den großen europäischen Abenden bleiben die anfangs zwei, inzwischen drei großen gelben Leuchtschriften des Namenssponsors dunkel. Das Stadion heißt auf Forderung der UEFA dann „Stadion am Wolfswinkel". Einen weiteren Namen hat die Freiburger Fanszene beigesteuert. Für Menschen, die das Stadionnamen-Sponsoring ablehnen, heißt es „Mooswaldstadion".

Das EP-Stadion und den EP trennen rund 30 Kilometer. Dem Leipziger Trainer Marco Rose war dies offenbar nicht bewusst, als er im Frühjahr 2023 angesichts von binnen weniger Tage angesetzten RB-Spielen im Pokal und in der Liga in Freiburg meinte: „Drei Tage unter einer Achterbahn zu schlafen, stelle ich mir nicht direkt leistungsfördernd vor." Es bleibt offen, ob Rose wirklich nicht informiert war oder ob er lustig sein wollte.

Den offiziellen „Europa-Park x SC Freiburg Fantag" gibt es seit 2021. Damals noch in der Nebensaison im Dezember ausgetragen, fand er 2022 im Oktober und 2023 im Juni statt. Damit können die Fans direkt von der Partnerschaft zwischen SC und Europa-Park profitieren, was nebenbei wunderbare Bilder der Europa-Park/SC Freiburg-Familie liefert.

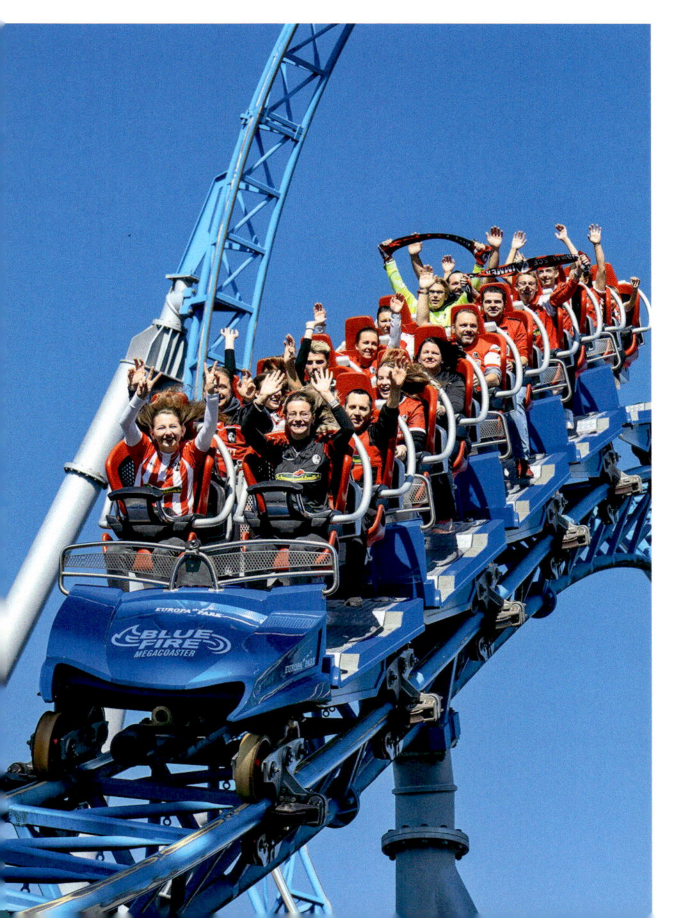

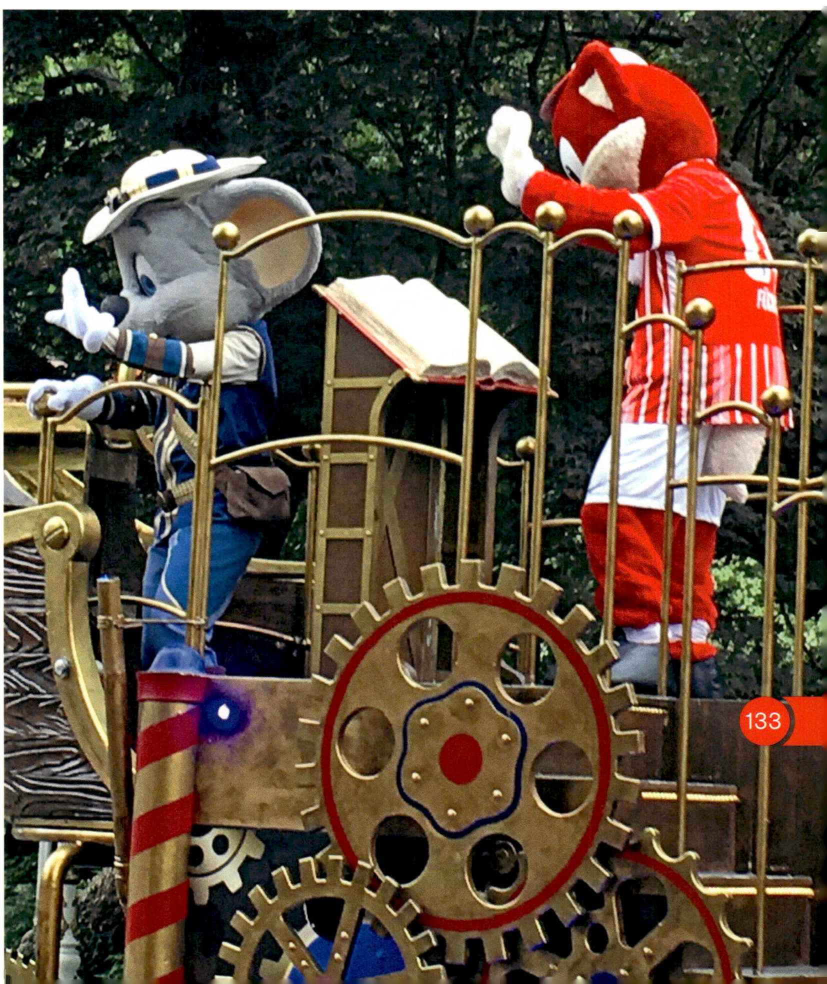

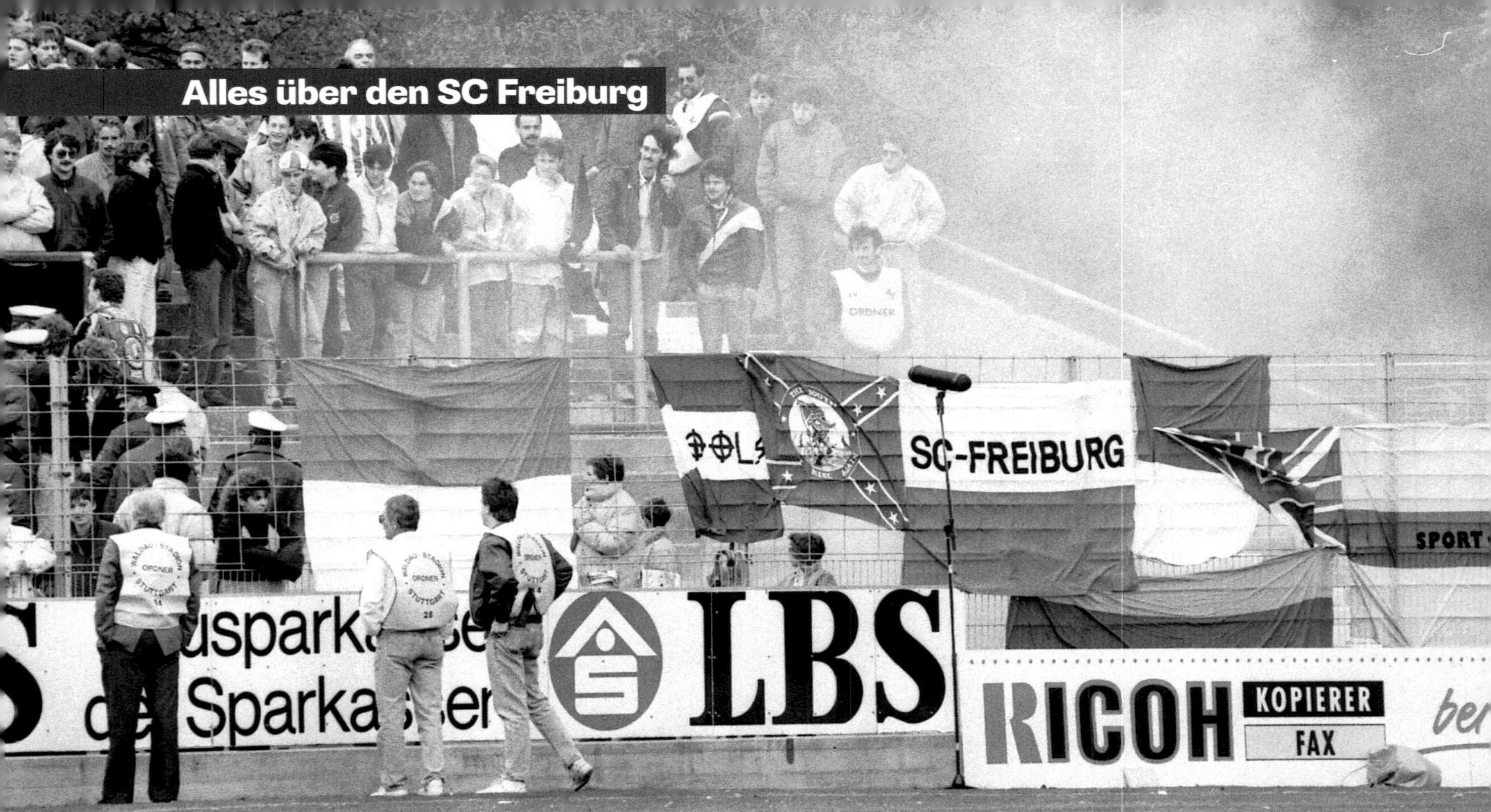

SC-Fans 1990 bei den Stuttgarter Kickers.

Freiburger Fans

Beim ersten Bundesliga-Aufstieg 1993 war die Freiburger Fanszene noch überschaubar. Es gab nur eine Handvoll organisierter Fan-Clubs. Dazu gehörten „Adler 1986" und „Ortenau '90". In den ersten Bundesliga-Jahren und durch die damaligen Erfolge entstanden dann die bis heute aktiven und bei nahezu allen Spielen anwesenden Fan-Clubs „Knaddly's", „Dreisam Magic '95" sowie „Torpedo Kinzigtal". Auf der aktuellen Liste der Freiburger Fan-Clubs finden sich inzwischen auch einige aus der Schweiz sowie anderen Teilen Deutschlands wie die „Alsterfüchse" oder die „Spree-Bobbele".

Anfang der 1990er gab es in Freiburg sogar eine kleine Hooligan-Szene, die sich aber schnell in der Masse der friedlichen Fans verlor und bald auflöste.

Die „fangemeinschaft" (fg) als Dachverband der organisierten „klassischen" Fan-Clubs erlebte wie der Verein mit den Erfolgen der letzten Jahre ein enormes Wachstum. Inzwischen ist sie auf über 5.000 Mitglieder angewachsen, gehören der fg weit mehr als 100 Fan-Clubs an. Darüber hinaus vertritt seit 2005 die „Supporters Crew Freiburg" (SCFR) die Interessen von Fans verschiedener Gruppierungen – und zwar explizit unabhängig vom SC Freiburg e.V. sowie der „fangemeinschaft", die ebenfalls als e.V. organisiert ist. Beide Gruppen haben im neuen Stadion, das von der Fanszene „Mooswaldstadion" genannt wird, unter der Südtribüne eigene Bereiche. Auf der Südtribüne und ihren 8.500 Stehplätzen ist an Spieltagen auch das Stimmungszentrum zu finden. Die SCFR hat ihren Infostand unter den Stehplatzstufen Richtung Umlauf, die fg ihre Räumlichkeiten am Eingang E1 zwischen Süd- und Osttribüne.

Seit 1999 gibt es in Freiburg eine Ultraszene. Als Pioniere gelten die „Natural Born Ultras" (NBU), die sich namentlich am im Gründungsjahr aktuellen Hollywood-Streifen „Natural Born Killers" orientierten. Die NBU löste sich 2021 mit dem Umzug ins neue Stadion auf. Zwischendurch machten die „Wilden Jungs" von sich reden, die es aber ebenfalls nicht mehr gibt. Aktuell sind als sichtbarste Ultra-Gruppierungen die „Corrillo Ul-

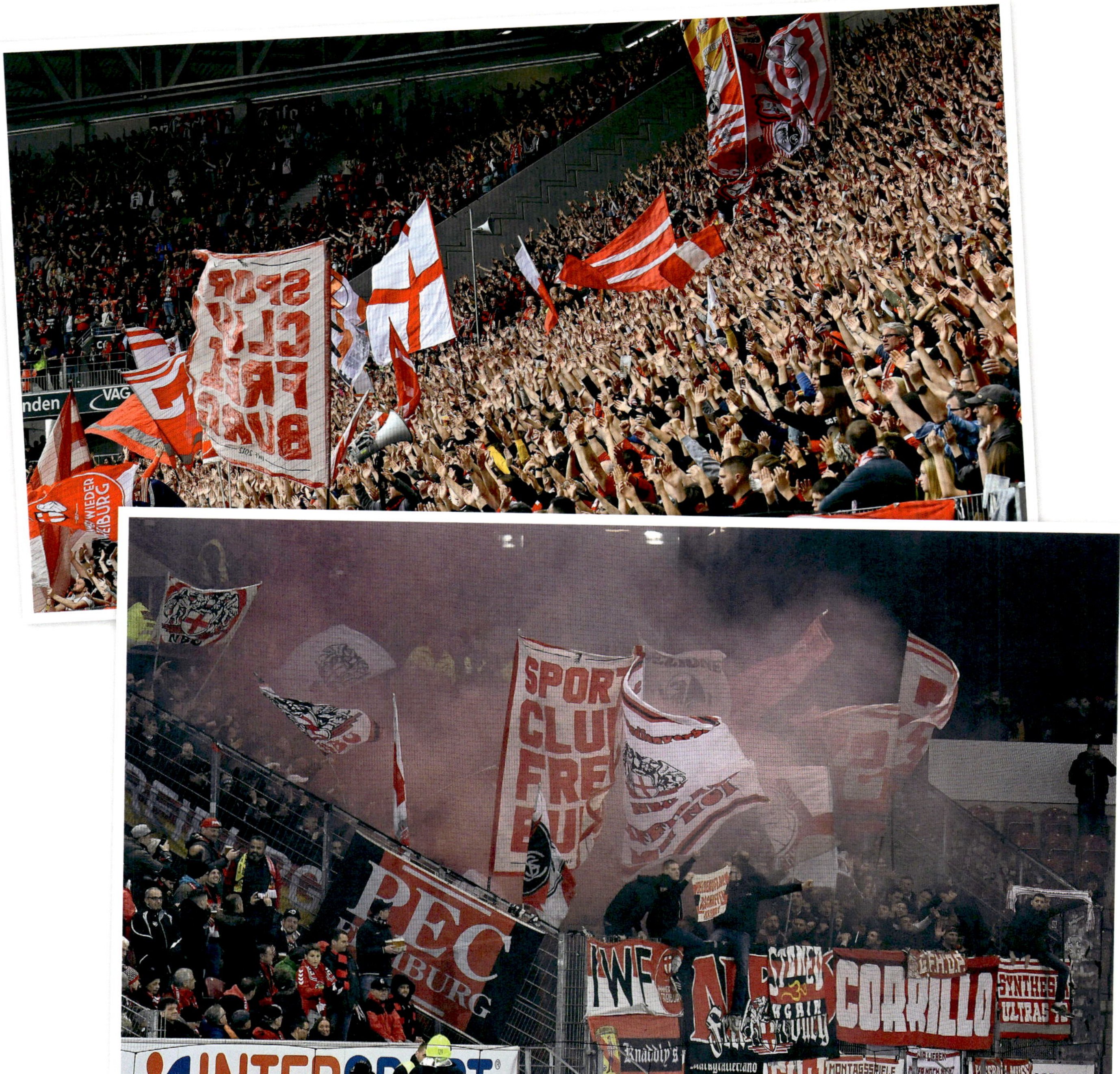

tras“, „IWF“ (Immer wieder Freiburg) sowie „Synthesia Ultras“ auf der Südtribüne zu finden.

Wie schon 1993 nach dem ersten Aufstieg gibt es seit 2021 erneut eine Welle von „Erfolgsfans“, die mit dem Stadionumzug und den sportlichen Erfolgen zum SC Freiburg fanden. Sie glänzen mit mehr oder weniger originellen Namen (wie die 2022 gegründeten „Zorros Freiburg“) und/oder Outfits wie klassischen Kutten: Jeans-Jacken, auf denen von Hand Aufnäher angebracht werden und die an die kultigen Originale aus den 1970er- und frühen 1980er-Jahren erinnern.

Zum Fußball gehört traditionell Bratwurst. In Freiburg dokumentiert das die 2023 gegründete Gruppe „Die lange Rote“, die mit ihrem Namen eine kulinarische Reminiszenz an das auch im grün-alternativen Freiburg beliebteste Angebot der Stadion-Gastronomie macht: Eine 25 bis 35 cm lange rote Rostbratwurst, die einmal geknickt im Brötchen serviert wird. Ein besonders prominenter Liebhaber dieser Spezialität war übrigens der gelegentlich mit Fanschal im Dreisamstadion auftauchende Literatur-Nobelpreisträger Günter Grass.

Freiburger Lieder

Bei SC-Spielen ist seit etlichen Jahren das Badnerlied als Konstante des Musikprogramms zu hören. Darüber hinaus gibt es weiteres Gesangsmaterial, wurde der Vereinssong immer wieder angepasst. Gegenwärtig läuft „SC Freiburg vor" von Fisherman's Fall, begleitet von einem zur Saison 2022/23 neu produzierten Video auf den Leinwänden. Bei den Vereinsliedern waren schon verschiedene Genres von Schnulze („SC Freiburg - Für uns immer vorn"), Punk („Vollgas Richtung Norden" oder „Rot-Weiß") oder eben das Gute-Laune-Stück „SC Freiburg vor" am Start.

Das Musikprogramm passte sich jeweils dem Zeitgeist und Mainstream-Geschmack an. Zuletzt tendierte es zunehmend in Richtung Après-Ski und Ballermann-Unterhaltung.

Die Fangesänge sind sehr vielfältig. Hier eine kleine Auswahl aus dem großen Repertoire:

Wir sind aus Freiburg und wir reisen viel,
für dich singen wir bei jedem Spiel.
Wir brauchen keine Arbeit, keine Frau, kein Geld,
doch für uns bist du das Größte auf der Welt.
Sport-Club Freiburg im Herz, im Kopf, überall,
wir sind nicht mehr ganz normal.

Wir fahren über die Alpen,
nach Baku ans Kaspische Meer,
nach London über den Kanal,
Freiburg spielt international.

Wir gehen voran,
Als euer 12. Mann.
scheißegal wie weit,
ob Sturm oder Schnee,
Sport-Club Freiburg olé.

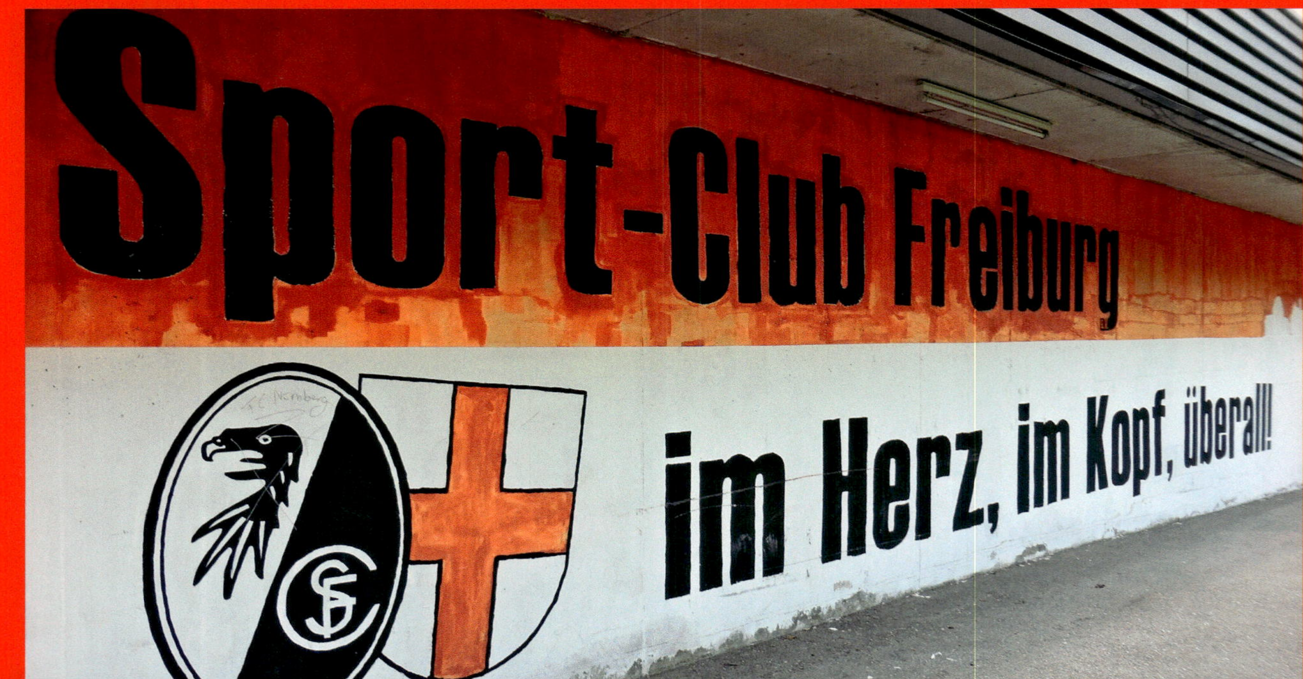

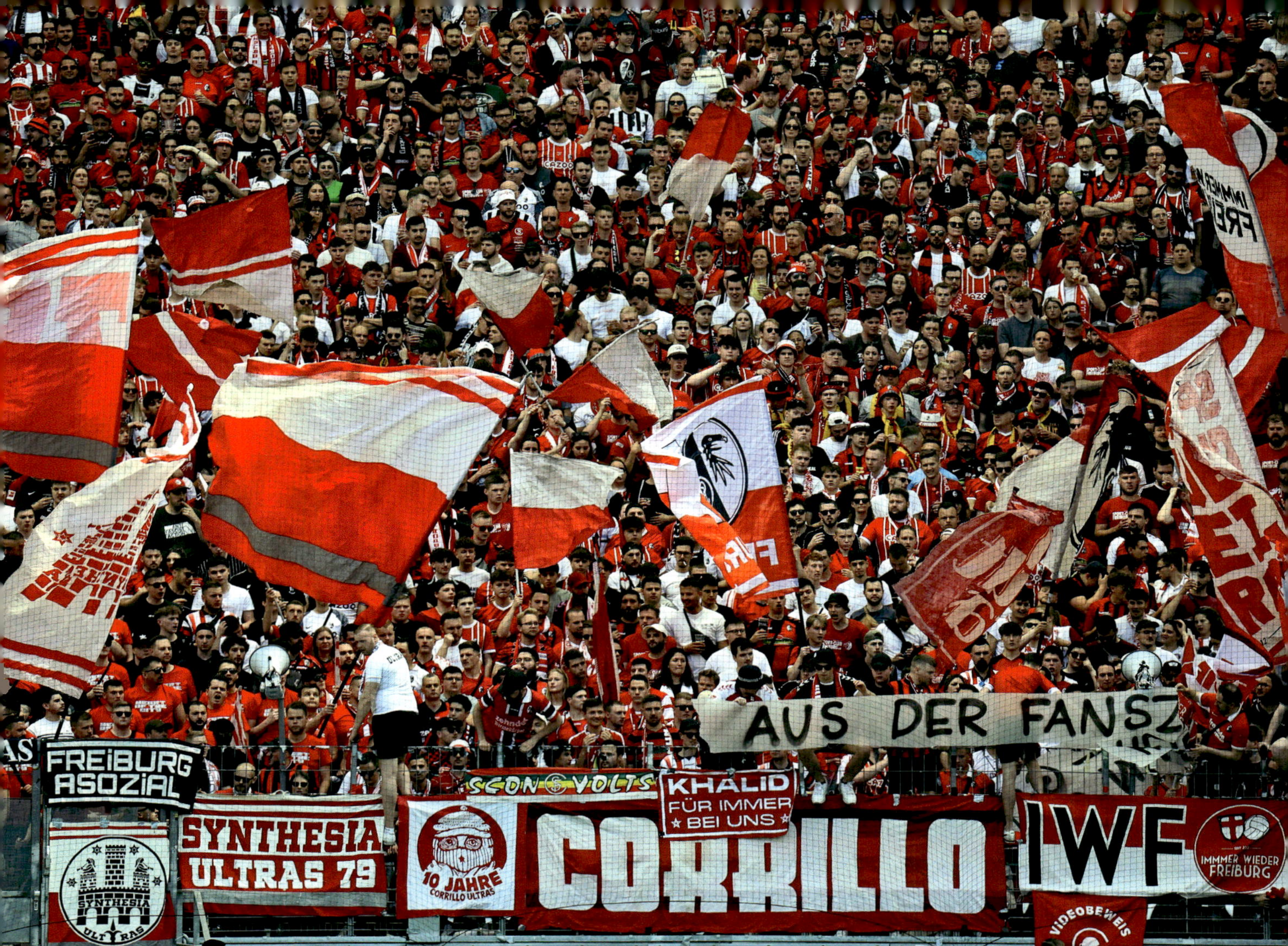

Sport-Club Freiburg, wir sind da,
jedes Spiel und jedes Jahr,
möge der Weg auch steinig sein,
wir lassen Dich im Lebtag nicht allein!
Trotz Bullen und Kommerz, für Dich schlägt unser Herz,
Drum Sie singen wir in jedem Stadion
laalalalalalalalaaa,
laalalalalalalaaa,
laalalalalalalalaaa,
laalalalalalalaa,
Trotz Bullen und Kommerz, für Dich schlägt unser Herz,
drum Sie singen wir in jedem Stadion ...

Wir alle sind heut gut in Form,
das ganze Stadion singt für dich,
auf geht's Freiburg schießt ein Tor,
ohoho ohoho, ohoho ohoho, ohoho ohoho,
ohhhh Sport-Club Freiburg!
Wir alle sind heut gut in Form ...

Wir holen den Pokal, wir holen den Pokal.
Für Freiburg wärs das erste Mal.
Und wenn wir im Pokalfinale stehen,
Dann wird die rote Fahne wehen.

Baden-Württemberg-Meisterschaft

Die Verhältnisse in der ewigen Tabelle der Bundesliga sind - wenn man die Mannschaften aus Baden-Württemberg (oder neuerdings „The Länd") betrachtet - einigermaßen klar: Nach 60 Spielzeiten (Stand August 2023) ist die Nummer eins im Ländle ganz klar der VfB Stuttgart, das Team aus der Hauptstadt. Die meisten Saisons erstklassig, die meisten Spiele, die meisten Punkte, vierter Platz hinter Bayern, Dortmund und Bremen. Dahinter klafft eine große Lücke. Erst auf Platz 19 folgt der SC Freiburg, mit nur einem Drittel der Punkte, die der große VfB gesammelt hat (962 zu 2.765). Die „blauen" Vereine aus Nordbaden, der Karlsruher SC, die TSG Hoffenheim und Waldhof Mannheim folgen auf den Plätzen 20, 24 und 30. Weitere Baden-Württemberg-Vertreter folgen unter ferner liefen: Stuttgarter Kickers auf Platz 46 und der SSV Ulm auf Rang 51 (von 56).

Teams aus dem Ländle erreichten seit Start der Bundesliga (Saison 1963/64) die höchste Platzierung in der Abschlusstabelle und somit die „Landesmeisterschaft":

1. ***VfB Stuttgart 41-mal***
2. ***TSG Hoffenheim 7-mal***
3. ***SC Freiburg 6-mal***
4. ***Karlsruher SC 5-mal***
5. ***Waldhof Mannheim 1-mal***

Ein anderes Bild ergibt sich beim Blick auf die jüngere Vergangenheit. Die von Internetseite „Die falsche 9" ermittelte 5-Jahres-Tabelle (2018-2023) sieht den SC Freiburg auf Platz 8 (243 Punkte), gefolgt von Hoffenheim (238 Punkte) und dem VfB auf Platz 16 mit 139 Punkten.

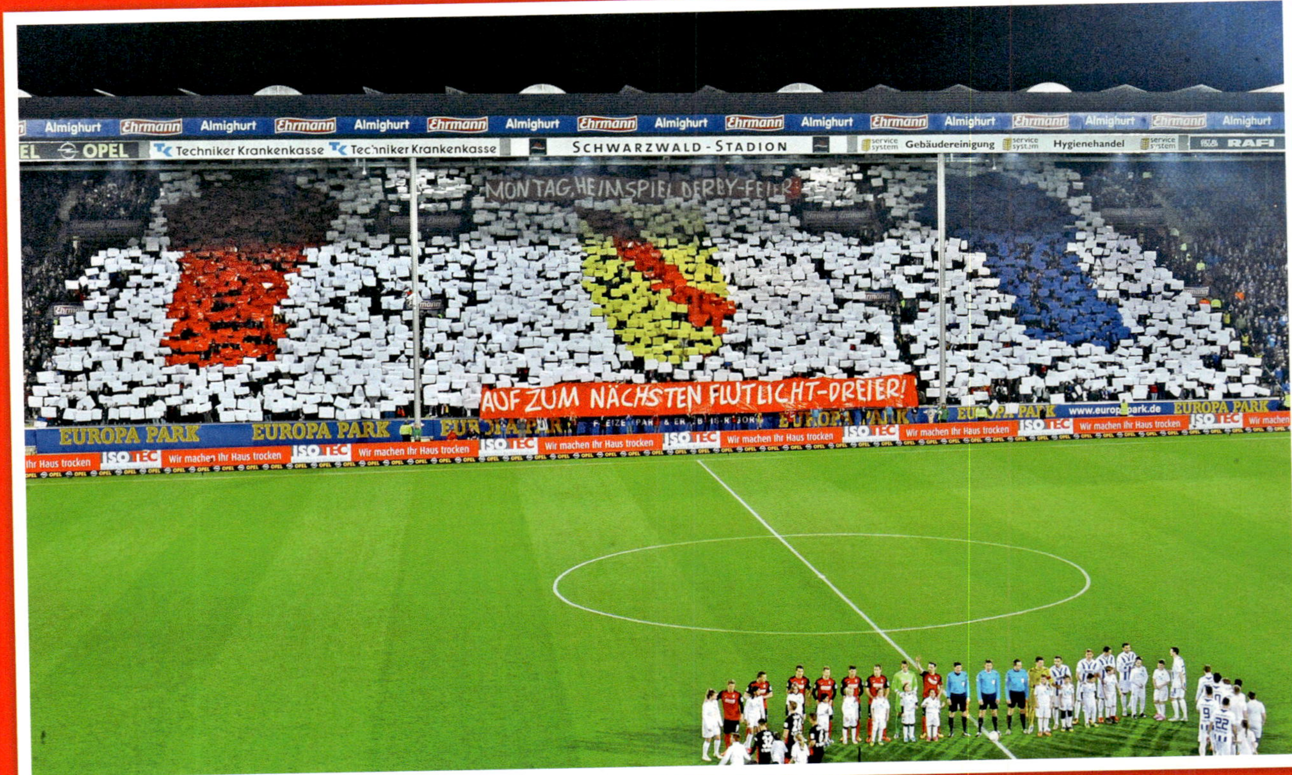

Sport-Club-Fans zeigen im Landesderby gegen den KSC am 21. März 2016, wo das Fußballherz im Land schlägt.

Man darf gespannt sein, wie sich der 1. FC Heidenheim als 57. Starter der Bundesliga-Historie in das Baden-Württembergische Machtgefüge im Fußball einreihen wird. Den Spitzenplatz in der Wertung ‚kleinstes Stadion' haben sie schon mal sicher. Die Voith Arena hat 15.000 Plätze und damit exakt die Kapazität wie das Freiburger Dreisamstadion zum Zeitpunkt des ersten Bundesligaspiel 30 Jahre vor der Heidenheimer Premiere im Oberhaus. Zudem sind ist der FCH bundesligaweit Spitze, was das ‚höchstgelegene Bundesligastadion' betrifft. Die Arena des Aufsteigers liegt auf 555 Metern über Normalnull.

Eine perfekte Saison im Baden-Württemberg-Kontext – in einer Saison mit mindestens drei Bundesliga-Teams aus dem Ländle gewinnt ein Team alle Derbys – gab es für den SC Freiburg bislang nur ein Mal. 2010/11 blieben unter Robin Dutt sowohl gegen Stuttgart als auch gegen Hoffenheim jeweils 6 Punkte im Breisgau.

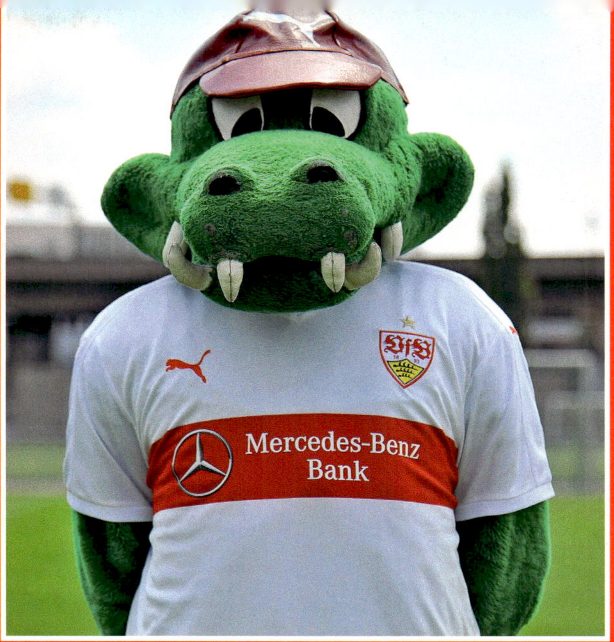

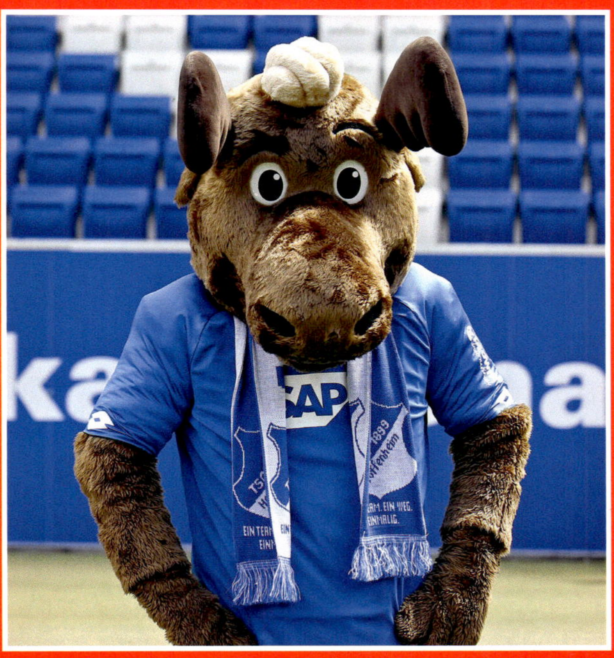

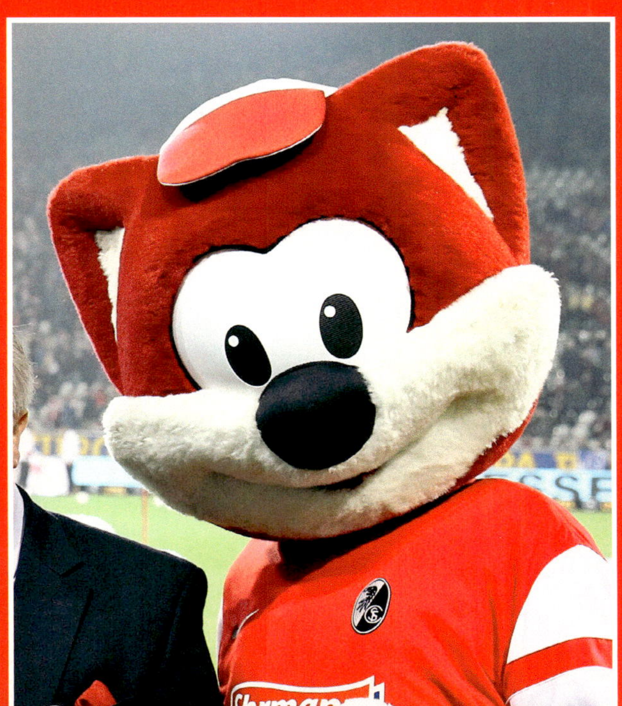

Fritzle ist Landesmeister, gefolgt von „Hoffi" und dem Freiburger „Füchsle".

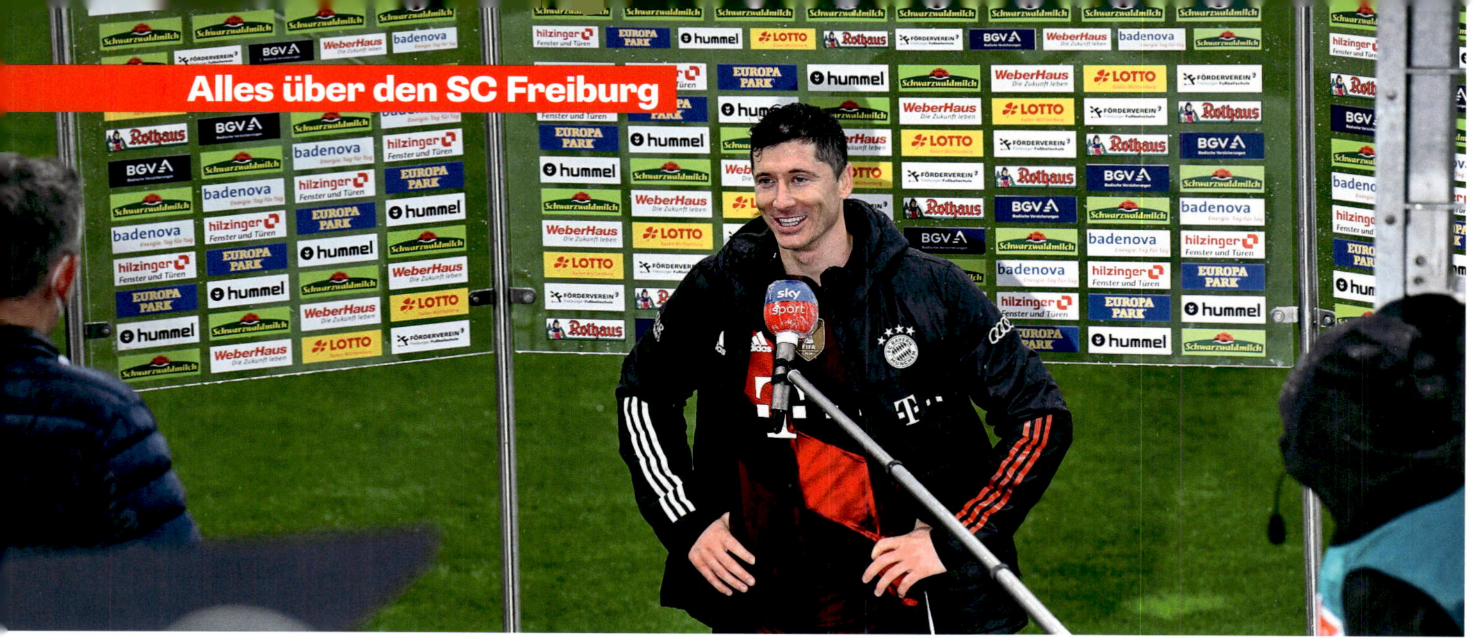

Der Rekordschütze bei der Medienarbeit unter Corona-Bedingungen.

Besondere Bayern-Tore in Freiburg

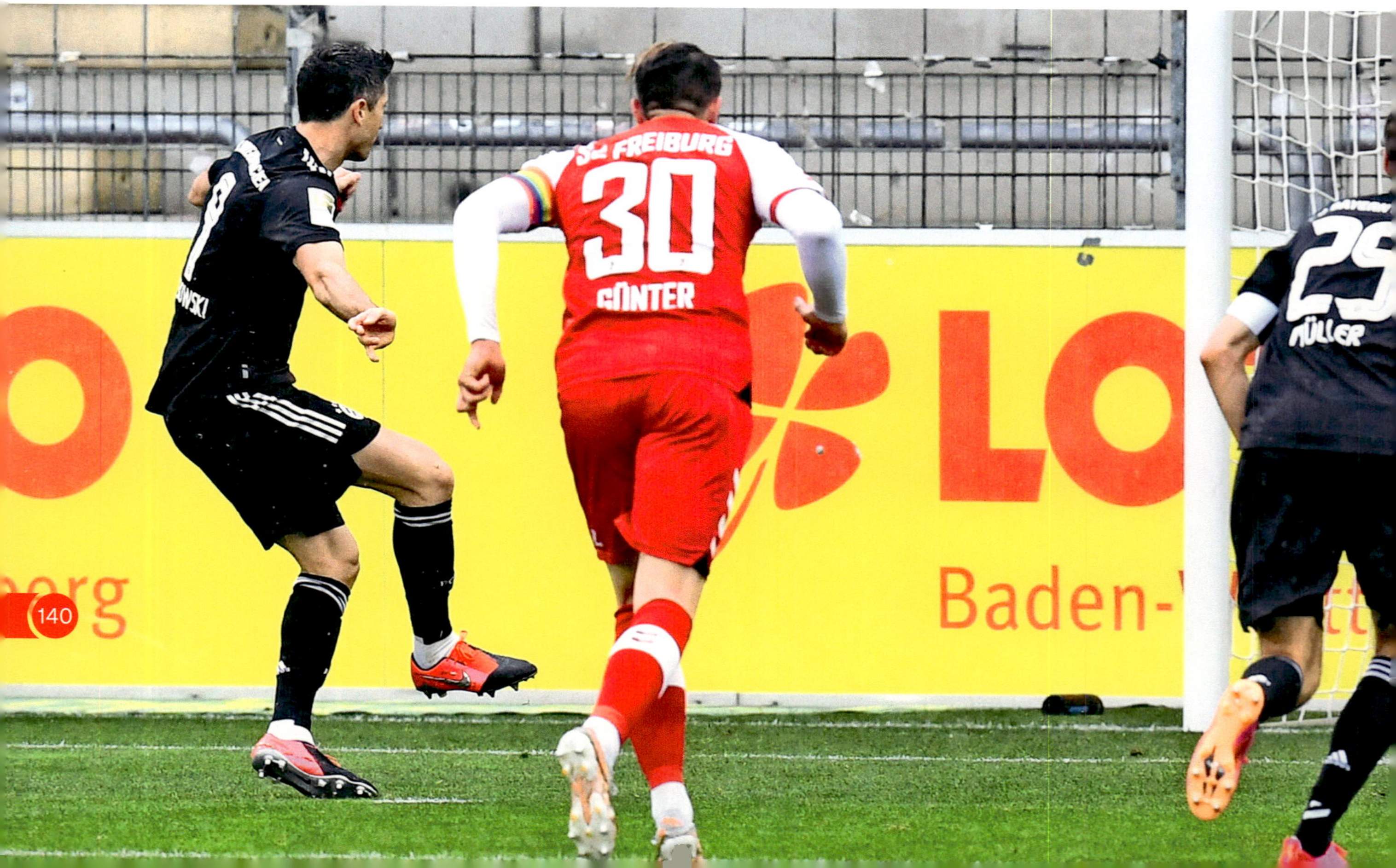

In der weitgehend zuschauerfreien Corona-Saison 2020/21 hatte einer noch mehr als sonst Lust auf Toreschießen: Bayern-Stürmer und Serien-Torschützenkönig Robert Lewandowski. Im Saisonverlauf zeichnete sich ab, dass er nicht bei 30 aufhören würde und einen für lange Zeit als unerreichbar geltenden Rekord einzuholen gedachte: die legendären 40 Tore seines Ur-Vorgängers im Bayern-Sturm, dem einzigartigen, dem unvergessenen und dem viel zu jung verstorbenen Gerd Müller. Am 33. Spieltag im Mai 2021 war es so weit. Im Spiel gegen den SC Freiburg gab es einen Elfmeter für die Bayern. Lewandowski ließ Torhüter Mark Flekken keine Chance und erzielte sein 40. Bundesliga-Tor der Saison bei lediglich 28 Einsätzen. Die Freiburger kämpften trotzdem mutig weiter und erreichten noch ein 2:2 gegen den designierten Meister. Damit erlebte das Dreisamstadion (bzw. zu dem Zeitpunkt „Schwarzwaldstadion") in einem seiner letzten Bundesliga-Spiele einen weiteren historischen Bundesliga-Moment einer langen Reihe bemerkenswerter Ereignisse seit dem ersten Bundesliga-Aufstieg 1993. Lewandowski nutzte den 34. Spieltag dann dazu, den Gerd-Müller-Rekord sogar zu übertrumpfen, und erhöhte beim Spiel gegen den FC Augsburg auf 41 Tore. Fortan wurde der Pole „Lewangoalski" genannt.

Gerd Müller hatte ebenfalls eine besondere Erinnerung an Freiburg, denn dort gelang ihm einst ein ganz besonderes Tor. Der allererste Pflichtspieltreffer für den FC Bayern! Diesen erzielte der „Bomber der Nation" im Oktober 1964 allerdings nicht im Dreisamstadion, sondern im nahegelegenen Möslestadion (heute: Freiburger Fußballschule) beim Stadtrivalen Freiburger FC.

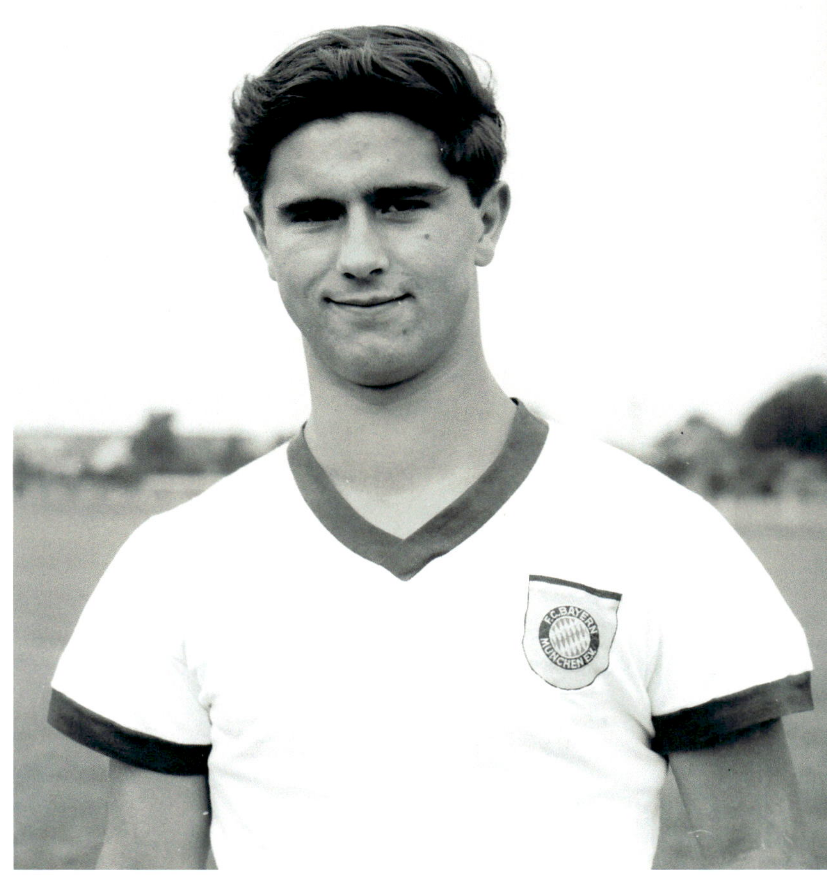

Gerd Müller vor seiner ersten Bayern-Saison 1964/65 in der Regionalliga Süd.

Das 40. Bundesliga-Saisontor von Robert Lewandowski im Mai 2021.

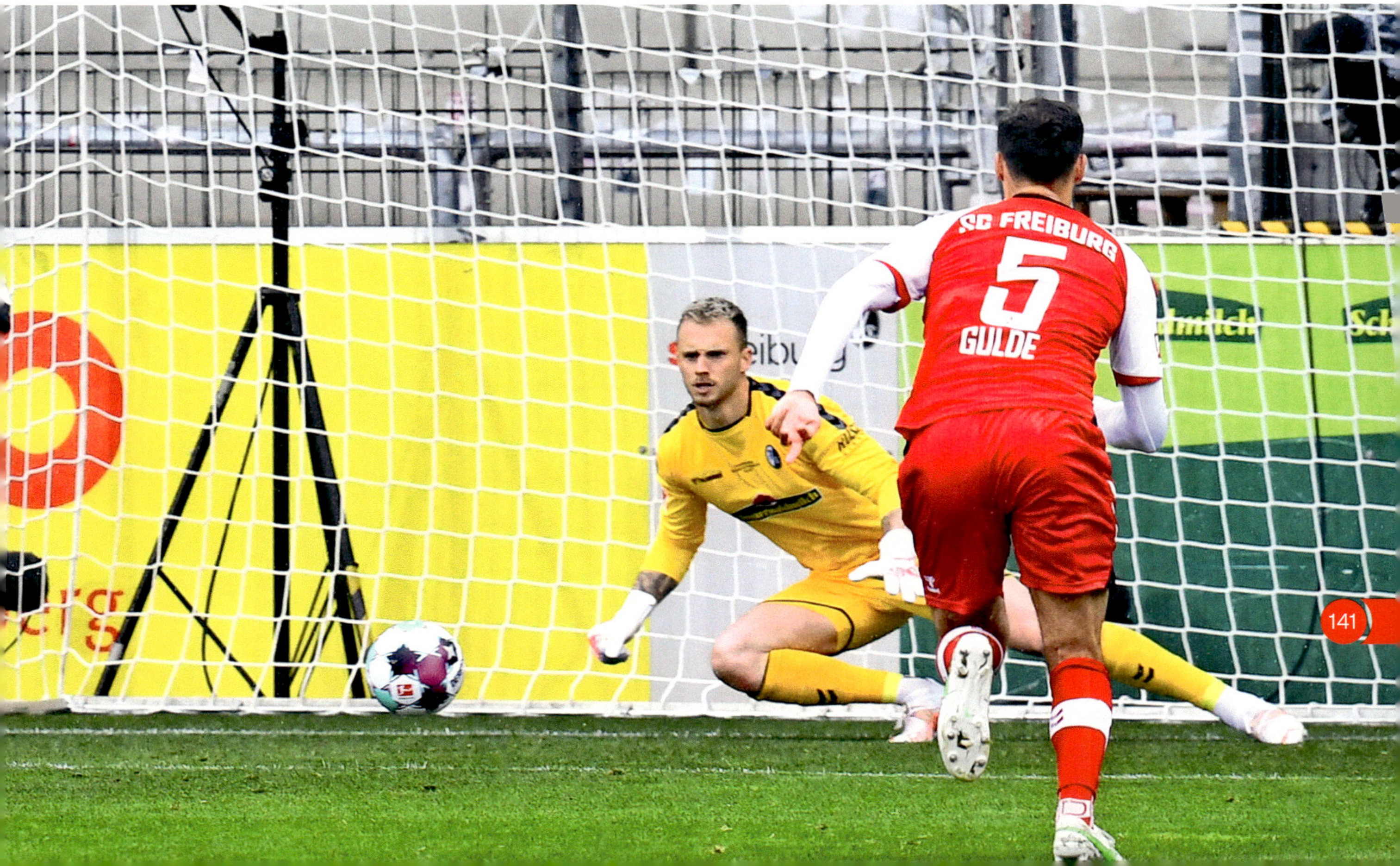

Einprägsame Nummern

Die ersten festen Rückennummern, die zur Saison 1995/96 eingeführt wurden, haben sich im kollektiven Gedächtnis der Freiburger Fußballfans besonders gut eingeprägt. Zum Beispiel die Nummer 27, die im Oktober 1995 an den nachverpflichteten Harry Decheiver vergeben wurde. Diese Nummer ist bis heute präsent in der ersten Mannschaft des SC Freiburg, Nicolas Höfler absolvierte damit über 300 Spiele. Ob Wolfsburgs Maximilian Arnold, Leverkusens Florian Wirtz, Mario Götze in Frankfurt oder Yann Sommer bei Bayern München bei der Auswahl dieser Rückennummer ebenfalls den „fliegenden Holländer" im Sinn hatten, ist nicht überliefert. Unwahrscheinlich. Aber wie ist es bei Konrad Laimer, der sich mit dieser Rückennummer für höhere Aufgaben beim FC Bayern empfahl?

Eine weitere Parallele gibt es bei Nummer 30, die nicht nur von den Schwarzwälder Fußballgöttern Ali Günes und Christian Günter getragen wurde. Sondern auch von einem, den nicht wenige als den GOAT bezeichnen würden: Lionel Messi bekam nach seinem Wechsel zu PSG diese schöne Nummer.

Das Kindheitsidol von Nils Petersen (NP18) ist anhand der Rückennummer zu erahnen: Die Nummer 18 wurde von Jürgen Klinsmann „erfunden", der damit einen „doppelten Mittelstürmer" (klassischer Neuner), also 2x9=18 im Sinn hatte.

Die Neuzugänge 2008/09. Von links: Sportdirektor Dirk Dufner, Johannes Flum, Suat Türker, Tommy Bechmann, Julian Schuster, Yacine Abdessadki und Trainer Robin Dutt.

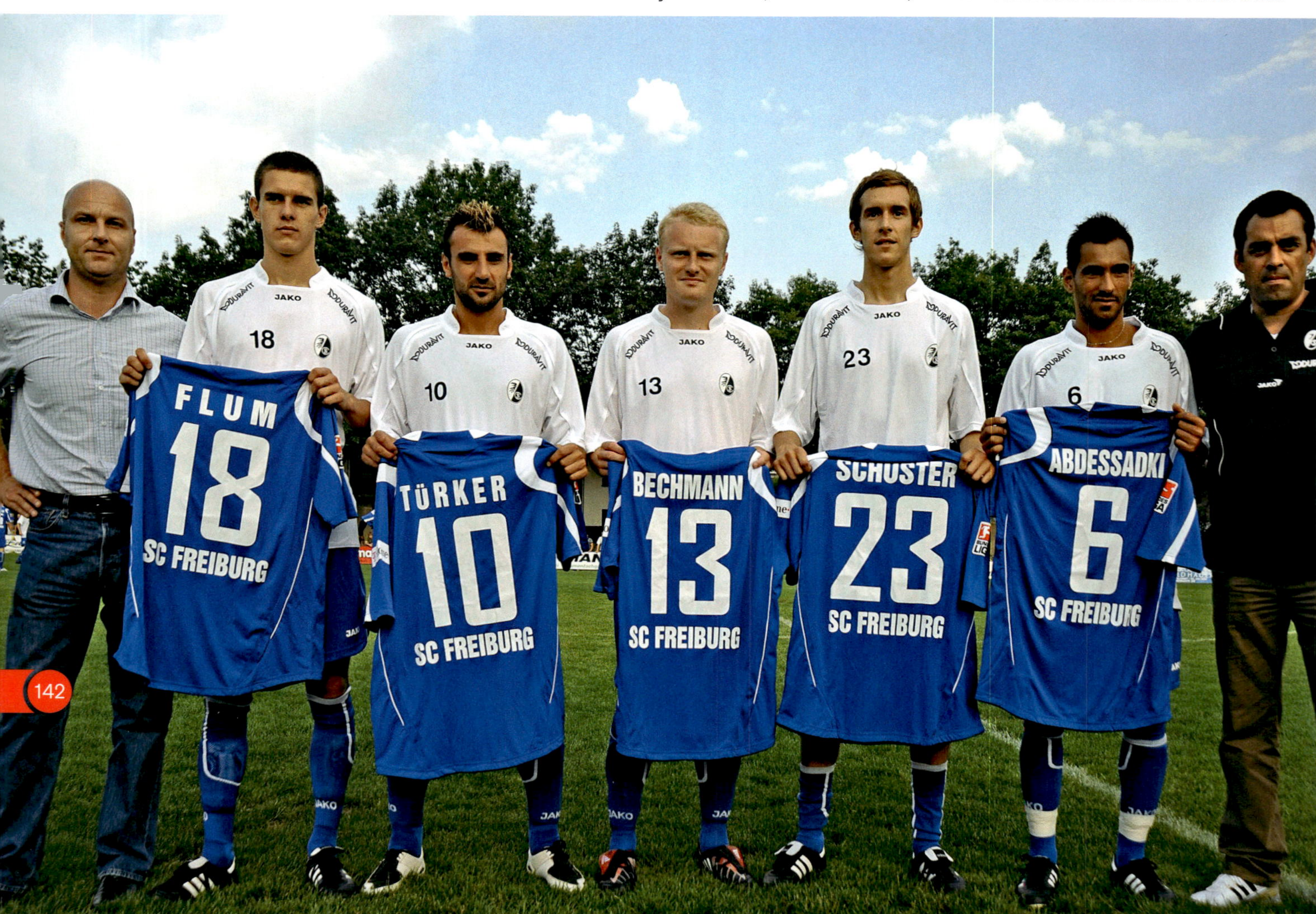

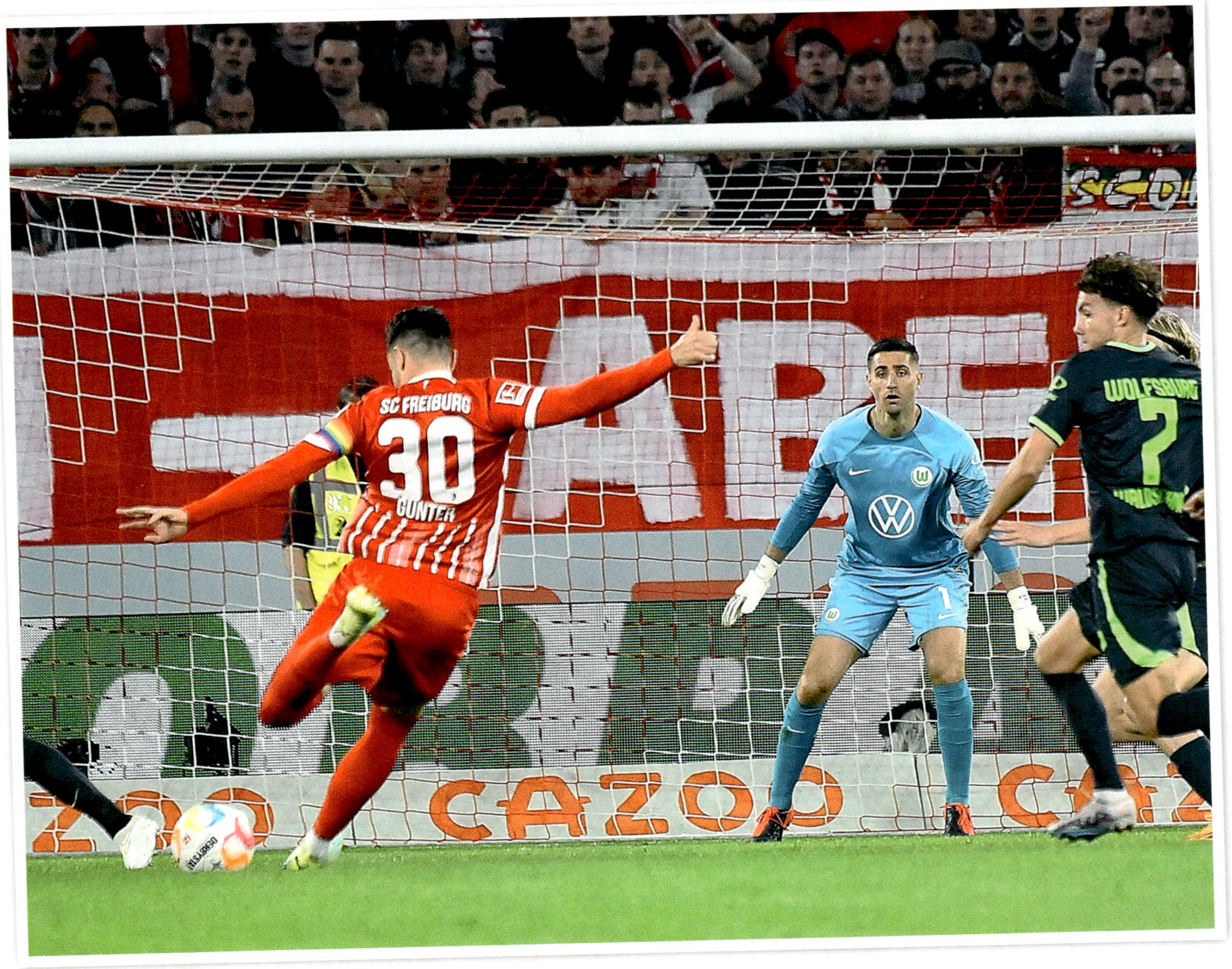

Christian Günter trifft am 19. Mai 2023 gegen den VfL Wolfsburg.

Die Nummer Maradonas und Matthäus', die im Fußball beliebteste „große" Nummer 10, wurde beim SC schon seit geraumer Zeit nicht mehr vergeben. Der letzte Spieler, der diese Nummer in Freiburg tragen durfte, war Maximilian Nicu. Er gehörte zu den Spielern, die kurz vor dem Amtsantritt von Christian Streich Ende 2012 den Verein verlassen mussten. Unter dem neuen Cheftrainer war ein „klassischer Zehner" nicht mehr gefragt, scheint bis heute keinen Platz im Kollektiv zu haben. Oder sollte die Nummer 10 etwa aufgehoben werden für einen absoluten Ausnahmekönner wie Noah Darvich? Allerdings wechselte der gebürtige Freiburger im Sommer 2023 zum FC Barcelona. Eine andere große Nummer ist die festgeschriebene Ablösesumme – diese beträgt dem Vernehmen nach exakt eine Milliarde Euro – 1.000.000.000 €.

Vielleicht könnte die große Rückennummer eines Tages noch ein Trumpf im Kampf um künftige international umworbene Talente aus der FFS werden!

Export-Weltmeister & Verkaufsschlager

Die Entwicklung junger Talente und ihr gewinnbringender Transfer zu zahlungskräftigen Vereinen ist kein neues Phänomen im Breisgau. Jedoch ist das Geschäftsmodell in der jüngeren Vergangenheit derart perfektioniert worden, dass der SC Freiburg sein neues Stadion mit den Transfererlösen der letzten Jahre quasi bar bezahlen könnte.

In den ersten Zweitligajahren wurde noch vorwiegend auf den regionalen Amateursportplätzen zwischen Schwarzwald und Markgräflerland gesichtet und verpflichtet. In den 1990er-Jahren kam das Recruiting internationaler Spieler hinzu, und in den 2000er-Jahren verwandelte sich die hauseigene Fußballschule in eine Talentschmiede. Bei Transfers wurde nun auch schon mal „ins höhere Regal" gegriffen wie bei Papiss Cissé (1,5 Mio. €, Anfang 2010), Vladimir Darida oder Admir Mehmedi (beide um bzw. über 5 Mio. €, vor der Saison 2013/14). Rekordeinkauf war Baptiste Santamaria, der im Sommer 2020 für 10 Mio. Euro vom SCO Angers aus Frankreich kam.

In den ersten Zweitligajahren sorgten die Transfers von Joachim Löw, Souleyman Sané (Vater von Leroy Sané), Alfons Higl, Oliver Schäfer und Andreas Buck in Richtung Bundesliga für mittlere sechsstellige DM-Beträge und waren damit wichtige Bausteine in der Etatplanung. Die damals kargen Zuschauereinnahmen und quasi nicht vorhandenen Fernsehgelder bereiteten Präsident Achim Stocker dennoch immer wieder schlaflose Nächte. Der Sport-Club entwickelte sich zum exzellenten Sprungbrett für talentierte Spieler, und Freiburg bot als Unistadt die Möglichkeit, mit einem Studium noch ein zweites Standbein zu schaffen. Das führte zu Beginn der Ära von Gymnasiallehrer Volker Finke zum Mythos der „Studentenmannschaft".

Viele der jung abgewanderten Spieler waren als gereifte Rückkehrer gerne gesehen. Das gilt bis heute und war zuletzt bei Jonny Schmid der Fall, der nach den Stationen Hoffenheim und Augsburg zurück zum SC kam und dort zum „Rekordfranzosen" wurde. Er löste sogar seinen Landsmann Franck Ribéry als Franzosen mit den meisten Bundesliga-Einsätzen ab. Jogi Löw machte zwischendurch Station beim Karlsruher SC, dem VfB Stuttgart sowie Eintracht Frankfurt und ist bis heute häufiger und gern gesehener Gast in Freiburg, nicht zuletzt während seiner Zeit als Bundestrainer. Und wer weiß, vielleicht kehrt der Weltmeister von 2014 ja eines Tages in einer ganz anderen Rolle zu jenem Verein zurück, dessen Ehrenspielführer er ist …?

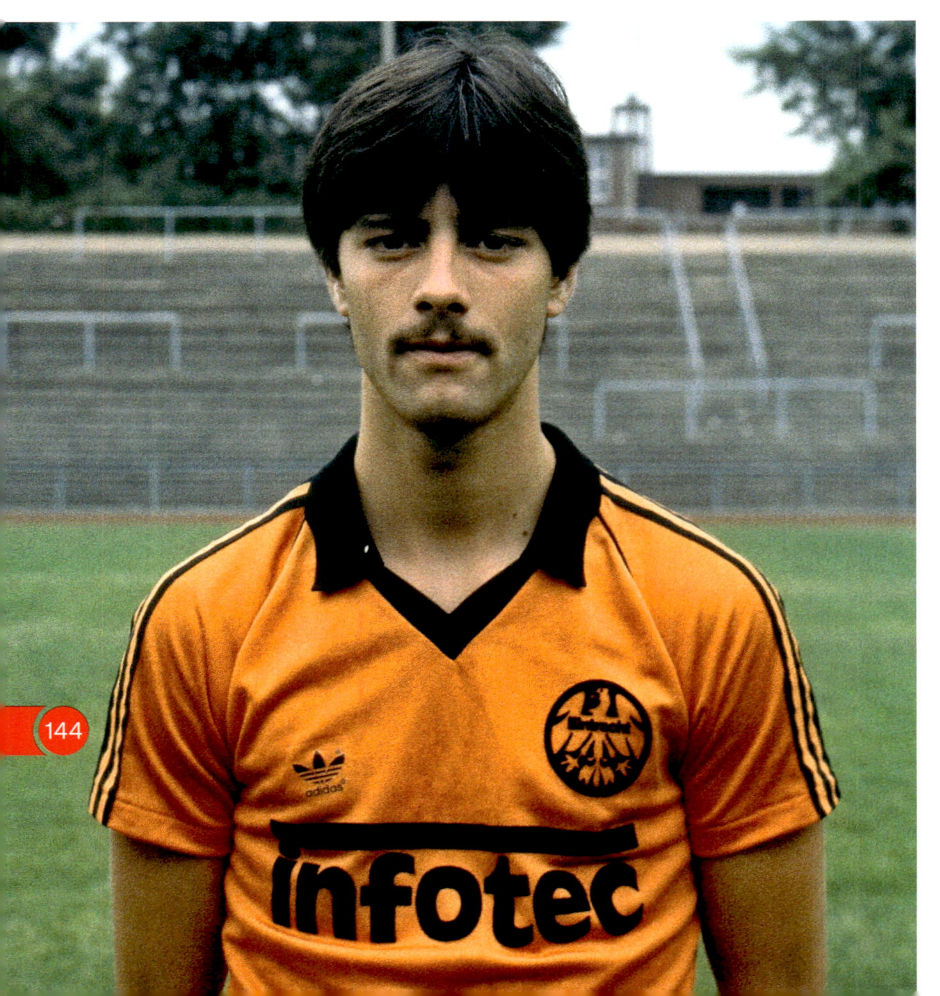

Joachim „Jogi" Löw.

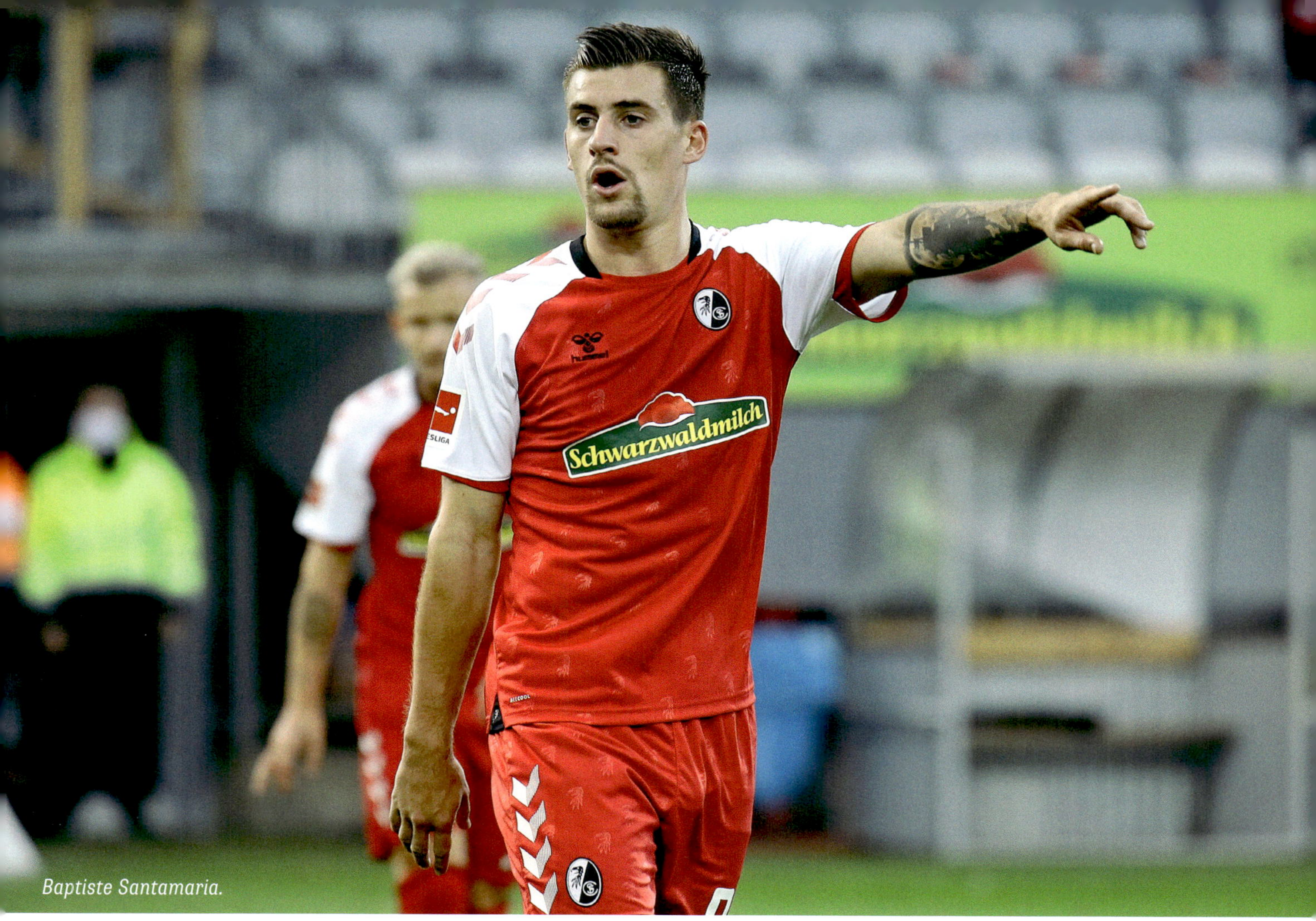

Baptiste Santamaria.

Anfang der 2000er-Jahre brachte eine regionale Sonntagszeitung die Meldung, dass Boubacar Diarra zum FC Arsenal nach England in die Premier League wechseln würde. Das war damals schon aufgrund des Datums recht schnell als Aprilscherz zu erkennen. Heute ist es jedoch Teil des Freiburger Geschäftsmodells und der Überlebensstrategie des Sport-Clubs. Aus der Premier League kamen zuletzt einige Millionen Euro an Ablösesummen für Cissé (Newcastle), Söyüncü (Leicester), Koch (Leeds) sowie Schade und Flekken (Brentford). Nicht zu vergessen der für 15 Mio. Euro zu Benfica gewechselte Waldschmidt oder die bundesligainternen-Transfers Baumann (Hoffenheim), Ginter, Phillipp und Schlotterbeck (BVB) sowie Schwolow (Hertha BSC). Sie erfreuten den SC-Schatzmeister, während sie sportlich in den allermeisten Fällen wehtaten.

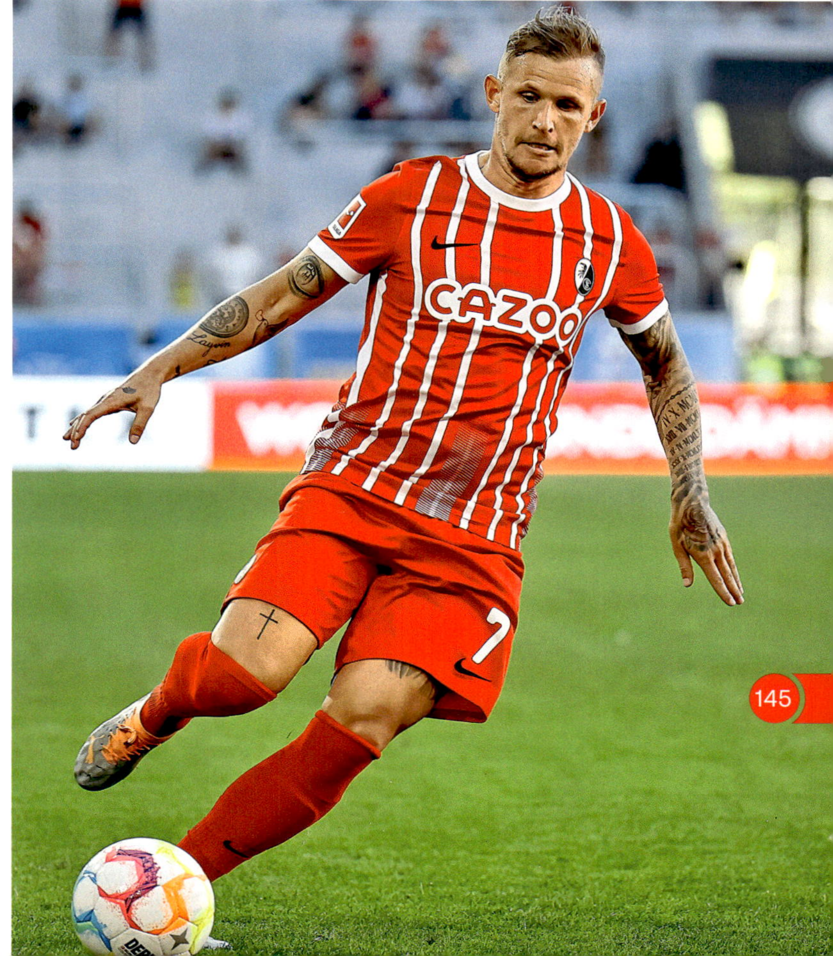

Jonathan „Jonny" Schmid.

Liste aller DFB-Nationalspieler des SCF

Stand: 30.06.2023

Der erste Spieler des SC Freiburg, der in die Nationalmannschaft berufen wurde, war der 1927 zum Ehrenspielführer des Vereins ernannte **Oskar Müller**. Beim Länderspiel gegen die Schweiz am 3. Juni 1923 in Basel blieb der Stürmer, der im Stadtteil Stühlinger das „Elektrotechnische Installationsgeschäft Müller & Sackmann" führte, aber ohne Einsatz. Und obwohl er 20 Jahre für die erste Mannschaft des SC am Ball blieb, blieb Müller ein Einsatz für Deutschland verwehrt. Ihm zu Ehren trägt einer der VIP-Räume im Dreisamstadion den Namen „Oskar-Müller-Foyer". Zu Recht, schließlich wechselte er nie den Verein und war ein echter „One-Club-Man".

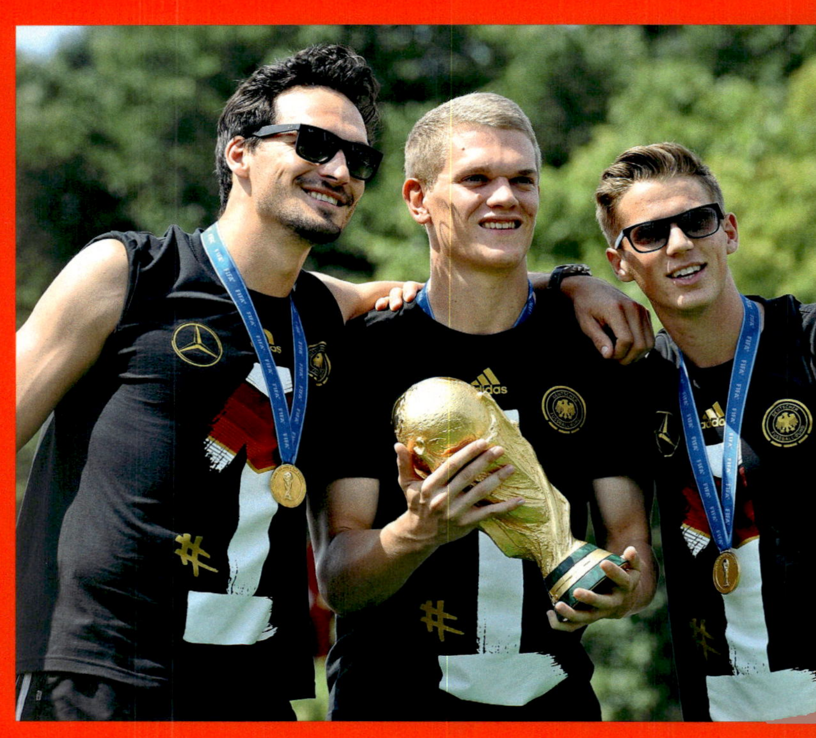

Mats Hummels, Matthias Ginter und Eric Durm feiern den WM-Pokal 2014.

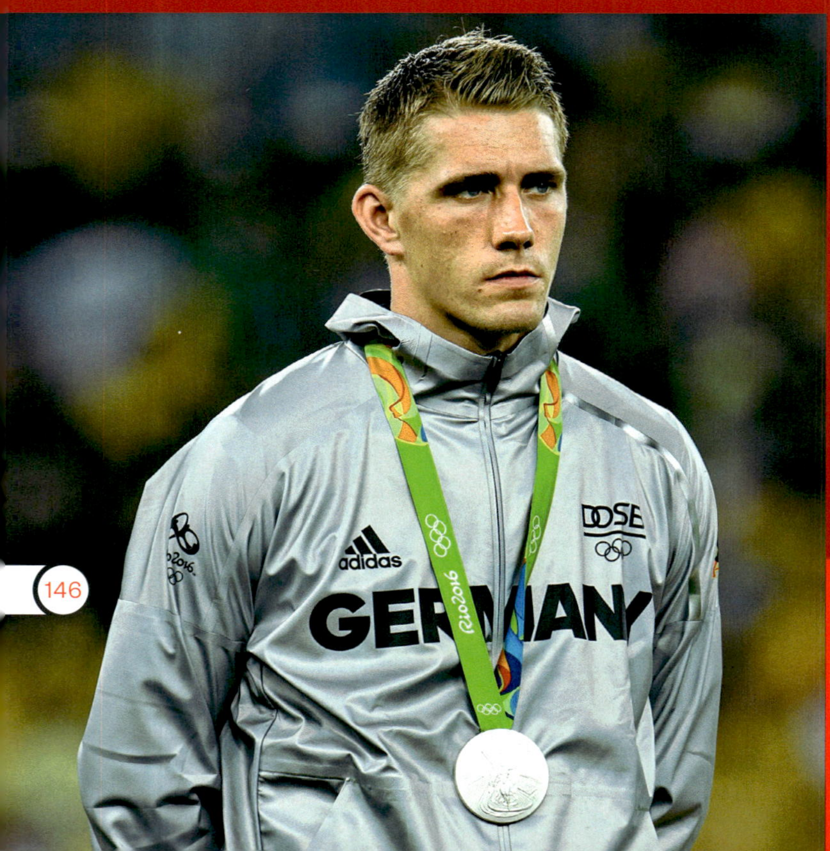

Zu zwei Einsätzen im DFB-Team kam **Nils Petersen**. Dessen stärkste Auftritte für Deutschland erfolgten allerdings 2016 beim Olympischen Fußballturnier in Rio de Janeiro in der Olympiaauswahl, als der Freiburger Rekordtorschütze in sechs Spielen ebenso viele Treffer erzielte. Dabei war er vor allem im Spiel gegen Fidschi treffsicher und erzielte die Hälfte der deutschen Tore beim 10:0. Weniger Glück hatte er dann leider beim entscheidenden Versuch im Elfmeterschießen, das die brasilianischen Gastgeber im Finale für sich entschieden.

Nils Petersen mit der Silbermedaille 2016.

Jens Todt.

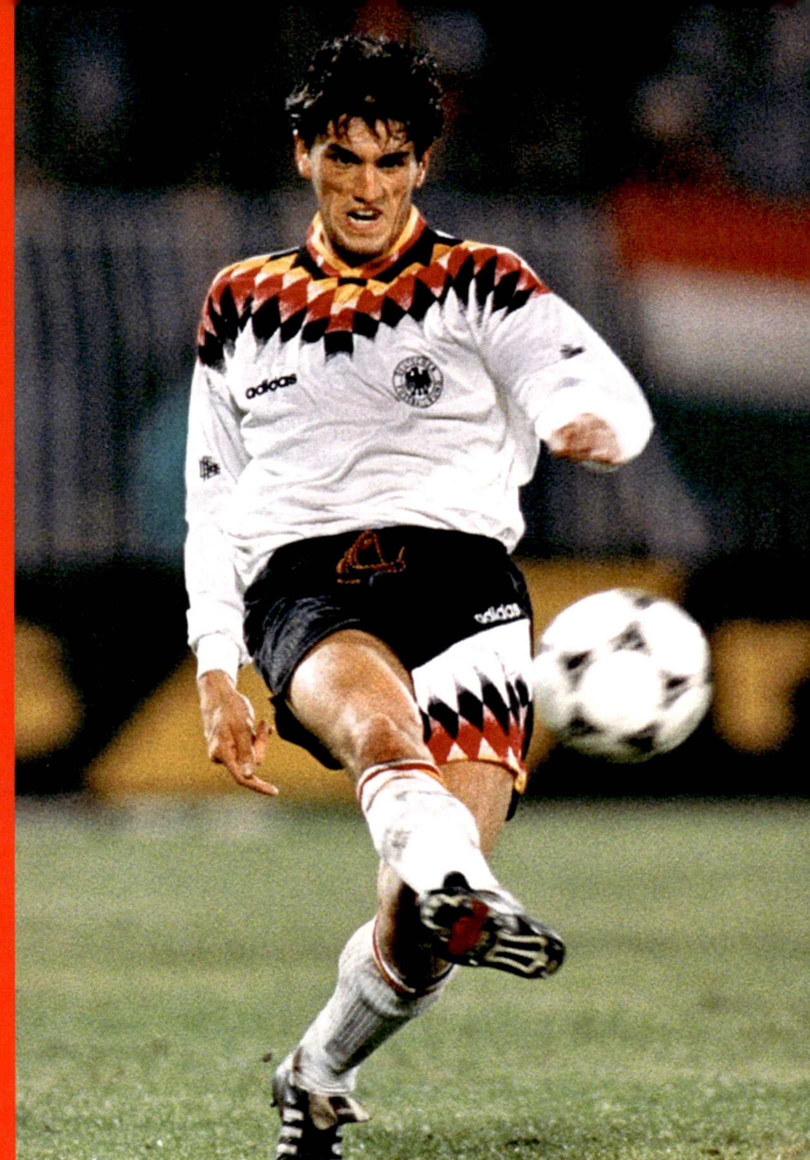

Es sollte bis in den Herbst 1994 dauern, ehe mit **Jens Todt** ein weiterer Freiburger in die DFB-Elf berufen wurde. Im Oktober 1994 feierte Todt sein Debüt über 90 Minuten beim 0:0 gegen Ungarn in Budapest. Und es kam noch besser! Obwohl zunächst nicht in den Kader für die Europameisterschaft 1996 in England berufen, wurde er kurz vor dem Finale – mittlerweile in Bremen weilend und kurz vor Vertragsbeginn bei Werder stehend – nachnominiert und darf deshalb heute den Titel eines „Fußball-Europameisters" führen. Bei seinen drei Länderspielen blieb Todt mit einer Bilanz mit einem Sieg und zwei Unentschieden ungeschlagen.

Ebenfalls in seiner Zeit als Freiburger Spieler wurde **Jörg Heinrich** Mitte der 1990er-Jahre Nationalspieler. Er debütierte am 21. Juni 1995 beim 2:0 gegen Italien über die volle Distanz. Bei der Weltmeisterschaft 1998 absolvierte er gleich

Nico Schlotterbeck.

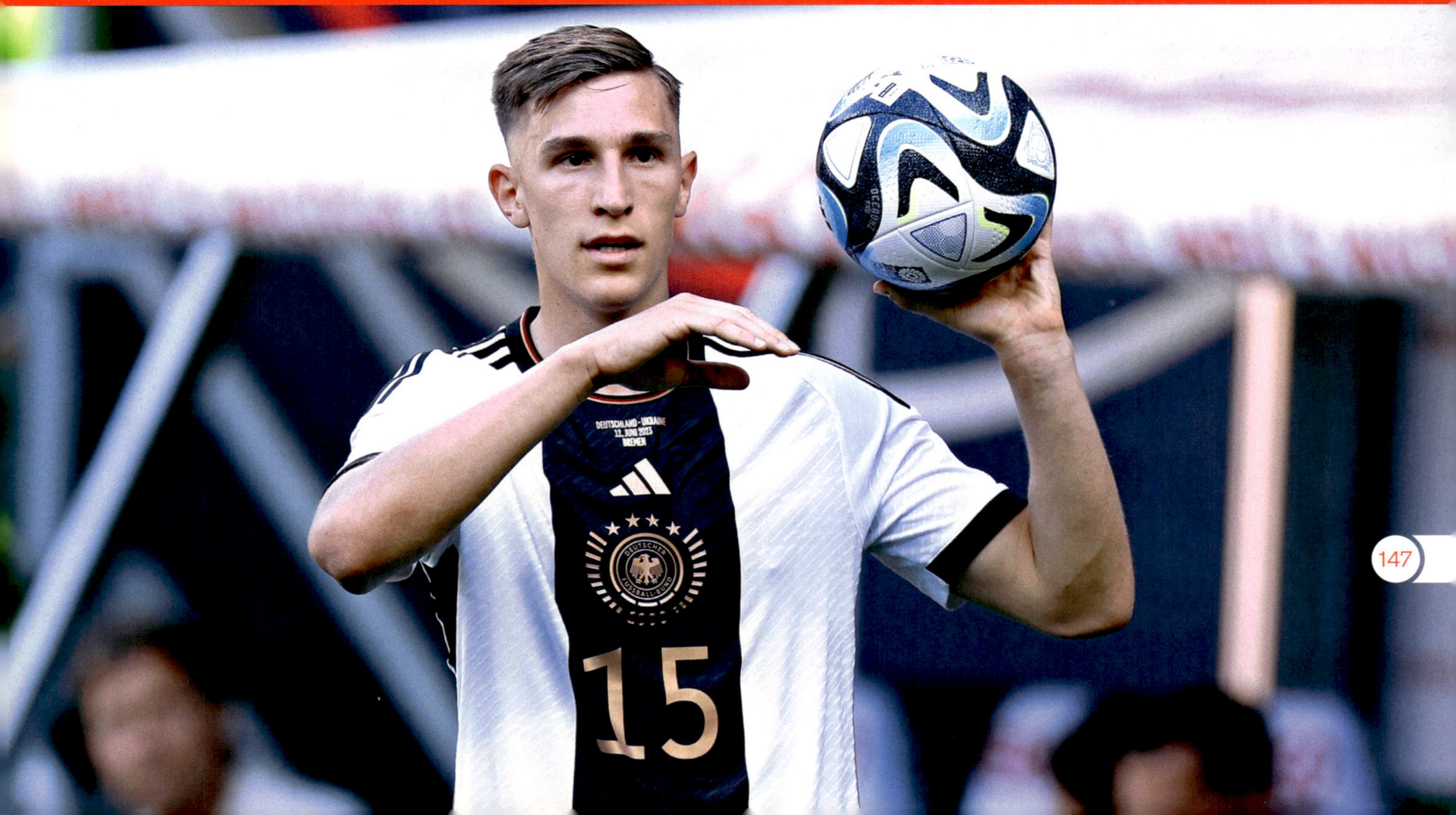

fünf Partien. Da spielte er allerdings bereits für Borussia Dortmund bzw. den AC Florenz (sein Wechsel erfolgte während des Turniers).

2014 gleichfalls kurz vor einem Wechsel zum BVB stehend, der dann nach der WM in Brasilien vollzogen wurde, wurde **Matthias Ginter** 2014 erster Freiburger Weltmeister. Er blieb in Südamerika allerdings ohne Einsatzminute. Sein Trainer war der Freiburger Ehrenspielführer und ehemalige Rekordtorschütze des Vereins, Joachim „Jogi“ Löw.

Christian Günter		8/0
Matthias Ginter	(51/2)	7/0
Nico Schlotterbeck	(10/0)	4/0
Jens Todt		3/0
Luca Waldschmidt	(7/2)	3/0
Sebastian Kehl	(31/3)	2/1
Max Kruse	(14/4)	2/1
Jörg Heinrich	(37/2)	2/0
Robin Koch	(8/0)	2/0
Nils Petersen		2/0
Kevin Schade *(bereits als Leihspieler beim Brentford FC)*		2/0
Oliver Sorg		1/0

(Einsätze/Tore für den SCF. Falls weitere A-Länderspiele, ohne Olympia: in Klammern DFB-Einsätze/Tore gesamt)

Christian Günter am 28. März 2023 beim 2:3 gegen Belgien.

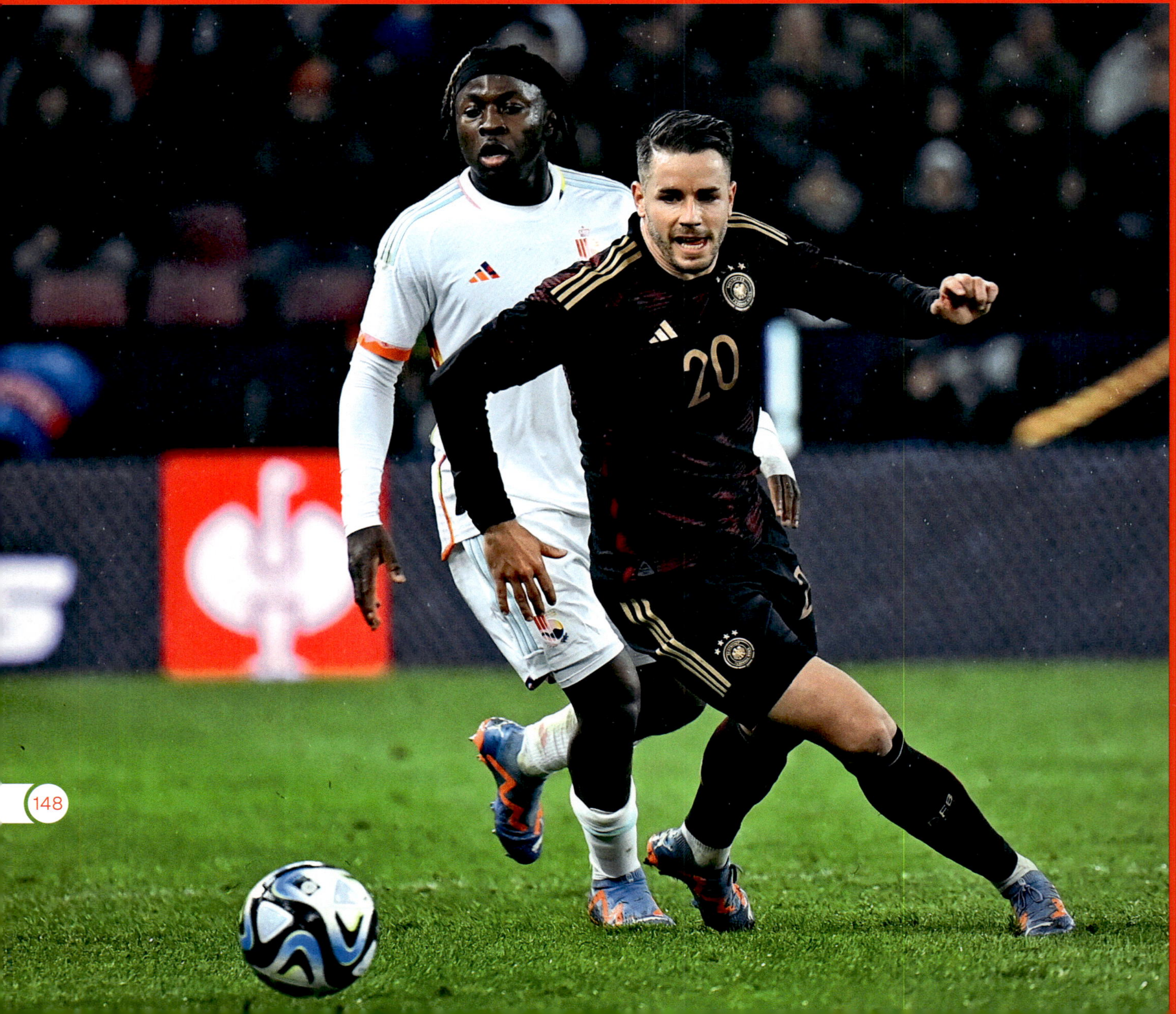

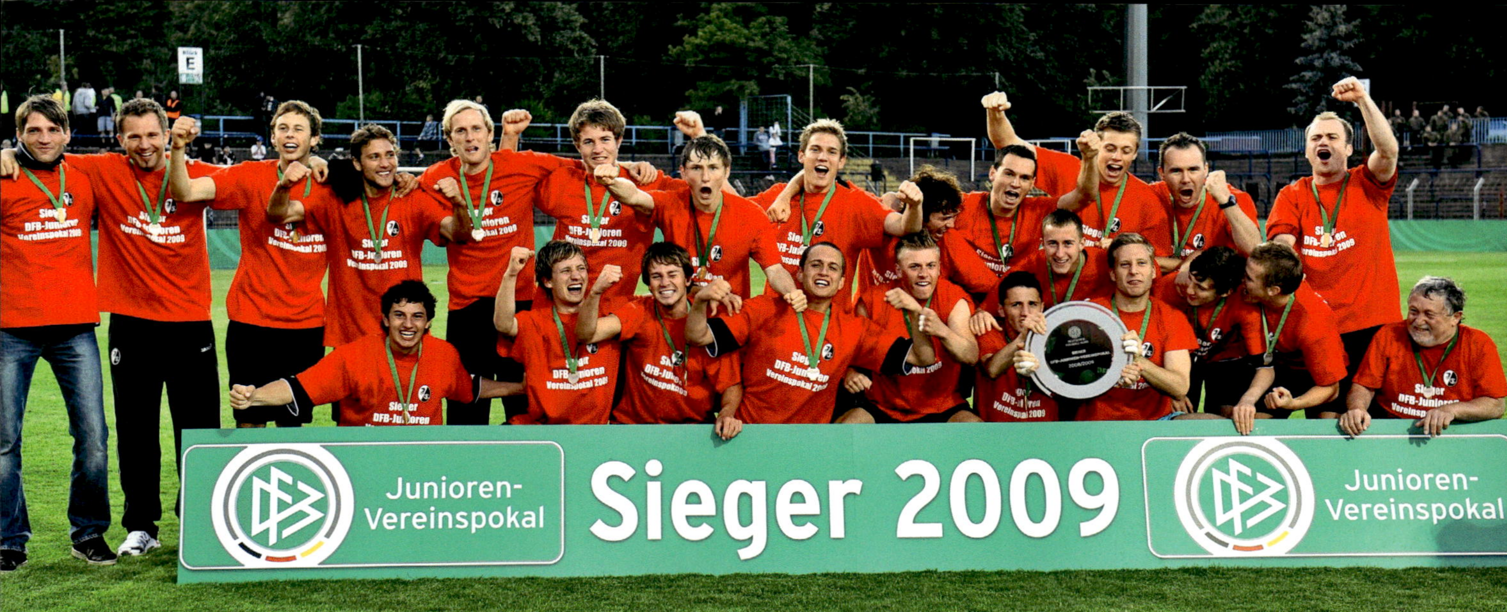

SC-Jugend+FFS

Das erste Tor im Stadion am Mooswald erzielte nicht ein Mitglied der Profimannschaft, sondern ein Nachwuchsspieler. Die B-Junioren (U15) waren Anfang Oktober 2021 die ersten, die die neue Spielstätte „testen" durften und ein Spiel gegen eine Auswahl aus den SC-Kooperationsvereinen absolvierten. Beim 5:2 der SC-Jugendfußballer war es der 14-jährige Leon Sawas, der das 1:0 erzielte. Und auch das 2:1 ging auf sein Konto. Ganz so wie kurz darauf Vincenzo Grifo, der dann beim ersten Spiel der Profis die ersten beiden Treffer markierte.

Die SC-Jugend war also einmal mehr Vorreiter für die eigenen Vorbilder. Ebenso wie im DFB-Pokal. Bevor die Profis im Mai 2022 erstmals im Berliner Finale aufliefen, hatten die A-Junioren des Sport-Clubs den A-Jugend- Pokal bereits sechsmal gewonnen (bei sechs Finalteilnahmen eine hundertprozentige Erfolgsquote). Dreimal hieß der A-Jugend-Trainer übrigens Christian Streich.

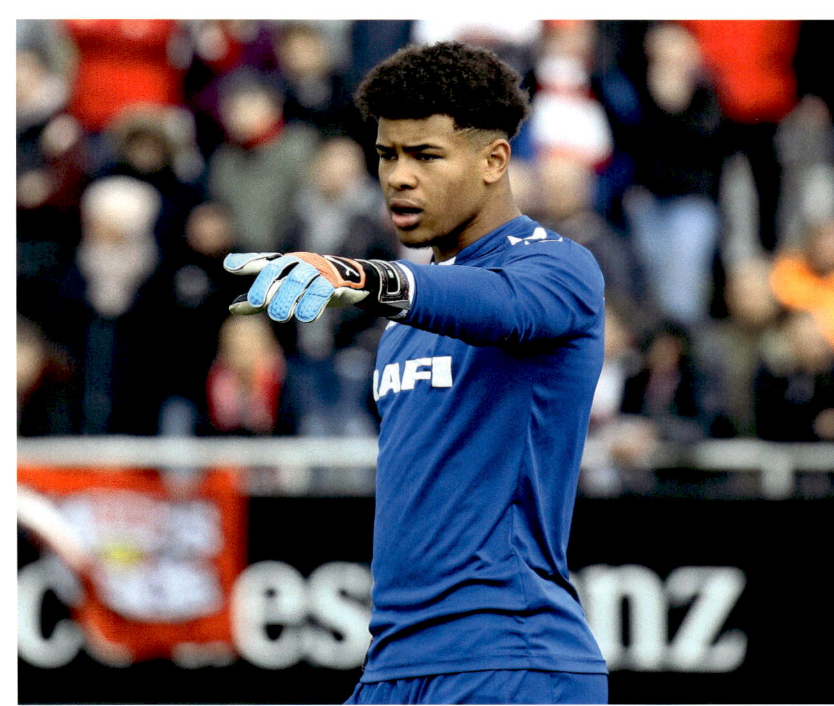

Noah Atubolu im Halbfinale 2019.

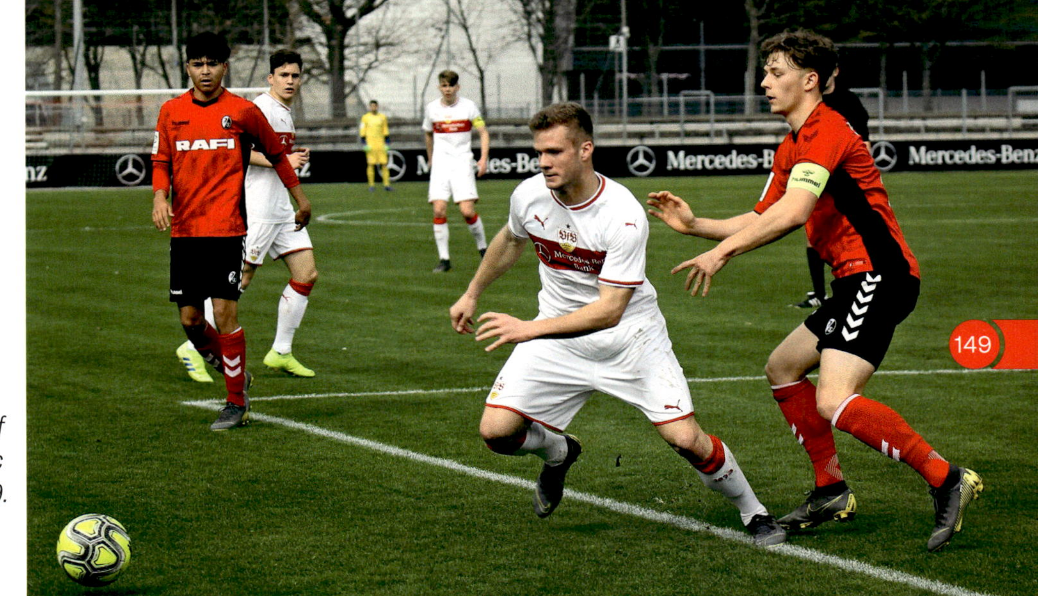

Yannik Keitel im Zweikampf mit dem Stuttgarter Eric Hottmann im Halbfinale 2019.

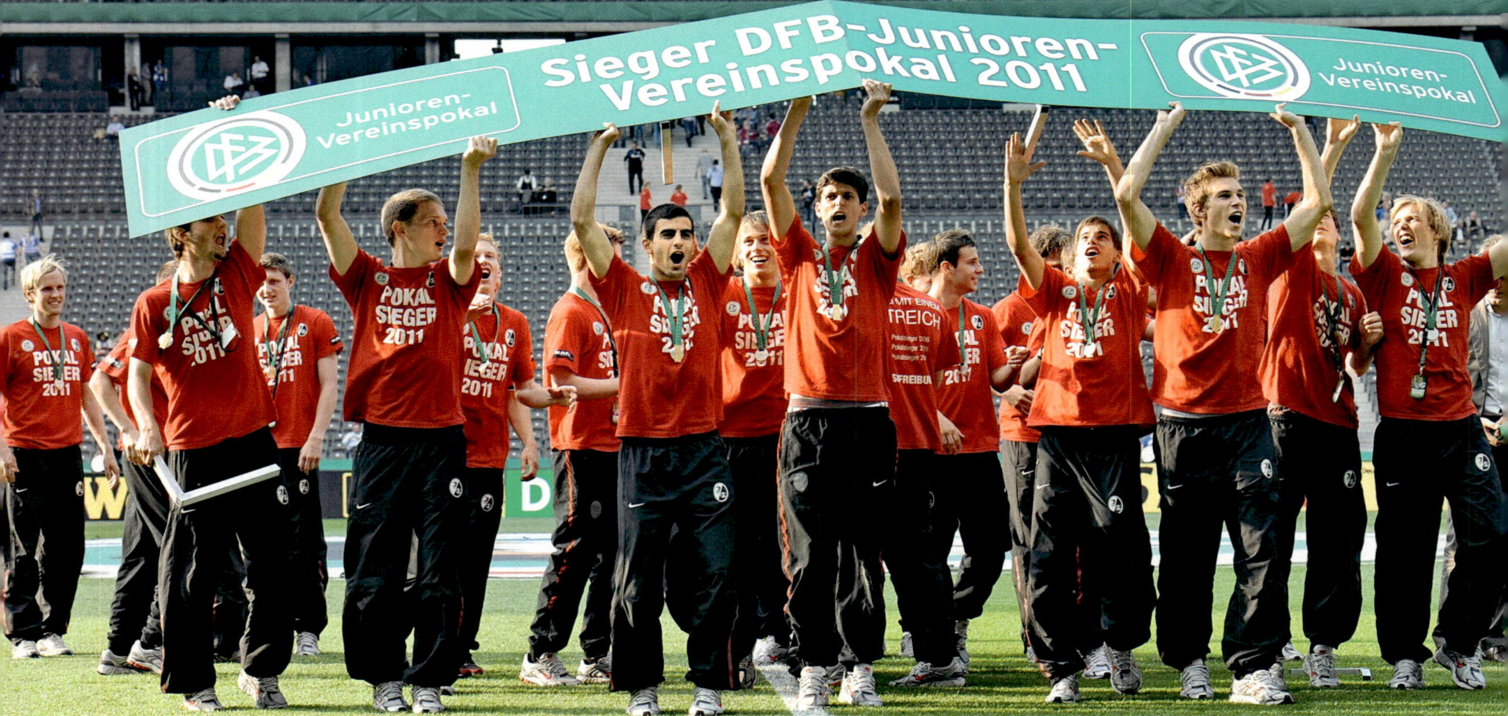

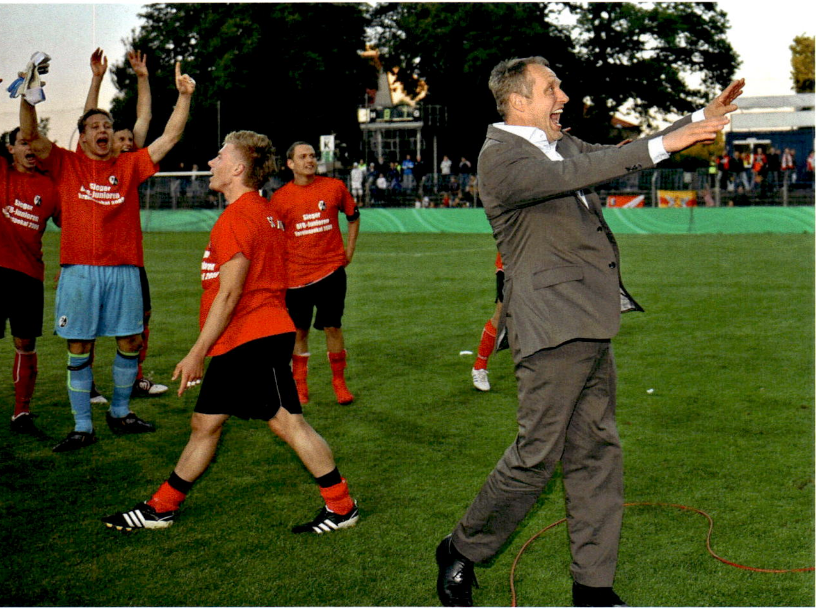

Christian Streich nach dem Finalsieg 2009.

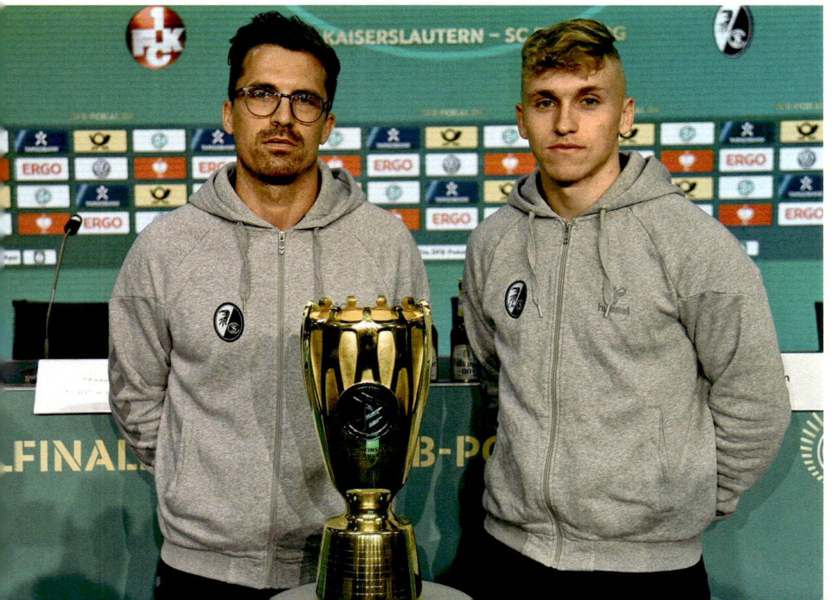

Trainer Thomas Stamm und Luca Herrmann 2018 mit dem A-Jugendpokal.

Die Jungs aus der 2001 im ehemaligen Stadion des Lokalrivalen Freiburger FC (FFC) eröffneten Freiburger Fußballschule (FFS) sind damit deutscher Rekord-Pokalsieger! Sportlich noch höher einzustufen ist der Gewinn der deutschen A-Jugend-Meisterschaft im Jahr 2008. Trainer war ebenfalls Christian Streich, zu dessen Schützlingen die späteren Profis Oliver Baumann, Nicolas Höfler und Jonathan Schmid gehörten.

Mit seiner Fußballschule war der Verein Vorreiter in Fußball-Deutschland. Freiburgs damalige sportliche Leitung sowie Vereinsführung hatten erkannt, dass die Ausbildung des Nachwuchses für einen Verein mit den Strukturen des SC Freiburg sowohl sportlich als auch wirtschaftlich überlebenswichtig ist. Der Sport-Club setzte auf diese Karte, bevor die Nachwuchsleistungszentren (NLZ) Voraussetzung für eine DFL-Lizenz und damit Standard im Profifußball wurden. Nebenbei profitiert auch der ambitionierte Amateurfußball der Region Freiburg von den beim SC gut ausgebildeten Fußballschülern.

SC-Frauen

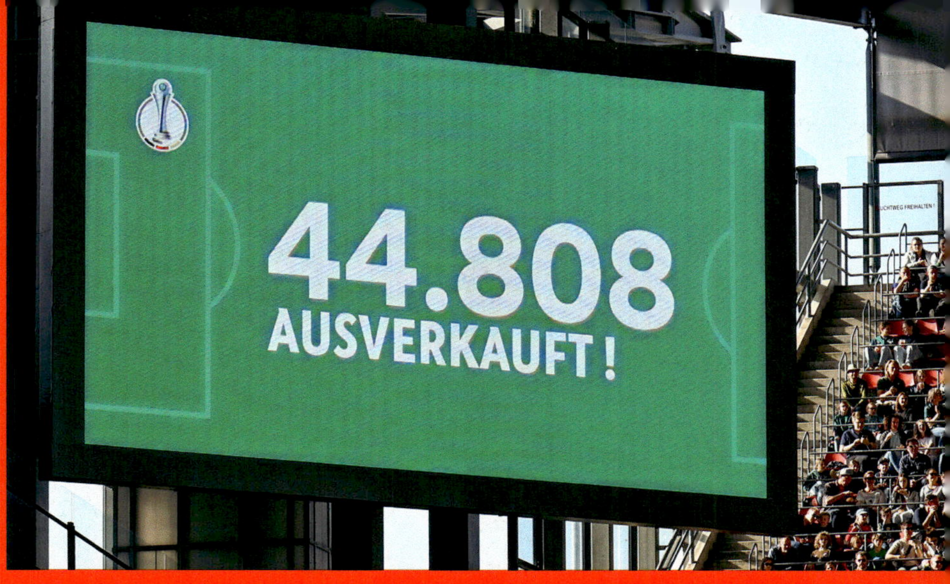

Die 1975 gegründete Frauen-Mannschaft des SC Freiburg gehört seit Jahrzehnten zu den festen Größen im Fußball der Frauen Deutschlands. Managerin Birgit Bauer-Schick, früher als Spielerin aktiv und dann eine der ersten Mitarbeiterinnen auf der Vereinsgeschäftsstelle, ist sozusagen das Gesicht der SC-Frauen. Mit dem Dreisamstadion hat die Frauenmannschaft mittlerweile ein bundesligataugliches Stadion und rundherum dem Leistungssport angemessene Trainingsmöglichkeiten. Ehemalige Spielerinnen des SC Freiburg sieht man überall, selbst in den Top-Teams der Bundesliga und natürlich der Nationalmannschaft. Namen wie Melanie Behringer aus Lörrach, Giulia Gwinn, Melanie Leupolz, Lina Magull, Merle Frohms oder die im südbadischen Münstertal aufgewachsene Klara Bühl sind nur die bekanntesten auf einer langen Liste.

Die sportlichen Highlights der jüngeren Vergangenheit waren die Pokalfinals gegen Rekordsieger VfL Wolfsburg mit seinen Star-Spielerinnen

Chiara Bouziane, Hasret Kayikci und Greta Stegemann nach dem Pokalfinale 2023.

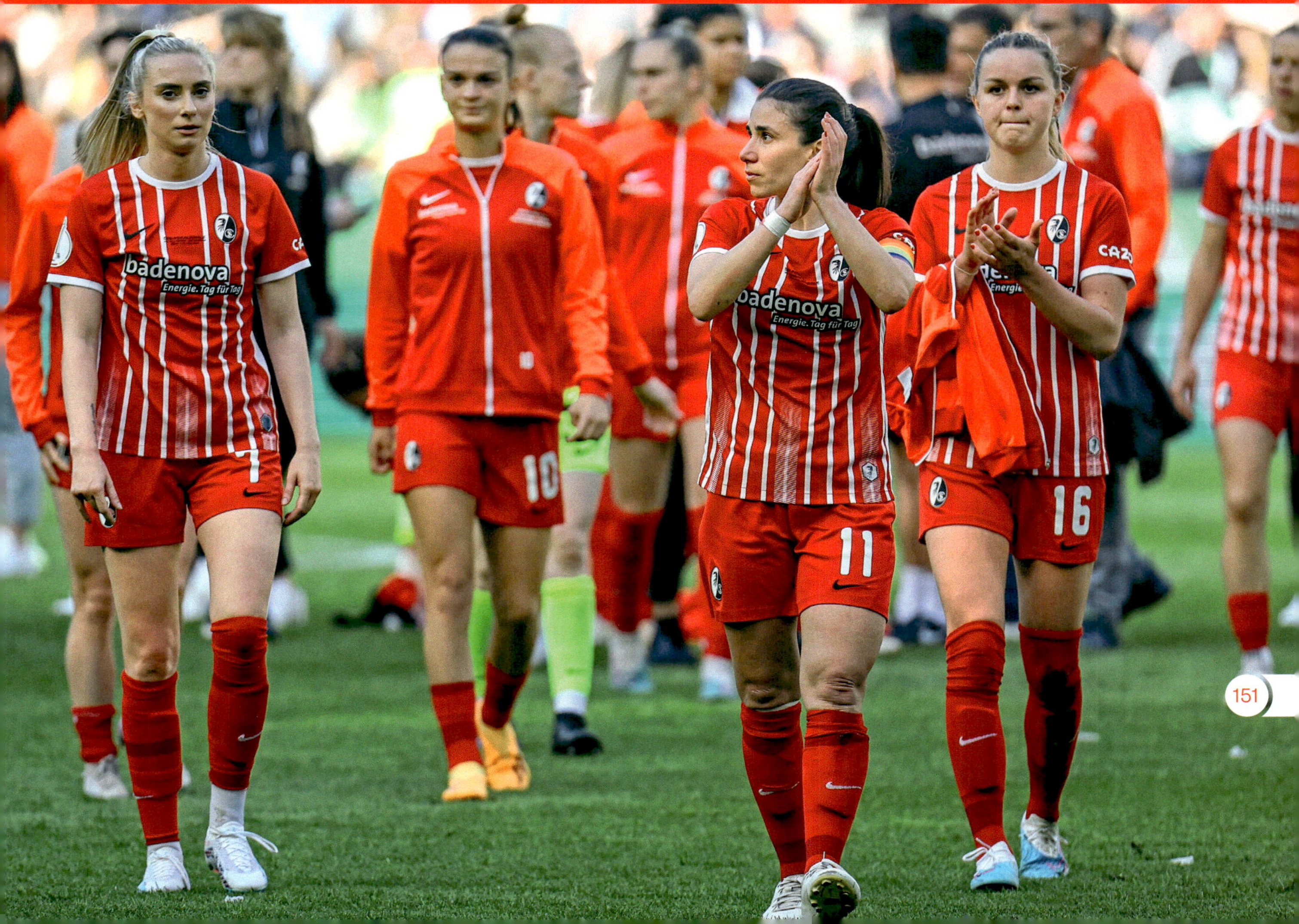

um Alexandra Popp & Co. Beim Finale 2023 gab es eine Rekordkulisse im fast (offiziell ganz) ausverkauften Kölner Stadion. Fast 45.000 waren vor Ort dabei. Weitere 1,57 Millionen saßen vor den TV-Bildschirmen. Die Freiburger Fans waren gut vertreten und stellten mit knapp 3.000 mitgereisten Anhängern einen stimmungsvollen Support, für den sich das Team um Käpitänin Hasret Kayikci nach dem verlorenen Spiel herzlich bedankte. Freiburg konnte die Partie lange Zeit offen gestalten, obwohl es am Ende deutlich 4:1 für die Favoritinnen aus Niedersachsen ausging. Mit 1:1 war es in die Halbzeitpause gegangen, und dem vorentscheidenden Treffer zum 2:1 nach einer Ecke ging eine Fehlentscheidung voraus. Ärgerlich, aber so ist Fußball.

Nach der 0:4-Heimniederlage gegen die Wölfinnen im Liga-Heimspiel war der couragierte Finalauftritt aller Ehren wert. Die Fans begrüßten die Spielerinnen daher auch nicht als Endspiel-Verliererinnen, sondern als Zweitplatzierte in einem großartigen Wettbewerb und vor einer tollen Kulisse! Als es einen Tag später erneut „Freiburg gegen Wolfsburg" hieß, diesmal allerdings in der Männer-Bundesliga, wurde ein großer Empfang für die SC-Frauen im Europa-Park Stadion organisiert. Weitere zwei Tage später folgte der offizielle Teil der Feierlichkeiten mit Begrüßung durch den Oberbürgermeister im Rathaus und einigen treuen Fans, die trotz heftiger Regenfälle auf dem Rathausplatz feierten. Glücklich auch Theresa Merk, eine erfolgsverwöhnte Trainerin, die zur Saison 2022/23 nach Freiburg gekommen war. Als Co-Trainerin war sie mit Wolfsburg schon einmal Pokalsiegerin geworden und hatte auch in der Schweiz mit dem Grasshopper Club aus Zürich Meisterschaft den Pokal gewonnen.

Mit dem Umzug ins Dreisamstadion, der eine lange Zeit des Tingelns über verschiedene Spielstätten in und außerhalb der Stadt Freiburg beendete, konnte der Zuschauerschnitt der Freiburger Fußballfrauen von 800 auf 2.400 Zuschauende verdreifacht werden. Mittelfristig sollen noch mehr Fans zu den Spielen in der ersten Frauen-Bundesliga kommen: Der Verein hofft, die durchschnittliche Zuschauerzahl auf 2.700 zu erhöhen. Damit läge Freiburg ziemlich genau auf dem Niveau des Bundesliga-Zuschauerschnitts der Saison 2022/23 – und das war ein Rekord.

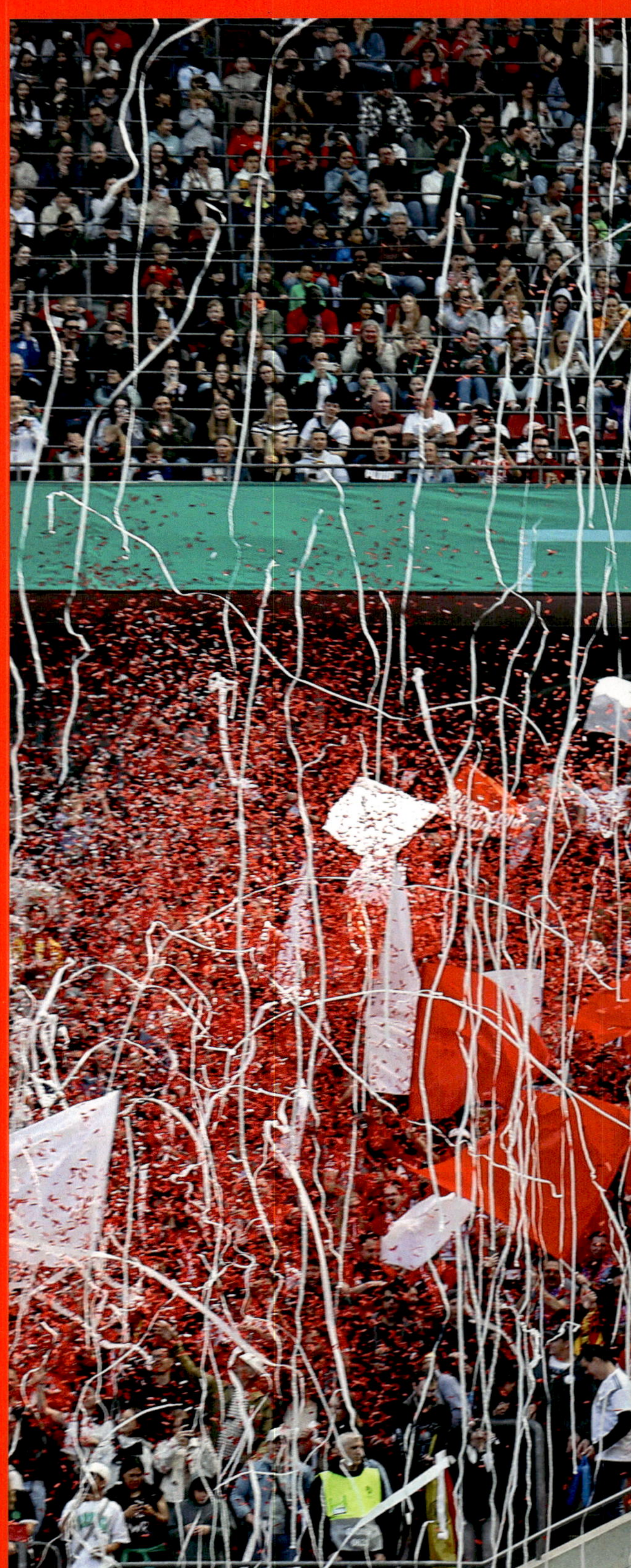

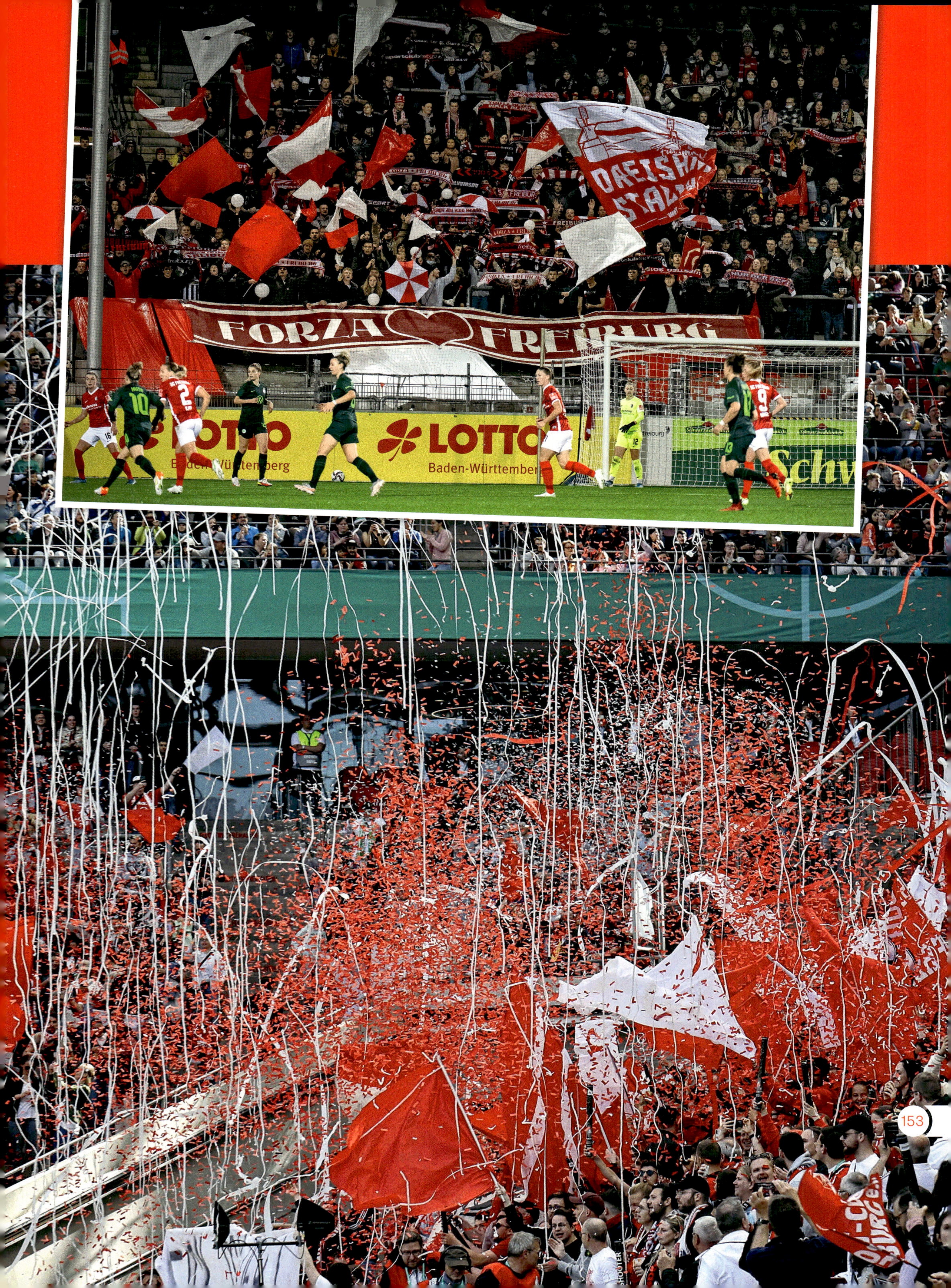
FORZA
LOTTO
Baden-Württemberg

Vereinsrekorde

Stand: 15.08.2023

BUNDESLIGA

Verrückte Spiele und Serien

3 gewonnene Bundesliga-Spiele zum Saisonende 1993/94 reichten für den kaum mehr für möglich gehaltenen Klassenerhalt in der ersten Bundesliga-Saison

5 gewonnene Bundesliga-Spiele in Folge zwischen dem 11. und 15. Spieltag 2020/21

SC Freiburg – FC Bayern München 5:1 (1994/95)

3 gewonnene Bundesliga-Heimspiele gegen den FC Bayern München zwischen 1993/94 und 1995/96

1. FC Köln – SC Freiburg 3:4 (nach 3:0-Führung der Kölner)

Höchste Auswärtssiege

6:0 bei Borussia Mönchengladbach (2021/22)

4:0 beim VfB Stuttgart (1993/94)

4:0 bei Hertha BSC (2009/10)

Höchste Heimsiege

5:0 gegen Hansa Rostock (1999/00)

5:0 gegen VfL Bochum (2000/01)

5:0 gegen 1. FC Köln (2020/21)

Beste Platzierung

3. Platz in der Saison 1994/95 hinter Meister Borussia Dortmund und Vize Werder Bremen

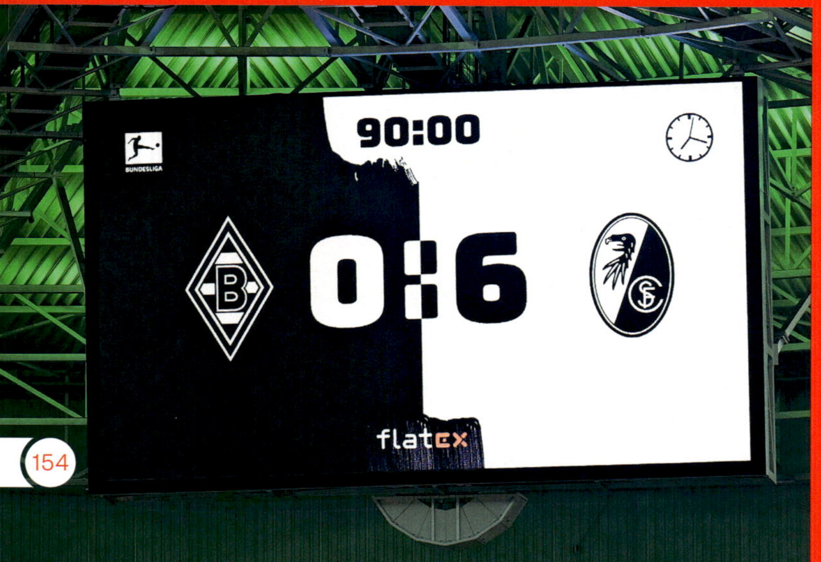

Beste Punkteausbeute

59 Punkte 2022/23

Schlechteste Punkteausbeute

Saison 2004/05 mit gerade einmal 18 Punkten. In der Bundesliga-Historie unterboten nur eine Handvoll Teams diesen Wert, darunter Tasmania Berlin (umgerechnet auf 3-Punkte-Regel mit 10 Punkten in der Saison 1965/66) und Schalke 04 (16 Punkte in der Saison 2020/21).

Torreichste Spielzeiten des SCF

66 Tore 1994/95

Ewige Tabelle der Bundesliga

19. Platz mit 962 Punkten vor dem Karlsruher SC (953 Punkte) und hinter Fortuna Düsseldorf (1.024 Punkte)

Entwicklung der Mitgliederzahl

Innerhalb von zehn Jahren (2013 → 2023) Verzehnfachung von 6.000 auf 60.000. Noch einmal zehn Jahre zurück (2013) zählte man lediglich 2.000 Mitglieder.

POKAL

Rekordsieg

8:0 gegen Kilia Kiel (Verbandsliga Schleswig-Holstein) 1. Runde 1993/94

Pokalsieger der Herzen

21. Mai 2022 gegen RB Leipzig, 1:1 n.V., 2:4 im Elfmeterschießen (trotz 1:0-Führung und Überzahl ab der 57. Minute)

Halbfinale in Folge

2x (2022 auswärts gegen HSV, 2023 zu Hause gegen RB Leipzig)

Bitterstes Aus

2x Viertelfinale, jeweils unter erschwerten (wenn nicht irregulären) Bedingungen auf Schnee (Dezember 1993 zu Hause gegen Tennis Borussia Berlin 0:1, Dezember 1999 auswärts gegen die Stuttgarter Kickers 0:1)

Rekord-Spieler

Stand: 15.08.2023

GESAMTBILANZ

Die meisten Spiele (Pflichtspiele insgesamt)

Andreas Zeyer (441), Christian Günter (379), Reinhard Binder (307), Nicolas Höfler (302), Karl-Heinz „Charly“ Schulz (297), Rolf Maier (295), Alexander Iashvili (281), Nils Petersen (277), Joachim Löw (263), Boubacar Diarra (250), Richard Golz und Ralf Kohl (je 246), Julian Schuster (242), Soumaila Coulibaly (234), Gábor Zele (230), Vincenzo Grifo und Stefan Müller (je 226)

Die meisten Tore

Nils Petersen (105), Joachim Löw (83), Vincenzo Grifo (72), Wolfgang Schüler (67), Alexander Iashvili (63), Souleyman Sané (58), Uwe Spies (53)

Beste Pflichtspiel-Torquote (Spieler mit mind. 50 Spielen)

Wolfgang Schüler (1976-1980/0,65 Tore pro Spiel)

Papiss Demba Cissé (2010-2012/0,58)

Souleyman Sané (1985-1988/0,51)

Paul Dörflinger (1978-1981/0,50)

Rodolfo Esteban Cardoso (1993-1995/0,42)

BUNDESLIGA

Die meisten Spiele

Christian Günter (302), Andreas Zeyer (236), Nicolas Höfler (232), Nils Petersen (216), Jonathan Schmid (198), Julian Schuster (185), Richard Golz (180), Vincenzo Grifo (170), Lucas Höler (167), Janik Haberer (158), Boubacar Diarra (153), Stefan Müller (151), Alexander Iashvili und Ralf Kohl (je 147)

Die meisten Tore

Nils Petersen (69), Vincenzo Grifo (49), Papiss Demba Cissé (37), Alexander Iashvili und Lucas Höler (je 29), Rodolfo Esteban Cardoso (28), Adel Sellimi und Jonathan Schmid und Andreas Zeyer (je 27), Uwe Wassmer (23), Uwe Spies und Levan Kobiashvili (je 20)

Meiste Jokertore

Nils Petersen (30 für den SC Freiburg), gleichzeitig mit 34 Toren nach Einwechslungen bester Joker der Bundesliga-Historie

Jüngster Spieler aller Zeiten

Dennis Aogo bei der 0:4-Auswärtsniederlage beim Hamburger SV am 27. Oktober 2004 (damaliges Alter 17 Jahre 9 Monate 13 Tage)

Jüngster Torschütze aller Zeiten

Matthias Ginter beim 1:0-Heimsieg gegen den FC Augsburg am 21. Januar 2012 (mit 18 Jahren 2 Tagen)

Lieblingsgegner

1. FC Köln, von 34 Spielen wurden 15 gewonnen (Quote 44,1 %) und FC Schalke 04 (19 von 44 / 43,2 %)

Angstgegner

FC Bayern München (4 von 46 Spielen gewonnen, Quote 8,7 %) und Borussia Dortmund (5 von 46 / 10,9 %)

SONSTIGE REKORDE

Die meisten Einsätze im UEFA-Cup

Andreas Zeyer (8), Richard Golz/Boubacar Diarra/Alexander Iashvili/Levan Kobiashvili/Ibrahim Tanko/Vladimir But (je 6)

Die meisten Tore UEFA-Cup

Sebastian Kehl (2)

Die meisten Einsätze in der Europa League/EL-Quali

Christian Günter (15), Matthias Ginter und Nicolas Höfler (je 13), Nils Petersen (9), Vincenzo Grifo und Philipp Lienhart (je 8)

Die meisten Tore in der Europa League/EL-Quali

Michael Gregoritsch (3)

Größter Spieler

Richard Golz 1,98 cm

Kleinster Spieler

Amir Abrashi 1,72 cm

Vereinsschreck

Robert Lewandowski (Borussia Dortmund/FC Bayern München): 20 Tore in 20 Spielen gegen den SCF

EHRUNGEN

Tor des Jahres

2018 Nils Petersen für seinen Treffer zur zwischenzeitlichen Freiburger 2:1-Führung aus über 40 Metern beim Spiel Borussia Dortmund – SC Freiburg (Endstand 2:2) am 27. Januar 2018

Freiburgs Mannschaft des Jahres

- 1992, 1993, 1994, 1995, 1996, 2003 erste Mannschaft Herren
- 1998, 2001, 2011, 2016, 2019 erste Mannschaft Frauen
- 2012 A-Junioren

Freiburgs Sportler des Jahres

- 1992 Altin Rraklli
- 1993 Jens Todt
- 1994 Rodolfo Esteban Cardoso
- 1995 Jörg Schmadtke
- 1998 Stefan Müller
- 1999 Adel Sellimi
- 2000 Richard Golz
- 2010 Papiss Demba Cissé
- 2016 Nils Petersen

Freiburgs Sportlerin des Jahres

- 2004, 2007, 2008 Melanie Behringer
- 2012 Laura Benkarth

TRANSFERREKORDE

Zugänge

- Baptiste Santamaria 2020/21 von SCO Angers 10 Mio. €
- Ritsu Doan 2022/23 von PSV Eindhoven 8,5 Mio. €
- Caglar Söyüncü 2016/17 von Altinordu Izmir 8 Mio. € (ursprünglich 2 Mio. €, durch Weiterverkaufsbeteiligung gestiegen)
- Vincenzo Grifo 2019/20 von TSG Hoffenheim 7 Mio. €
- Junior Adamu 2023/24 von RB Salzburg, Admir Mehmedi 2014/15 von Dynamo Kiew je 6 Mio. €
- Maximilian Eggestein 2021/22 von Werder Bremen, Luca Waldschmidt 2018/19 vom Hamburger SV, je 5 Mio. €

Abgänge

- Kevin Schade 2023/24 zum Brentford FC 25 Mio. €
- Caglar Söyüncü 2018/19 zu Leicester City 21 Mio. €
- Nico Schlotterbeck 2022/23, Maximilian Philipp 2017/18, beide zu Borussia Dortmund, je 20 Mio. €
- Luca Waldschmidt 2020/21 zu Benfica Lissabon 15 Mio. €
- Baptiste Santamaria 2021/22 zu Stade Rennes 14 Mio. €
- Robin Koch 2020/21 zu Leeds United, Mark Flekken 2023/24 zum Brentford FC, je 13 Mio. €
- Papiss Demba Cissé 2011/12 zu Newcastle United, 12 Mio. €

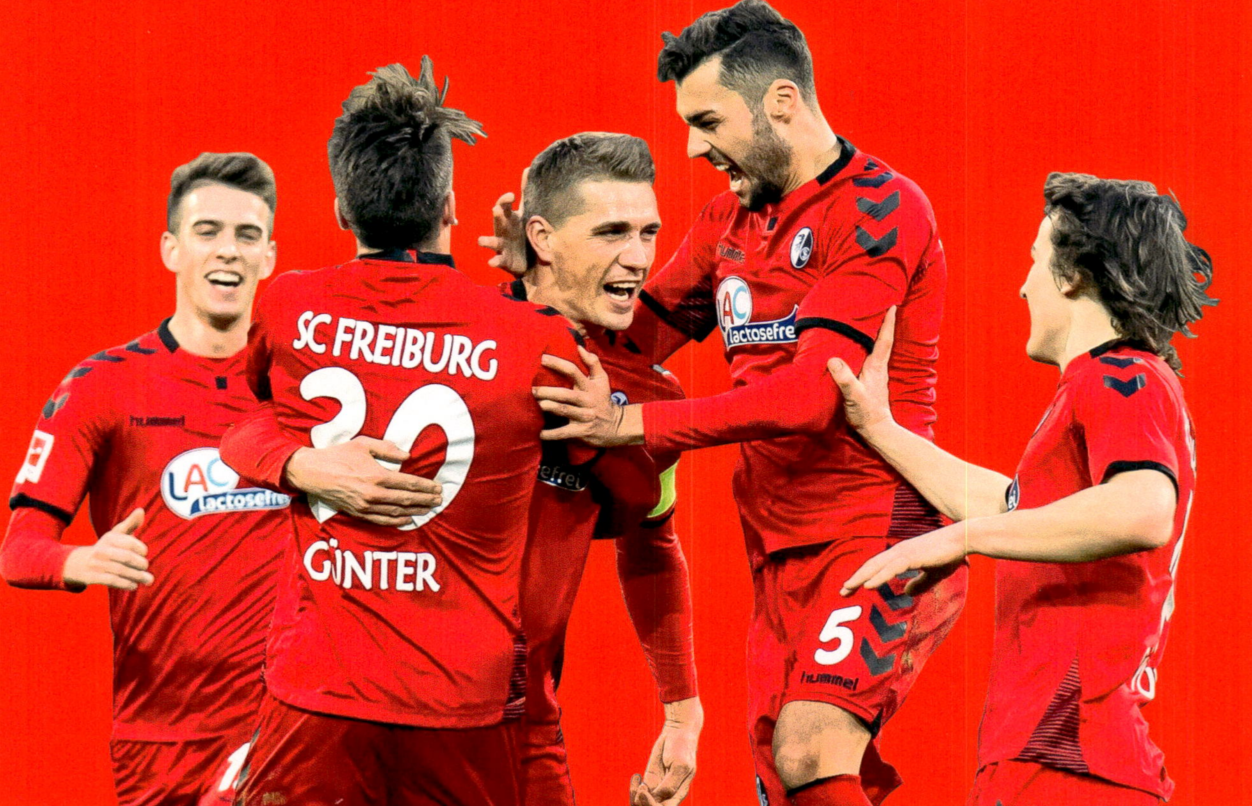

SC-Trainer seit dem Zweitliga-Aufstieg 1978

1978 - 9/1978 **Manfred Brief**
9/1978 - 1979 **Heinz Baas**
9/1979 - 1980 **Jupp Becker**
1980 - 1/1981 **Norbert Wagner**
1/1981 - 6/1981 **Horst Zick, Karl-Heinz Bente, Walter Seiter**
1981 - 1982 **Lutz Hangartner**
1982 - 1983 **Werner Olk**
1983 - 1984 **Fritz Fuchs**
1984 - 1/1986 **Anton Rudinsky**
1/1986 - 3/1986 **Jupp Becker**
3/1986 - 6/1986 **Horst Zick, Kurt Rettenberger**
1986 - 12/1988 **Jörg Berger**
1/1989 - 4/1989 **Fritz Fuchs**
4/1989 - 6/1989 **Uwe Ehret**
1989 - 8/1989 **Lorenz-Günther Köstner**
8/1989 - 11/1989 **Uwe Ehret**
12/1989 - 1990 **Bernd Hoss**
1990 - 1991 **Eckhard Krautzun**
1991 - 2007 **Volker Finke**
2007 - 2011 **Robin Dutt**
2011 - 12/2011 **Marcus Sorg**
12/2011 - 2024 **(Vertrag) Christian Streich**

Vize-Torjäger-Kanonen-Jäger

Die Freiburger Bundesliga-Geschichte ist nicht wirklich geprägt von Spielern, die mit exzellenter Abschlussstärke den gegnerischen Verteidigungen Angst und Schrecken einjagten. Vielmehr war es meistens so, dass die Treffsicherheit sich auf mehrere Schultern verteilte, was die Mannschaft insgesamt unberechenbarer machte. In zwei Fällen aber waren Freiburger Spieler lange im Rennen um die legendäre „kicker"-Torjägerkanone für den besten Torschützen der Bundesliga dabei: 2010/11 fehlten **Papiss Demba Cissé** (22 Tore) am Ende sechs Treffer auf Mario Gomez vom FC Bayern (28 Tore). Knapper war es 2022/23, als die Torjäger-Kandidaten vom Wechsel des Dauersiegers Robert Lewandowski profitierten und überschaubare 16 Tore für die Kanone reichten, Minus-Rekord in der Torjägerkanonen-Geschichte. Niclas Füllkrug vom SV Werder und Christopher Nkunku aus Leipzig teilten sich den ersten Platz der Wertung. Der Freiburger **Vincenzo Grifo** war mit 15 Treffern sehr nah dran, ebenso Randal Kolo Muani von Eintracht Frankfurt (ebenfalls 15). Beide trafen am letzten Spieltag beim direkten Duell, das Eintracht Frankfurt mit 2:1 für sich entscheiden konnte.

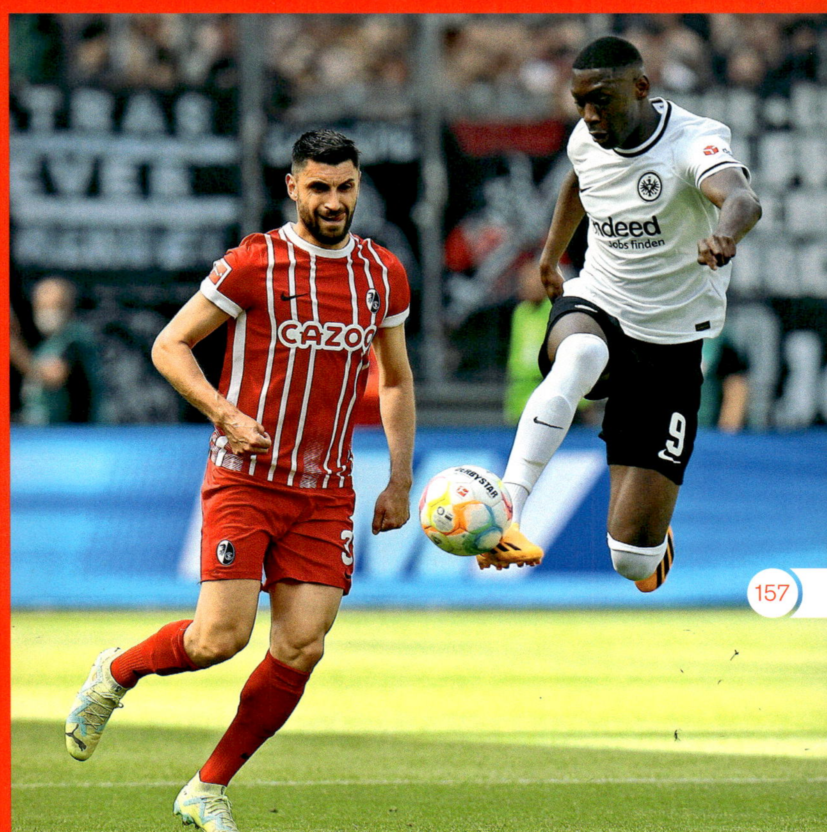

Schafften 2022/23 jeweils 15 Tore: Vincenzo Grifo und Randal Kolo Muani.

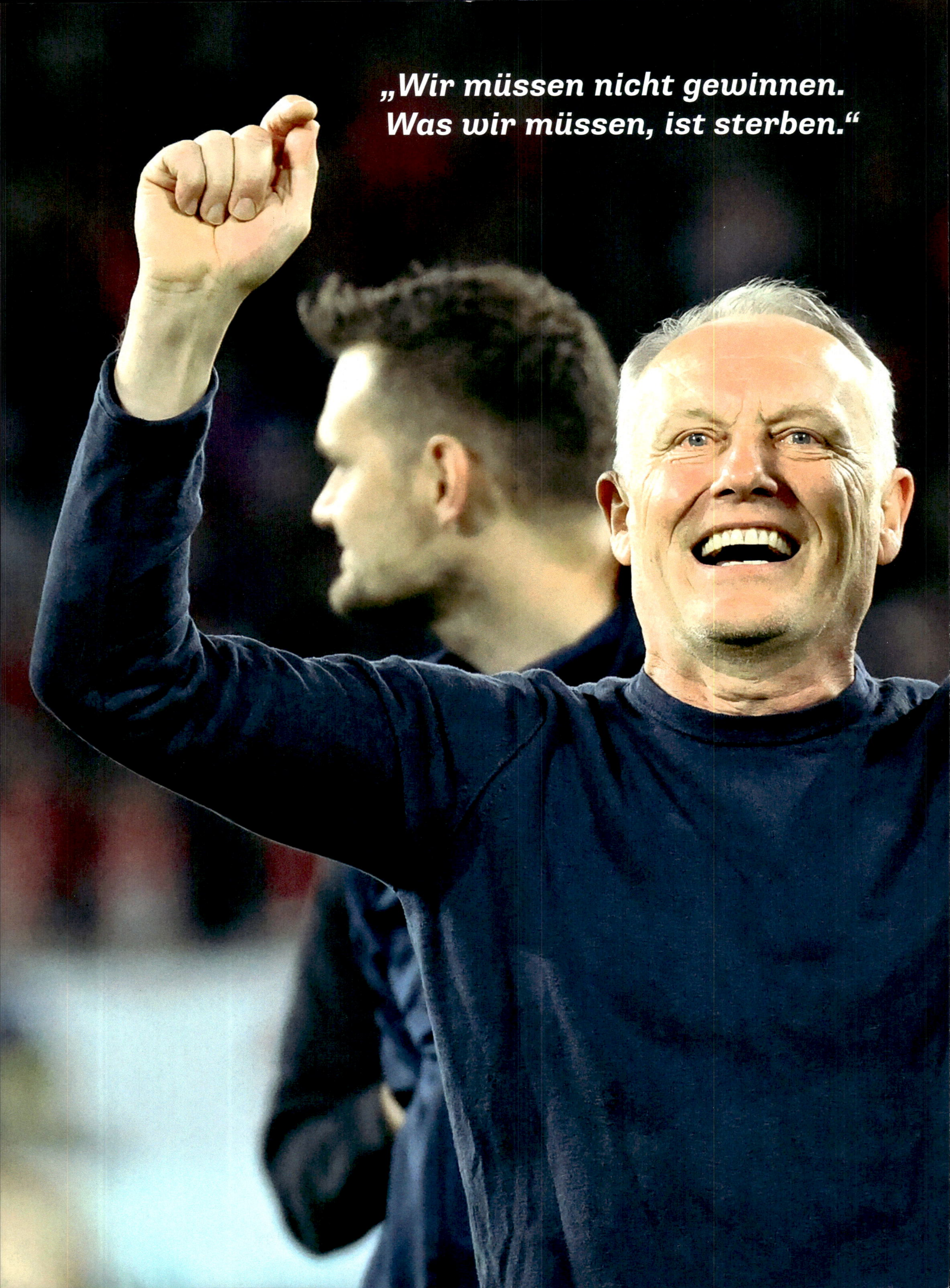
„Wir müssen nicht gewinnen.
Was wir müssen, ist sterben.“